D0298341

CLIENTS SÉDUITS, CLIENTS ACQUIS

CLIENTS SÉDUITS CLIENTS ACQUIS

UN GUIDE ESSENTIEL POUR LES CONSEILLERS FINANCIERS DE L'AVENIR

DAN RICHARDS

Données de catalogage avant publication (Canada)
Richards, Dan, 1950-
          Clients séduits, clients acquis : un guide
essentiel pour les conseillers financiers de l'avenir

Publ. aussi en anglais sous le titre : Getting clients,
          keeping clients.
Comprend un index.
ISBN 0-9684277-1-5

          1. Planificateurs financiers — Marketing.
I. Marketing Solutions (Firme) II. Titre

HG179.5.R514 1998   332.6'2'0688   C98-901057-0

Éditeur : Harvey Schachter
Traduction : Communication Laflèche
Graphisme : Ink
Imprimeur : Transcontinental

IMPRIMÉ AU CANADA

CE LIVRE EST DÉDICACÉ AVEC AMOUR À MES FILLES, ALYS ET LAURA, QUI ONT sans se plaindre sacrifié à la création de ce livre beaucoup de temps et d'attention de la part de leur père.

Un de mes désirs le plus cher est qu'un jour bientôt elles comprennent ce que leur père fait au bureau toute la journée... du moins si un jour je parviens moi-même à le comprendre.

TABLE DES MATIÈRES

REMERCIEMENTS

CE LIVRE RÉSUME TOUT CE QUE J'AI APPRIS DANS PRESQUE DIX ANS DE recherche sur ce qu'un conseiller financier doit savoir pour devenir et demeurer prospère.

Entreprendre une tâche de cette ampleur aurait été impensable sans la chance d'avoir le soutien extraordinaire que j'ai reçu depuis plus de neuf ans, en fait depuis la fondation de Marketing Solutions. À la lecture finale, avant l'impression de cette version définitive du livre, il y a cinq clientèles que j'aimerais remercier.

La première est celle des conseillers financiers dans tout le Canada qui ont été si remarquablement généreux en partageant leur vision et leurs expériences. J'aimerais particulièrement remercier les 250 conseillers financiers qui ont consacré 90 minutes à la participation d'une recherche sur les habitudes des conseillers vedettes et la centaine d'autres conseillers provenant du Canada et des États-Unis qui ont généreusement donné leur temps pour parler à la conférence annuelle des meilleurs vendeurs que j'anime maintenant depuis 1994.

Les expériences pratiques et concrètes qui sont relatées dans ce livre n'existeraient pas sans leur gentillesse et leur esprit de générosité.

Deuxièmement, j'aimerais remercier mes collègues de Marketing Solutions. Je ne peux imaginer un entrepreneur plus choyé travaillant avec une équipe de gestion plus patiente et dévouée que celle qui m'entoure.

C'est un privilège de travailler avec eux et la rédaction de ce livre n'aurait pas été possible sans leur implication.

Je souhaite troisièmement remercier mes collaborateurs qui ont permis de transformer un concept en un livre bien réel. En particulier Harvey Schachter qui s'est chargé de la gigantesque tâche de recueillir mes pensées sur un magnétophone et d'en faire un tout cohérent. Je remercie aussi Jackie Young qui a su prendre le texte d'Harvey et en faire un produit agréable à lire, ainsi que Rosanne Johnstone qui a coordonné le processus jusqu'à la fin. Encore une fois un immense merci. Ce livre n'existerait pas sans tous leurs efforts.

Quatrièmement, je veux remercier les deux compagnies de fonds de placement, Fidelity et Talvest, qui ont fourni le financement initial nécessaire à la rédaction de ce livre.

Et finalement des remerciements doivent être adressés à plusieurs de mes clients qui ont encouragé mes efforts et ceux de Marketing Solutions depuis plus de neuf ans. Ni Marketing Solutions, ni ce livre n'auraient existé sans eux.

LA PREMIÈRE ÉDITION DE
CLIENTS SÉDUITS, CLIENTS ACQUIS
A ÉTÉ RENDUE POSSIBLE GRÂCE AU PARRAINAGE DE :

Un mot de Talvest

C'EST AVEC UNE GRANDE FIERTÉ QUE TALVEST COMMANDITE LE LIVRE DE DAN Richards *Clients séduits, clients acquis : un guide essentiel pour les conseillers financiers de l'avenir.*

Chez Talvest, un de nos objectifs premiers est d'aider les conseillers comme vous à développer et à maintenir leur clientèle. Nous le faisons au moyen de différentes initiatives, comme en témoigne la création de nos logiciels *L'Analyse assistée des actifs*MC et *Le Portefeuilliste*MC qui vous aident dans la production d'itinéraires financiers intégrés pour vos clients.

En tant que compagnie située au Québec, nous offrons un service local à une communauté de conseillers financiers très influente et dont la croissance est la plus rapide au Canada. La majorité de nos gestionnaires de fonds travaillent à Montréal et nous sommes fiers de souligner que nos équipes montréalaises des ventes, du marketing et du service à la clientèle sont constamment cotées parmi les meilleures au pays.

Notre famille de fonds est en croissance constante et comprend le Fonds d'Actions Can. de Croissance Talvest/Hyperion qui est géré par Denis Ouellet, un des meilleurs gestionnaires d'actions canadiennes au pays. Nous offrons aussi un nombre croissant de fonds internationaux qui sont gérés par certaines des meilleures sociétés de gestion de placement au monde.

Talvest est affiliée à Les Placements T.A.L. ltée, l'un des plus grands gestionnaires institutionnels au Canada dont l'actif sous gestion s'établit à 38 millions $. Cette affiliation procure aux gestionnaires de fonds de Talvest une place plus enviable sur le marché que celle occupée par les banques et les grandes sociétés indépendantes de fonds de placement.

Nous croyons aussi que nous avons contribué à ce livre d'une autre façon que simplement à titre de bailleur de fonds. En effet, en septembre 1996, Dan a fait le tour du Canada pour présenter une recherche commanditée par Talvest et dont l'objectif était de découvrir pourquoi les clients changent de conseillers financiers. La tournée a attiré plus de 3 500 professionnels du milieu financier dans 12 villes au Canada.

Un suivi postal a ensuite été envoyé à plus de 2 000 conseillers et les relations qui ont été développées à ce moment portent encore fruit aujourd'hui autant à Talvest qu'aux conseillers.

L'enseignement contenu dans le livre de Dan Richards aidera ceux d'entre vous qui commencez dans la carrière autant que ceux qui sont maintenant des vétérans. Si vous débutez, ce livre vous offre un plan à suivre pour bâtir efficacement votre clientèle. Si vous recherchez des moyens d'améliorer une clientèle existante, vous pouvez l'utiliser comme un guide de référence pour trouver des façons d'agrandir votre base de clientèle et aussi pour garder satisfaits vos clients actuels.

Murray Douglas, Président
Talvest

Pour un décollage réussi

CHAQUE ANNÉE, J'ANIME UNE CONFÉRENCE POUR LES MEILLEURS VENDEURS pendant laquelle les étoiles de notre industrie partagent les secrets de leur réussite. Il y a quelques années, Mme Dodee Frost Crockett, du bureau de Dallas de la compagnie Merrill Lynch, a relaté une anecdote qui peut surprendre toute personne qui considère qu'un conseiller financier est simplement quelqu'un qui vend des produits d'investissement au moyen d'un abondant baratin de vente et de connaissances économiques précises.

Dodee bâtit des relations solides avec ses clients. Elle leur apprend qu'elle réside à Dallas depuis toujours, qu'elle y connaît beaucoup de monde et que si jamais ils sont aux prises avec un problème insoluble — même si la situation n'a rien à voir avec un problème financier — ils peuvent la contacter. «C'est une de mes raisons d'être» se plaît-elle à dire.

Les clients profitent de cette généreuse offre ouverte. Quelques-uns font appel à son aide s'ils ont besoin d'un bon plombier ou d'un menuisier. D'autres, parce qu'ils ne peuvent inscrire leur enfant dans une école privée, la contactent en espérant qu'elle connaisse un membre influent du conseil d'administration ou un ancien étudiant. Une fois, elle a reçu un appel de détresse alors que le photographe désigné pour le mariage d'un client s'est fracturé la jambe en tombant dans un escalier la journée même de l'événement. «Dodee, pouvez-vous me trouver un photographe?» s'est-elle entendu demander.

Dodee raconte une anecdote à propos d'un client désespéré qui a téléphoné un mardi matin annonçant qu'on lui avait diagnostiqué un cancer et qu'il devait être opéré vendredi. « On m'a toutefois avisé que je pouvais obtenir une deuxième opinion mais que cela devait se faire avant vendredi, expliquait le client. J'ai téléphoné partout et franchement j'ai été incapable de rejoindre personne pour obtenir un rendez-vous. Mon épouse s'est alors rappelée que vous aviez dit que si jamais nous avions besoin de toute forme d'aide nous pouvions vous contacter. Je suis conscient de demander beaucoup, mais je vous appelle pour savoir si vous pourriez m'aider.»

Très compatissante, Dodee a promis d'agir immédiatement. Après avoir raccroché, elle s'est demandée qui pourrait aider. Justement, un autre client est un employé d'un hôpital universitaire local. Elle composa son numéro, mais sa réceptionniste lui dit qu'il était en réunion. «Dites-lui que c'est sa courtière et que c'est important», expliqua-t-elle.

Lorsque le client répondit au téléphone, elle lui expliqua son problème et lui transmit la demande d'aide. «Dis-moi, Jean, si c'était ton père, où l'enverrais-tu?»

«Facile, dit-il, je lui ferais voir le chef en oncologie de l'hôpital.»

Mais c'était mardi, Dodee lui fit-elle remarquer, et l'opération devait se tenir vendredi. «Écoute, je le connais très bien. Nous jouons au golf à tous les samedis», lui dit son client. «Laisse-moi le temps de descendre au rez-de-chaussée pour vérifier ce que je peux faire.»

Dix minutes plus tard, le téléphone de Dodee sonnait. «Ton client a un rendez-vous aujourd'hui à 16 h 30» annonça son client-médecin. Il s'avéra que l'opération était nécessaire et que son client apprécia tellement le médecin qui lui fournit une seconde opinion qu'il le choisit pour faire l'opération. La tumeur était bénigne; le client guérit complètement. Maintenant, Dodee Frost Crokett compte un client convaincu que sa courtière lui a sauvé la vie, et il lui réfère tout le monde qu'il connaît pour des conseils d'ordre financier.

> Le marketing est l'élément de succès qui a été le plus régligé par les conseillers financiers

Les quatre secrets du succès

Chaque conseiller financier développe et imagine ses propres formules gagnantes. Chacun apporte sa propre étincelle à l'industrie. Toutefois, pour atteindre le succès, quatre éléments sont essentiels.

Premièrement, le conseiller doit développer ses talents d'autogestionnaire, soit la détermination de ses buts, l'autodiscipline et la gestion de son temps. Stephen Covey, entre autres, a écrit de façon exhaustive sur ce sujet. Il est judicieux dans toutes les circonstances de rechercher l'amélioration constante de ces aspects de nos vies.

Le deuxième élément crucial est une attitude mentale positive. Dans tous les aspects de la vente, les occasions de sombrer dans le découragement sont nombreuses. Le conseiller doit constamment surmonter la

Figure I.1

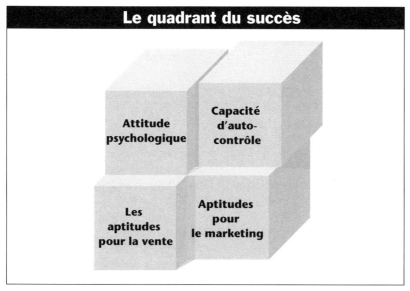

Le quadrant du succès

Attitude psychologique

Capacité d'auto-contrôle

Les aptitudes pour la vente

Aptitudes pour le marketing

tentation d'y succomber ou de simplement s'y adonner. Une vision mentale positive est essentielle, particulièrement lorsque vous bâtissez votre clientèle. C'est peut-être moins important lorsque vous vous êtes acquis une base solide de clients, mais tous les conseillers financiers connaissent de frustrantes rebuffades et des rejets qui viennent éprouver leur volonté. Ce phénomène a été bien documenté que ce soit par Napoleon Hill dans *Think and Grow Rich* ou tout récemment par Anthony Robbins.

De toute évidence, le troisième élément est le talent dans la vente. Lorsque nous parlons à un client acquis ou potentiel, nous devons faire preuve d'empathie, déterminer ses intérêts et formuler des recommandations sur lesquelles il peut ou pourra agir. Convaincre un client que votre recommandation est dans son meilleur intérêt est essentiellement un processus de persuasion. À ce sujet, la documentation écrite et audio-visuelle abonde sur la façon d'améliorer vos talents de vendeur.

Marketing et vente

Le quatrième élément pour trouver des clients et les fidéliser est l'art du marketing. Le marketing reçoit généralement moins d'attention que les autres éléments et a été largement sous-évalué. En effet, plusieurs personnes confondent les différences entre le marketing et la vente. Une excellente façon de les distinguer est la suivante : la vente demande de convaincre une personne de vouloir ce que vous avez; le marketing s'occupe de s'assurer que vous avez ce que quelqu'un désire.

Ces deux assertions sont complètement différentes. Peu importe combien persuasif vous pouvez vous montrer comme vendeur, si vous essayez de vendre des réfrigérateurs à des esquimaux vous n'obtiendrez pas beaucoup de succès. Ou pour prendre un autre exemple, si vous opérez un magasin de disques en vinyle à l'ère des CD, peu importe vos grands talents de vendeur, vous ne pourrez devenir très florissant.

Une autre façon facile existe pour les conseillers financiers de distinguer la vente du marketing. La vente est essentiellement ce qui se passe lorsque vous êtes face à face avec le client acquis ou potentiel. C'est une interaction. Le marketing, d'un autre côté est formé de tout ce qui se passe avant et après l'interaction appelée vente.

Les vendeurs passent une quantité phénoménale d'énergie et d'efforts à s'assurer qu'ils ont le maximum de succès possible dans la très importante interaction de la vente. Et c'est très logique. Toutefois, ils ne sont pas portés à donner beaucoup d'attention sur ce qui transpire — ou idéalement devrait transpirer — avant et après cette rencontre cruciale. Pourtant, une petite dose de jugeote avant une rencontre peut augmenter de façon vertigineuse vos probabilités de succès. De façon similaire, nourrir le client après la vente peu augmenter beaucoup vos chances de succès futurs.

Un accent sur le marketing

Ce livre se concentrera sur le marketing. Comment maximiser le succès en vous positionnant comme le genre de conseiller financier avec lequel un client potentiel ou acquis veut faire affaire. En particulier, ce livre mettra répétitivement l'accent sur le devoir d'importance suprême de prendre en considération les besoins des clients plutôt que les nôtres. Il est facile dans le tumulte de notre vie quotidienne d'ignorer les paroles et les besoins du client alors que nous luttons pour promouvoir nos propres intérêts. Facile, mais dangereux.

Exercer nos activités dans l'intérêt des clients est un élément pivot dans une stratégie de marketing réussie. Le marketing est un investissement obligatoire dans nos activités. Il rapporte des dividendes immédiatement et à long terme. Il vous amènera au décollage qui se traduira en une montée vertigineuse de vos activités.

Le décollage est un mot excitant que nous associons généralement à la NASA et non aux services financiers. C'est le moment extrême lorsque les fusées explosives commencent à propulser les astronautes vers leur merveilleuse ascension. Personne ne peut s'empêcher d'être ébloui par cette image saisissante.

Même si le décollage semble spontané, il n'est possible que grâce à la confluence de plusieurs forces qui restent invisibles pour l'observateur commun. Il requiert une planification méticuleuse à court et à long terme. Pour les scientifiques de la NASA, le décollage exige de subordonner leurs propres besoins à ceux de leurs très exigeants clients, les astronautes. Le décollage est aussi une affaire de confiance et de patience.

Pour vos activités, le décollage requiert la même formule. Vous devez mettre l'accent sur les besoins des clients plutôt que sur les vôtres. Vous devez exercer votre discipline et votre patience. Vous devez aussi investir dans vos affaires. Cette constellation d'activités de marketing aidera à bâtir la confiance des clients et vous procurera une valeur ajoutée vous permettant d'établir une solide relation. Ceci vous aidera aussi à vous différencier des autres conseillers. Toute cette dynamique initiera le décollage.

Le décollage dans vos activités est orchestré bien différemment de ceux de Cape Canaveral. Il n'a pas lieu en un seul instant. À mesure que vous appliquerez des idées de marketing intelligentes à vos affaires, vous commencerez à remarquer que vous en tirez profit graduellement. Et à mesure que vous investissez dans ces techniques, vous réussirez éventuellement votre décollage : vos ventes, comme des fusées, monteront de façon exponentielle. Mais, je vous préviens, cela prend du temps. Les grandes victoires ne sont pas immédiates.

Recruter des clients et les fidéliser

Au sens large, notre métier implique deux activités. Nous devons d'abord recruter des clients. Ensuite, nous devons les fidéliser. Ce livre aborde ces défis en préparation d'un décollage réussi.

Nous passerons beaucoup de temps, soit la moitié du livre, à rechercher des clients, parce que c'est là que tout débute. Nous examinerons tous les aspects, à partir du contact inital jusqu'à l'utilisation des médias, et de l'intégration de vos méthodes de prospection dans un système de pilotage automatique jusqu'à l'approche combien importante du marketing ciblé.

Une fois que vous aurez établi une clientèle, vous chercherez à la fidéliser. La façon la plus certaine d'obtenir ce résultat est de faire en

Figure I.2

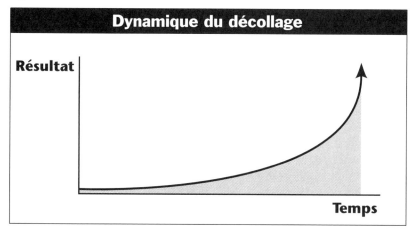

sorte que vos clients soient éblouis par votre performance. Donc, nous examinerons une variété de techniques destinées à bâtir une relation solide et de longue durée. Cela exigera, entre autres, d'améliorer votre capacité d'écouter, d'implanter un système efficace de feed-back et d'apprendre qu'il faut parfois mettre vos propres intérêts de côté de façon à persuader le client que vous êtes réellement attentif à ses besoins.

La dernière section du livre se consacre à l'implantation, soit l'établissement d'une fondation pour que ces activités soient introduites d'une façon harmonieuse à votre pratique. Je proposerai des idées spécifiques pour améliorer le fonctionnement de votre bureau afin que la plupart des idées de ce livre deviennent réalisables et non pas des rêves illusoires.

Dans cette optique, ce livre contient certains éléments d'un cahier d'exercices. De temps en temps, vous serez appelé à remplir des questionnaires. De plus, le CD-ROM d'accompagnement contient du matériel que vous pouvez utiliser pour mettre en pratique nos suggestions. Par exemple, lorsque j'explique comment améliorer vos chances d'obtenir des témoignages de satisfaction de vos clients éblouis, vous trouverez les scénarios et les lettres appropriés sur le CD-ROM. Tout ce que vous devez faire dans la majorité des cas c'est de reprendre notre lettre modèle sur votre papier à entête et la signer. Vous disposez donc d'un nouvel outil pour augmenter votre efficacité. Tous les tableaux ou graphiques identifiés par un ☯ sont inclus sur le CD-ROM, comme à la figure 7.1 ☯.

Les conseils réunis dans ce livre sont d'ordre extrêmement pratique et on n'y retrouve pas d'exercices intellectuels vagues. Le livre offre des idées concrètes, tangibles et des suggestions que vous pouvez mettre en place facilement. Dans la vaste majorité des cas, ces suggestions seront très simples parce que j'ai appris que les idées compliquées ne fonctionnent pas. Les choses simples semblent avoir le meilleur impact.

La solution à 5 $

Par exemple, considérez l'effort typique que vous déployez lorsque vous préparez une réunion avec un client potentiel. Une fois l'entrevue planifiée, trois résultats peuvent se produire dont un seul est positif :

• La réunion peut combler exactement vos attentes. Vous installez un climat d'empathie qui amène le client à s'ouvrir et qui aboutit soit à l'ouverture d'un nouveau compte ou du moins à la promesse d'une nouvelle réunion pour enclencher le processus. C'est un succès!

• Mais le contraire peut aussi se produire. Vous pouvez découvrir que vous n'arrivez pas à établir une bonne relation avec le client qui n'est pas vraiment ouvert et réceptif à vos idées. La réunion est un échec.

• La troisième possibilité est que la réunion n'ait jamais lieu. Et ceci se produit beaucoup trop souvent. Vous recevez un message d'un client — le jour avant la réunion, quelques heures avant ou juste au moment où vous vous apprêtiez à quitter votre bureau — pour vous aviser qu'il ne peut vous rencontrer. Il a changé d'idée ou un empêchement est survenu. Vous pourrez peut-être replanifier une autre réunion mais ce n'est pas certain. Des occasions ratées comme celle-là sont très frustrantes.

Supposez que vous pourriez investir 5 $ pour réduire de façon significative la possibilité que cette rencontre soit annulée et aussi pour augmenter les chances d'un dénouement positif. Juste 5 $. Assurément, vous direz comme la plupart des conseillers financiers: «Certainement! Où dois-je signer?» Compte tenu de la difficulté d'obtenir des rendez-vous et de l'ampleur de ce qui est en jeu, 5 $ semble un investissement minime pour améliorer les chances de réussite.

Voici la solution : après avoir obtenu un rendez-vous, envoyez une lettre de confirmation au client potentiel. Joignez-y de l'information sur vous, sur votre entreprise ainsi que des renseignements d'ordre financier pertinents qu'il pourrait probablement apprécier. Simple, n'est-ce pas? Des recherches effectuées par notre compagnie ont effectivement prouvé qu'un simple envoi de confirmation augmente substantiellement les possibilités que le client respecte et qu'il accorde une réponse positive à vos recommandations.

Notez que cette tactique n'a rien à voir directement avec l'issue de la réunion, mais plutôt avec sa préparation. C'est du marketing. Un moyen pour conditionner une réponse positive de la part d'un client donné.

Confiance et patience

Plusieurs thèmes récurrents jalonnent ce livre. Un de ceux-ci est l'importance primordiale de bâtir la confiance, une activité qui doit primer sur tout ce que nous faisons. Un autre thème est la nécessité d'apprendre à être patient. Ceci peut sembler étrange parce que historiquement, la patience était à l'antipode de ce qui était recherché chez un conseiller financier gagnant. Traditionnellement, les succès semblaient reposer sur l'orientation action. À vos marques, prêts, partez! La conviction de pouvoir faire arriver les événements.

En fait, il n'y a pas plus de 10 ans, si vous aviez demandé l'importance de la patience chez un nouveau conseiller à un gestionnaire responsable du recrutement dans une grande firme, la réponse aurait été : «Ce n'est pas important du tout.» La patience était même perçue comme négative. Si quelqu'un était patient, cela signifiait qu'il n'était pas assez proactif. Il manquait assurément de la détermination absolument nécessaire pour faire arriver les choses.

À mesure que le temps passe, les conseillers financiers auront de toute évidence besoin de zèle et d'une solide orientation vers leur but. Mais ils devront temporiser ceci avec un certain degré de discipline et de patience qui n'étaient pas nécessaires jusqu'à maintenant. Ils seront dans l'obligation d'adopter une vision à long terme du rendement de leurs activités sur le marché.

Permettez-moi de vous donner un exemple. Supposons que vous décidiez d'approcher l'éditeur de votre journal local après avoir lu mes commentaires dans ce livre sur la crédibilité que confère aux conseillers financiers une association avec les médias. L'éditeur vous autorise à écrire un article sur l'importance de la planification financière. Après une quantité considérable d'efforts de recherche, de rédaction et de révision de l'article, vous le complétez et le soumettez pour la publication. On vous informe qu'il sera imprimé lundi matin.

Assuré de la pointe que cette démarche provoquera dans votre entreprise, — anticipant un décollage immédiat — vous annulez tous vos rendez-vous pour lundi et vous faites les arrangements nécessaires pour faire installer une deuxième ligne téléphonique. Il ne faut surtout pas manquer les appels urgents de clients potentiels qui, après avoir lu votre article, se précipiteront sur leur téléphone pour vous demander où ils doivent envoyer leurs chèques. Le lundi arrive, vous êtes fin prêt et vous attendez, vous attendez et vous attendez. Rien ne se passe. Alors vous concluez : «Ceci a été une perte de temps. Selon toute évidence, cela ne valait pas la peine.»

À court terme, ce jour en particulier, l'article n'a produit aucun rendement évident. Mais à moyen terme et certainement à long terme, cet article pourrait s'avérer le meilleur investissement de temps et d'énergie que vous pourriez avoir fait. C'est la dynamique du décollage. L'article vous a identifié comme un conseiller financier crédible dans l'esprit des clients potentiels et ceci pas uniquement parmi ceux qui ont lu le journal ce jour-là, mais aussi parmi ceux à qui vous le montrerez lors de vos prochaines activités de marketing.

Ceci est un exemple d'une vision à long terme dans l'exercice de nos activités. Nous voudrons certainement entreprendre des activités à court terme qui procurent un résultat à court terme. Mais nous devons les équilibrer avec d'autres qui demandent plus de patience et qui rapporteront dans un avenir plus lointain.

Les idées qui fonctionnent

À la fin de la journée, la mesure du succès pour le temps et l'argent que vous avez investi dans ce livre sera tributaire des idées que vous mettrez en action. Vous pouvez terminer ce livre en vous disant : «C'était un des livres le plus phénoménal que j'ai lus! Quelles idées extraordinaires!» Mais si dans six mois ou un an d'ici, vous n'avez rien changé dans vos façons de fonctionner, malgré le temps, les efforts et l'argent alloués au livre, vous n'en auriez rien retiré. Ce sera un investissement valable seulement si vous changez vos habitudes pour vous diriger vers le décollage.

Dans cet esprit, les idées sont présentées de façon telle qu'elles permettent une implantation et une réalisation immédiate. Tout au long du livre, je discute de la façon de trouver du temps pour mettre en place les nouvelles approches que je prône, et de structurer ces idées dans votre travail quotidien. Sur le CD-ROM fourni, vous trouverez aussi des exemples de documents destinés aux clients que vous pourrez aisément modifier pour votre propre usage. Mais en bout de ligne, c'est uniquement votre engagement à faire les suivis nécessaires en tant que conseiller financier qui vous catapultera vers le succès.

Il est bon de mentionner qu'une foule de légendes circulent dans ce métier sur les choses qui fonctionnent et sur les ingrédients nécessaires au succès. La plupart de ces leurres ont leurs racines dans des activités qui fonctionnaient dans le passé (bien que quelques-unes, j'en suis presque certain, n'aient jamais fonctionné même à cette époque). Mais malgré les années, ces mythes ont été soigneusement entretenus, répandus et exagérés jusqu'à ce qu'ils soient largement perçus aujourd'hui comme des préalables au succès.

J'adopte une approche différente. Après avoir entendu une idée, je l'évalue. L'approche est-elle logique à la lueur de ce que je sais? Parfois oui, parfois non. Si l'idée peut fonctionner, je l'amène à l'étape logique suivante : le test.

Marketing Solutions, que j'ai fondé en 1988, travaille à l'amélioration de la performance des conseillers financiers dans toute l'Amérique du Nord. Un de nos fleurons est notre engagement solide dans la recherche sur le terrain. Nous parlons aux conseillers et aux clients. Nous testons différentes options. Nous séparons l'imaginaire des faits.

Les idées contenues dans ce livre fonctionnent. Elles ne sont pas des mythes ou des légendes. Elles ont été testées sur le marché auprès du critique ultime, le consommateur. Le résultat de cette recherche a été un amoncellement d'idées gagnantes exposées dans une succession de chapitres.

J'espère que vous considérerez quelques-unes de ces idées comme étant d'une grande valeur dans l'exercice de vos activités. D'autres, sans doute, vous sembleront complètement inutiles. Ne laissez pas une idée inadéquate à vos activités obscurcir votre jugement sur les autres recommandations. Dites-vous seulement : «Ceci ne fonctionne pas pour moi mais pourrait fonctionner pour quelqu'un d'autre.» Parce que la prochaine idée que vous pourriez vous approprier pour la mettre en pratique dès demain peut apparaître farfelue pour un autre conseiller financier. De toute façon, même si vous appréciez chacune des idées contenues dans ce livre, il serait impossible d'en implanter plus de 10 %. Alors choisissez judicieusement.

Les meilleurs vendeurs

Il faut souligner que lorsque vous implantez ces idées, une grande partie du crédit revient aux conseillers financiers qui dans certains cas sont les instigateurs de ces idées, et dans d'autres, ont accepté de les tester sur le terrain, avec des clients ou des clients potentiels réels. Un exemple de partage pour moi est notre conférence annuelle des meilleurs vendeurs. Pendant deux jours, 15 à 20 conseillers financiers à succès provenant de tout le continent — des gens comme Dodee Frost Crockett — nous expliquent ce qui les différencie des autres sur le marché. Compte tenu de la diversité du marché et de la variété des styles d'opérations dans l'industrie, une grande quantité d'approches et de philosophies sont présentées.

Toutefois, ces conseillers-vedettes possèdent tous trois caractéristiques virtuellement universelles :

• La première est l'accent total sur le client. Presque tous les conseillers vedettes établissent une relation solide avec le client qui va bien au-delà de ce que le client considère normal. Dodee Frost Crockett s'ingéniant à trouver un médecin pour son client n'en est qu'un exemple.

• La deuxième caractéristique qu'ils partagent est la profonde motivation qu'ils éprouvent à s'investir dans leurs activités. Ils ont généralement embauché de solides équipes pour les seconder. Ils s'occupent minutieusement de la technologie, de leur bureau et des autres infrastructures ainsi que de la vigueur du marketing.

• Troisièmement, ils ont presque toujours établi une approche bien nette de leurs activités et préparé un plan d'affaires écrit qui contient leurs objectifs et les méthodes pour les rencontrer. J'espère qu'en lisant ce livre vous serez inspiré par ces conseillers vedettes et que vous améliorerez l'emphase sur vos clients, investirez dans vos activités et déterminerez une stratégie d'affaires bien conçue qui balisera la piste lors de votre décollage majestueux.

Instantanés

✔ *Quatre ingrédients sont essentiels pour réussir en tant que conseiller financier : la capacité d'autogestion, une attitude mentale positive, des talents de vendeur et de la jugeote en marketing.*

✔ *Le marketing, qui a traditionnellement été dévalué, sera l'aspect le plus important de ce livre. Le marketing est tout ce qui précède et suit le rendez-vous pendant lequel la vente se fait.*

✔ *Pour atteindre le décollage, les conseillers financiers doivent planifier minutieusement à court et à long terme. Vous devez subordonner vos propres préoccupations à celles de vos clients.*

✔ *Après avoir décroché un rendez-vous, augmentez vos chances de succès en envoyant une lettre de confirmation au client potentiel. Cette lettre contiendra de l'information que le client pourrait apprécier sur vous, sur votre entreprise et sur le monde financier en général.*

✔ *La confiance et la patience sont des qualités essentielles pour les conseillers financiers. Dans le passé, la patience était perçue comme négative. À l'avenir, elle sera essentielle.*

✔ *Les idées contenues dans ce livre ne sont pas des mythes ou de la fantaisie. Elles ont été testées sur le marché auprès du meilleur critique, soit le client.*

✔ *Les conseillers à succès possèdent trois caractéristiques : une grande ferveur envers le client; un engagement solide à investir dans leur entreprise et une approche bien définie de leurs opérations incluant la préparation d'un plan d'affaires.*

Partie I
Un environnement en évolution

CHAPITRE 1

Comprendre l'évolution du client

L E MONDE DE L'INVESTISSEMENT, COMME TOUTES LES AUTRES SPHÈRES D'ACTI-vité, change actuellement plus rapidement qu'à tout autre moment dans le passé. Quatre forces fondamentales entraînent cette transformation : un client en constante évolution, une compétition accrue, une technologie qui se modifie constamment et le rôle toujours plus important que les médias jouent.

Tous ces aspects sont importants, bien sûr, mais l'élément primordial demeure le changement radical dans les exigences du client du point de vue de ses connaissances et de ses demandes. Un conseiller financier dira parfois : «Je fais un bon travail. Je mets les intérêts du client en premier. Puis je m'assois pour lui parler et je suis subjugué par tout son scepticisme et son cynisme. On dirait qu'il ne me fait pas confiance! Ce n'est pas juste.»

Ce n'est pas juste. Mais ainsi va le monde. Et le scepticisme que vous rencontrez ne frappe pas uniquement notre industrie. Tous les professionnels réalisent qu'ils ne sont plus traités comme s'ils étaient sur un piédestal, que leurs clients prennent pour acquis leur flair et leur empathie.

Un de mes amis, médecin, a confirmé ces préoccupations récemment en décrivant la modification de ses interactions avec ses patients. Lorsqu'il a ouvert son bureau, il y a 15 ans, il complétait après la visite d'un patient un diagnostic et offrait une ordonnance — la solution d'un expert au problème du patient. S'il était pressé, si d'autres patients attendaient, il ne prenait même pas le temps d'expliquer longuement la nature du problème. Le patient prenait l'ordonnance, le remerciait chaleureusement et ressortait au bout de cinq minutes.

Aujourd'hui, après la présentation du diagnostic, un déluge de questions commence : «Dites-m'en plus. Est-ce grave? Êtes-vous bien certain? Quel autre diagnostic pourrait être plausible? Comment la maladie peut-elle évoluer?» Une vingtaine de questions. Puis, il offre l'ordonnance et un nouveau flot de questions abonde. «Quels sont les effets secondaires? Est-ce que j'ai d'autres options? Avez-vous regardé l'émission à CNN sur ce problème la semaine dernière? Qu'est-ce qui peut m'arriver si je ne fais rien?» Plus de médecin sur un piédestal.

Une autre expérience récente avec un patient illustre bien le changement chez le consommateur. Une dame visite en effet le bureau du médecin avec un jeune bébé considérablement malade. Le médecin diagnostique assez rapidement que l'enfant souffre d'une infection à l'oreille qui peut se traiter simplement à l'aide d'antibiotiques. Il explique le problème, remplit une ordonnace et la dame quitte en le remerciant.

> **Les conseillers doivent être prêts à rester à jour, ou encore mieux, à la fine pointe du changement.**

Quarante-cinq minutes plus tard, l'infirmière lui apprend que la dame veut lui parler au téléphone. «Docteur, désolée de vous déranger» commence-t-elle, «mais avant d'aller faire remplir l'ordonnance, curieuse, j'ai consulté notre dictionnaire médical sur CD-ROM et j'ai trouvé de petites contradictions entre ce que j'y ai lu et ce que vous m'avez dit. Je voulais simplement des clarifications à ce sujet.»

Comparé à toute autre profession, les médecins historiquement jouissaient de la plus grande confiance de la part de leurs patients. Mais eux aussi sont exposés à des consommateurs plus connaisseurs, plus exigeants, plus sûrs d'eux et plus conscients de leur valeur. Ce n'est pas uniquement nous. C'est tout le monde. Les relations avec les clients ont été transformées domaine après domaine.

Et cela ne cessera pas soudainement. Le rythme du changement s'est accru à la fin des années 1980 propulsé par une attitude plus agressive, et compétitive, et par un environnement économique plus difficile. Et, qu'est-ce qui arrive au rythme du changement aujourd'hui? A-t-il ralenti? S'est-il nivelé? Bien sûr que non! Il s'accélère. Et vous connaîtrez la même ampleur de changement dans les cinq prochaines années que vous avez connue dans les dix dernières années.

Demeurer à la fine pointe des nouvelles valeurs du consommateur

Pensez un moment aux conseillers financiers à succès d'il y a dix ans qui n'ont pas su s'ajuster aux transformations profondes de notre environnement. Ils fonctionnent encore de la même façon aujourd'hui qu'à cette époque. Quelles sont les chances qu'ils soient demeurés prospères aujourd'hui? La réponse est de peu à aucune.

Ce déclin dans leur efficacité n'a rien à voir avec eux. Ils restent aussi talentueux que jamais. Mais s'ils n'ont pas gardé le rythme de l'évolution du consommateur vers la maturité, leurs affaires en ont inévitablement souffert.

En effet, il ne suffira pas dans l'avenir de simplement garder le rythme de l'évolution du consommateur. Un défi important auquel les conseillers financiers devront faire face sera de rester au devant du changement des attitudes et des valeurs du consommateur. Les vrais gagnants seront ceux qui peuvent anticiper où les clients se trouveront dans trois ou cinq ans et qui y seront déjà rendus. Les gagnants seront ceux qui embrassent les changements et les occasions plutôt que de leur résister comme à une menace. Les conseillers doivent identifier comment se réorienter avec enthousiasme avant d'être forcés de le faire.

Le second agent de changement sera une compétition plus intense. Ceci nous touchera à deux niveaux. Nous verrons indubitablement de nouveaux joueurs importants envahir le marché. Nous observerons aussi que les compétiteurs actuels deviendront considérablement plus combatifs. Ce scénario ne devait pas être perçu comme une menace probable, une prédiction qui pourrait peut-être se produire. Il est absolument certain que vous devrez faire face dans l'avenir à une compétition plus intense et aguerrie pour l'obtention de ces consommateurs évolués. Vous n'avez d'autres choix que d'accepter cette nouvelle réalité.

La technologie est la troisième vague de changement touchant notre industrie. Jusqu'à maintenant, nous avons uniquement effleuré les possibilités de la technologie qui ouvre un accès élargi tout en créant de nouvelles options pour rechercher et faire état des performances. Dans un avenir très rapproché, les clients auront l'occasion d'effectuer leurs transactions en direct. En fait, les réels compétiteurs que nous devrions craindre pourraient bien être Microsoft et Intuit avec leurs capacités impressionnantes à créer des logiciels destinés aux consommateurs et leur voracité dans la recherche de nouveaux marchés.

Les médias sont la quatrième force génératrice de changement. Les médias ont dominé la croissance des activités d'investissement particulièrement du côté des fonds de placement depuis la dernière décennie. Les conseillers financiers peuvent remercier les médias d'avoir développé un intérêt pour l'investissement. Ils ont fait réaliser aux clients la nécessité de prendre leurs responsabilités face à leur avenir financier et de mieux s'occuper de la façon dont ils gèrent leur actif plutôt que de continuer selon la méthode traditionnelle.

Nous pouvons remercier chaleureusement les médias pour cela. Mais le prix que nous payons, avons-nous remarqué et continuons-nous de le faire, est que les médias sont de plus en plus critiques. Aux États-Unis, certains chroniqueurs exercent une influence incroyable sur

Figure 1.1

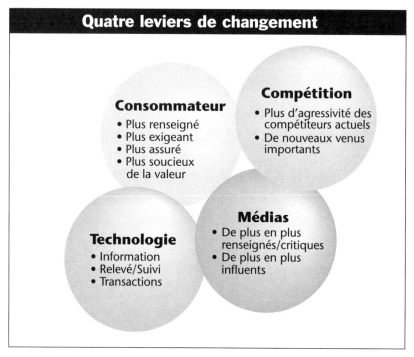

Quatre leviers de changement

Consommateur
• Plus renseigné
• Plus exigeant
• Plus assuré
• Plus soucieux
  de la valeur

Compétition
• Plus d'agressivité des
  compétiteurs actuels
• De nouveaux venus
  importants

Technologie
• Information
• Relevé/Suivi
• Transactions

Médias
• De plus en plus
  renseignés/critiques
• De plus en plus
  influents

les attitudes et sur les valeurs. Et ce phénomène ne fera pas que persister, il s'amplifiera. Dans l'avenir, les consommateurs deviendront de plus en plus sceptiques.

Ces quatre agents du changement, soit des consommateurs plus aguerris, une compétition plus intense, une technologie en évolution constante et des médias de plus en plus influents et critiques continueront de faire évoluer les choses dans l'avenir. Nous n'avons aucun contrôle sur ces forces. Elles sont des données. Il ne s'agit pas de se demander s'il y aura du changement, il y en aura. La question est plu-

Figure 1.2

Des clients plus instruits exigent :

❏ Un accès aux meilleurs produits
❏ Un accent sur les conseils plutôt que sur l'information
❏ Une plus grande emphase sur «l'aspect global»
❏ Un engagement plus grand envers la communication et la formation
❏ Des critères de satisfaction de la clientèle plus élevés
❏ Une orientation axée sur la valeur

tôt de se préparer à rester à la hauteur ou préférablement de précéder les changements.

Les implications de l'évolution des consommateurs

Approfondissons maintenant la nature du nouveau consommateur. Souvenez-vous de ses caractéristiques : il est plus instruit, plus sceptique et plus axé sur la qualité. Moins confiant, moins loyal, moins résistant au changement. Et ces attitudes, rappelez-vous valent autant pour les patients de mon ami médecin, pour General Motors, IBM, le magasin du coin et pour tout le système d'éducation. Tout le monde est assailli par des consommateurs plus connaissants, exigeants, sûrs d'eux et axés sur la qualité.

Quelles sont les implications? Premièrement, des consommateurs instruits demandent d'avoir accès aux meilleurs produits. Si vous faites affaire avec un client qui n'est pas très renseigné ou instruit et que vous lui recommandiez un investissement, une nouvelle émission ou un fonds de placement qui ne figurent pas parmi les meilleurs, les chances sont assez bonnes que vous décrochiez la vente parce que votre client ne connaît pas mieux. Lorsque vous rencontrez un consommateur averti, vous ne pouvez risquer cette approche. Vous pouvez parfois vous en sortir avec une recommandation très standard, mais à long terme, si vous ne pouvez offrir un accès aux meilleurs produits vous ne garderez pas ce type de client. Je pourrais citer un bon nombre d'exemples d'organisations qui ont toujours vendu des produits maison—des produits exclusifs—mais qui sont maintenant obligées de vendre des fonds gérés par des tiers. Et dans cette transition, elles ont dû remplacer les frais de gestion par des frais administratifs beaucoup plus minimes, sous les pressions de ce consommateur averti et plus exigeant.

Une deuxième implication est la nécessité pour le conseiller financier de mettre une plus grande emphase sur un portrait financier global. Historiquement, plusieurs conseillers financiers ont mené leurs affaires sans mettre au point une solide planification financière : un portrait à jour de la situation, des besoins et des objectifs du client. Ceci ne pourra continuer parce que les clients ne l'accepteront plus. Une planification en profondeur sera un coût obligatoire dans l'exercice de nos activités dans l'avenir. Nous devrons investir du temps au début du processus pour rassembler l'information pertinente et identifier la direction que le client souhaite prendre.

La première question que soulève la création d'un tel plan est : financièrement, où les clients doivent-ils se trouver aujourd'hui compte tenu de l'âge auquel ils veulent se retirer et le style de vie dont ils veulent profiter à ce moment. Ensuite, en se basant sur l'épargne accumulée et le taux d'épargne réalisé, où les clients se dirigent-ils? Ceci nous amène à la troisième question : quel écart existe-t-il, s'il y en a un, entre les besoins financiers futurs et la capacité financière actuelle. Vont-ils rencontrer leur but? Sinon, nous devrons répondre à la question la plus importante : comment vont-ils y parvenir?

Pour ce faire, les clients auront toujours la possibilité de réduire leur style de vie après leur retraite. Toutefois, la plupart des clients ne sont évidemment pas trop réceptifs à cette proposition. Veulent-ils considérer travailler plus longtemps? Plusieurs clients acceptent cette possibilité mais à contrecoeur. Peuvent-ils économiser plus? Dans certains cas, c'est une option raisonnable. Ou ont-ils l'intention de modifier la répartition de leur actif? Adopteront-ils un modèle d'investissement différent pour rencontrer leur objectif de retraite, même s'ils doivent ce faisant s'exposer à un degré de volatilité plus élevé?

Seulement en entreprenant cette collection de renseignements et ce processus d'établissement des objectifs au début de votre relation avec le client, vous comprendrez tous les deux le plan dans son entier. Le conseiller aussi bien que le client doit comprendre la stratégie globale pour être en harmonie afin que vous puissiez agir dans son intérêt et continuer de servir ce consommateur évolué. Je me souviens avoir lu que Merrill Lynch a vendu 150 000 planifications financières à 150 $ chacune il y a quelques années.

La satisfaction n'est pas satisfaisante

La troisième conséquence de faire affaire avec des clients de plus en plus sophistiqués est que nous serons forcés d'investir plus dans la communication et dans la formation. Les clients vont l'exiger. Si nous ne pouvons y satisfaire, ils nous quitteront.

Un autre facteur nous pousse aussi vers la formation. Il y a dix ans, si vous étiez un conseiller financier, les clients se tournaient invariablement vers vous comme source unique d'information sur l'investissement et sur les conseils financiers. Aujourd'hui, les clients glanent de l'information financière et des conseils partout. Ils baignent dedans, que ceux-ci proviennent de la télévision, de la radio, des journaux, des amis, des gens qu'ils rencontrent dans des soirées ou de leurs collègues. Vos clients reçoivent une grande variété d'informations financières. Mais la question primordiale est de savoir s'ils reçoivent suffisamment d'information de votre part pour qu'ils vous maintiennent au sommet dans cette galaxie de conseils? L'existence de clients plus instruits exige un engagement plus intense dans la communication avec eux et dans leur formation.

Une quatrième conséquence de servir des clients plus instruits, exigeants et sûrs d'eux est que le conseiller devra réussir à atteindre des standards beaucoup plus élevés de satisfaction de la clientèle. Il s'agit là d'un des thèmes centraux de ce livre. Nous en discuterons plus en détail plus loin. Mais pour le moment, permettez-moi de vous faire remarquer que les critères standards de service à la clientèle auxquels aspirait chaque industrie, et qui étaient jadis appropriés, ne sont plus du tout suffisants aujourd'hui. L'objectif recherché par les conseillers financiers, par exemple, était simplement de maintenir la satisfaction des clients. Gardez-les satisfaits, ils resteront loyaux et vous pourrez obtenir plus de leur argent et des indications de clients.

Cela semble correct jusqu'à ce que vous vous glissiez dans la peau du client d'aujourd'hui. Imaginez que vous dîniez au restaurant samedi soir. Le lendemain matin, votre voisin vous demande : «Avez-vous aimé ce nouveau restaurant?» Et vous de répondre : «J'ai été satisfait.»

Est-ce une recommandation excitante? Votre voisin sera-t-il tenté d'aller à ce restaurant? Ce dernier se retrouvera-t-il au sommet de la liste de ceux où vous aimeriez dîner la prochaine fois que vous sortirez? Pas vraiment.

Après tout que signifie l'expression «satisfait»? Cela donne l'impression que l'expérience était correcte. Ce n'était pas terrible. Ce n'était pas mauvais au point de quitter. En bref : c'était moins pénible de rester que de quitter.

Historiquement, avec des clients moins critiques, ceci pouvait être un standard adéquat. Mais pas aujourd'hui. Quelle réaction les restaurateurs d'aujourd'hui doivent-ils provoquer? Pas, «J'ai été satisfait». Pas, «C'était correct». Ils doivent plutôt susciter une recommandation chaleureuse du type «C'était fabuleux!», «C'était fantastique!», «J'ai été enchanté! C'était délicieux.»

Et nous devons susciter ce même type de réponse chez nos clients si un de leurs amis, associés ou voisins leur demandent s'ils ont aimé faire affaire avec leur conseiller financier. Si le mieux que vos clients puissent dire est «Je suis satisfait», vous n'obtiendrez probablement pas ce client potentiel. Pire, vous vous exposez à ce que votre client vous quitte un jour pour un compétiteur qui paraît meilleur que juste satisfaisant. Si la seule raison de continuer d'être votre client est qu'il est plus difficile de vous quitter que de rester, à un moment donné, le client rencontrera quelqu'un pour qui il vaudra la peine de se donner ce mal.

En fait, ceci met en relief un changement crucial dans la mentalité des clients. Il y a dix ans, leur point de vue vis-à-vis de nous était : «Je vais rester à moins que vous me donniez une raison de quitter. Ce n'est peut être pas facile de m'attirer comme client mais une fois conquis je serai votre client pour la vie à moins que vous fassiez quelque chose pour me déplaire.» Aujourd'hui, cette proposition est inversée et la tendance grandissante est : «Je vais vous quitter à moins que vous me donniez une bonne raison de rester.» Encore une fois, ce n'est pas nous qui provoquons cette réaction. Nous n'avons pas changé à ce point. C'est seulement le fait de clients plus exigeants, plus critiques, ayant plus de discernement. Ce phénomène a remodelé l'environnement dans lequel nous évoluons.

Dépasser les cinq «E»

Le dernier secteur de changement est la nécessité de se concentrer sur la valeur. Traditionnellement, dans une relation d'affaires avec des clients plutôt ignorants et qui étaient menés par leurs émotions, les conseillers financiers n'avaient besoin que des quatre E pour réussir : soit l'enthousiasme, l'empathie, l'effort et un peu d'expérience. Vous deviez en savoir plus que votre client ce qui, compte tenu de son faible degré de connaissance, n'était pas très difficile à réaliser. En fait, pour certains conseillers, l'expérience consistait entièrement à rencontrer l'exigence d'un cinquième E, l'équité, convaincu d'offrir ainsi un avis logique.

En comparaison aujourd'hui, les clients sont plus renseignés et, même s'ils sont encore menés par leurs émotions, ils se servent de plus en plus de leur raison. Les conseillers ont encore besoin de l'enthousiasme, de l'empathie, de l'effort et de l'expérience mais le niveau d'expérience demandé est considérablement plus élevé. Avec des clients plus renseignés, vous devez en retour en connaître plus. Pour un conseiller financier, le glas sonne au moment où son client en connaît plus que lui.

De plus, vous devez offrir un extra aux clients d'aujourd'hui: une valeur ajoutée. Les clients doivent clairement sentir qu'ils reçoivent une valeur distincte de votre part. Cette valeur peut prendre plusieurs formes mais elle doit être présente et visible pour les clients.

Une des formes qu'elle peut prendre est celle d'une planification financière, la base du travail avec le client et son cadre d'évaluation par rapport au chemin qui le mènera à ses buts futurs. La valeur peut aussi émerger de conseils personnalisés. À mesure que nous avançons, les clients rechercheront des avis de plus en plus sophistiqués. Les standards historiquement acceptés, qui dans certains cas étaient relativement sophistiqués mais dans d'autres plutôt simplistes, ne seront plus suffisants dans l'avenir. Nous devrons nous attaquer à une répartition de l'actif plus raffinée, à une construction de portefeuille plus complexe et à des réajustements plus fréquents. Nous devrons aussi offrir des produits totalement compétitifs.

Les rapports peuvent aussi offrir de la valeur aux clients. Nous devons communiquer avec nos clients régulièrement pour les situer—idéalement sur la base qu'ils préfèrent. Je peux envisager un scénario dans un avenir assez rapproché dans lequel vous vous assoyez avec un nouveau client qui vient d'effectuer son premier achat et vous lui annoncez :

«Permettez-moi de vous faire part des différentes façons de présenter les rapports sur votre portefeuille. Voici cinq options, offrant des types d'information et des degrés de complexité différents. La plupart de mes clients préfèrent l'option numéro 3 parce qu'ils la trouvent équilibrée, mais selon vos besoins nous pouvons être plus ou moins détaillé. Laquelle préférez-vous?

«En passant, à quelle fréquence voulez-vous obtenir ces rapports? La plupart de mes clients préfèrent un rapport trimestriel, mais si vous préférez des rapports moins nombreux, je peux demander des rapports semestriels ou annuels. Si vous voulez des rapports plus fréquents, c'est possible, moyennant des coûts minimes, mais l'option est disponible.

«Nous pouvons vous envoyer vos rapports selon vos préférences, à la fréquence que vous voulez et de la façon qui vous convient. Préférez-vous que vos relevés vous soient postés, télécopiés, envoyés par courriel, sur disquette? Préféreriez-vous que nous téléchargions directement dans votre ordinateur?»

Ceci peut paraître décourageant actuellement mais ce sera bientôt un type de service standard au client. Les rapports sont un moyen par lequel nous pouvons facilement ajouter de la valeur. En fait, actuellement, ils sont une source de plaintes de la part des clients. Certains clients sont absolument convaincus qu'une conspiration de l'industrie de l'investissement a été mise sur pied pour les confondre avec ces rapports. Si ce n'était pas une stratégie délibérée, pensent-ils, il serait impossible qu'on ait pu aboutir à des rapports aussi désorganisés et difficiles à comprendre que ceux que toute l'industrie pond. Ceci fait certainement partie d'un plan global.

La communication offre un autre moyen d'ajouter de la valeur pour se différencier des compétiteurs. Des recherches effectuées par notre compagnie montrent que la cause première de la défection des clients n'est pas dûe à une mauvaise performance, à des ennuis administratifs ou au fait que la fille de votre client vient d'épouser un conseiller qui vous enlève votre compte. La raison première pour la défection des clients est : «Je n'entends pas parler de mon conseiller financier assez souvent.» Compte tenu de l'évolution du marché, cette plainte sera de plus en plus fréquente à moins que nous y remédiions. Une des principales sources de valeur auprès des clients sera des contacts fréquents avec lui.

Finalement, un autre secteur où les conseillers doivent considérer ajouter de la valeur est leur propre engagement envers leur formation. Les clients prennent beaucoup plus au sérieux leurs finances et leur avenir financier. Ils chercheront votre appui pour les aider à devenir plus compétents dans ces investissements.

Le défi pour les conseillers financiers de l'avenir ne sera pas seulement de toucher tous ces aspects mais d'offrir une valeur ajoutée dans au moins quelques-uns d'entre eux. C'est toute une commande. Mais ce sont des temps tumultueux et qui ne pardonnent pas. Dans notre propre vie de consommateur, nous nous attendons à un service de qualité supérieure de la part des entreprises que nous choisissons. Nos clients ont des exigences similaires. Si vous n'offrez pas une valeur supérieure, si vous n'optez pas pour la satisfaction, quelqu'un d'autre donnera au client une raison de vous quitter.

Instantanés

✔ *Quatre forces ont remodelé l'environnement dans lequel nous vivons : un consommateur évolué, une compétition grandissante, une technologie changeante et le rôle de plus en plus important que les médias jouent.*

✔ *De ces quatre forces, la plus critique est de loin le consommateur plus averti, beaucoup plus exigeant, plus sûr de lui et de plus en plus axé sur la qualité.*

✔ *Il ne sera pas suffisant dans l'avenir de simplement garder le rythme du consommateur en évolution. Les conseillers financiers doivent rester à la fine pointe des attitudes et des valeurs changeantes des consommateurs.*

✔ *La satisfaction ne sera plus satisfaisante. Nous devrons viser un service supérieur ou quelqu'un d'autre dans cet environnement hautement compétitif donnera à nos clients une raison de nous quitter.*

✔ *Les consommateurs instruits d'aujourd'hui demandent des conseils sophistiqués et veulent pouvoir profiter des meilleurs produits.*

✔ *Une planification financière en profondeur sera obligatoire dans le futur.*

✔ *La raison numéro un pour la défection d'un client est «je n'entends pas parler de mon conseiller financier assez souvent».*

✔ *Les conseillers financiers devront offrir un menu d'options pour les rapports pour rencontrer les besoins individuels des clients.*

CHAPITRE 2

Les stratégies qui attirent les clients

Nous avons été récemment mandatés par un de nos clients, Gestion Financière Talvest inc., pour étudier le processus très important par lequel les clients choisissent un conseiller financier. Nous étions particulièrement résolus à examiner une question primordiale pour le conseiller financier d'aujourd'hui : qu'est-ce qui incite les clients à changer de conseiller financier?

Nous avons étudié combien de clients se choisissent chaque année un conseiller, comment ils décident d'en changer, ce qui caractérise le nouveau conseiller choisi pour leurs affaires ainsi que les arguments de poids qui les ont incités à préférer un conseiller plutôt qu'un autre. Plus important encore, nous avons cherché à déterminer les implications de ces migrations de clients pour les conseillers, un phénomène actuel grandissant. Comment les conseillers peuvent-ils minimiser l'effet des pertes de clients tout en continuant à avoir du succès dans le recrutement de nouveaux?

Nous avons commencé à consulter les conseillers, développant ainsi 15 hypothèses préliminaires basées sur leur approche en recrutement de nouveaux clients. Toutefois, en recueillant ces données et en mettant à l'épreuve ces hypothèses, nous avons appris à notre grand étonnement que chacun de ces conseillers faisait, d'une façon ou d'une autre, fausse route.

L'étude s'est concentrée sur des foyers ayant un minimum d'épargne de 50 000 $ en investissement et en assurance, que nous avons choisis à partir d'un échantillonnage plus vaste de 15 000 foyers. Nous avons en fait trouvé seulement 3 foyers sur 10 répondant à nos critères financiers. La grande majorité — 56 % — possède des actifs investis inférieurs à 25 000 $. Si vous voulez savoir pourquoi tant de gens sont pessimistes par rapport à leur avenir financier, vous n'avez qu'à considérer cette statistique.

Figure 2.1

15 mythes que tous devraient connaître

1. Pour viser des gens qui ont les moyens, vous devriez cibler les investisseurs âgés de 65 ans et plus.

2. Une fois que les clients commencent à faire affaire avec un conseiller financier, ils demeurent fidèles.

3. Les conseillers gèrent la majorité de l'argent de leurs clients.

4. Les clients vous laissent parce qu'ils sont insatisfaits.

5. Les clients vous feront savoir qu'ils sont insatisfaits.

6. Les clients référés, comme source de nouveaux clients, sont maintenant moins importants.

7. Lorsque vous vous adressez à un client potentiel, le plus important est de faire preuve de compétence et de connaissance.

8. Les clients qui sont à la recherche d'un nouveau conseiller se tourneront vers le premier qui les impressionnera.

9. En général, les clients choisissent leur conseiller après la première rencontre.

10. L'insatisfaction chez les nouveaux clients est causée par une mauvaise performance ou un cafouillage administratif dès le début.

11. Les clients trouvent qu'il est facile de choisir un nouveau conseiller.

12. La meilleure manière d'attirer de nouveaux clients est de parler à de nombreux clients potentiels.

13. Les célébrités et les gens des médias sont les meilleurs conférenciers afin d'attirer des clients potentiels sérieux à un séminaire.

14. Une fois qu'ils ont établi un lien avec le client, les conseillers devraient surtout s'attarder aux conseils d'investissement et de rendement.

15. Si les conseillers donnent de bons conseils, qu'ils offrent de bonnes performances et qu'ils entretiennent une bonne relation avec le

Donc, 3 foyers sur 10 répondaient à nos critères de recherche. Plus spécifiquement, 12 % de cet échantillonnage possédaient des actifs de 50 000 à 100 000 $, 10 % en comptaient entre 100 000 et 200 000 $ et 9 % en totalisaient plus de 200 000 $ (Figure 2.2).

Les conseillers financiers assument que pour trouver de l'argent sérieux, il est préférable de se concentrer sur les foyers dont les gens ont plus de 65 ans. Généralement, ces derniers ont accumulé des épargnes pendant toute leur vie et ils sont considérés comme ayant d'excellentes possibilités de placer. Bien qu'ils constituent des clients potentiels intéressants, nos données ont révélé qu'ils ne sont pas les

Figure 2.2

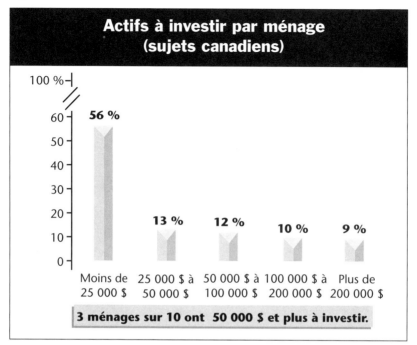

seuls prospects à disposer de ressources financières importantes.

En réalité, 24 % des foyers dont les gens sont âgés entre 35 et 44 ans, surpasse notre seuil de 50 000 $, tout comme le font 37 % des foyers dont les occupants sont âgés entre 45 et 54 ans. Il s'agit bien sûr de statistiques intrigantes, mais d'une façon évidente, ces groupes d'âges ne constituent pas encore des cibles de choix pour les conseillers financiers. Il est toutefois plus alléchant de constater que 50 % des foyers dont les occupants sont âgés entre 55 et 64 ans transcendent notre seuil, soit un pourcentage similaire au 51 % des 65 ans et plus qui disposent de tels actifs (Figure 2.3).

Élargir les groupes d'âges

Voilà ce qui détruit notre premier mythe. Nous ne devrions pas assumer que 65 ans constitue l'âge magique. Le groupe des 55 à 64 ans forme une cible très attrayante. En effet, en tenant compte de certaines prédispositions psychologiques importantes, ce groupe d'âge devient encore plus attrayant. Parce qu'ils sont plus jeunes, ils sont moins ancrés dans leurs habitudes que les investisseurs de 65 ans et plus. Leur espérance de vie plus longue les préoccupe aussi, ce qui rend la planification financière plus importante à leurs yeux. Et dans la majorité des cas, ils sont encore bien ancrés dans la phase d'acquisition, encore à leur actif et non le réduisant.

27

Figure 2.3

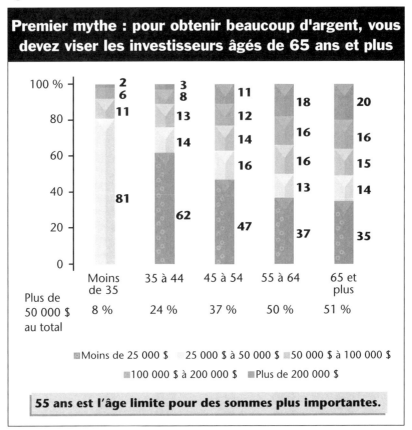

Premier mythe : pour obtenir beaucoup d'argent, vous devez viser les investisseurs âgés de 65 ans et plus

	Moins de 35	35 à 44	45 à 54	55 à 64	65 et plus
Plus de 50 000 $ au total	8 %	24 %	37 %	50 %	51 %

Moins de 25 000 $ 25 000 $ à 50 000 $ 50 000 $ à 100 000 $
100 000 $ à 200 000 $ Plus de 200 000 $

55 ans est l'âge limite pour des sommes plus importantes.

L'importance de ce groupe d'âge pour les conseillers financiers peut être démontrée d'un angle différent, soit en examinant quel pourcentage de foyers dans chaque groupe d'âge répond à nos critères financiers. Le groupe des 65 ans et plus compte pour le quart des foyers disposant des épargnes requises. C'est une cible très attrayante. Mais en y ajoutant le groupe des 55 à 64 ans, la cible de foyers bien pourvus en argent gonfle à 43 pour cent.

Ce jumelage de groupes devient encore plus dynamique dans les niveaux d'actifs plus élevés. En ciblant les deux groupes, les conseillers toucheront 56 pour cent des foyers dont les actifs se trouvent entre 100 000 et 200 000 $, et 70 pour cent des foyers dont les actifs sont supérieurs à 200 000 $ (Figure 2.4). D'une façon très claire, le groupe de 55-64 ans mérite une attention particulière. Il s'agit donc d'une découverte extrêmement importante qui met au défi un mythe solidement ancré.

Un autre mythe que partagent les conseillers financiers est que la majorité des foyers disposant d'actifs importants les conservent à la

Figure 2.4

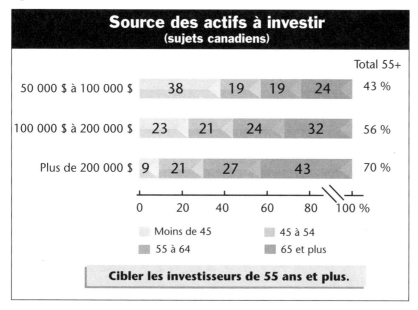

banque sans trop s'en soucier, rendant ainsi la partie facile pour les conseillers. En réalité, dans les cinq dernières années, nous avons assisté à une mutation importante de la clientèle des institutions financières à la faveur des conseillers financiers indépendants. Cette mutation a été orchestrée en grande partie par la faiblesse des taux d'intérêt. Les épargnes annuelles ne sont plus déposées automatiquement dans les certificats de placement du gouvernement. Les taux d'intérêt bas ont incité les familles à considérer d'autres véhicules de placement. Aujourd'hui, près de 75 pour cent des foyers disposant d'actifs investis supérieurs à 50 000 $ ont eu recours aux services de conseillers en placement (Figure 2.5).

De ces foyers, une proportion de 32 pour cent a toujours eu recours au service du même conseiller financier. D'un autre côté, 35 pour cent ont changé de conseiller à un moment donné. Ceci contredit encore une fois une croyance bien ancrée. Les conseillers prennent généralement pour acquis que lorsqu'un investisseur a délaissé la banque et qu'il met à profit la joie et les avantages de travailler avec un conseiller financier, il lui restera toujours fidèle. Voilà qui n'est pas tout à fait juste. Un investisseur sur trois a déjà changé de conseiller (Figure 2.6).

En fait, quand nous éliminons ces investisseurs qui ont commencé à travailler avec un conseiller financier dans les 18 derniers mois, nous découvrons que la moitié des clients ont changé de conseiller à un moment donné. Et cette proportion ne fait qu'augmenter avec le

Figure 2.5

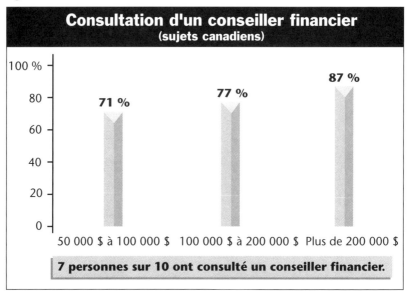

Figure 2.6

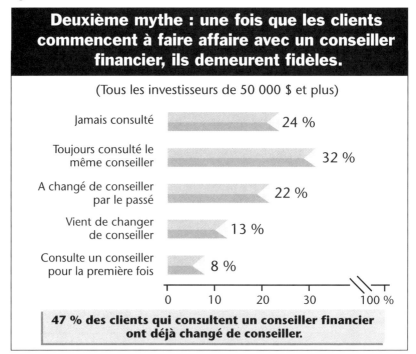

Figure 2.7

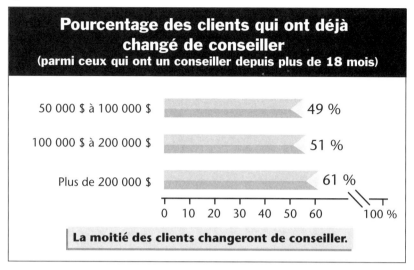

Pourcentage des clients qui ont déjà changé de conseiller
(parmi ceux qui ont un conseiller depuis plus de 18 mois)

50 000 $ à 100 000 $	49 %
100 000 $ à 200 000 $	51 %
Plus de 200 000 $	61 %

0 10 20 30 40 50 60 100 %

La moitié des clients changeront de conseiller.

niveau d'actif : six investisseurs sur dix dont les actifs investis sont supérieurs à 200 000 $ ont changé de conseiller financier.

La compétition pour l'avoir des clients

Un autre mythe veut que les conseillers financiers sachent où sont investis les épargnes de tous leurs clients et qu'ils aient été les seuls à établir ces placements. En fait, neuf clients sur dix détiennent des actifs qui ne relèvent pas des compétences de leur conseiller. Même si nous minimisons quelque peu cette découverte — en assumant que leur banque forme la seconde institution de placement — nous sommes toujours confrontés au fait que six foyers sur dix investissent dans trois institutions ou plus. Il s'agit donc d'un monde de compétition pour l'avoir des clients (Figure 2.8).

L'étude démontre que les foyers qui ont choisi un conseiller financier s'en remettaient auparavant aux institutions financières pour obtenir des conseils. Cette catégorie compte pour 44 pour cent des foyers, ce qui n'a rien de surprenant. Mais 30 pour cent des foyers n'utilisaient auparavant aucune source pour obtenir des conseils en placement. Ces gens se fiaient à eux-mêmes. Mais quand ça devient compliqué, il y a de plus en plus d'individus qui recherchent un niveau de conseils plus élevé (Figure 2.9).

Naturellement, les conseillers assument que les gens qui ont changé de conseiller l'ont fait par mécontentement. En réalité, seulement 16 pour cent des gens ont changé pour cette raison. Mais ce qui est vraiment surprenant, c'est que 24 pour cent des gens — soit près du quart — se sont dit contents de leur ancien conseiller (alors que

Figure 2.8

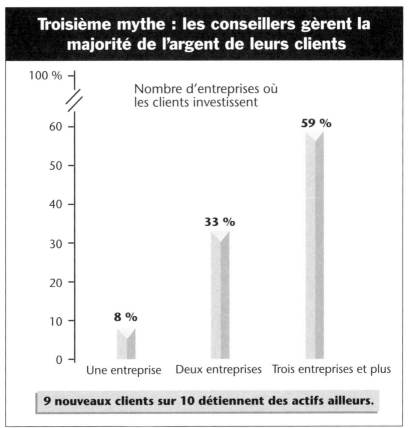

60 pour cent n'étaient ni satisfaits ni insatisfaits). Si dans le passé les clients délaissaient leur conseiller financier parce qu'ils étaient insatisfaits, aujourd'hui ils changent parce qu'ils ne sont pas suffisamment satisfaits (Figure 2.10).

La majorité des conseillers pensent que leurs clients vont exprimer leur insatisfaction. Faux. Les conseillers reçoivent une indication claire à cet effet dans seulement 8 pour cent des conversations. Dans un autre 18 pour cent des cas, les clients donnent des indices de leur insatisfaction. Toutefois, trois clients sur quatre ne manifestent aucun signe d'alarme (Figure 2.11). À moins que les conseillers demandent aux clients leur niveau de satisfaction — et d'une façon objective pour qu'ils donnent une réponse honnête — les conseillers ne pourront savoir qu'une rupture est imminente. Plus loin dans ce livre, nous examinerons quelques stratégies qui encouragent les clients à partager leur inconfort dès le début de la relation, de façon que vous puissiez réagir avant qu'ils ne décident de vous quitter.

Figure 2.9

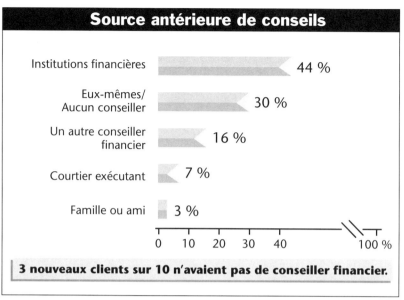

Source antérieure de conseils

Institutions financières	44 %
Eux-mêmes/ Aucun conseiller	30 %
Un autre conseiller financier	16 %
Courtier exécutant	7 %
Famille ou ami	3 %

0   10   20   30   40   100 %

3 nouveaux clients sur 10 n'avaient pas de conseiller financier.

Figure 2.10

Quatrième mythe : les clients vous laissent parce qu'ils sont insatisfaits.

Raison du changement

Insatisfait	16 %
Satisfait	24 %
Ni satisfait, ni insatisfait	60 %

0   10   20   30   40   50   60   100 %

Les clients changent de conseiller parce qu'ils ne sont pas assez satisfaits.

Figure 2.11

Un autre mythe se rattache au rôle joué par les indications de clients dans le choix d'un nouveau conseiller financier. La majorité des conseillers reconnaissent que les recommandations occupent une place importante dans ce processus. Mais certaines idées circulent à l'effet que les noms communiqués sont moins importants que dans le passé à cause de l'arrivée de nouvelles techniques comme la prospection à grand déploiement lors de salons ou d'expositions, le marketing de masse et la publicité.

En réalité, ceci n'est pas vrai. Une étude réalisée en 1990 par la Bourse de Toronto a permis de constater qu'au moment de choisir un conseiller financier, 61 pour cent des clients obtiennent une recommandation d'un membre de la famille, d'amis ou de collègues alors qu'un autre 12 pour cent l'obtiennent de gens en qui ils ont confiance, comme un comptable, un avocat ou un gérant de banque (Figure 2.12). En tout, sept clients sur dix se sont basés sur une recommandation pour choisir un conseiller. En progressant dans la décennie, notre étude arrive à la même conclusion. La portion qui dépend de la famille, des amis et des collègues a toutefois plongé de 61 à 49 pour cent, alors que 16 pour cent ont considéré la recommandation de leur gérant de banque, et 5 pour cent celle d'un comptable ou d'un avocat. Mais

Figure 2.12

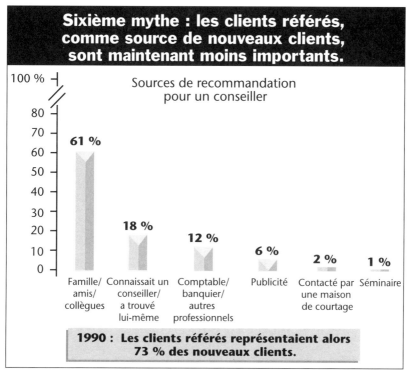

sept clients sur dix se sont fiés à une recommandation pour choisir leur nouveau conseiller financier (Figure 2.13). Le fait de ne pas reconnaître l'importance soutenue de ces recommandations gêne les conseillers financiers dans leur travail.

La communication compte

Les conseillers sont également empêtrés par l'opinion largement et faussement répandue que la qualité de leurs conseils attire et retient le client. Invariablement, les conseillers croient que la façon d'impressionner les clients actuels et potentiels est de les bombarder d'information pour prouver leur expertise financière. En fait, toutes les recherches que j'ai consultées — et j'ai du lire au moins 20 études sérieuses sur le sujet — indiquent que ce qui attire le client c'est la confiance. Le manque de confiance, d'un autre côté, fait fuir le client (Figure 2.14).

Toutes les recherches corroborent absolument ce résultat. Et notre propre étude ne s'en éloigne pas. Lorsque nous demandons aux clients la chose la plus importante qu'ils recherchent chez un nouveau conseiller financier, 60 pour cent disent la confiance, soit deux fois plus que pour le rendement ou l'expertise (Figure 2.15). Ceci concor-

Figure 2.13

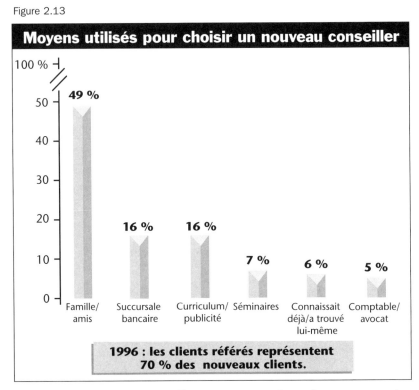

Moyens utilisés pour choisir un nouveau conseiller

1996 : les clients référés représentent 70 % des nouveaux clients.

de avec nos découvertes sur l'importance continue des recommandations. Ces dernières, après tout, sont un transfert de confiance : quelqu'un qui a confiance en un conseiller financier le recommande à un ami qui peut avoir confiance à son tour.

En même temps, il est important de reconnaître que le processus de recommandation se modifie par des façons qui ne sont pas communément connues. Dans le passé, lorsque vous receviez une indication d'un bon client, vous étiez assuré de convertir ce prospect en un nouveau client. Les chances de ne pas réussir étaient virtuellement nulles. Aujourd'hui, les clients magasinent beaucoup plus. Nous avons découvert que 55 pour cent des clients parlent à deux conseillers ou plus avant d'arrêter leur choix (Figure 2.16).

Dans le passé, les recommandations vous apportaient des clients. Aujourd'hui, elles vous donnent le droit de compétitionner pour les clients. Les prospects obtiennent de multiples recommandations et font des entrevues systématiques avec les conseillers avant de faire leur choix. Dans deux cas sur trois, la sélection requiert plusieurs entrevues souvent avec plusieurs conseillers (Figure 2.17). En effet, plus les prospects disposent d'argent à investir, plus ils tiendront d'entrevues avec plusieurs conseillers (Figure 2.18).

Figure 2.14

Source : IAFP 1993 (par des Américains adultes)

Figure 2.15

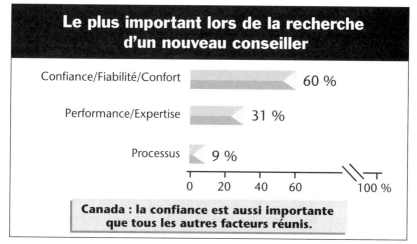

Figure 2.16

Huitième mythe : les clients qui sont à la recherche d'un nouveau conseiller se tourneront vers le premier qui les impressionnera.

La moitié des clients consultent plusieurs conseillers avant d'en choisir un.

Dans presque la moitié des cas, la sélection d'un conseiller a pris plus d'un mois, 25 pour cent ont eu besoin d'un à trois mois, 15 pour cent ont mis de trois mois à un an et 5 pour cent ont consacré plus d'un an à ce choix (Figure 2.19). Cela veut donc dire que les conseillers doivent établir, à un rythme raisonnable, un processus de communication continue avec le prospect tout au long de la période de sélection, peu importe sa durée. Vous devez aussi utiliser une stratégie pour vous démarquer des conseillers avec lesquels vous êtes en compétition. Le simple fait d'être recommandé ne suffit plus dans l'environnement d'aujourd'hui.

Je me souviens du zèle démontré par un orateur à notre Conférence des meilleurs vendeurs pour répondre à une indication de client. Il commence par appeler immédiatement le prospect pour organiser une rencontre. Puis, il envoie une note de confirmation qu'il accompagne d'un livre d'une valeur de 30 $ dont il est coauteur sur la planification financière. En fait, il ne s'est pas arrêté pour écrire ce livre lui-même. Il a plutôt engagé un rédacteur professionnel pour prendre ses idées et en faire un livre. Mais le livre contient ses propres idées et

Figure 2.17

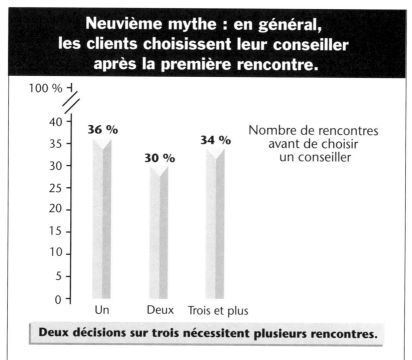

Neuvième mythe : en général, les clients choisissent leur conseiller après la première rencontre.

Nombre de rencontres avant de choisir un conseiller

Deux décisions sur trois nécessitent plusieurs rencontres.

Figure 2.18

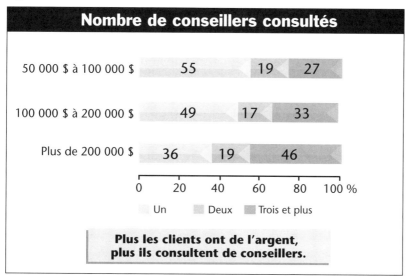

Nombre de conseillers consultés

	Un	Deux	Trois et plus
50 000 $ à 100 000 $	55	19	27
100 000 $ à 200 000 $	49	17	33
Plus de 200 000 $	36	19	46

Plus les clients ont de l'argent, plus ils consultent de conseillers.

Figure 2.19

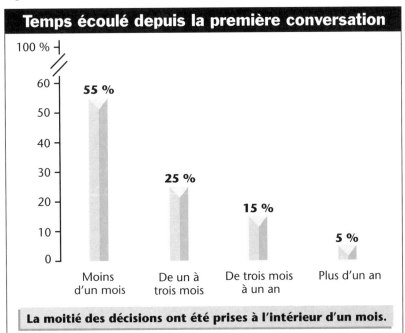

Temps écoulé depuis la première conversation

La moitié des décisions ont été prises à l'intérieur d'un mois.

Figure 2.20

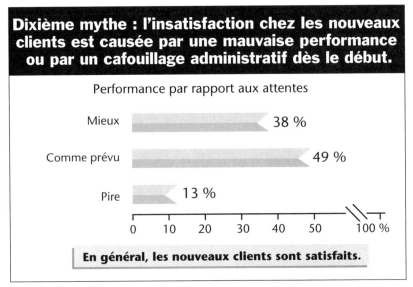

Dixième mythe : l'insatisfaction chez les nouveaux clients est causée par une mauvaise performance ou par un cafouillage administratif dès le début.

Performance par rapport aux attentes

En général, les nouveaux clients sont satisfaits.

Figure 2.21

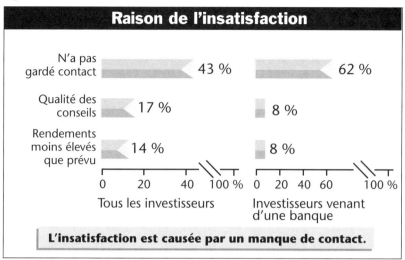

il constitue une première approche impressionnante pour gagner la confiance du prospect.

Deux jours avant la rencontre prévue, lui ou son assistant — suivant l'importance du prospect — téléphone pour dire : «M. Client Éventuel, je vous appelle pour confirmer notre rencontre de jeudi à 17 heures. Vous devriez savoir que le stationnement dans notre édifice est congestionné, alors, lorsque vous arriverez, recherchez l'espace de stationne-

Figure 2.22

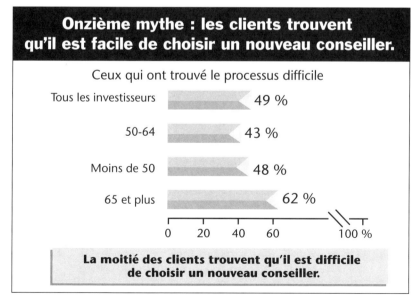

41

ment réservé à votre nom.» Bien entendu, lorsque le prospect se présente, il trouve une place réservée à son nom.

Bien sûr, il ne s'agit pas d'une liste complète des techniques utilisées par ce conseiller pour courtiser ses clients. Il s'agit juste de quelques étapes préliminaires. Il conserve les données du résultat de ses recommandations. Il s'est acquis 18 des 20 dernières indications de clients mais il est encore obsédé par les deux qu'il a manquées. Les conseillers financiers doivent reconnaître ce nouveau paradigme : ils compétitionnent pour les affaires du client même lorsqu'il leur à été recommandé. Vous devez vous démarquer en développant des stratégies et

Figure 2.23

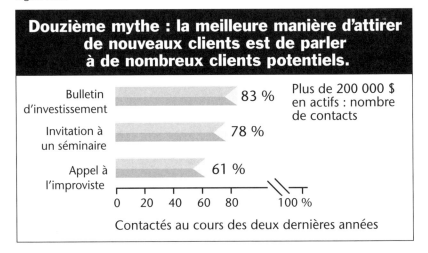

Figure 2.24

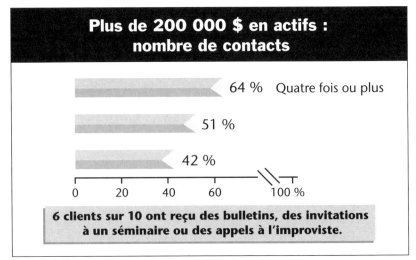

Figure 2.25

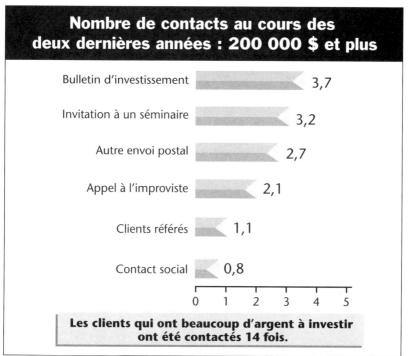

Nombre de contacts au cours des deux dernières années : 200 000 $ et plus

Bulletin d'investissement	3,7
Invitation à un séminaire	3,2
Autre envoi postal	2,7
Appel à l'improviste	2,1
Clients référés	1,1
Contact social	0,8

Les clients qui ont beaucoup d'argent à investir ont été contactés 14 fois.

des techniques qui inspirent la confiance. Vince Lombardi, entraîneur-chef des Packers de Green Bay a déjà dit «la victoire n'est pas tout ce qui importe, c'est la seule chose qui importe». Pour le conseiller financier, courtiser le prospect et créer un sentiment de confiance n'est pas tout ce qui importe, c'est la seule chose qui importe.

Attentes et réalité

Un autre aspect que nous avons étudié est de savoir si le conseiller a offert une performance meilleure ou aussi bonne que ce à quoi le nouveau client s'attendait. Les résultats sont ici encourageants. Dans 87 pour cent des cas, le conseiller a offert une performance meilleure ou tout aussi bonne qu'attendue (Figure 2.20). Il est cependant intéressant d'examiner les autres situations où la performance n'a pas répondu aux attentes. Était-ce parce que les résultats financiers étaient ternes? Non. Était-ce dû à des difficultés administratives au moment de transférer l'argent? Non. La cause principale des performances en-dessous des attentes dépend de l'incapacité du conseiller à rester en contact avec le client (Figure 2.21). Le manque de contact crée le cancer de l'insatisfaction qui tue éventuellement la relation.

Avec autant de conseillers financiers qui tombent en mal devant les prospects, vous pouvez vous attendre que ces derniers trouveront facile le processus de sélection d'un conseiller financier. C'est bien le contraire. La moitié des prospects jugent ce processus difficile (Figure 2.22). Et ceci n'est pas dû au fait que les conseillers ne sont pas enthousiastes et parfaitement compétents. Le problème découle du fait que les prospects parlent à plusieurs conseillers et les trouvent tous enthousiastes et parfaitement compétents. C'est un choix difficile à faire.

En recherchant des façons de vous démarquer, vous tombez dans un secteur d'occasions. Rendez ce processus facile pour vos clients éventuels en développant des techniques qui vous distinguent. Un client se rappelle avoir interviewé plusieurs conseillers qui étaient tous hautement recommandés. Le moment de distinction est survenu lorsqu'un conseiller, à la fin de la rencontre, a proposé le nom de certains de ses clients pour vérification. Le client éventuel n'a même pas contacté les personnes indiquées. Mais il a eu confiance en ce conseiller uniquement grâce aux recommandations non sollicitées que le conseiller a données.

Des taux de réponse en chute libre

Auparavant, lorsqu'un conseiller financier travaillait fort, il connaissait du succès. Ce n'est plus le cas maintenant, à cause de la compétition accrue. Les clients sont constamment courtisés par d'autres conseillers. Dans notre échantillonnage, 61 pour cent des répondants disposant

Figure 2.26

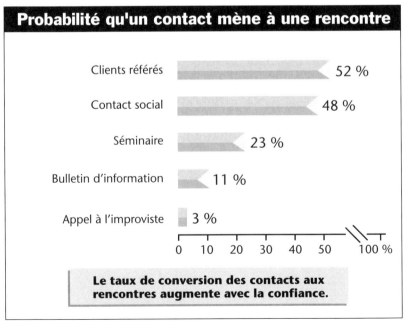

Probabilité qu'un contact mène à une rencontre
Clients référés — 52 %
Contact social — 48 %
Séminaire — 23 %
Bulletin d'information — 11 %
Appel à l'improviste — 3 %

Le taux de conversion des contacts aux rencontres augmente avec la confiance.

Figure 2.27

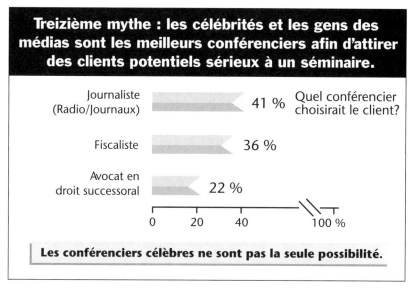

Treizième mythe : les célébrités et les gens des médias sont les meilleurs conférenciers afin d'attirer des clients potentiels sérieux à un séminaire.

Journaliste (Radio/Journaux)	41 %	Quel conférencier choisirait le client?
Fiscaliste	36 %	
Avocat en droit successoral	22 %	

Les conférenciers célèbres ne sont pas la seule possibilité.

d'actifs supérieurs à 200 000 $ disent avoir reçu l'appel imprévu d'un conseiller financier à l'égard de leurs affaires, 78 pour cent ont reçu une invitation à un séminaire et 83 pour cent ont reçu un bulletin portant sur les investissements (Figure 2.23). En fait, dans les deux dernières années, le client haut de gamme moyen a été sollicité de 14 façons différentes, qu'il s'agisse d'invitations à des séminaires ou à des rencontres sociales (Figure 2.24 et 2.24).

Figure 2.28

Conférencier/Sujet que les clients choisiraient

	Moins de 50	50-64	65 et +
Analyste financier	47	38	34
Comptable/ Fiscaliste	33	42	37
Notaire/ Planificateur immobilier	20	20	29

Plus les gens sont âgés, plus ils s'intéressent à la planification fiscale et successorale.

Figure 2.29

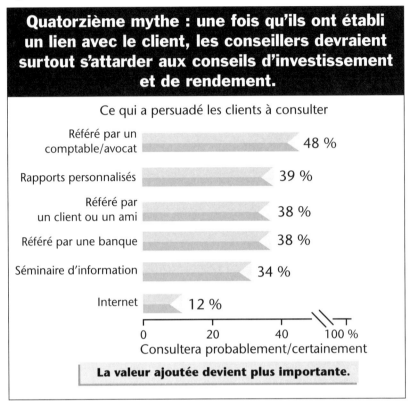

Quatorzième mythe : une fois qu'ils ont établi un lien avec le client, les conseillers devraient surtout s'attarder aux conseils d'investissement et de rendement.

Ce qui a persuadé les clients à consulter

Référé par un comptable/avocat	48 %
Rapports personnalisés	39 %
Référé par un client ou un ami	38 %
Référé par une banque	38 %
Séminaire d'information	34 %
Internet	12 %

0   20   40   100 %
Consultera probablement/certainement

La valeur ajoutée devient plus importante.

En conséquence, le taux de réponse aux techniques classiques de prospection a chuté. Les efforts qui auraient encouragé 400 personnes à assister à un séminaire il y a deux ans n'inciteraient plus que 150 à 250 personnes à y participer. Un des mes clients se rappelle qu'il y a une décennie les stagiaires complétant leur programme de formation n'avaient qu'à envoyer une carte postale suggérant une consultation gratuite à quelque mille foyers et recevaient de 120 à 150 réponses affirmatives. Voilà qui donnait un bon départ à ces stagiaires. Aujourd'hui, oubliez la carte postale. Il faut poster une brochure élaborée et de belle apparence à des foyers spécifiquement ciblés et dont le niveau de revenu est approprié, et les stagiaires obtiendront peut-être une dizaine d'appels intéressés. La prolifération des conseillers financiers a réduit les résultats d'une façon importante.

Encore une fois tout ceci met l'emphase sur l'établissement de la confiance. Plus la confiance est élevée, plus les chances de convertir un prospect en client sont grandes. Les conseillers financiers doivent toutefois instituer des techniques qui engendreront une plus grande confiance et produiront une nouvelle clientèle plus abondante. Par exemple, notre étude a démontré que les recommandations et les contacts sociaux, qui comportent un niveau de confiance élevé, ont beaucoup plus de chance de résulter en une rencontre que des moyens comme les séminaires, les bulletins d'investissement ou les appels à froid (Figure 2.26).

Les conférenciers

Les séminaires se situent au centre de ce continuum. Ils ont été large-ment utilisés dans les cinq dernières années parce qu'ils plaisent aux prospects. Dans le foisonnement actuel d'informations sur le monde financier, les séminaires répondent à la quête d'objectivité du client. Ils offrent aussi la sécurité : le prospect sait qu'il se retrouvera dans une pièce avec 100 ou 200 personnes et qu'il peut profiter du confort de ne pas se retrouver en face du conseiller.

Plusieurs conseillers ont dépensé beaucoup d'argent pour inviter des commentateurs connus du monde des médias pour animer ces soi-rées. Les frais peuvent atteindre des montants aussi élevés que 25 000 $ pour un séminaire. Mais notre étude soulève des doutes sur cette approche. Lorsque nous avons demandé à notre échantillon de clients et de prospects lequel parmi trois types de conférenciers ils préfére-raient, 41 % ont choisi un commentateur de la radio ou du journal, suivi d'assez près par les 36 % qui ont choisi un comptable pour par-

Figure 2.30

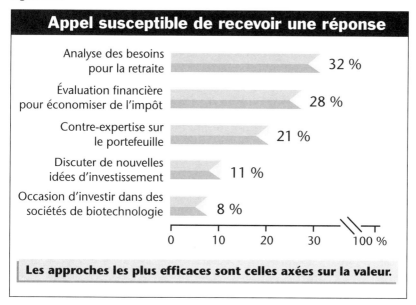

47

Figure 2.31

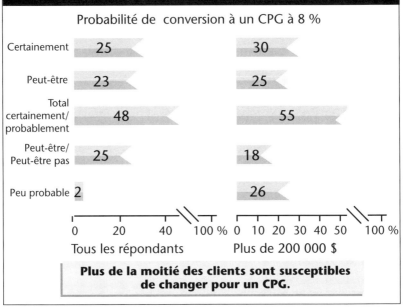

Quinzième mythe : si les conseillers donnent de bons conseils, qu'ils offrent de bonnes performances et qu'ils entretiennent une bonne relation avec le client, ils peuvent être certains que le client demeurera fidèle.

Probabilité de conversion à un CPG à 8 %

	Tous les répondants	Plus de 200 000 $
Certainement	25	30
Peut-être	23	25
Total certainement/probablement	48	55
Peut-être/Peut-être pas	25	18
Peu probable	2	26

Plus de la moitié des clients sont susceptibles de changer pour un CPG.

ler d'économies d'impôt (Figure 2.27). Un avocat, pour discuter de planification successorale, était le choix de 22 % des répondants. Lorsque les résultats sont examinés selon l'âge, le comptable séduit plus que le commentateur les gens de plus de 50 ans tandis que l'avocat qui parle de planification successorale réduit l'écart, particulièrement auprès des gens de 65 ans et plus (Figure 2.28).

En sondant sur la façon de miser sur le premier rendez-vous qui est si important, nous avons aussi obtenu un résultat quelque peu surprenant. Quarante-huit pour cent des répondants ont dit qu'ils accorderaient probablement un rendez-vous à la suite d'une recommandation d'un comptable ou d'un avocat, soit la plus efficace des 15 éventualités que nous avons testées. Mais la seconde meilleure option n'est pas celle que vous pourriez croire, soit une recommandation d'un ami ou d'une banque. Ces deux éventualités étaient toutefois soutenues par la promesse du conseiller financier de fournir un rapport sur mesure à la suite de la rencontre (Figure 2.29).

Figure 2.32

> 1988 : «Je reste, sauf si vous me donnez une bonne raison de partir.»
>
> 1998 : «Je change de conseiller, sauf si vous me donnez une bonne raison de rester.»

Ceci illustre l'importance de la valeur ajoutée — autant pour les clients potentiels que les clients réels. Les conseillers ne peuvent plus s'en sortir en offrant le minimum. Ils doivent s'assurer qu'ils apportent une plus-value. Comme je l'ai indiqué précédemment, ceci sera un thème majeur tout au long de ce livre.

Il y a quelques années, dans une autre étude, nous avons demandé aux investisseurs ayant un actif important de classifier leur intérêt devant cinq approches possibles utilisées par un conseiller financier précédemment inconnu d'eux. L'approche la moins favorable pour mener à un rendez-vous était d'offrir au client de profiter d'une occasion d'investir dans une compagnie de biotechnologie. Seulement 8 % des gens y étaient intéressés. L'occasion de discuter de nouvelles idées d'investissement avec un conseiller n'était pas plus attrayante : seulement 11 % ont exprimé que ceci les inciterait à prendre un rendez-vous. La meilleure motivation était de s'asseoir avec un conseiller et d'écouter son analyse des besoins à la retraite. Presque un répondant sur trois a dit que cette perspective le mènerait à accorder un rendez-vous. Tout aussi populaire (28 %) était l'idée d'une rencontre pour discuter d'économies d'impôt ou pour obtenir sans obligation aucune une seconde opinion sur un portefeuille existant (21 %) (Figure 2.30). De nos jours, ces approches représentent une valeur ajoutée. Elles sont le type de méthodes que les conseillers doivent employer dans le climat actuel de compétitivité accrue.

L'importance de se fixer un but

Notre question finale était basée sur une conviction que nourrissent tous les conseillers financiers, à savoir que s'ils communiquent efficacement avec le client, établissent des attentes réalistes et obtiennent des rendements compétitifs, ils peuvent compter garder leurs clients. Il semble que ce soit irrévocablement le cas en autant que les taux d'intérêt restent bas. Toutefois lorsque nous avons demandé à notre échantillonnage ce qu'ils feraient s'ils pouvaient obtenir un rendement de 8 % sur des placements à terme comme des bons du Trésor, la moitié a répondu qu'ils courraient immédiatement à leur succursale bancaire la plus proche pour saisir l'occasion. Et cette impulsion provient, et s'intensifie même chez nos meilleurs prospects ou clients détenant des actifs à investir de plus de 200 000 $ (Figure 2.31).

C'est à la fois fascinant et inquiétant. La moitié des clients feraient faux bond à leur conseiller financier en retour d'un rendement garanti de 8 % même si selon notre recherche nous savons que le client moyen a besoin d'un rendement de 10 ou 12 %, et même dans certain cas encore plus, pour atteindre ses objectifs financiers. Pourquoi alors 8 % de rendement apparaît-il si attrayant à autant de gens? La réponse est que 80 % des clients, selon la recherche, ne savent tout simplement pas de quel pourcentage de rendement ils ont besoin pour arriver à leur but. Trop de conseillers financiers n'ont pas calculé ceci avec leur client ou, s'ils l'ont fait, ne l'ont pas fait assez clairement et fréquemment pour que le client l'ait assimilé. Ce défaut de bien comprendre de toute évidence n'est pas imputable au client. C'est la responsabilité du conseiller financier de renseigner les clients sur ces questions fondamentales.

Cette défaillance, comme les autres mythes dénoncés par notre récente recherche, révèle une tendance et offre une occasion. L'environnement du client a changé — et continue de changer — rapidement. Ce livre aidera les conseillers à tourner ces changements à leur avantage.

Dans ce livre, nous identifierons quatre stratégies essentielles dans l'avenir. Des stratégies qui vous aideront à obtenir et à garder vos clients. Premièrement, les conseillers doivent développer des stratégies qui ajoutent une plus-value. Les années 90 ont été déclarées les années de la valeur. Les conseillers doivent s'assurer qu'ils offrent une valeur ajoutée à leurs clients.

Deuxièmement, les conseillers doivent élaborer une stratégie pour bâtir la confiance. La confiance n'est pas tout; c'est la seule chose qui compte comme nous l'avons précédemment dit. Et la confiance n'arrive pas par hasard. Elle se mérite. Pour avoir du succès, les conseillers financiers doivent élaborer des stratégies bien définies et explicites pour mériter la confiance.

Troisièmement, les conseillers doivent penser à des stratégies pour bâtir des relations solides avec le client. Les temps ont changé et la façon de retenir un client a changé aussi. Un client ne reste plus avec un conseiller jusqu'à ce que celui-ci lui donne une raison de le quitter. Aujourd'hui, de plus en plus, les clients agissent selon la prémisse inverse : ils partiront, à moins que le conseiller leur donne une bonne raison de rester. C'est un revirement fondamental des règles et les conseillers agissant selon leurs anciennes certitudes rencontreront de plus en plus de problèmes.

Finalement, vous aurez besoin d'une stratégie pour générer des recommandations, ce qui demeure la meilleure façon de gagner de nouveaux clients. Ce livre accordera beaucoup d'attention aux idées qui vous apporteront plus d'indications de clients potentiels.

Ces quatre stratégies seront cruciales dans la détermination du succès des conseillers financiers. Naturellement, chacun d'eux exécutera ces stratégies différemment. Deux conseillers n'auront pas les mêmes tactiques et ne tiendront pas les mêmes activités pour se faire valoir, bâtir la confiance, entretenir les relations avec les clients fidèles et augmenter le nombre des recommandations. La spécificité des programmes dépendra de la spécificité des talents, du style et de l'énergie de chaque conseiller. Toutefois, chacun doit avoir des activités en place pour exercer ces quatre stratégies.

Instantanés

✔ *Lorsque nous avons étudié les 15 croyances populaires des conseillers financiers, nous avons découvert que toutes étaient erronées jusqu'à un certain point.*

✔ *Pour trouver de l'argent disponible, le mieux est de viser les gens de 65 ans et plus. Ceux de 55 à 64 ans forment aussi un bassin prometteur. Cibler ces deux groupes positionnera les conseillers financiers dans 56 % des ménages disposant d'actifs à investir se situant entre 100 000 $ et 200 000 $, et dans 70 % des ménages disposant de plus de 200 000 $.*

✔ *Depuis les cinq dernières années, nous avons assisté à une migration importante des gens des institutions financières aux conseillers financiers, à cause surtout des taux d'intérêt à la baisse. Aujourd'hui, les conseillers en placement ont été consultés par environ 75 % des gens possédant des actifs à investir de plus de 50 000 $.*

✔ *De ces ménages, 35 % ont changé de conseiller financier à un moment donné. Si nous éliminons les investisseurs que viennent de commencer à travailler avec leur conseiller financier dans les derniers 18 mois, nous avons trouvé que la moitié des clients ont changé de conseiller à un certain moment.*

✔ *C'est un mythe de penser que les conseillers financiers savent où sont investis les épargnes de tous leurs clients et qu'ils ont été les seuls à établir ces placements.*

✔ *Seulement 16 % des gens qui ont changé de conseiller se disaient insatisfaits avant le changement. Si auparavant les gens délaissaient leur conseiller parce qu'ils n'étaient pas satisfaits, aujourd'hui, ils le quittent parce qu'ils ne sont pas assez satisfaits.*

✔ *Les clients font rarement montre de leur insatisfaction avant de quitter les conseillers. Ceux-ci cependant, ont besoin de stratégies pour vérifier l'impression des clients sur leurs services.*

✔ *Les recommandations continuent de jouer un rôle important dans le choix d'un nouveau conseiller financier.*

✔ *Les recherches montrent de façon répétitive que les clients sont attirés plus par la confiance qu'inspire le conseiller que par son expertise en matière de finance. Le manque de confiance, d'un autre côté, fait fuir autant les prospects que les clients.*

✔ *Auparavant une recommandation vous apportait un client à coup sûr. Aujourd'hui, les recommandations vous octroient seulement le droit d'être en compétition pour l'obtention des clients.*

✔ *Les conseillers doivent établir, à un rythme raisonnable, un processus de communication continue avec le prospect tout au long de la période de sélection, peu importe sa durée. Vous devez aussi utiliser une stratégie pour vous démarquer des conseillers avec lesquels vous êtes en compétition.*

✔ *La raison principale pour qu'une prestation de conseiller tombe en-dessous des attentes du client est le défaut de garder contact. Le manque de contact engendre le cancer de l'insatisfaction qui tue éventuellement la relation.*

✔ *Les prospects trouvent difficile de choisir, pour gérer leur portefeuille, parmi le grand nombre de conseillers compétents. Essayez de trouver des façons de leur rendre la décision plus facile.*

✔ *Le taux de réponse aux techniques traditionnelles de prospection a chuté depuis les trois à cinq dernières années. Encore une fois, ceci donne la préséance à l'édification de la confiance. Plus la confiance règne plus vos chances réelles de convertir les prospects en clients augmentent.*

✔ *Les commentateurs populaires provenant du monde des médias ne sont pas nécessairement les meilleures personnes pour animer un séminaire.*

✔ *Souvenez-vous de l'importance d'un rapport sur mesure comme appât lors d'un premier rendez-vous avec un client.*

✔ *Aujourd'hui, un conseiller financier doit offrir une plus-value au prospect et au client. Les conseillers ne peuvent plus s'en tirer en offrant le minimum.*

✔ *Selon notre sondage, la meilleure motivation du client pour accorder un premier rendez-vous est la promesse d'obtenir une seconde opinion gratuitement et sans aucune obligation sur son portefeuille existant.*

✔ *La moitié des clients quitteraient leur conseiller financier en échange de la certitude de l'obtention d'un taux d'intérêt de 8 % même si, selon notre recherche, nous savons que le client moyen a besoin de plus de 10 % parfois 12 % de rendement pour atteindre ses objectifs financiers. Ceci se produit parce que trop de conseillers financiers n'ont jamais pris le temps de quantifier ces besoins avec les clients.*

✔ *Quatre stratégies sont nécessaires pour vous aider à obtenir et à garder vos clients. Une stratégie qui consiste à ajouter de la plus-value, une autre qui édifie la confiance, une qui nourrit la relation avec les clients et une dernière qui vise à obtenir des recommandations.*

Partie II
Recruter des clients

CHAPITRE 3

Faire le contact initial

R ASSUREZ-VOUS, SEULEMENT CINQ ÉTAPES SONT NÉCESSAIRES POUR DÉVELOP-per une relation avec un client (Figure 3.1).

Étape 1 : Le processus commence avec le contact initial. Mais il est important que celui-ci se passe de façon à entraîner une réaction positive afin que la relation avec le client repose sur une base solide.

Étape 2 : Une fois que vous avez établi le contact, vous bâtissez votre niveau de confiance avec ce client potentiel.

Étape 3 : Ensuite, lorsque la confiance est établie, vous devez créer la motivation de vous rencontrer. Il n'est pas suffisant de seulement établir le contact; vous devez persuader le client potentiel de prendre le temps de s'asseoir et de parler avec vous. Et le temps, évidemment, n'est pas le réel obstacle. Le principal souci du client est la peur d'une expérience déplaisante — subir une pression pour acheter quelque chose qu'il ne veut pas acheter.

Étape 4 : Une fois que vous avez rencontré le client, la prochaine étape est de fermer la vente. Le rendez-vous doit se transformer en transaction.

Étape 5 : Finalement, vous devez convertir cette transaction en une relation, vous faisant ainsi un client à long terme.

Figure 3.1

Obtenir un nouveau client

Première étape :	Établir le premier contact
Deuxième étape :	Bâtir un niveau de confiance
Troisième étape :	Créer une occasion de rencontre
Quatrième étape :	Conclure la vente
Cinquième étape :	Transformer la transaction en une relation

La plupart des conseillers réalisent que pour réussir, ils doivent franchir les cinq étapes. Quatre sur cinq n'est pas suffisant. Les cinq doivent être en place. Mais demandez-vous : quelles étapes sont les plus difficiles? Quelles étapes demandent le plus d'efforts? Laquelle représente le plus grand obstacle pour les conseillers financiers?

La réponse est, assurément, les deux premières étapes : créer un contact initial avec un client potentiel d'une façon qui le prédispose à une réponse positive et établir un niveau de confiance. Gérer ces deux étapes de façon efficace ne garantit pas que le reste du processus sera automatique. Mais créer la motivation pour provoquer une rencontre, faire la vente et convertir la transaction dans une relation d'affaire à long terme découlent naturellement de ces deux étapes.

Une corrélation directe existe entre le niveau de confiance qu'un conseiller financier inspire au client potentiel et la probabilité que cette personne devienne un client.

Dans cette section, nous mettrons l'accent sur ces deux étapes. Nous développerons des stratégies pour vous placer devant les clients potentiels de façon à susciter une réponse positive plutôt que négative de leur part. Nous nous concentrerons sur l'établissement d'un niveau de confiance. Plus loin dans le livre, nous passerons un long moment sur la façon de convertir la transaction en une relation à long terme avec les clients.

Établir le contact

Commençons par regarder la première étape qui consiste à établir le contact. Il y a autant de façons différentes d'établir le contact avec le client qu'il y a de conseillers financiers.

Certains conseillers financiers préfèrent des techniques de marketing de masse : des annonces, des séminaires largement annoncés et la publicité par courrier individuel. D'autres se concentrent sur les appels à froid. D'autres combinent les appels à froid à des visites imprévues : ils visitent un secteur industriel à 7 h 30 et se présentent à la seule personne généralement présente à cette heure , le propriétaire, et commencent à cultiver une relation.

Certains conseillers utilisent surtout des séminaires dans des compagnies de leur région, afin d'y rencontrer les employés. Une autre alternative consiste à développer un réseau de référence auprès des comptables et des avocats de leur communauté; le réseautage parmi les gens qu'ils connaissent ou l'augmentation délibérée de leur visibilité et de leur présence par la participation aux conseils d'administration d'organismes de charité. Finalement, certains conseillers comptent augmenter leur visibilité dans les médias de leur communauté. Ils écrivent dans le journal local, recherchent des occasions de parler à la radio locale, et peut-être même, y animent une tribune téléphonique sur la finance.

À la lecture de cette liste, vous vous demandez inévitablement quelle est la meilleure méthode de prospection. Il est alors important de l'énoncer clairement : il n'y en a aucune. Toutes ces méthodes sont efficaces pour certains conseillers financiers selon leur personnalité, leur philosophie et le niveau de développement de leurs activités. Vous devez déterminer quelle méthode vous convient le mieux à ce moment précis.

Les conseillers financiers utilisent généralement quatre critères pour évaluer quelle méthode de prospection utiliser. Le premier est la réponse qu'ils veulent obtenir : la gratification immédiate de cette méthode de prospection. Le deuxième est le niveau de confort : comment se sentent-ils face à l'utilisation d'une méthode particulière. Le troisième critère est le degré de difficulté : combien d'efforts seront exigés. Le quatrième est le coût.

Évaluation des méthodes de prospection

Il est intéressant de noter que ces quatre critères sont dans une orientation essentiellement à court terme. La réponse est à court terme. Votre confort est à court terme. L'effort est à court terme (Figure 3.2). Pourtant, les conseillers recherchent des résultats à long terme : des clients qui leur resteront fidèles longtemps.

Partant de cette dichotomie, j'aimerais suggérer une meilleure méthode pour évaluer les méthodes de prospection. Permettez-moi premièrement de vous demander de considérer dix des alternatives les plus utilisées :
• Le réseautage avec les comptables et les avocats.
• La publicité.
• Les lettres d'information ou de marketing aux clients.
• Les appels à froid.
• L'engagement communautaire..
• La publicité postale individuelle.
• Les indications de clients.
• Les séminaires.

Figure 3.2

Critères de sélection d'une approche de prospection

1. Réponse
2. Niveau de confort
3. Effort
4. Coût

Figure 3.3

Évaluer les moyens de prospecter :	Votre confort	La confiance du client
1. Comptables/Avocats	_____	_____
2. Publicité	_____	_____
3. Bulletin du client/lettre sur le marché boursier	_____	_____
4. Appels à l'improviste	_____	_____
5. Engagement communautaire	_____	_____
6. Publipostage	_____	_____
7. Clients référés	_____	_____
8. Séminaires	_____	_____
9. S'adresser à des groupes comme conférencier invité	_____	_____
10. Salons professionnels/ Stands d'information	_____	_____

- Les conférences où vous parlez en tant qu'invité.
- Les stands dans les Salons.

Imaginez qu'en vous présentant au bureau un lundi matin on vous dise que la condition pour conserver votre emploi est que vous passiez la journée complète à prospecter en employant chacune de ces méthodes. J'aimerais que vous évaluiez votre degré de confort face à chacune de ces méthodes et que vous l'inscriviez à la Figure 3.3 dans la colonne de gauche, 10 représentant un niveau de confort très élevé et 1 indiquant un niveau de confort très bas. Si vous n'êtes ni confortable ni inconfortable, donnez la cote 5.

Figure 3.4

Le Spectre de confiance

Référence d'un professionnel

Référence d'un client

Conférencier invité

Implication dans la communauté

Séminaire

Suivi sur une indication de client

Publipostage direct

Annonce

Appels au hasard

Imaginez maintenant dix conseillers financiers qui sont identiques en tous points et qui passent le même lundi matin à utiliser une de ces méthodes auprès des clients. Comment pensez-vous que les clients évaluent ces méthodes de prospection, sur la base de la confiance établie lors du contact initial? Retournez au tableau et dans la colonne de droite tentez de mesurer cette confiance, du point de vue du client, en employant encore une échelle de 1 à 10.

Ma compagnie a fait des recherches sur ce concept auprès des clients et, à la lueur des résultats, a développé ce que nous appelons le Spectre de confiance (Figure 3.4). Les activités ayant une cote de confiance élevée auprès des clients sont les recommandations professionnelles, les indications de clients, les invitations à s'adresser au public, connaître quelqu'un par son implication dans la communauté et rencontrer des gens dans des séminaires. À l'extrémité la plus basse de l'échelle, toujours du point de vue des clients, je me permets de vous le rappeler, sont les techniques de marketing de masse : les envois postaux individuels, les annonces et les appels à froid.

Pourquoi le Spectre de confiance est-il un moyen efficace d'évaluer les méthodes de prospection? Nos recherches révèlent une corrélation directe entre le niveau de confiance qu'un conseiller suscite chez un client potentiel et la probabilité que cette personne devienne effectivement un client. Plus le niveau de confiance est élevé, plus la personne risque de devenir un client. À l'opposé, plus le niveau de confiance est bas, moins la personne risque de devenir un client.

En outre, nos recherches montrent que dans le premier stade de l'établissement d'un contact auprès d'un client potentiel, rien n'influence autant le niveau de confiance envers vous que la façon dont le contact initial a été fait. La méthode de prospection que vous utilisez, en effet, influence le niveau de confiance que le client potentiel éprouve envers vous dans le très important stade du développement de la relation.

En passant, cela ne veut pas dire que vous ne pouvez pas utiliser avec succès les méthodes de marketing de masse : les annonces, les envois postaux individuels ou les appels à froid. Vous pouvez. Mais ils sont plus difficiles. Puisque le marketing de masse atteint plus de gens, il vous connectera à un nombre plus grand de clients potentiels. Mais le niveau de confiance que ces clients développent envers vous sera plus bas et les obstacles que vous rencontrerez seront conséquemment plus élevés.

La formule du succès

Ces résultats ont amené Marketing Solutions à développer une formule pour identifier l'efficacité à long terme des différentes approches : C + P + O +E = succès. Le niveau de confiance que la méthode de prospection suscite; additionné à la façon dont cette méthode vous positionne comme un professionnel dans l'esprit du client; combiné avec son niveau d'originalité; et finalement votre propre efficacité dans l'utilisation de cette méthode de prospection, vous procureront le succès.

En vous demandant quelles méthodes de prospection utiliser, vous voudrez considérer les résultats de cette recherche. Évaluez à quel degré vous succombez aux considérations à court terme dans votre prospection actuelle : réponse à court terme, effort, confort et coût. Essayez d'évaluer à quel degré vous êtes motivé par des considérations à long terme : confiance, professionnalisme, originalité et efficacité. Évidemment, pour une efficacité à long terme, vous voudrez augmenter votre niveau dans le Spectre de confiance et accentuer les accélérants du succès dans notre formule.

Il peut être impossible de changer immédiatement, compte tenu du stade de développement de vos activités. Si vous venez juste de commencer ou que vous êtes en affaires depuis peu de temps, il est difficile d'opérer au maximum du Spectre de confiance. Il est difficile d'être invité comme spécialiste pour vous adresser à un groupe cible. Vous n'avez pas assez de clients pour obtenir suffisamment d'indications de clients. Les comptables et les avocats ne seront pas intéressés à réseauter avec vous.

Mais peu importe votre stade de développement actuel, il est important de travailler à augmenter le Spectre de confiance autant que vous le pouvez. Vous devriez avoir aussi des objectifs à moyen terme pour vous diriger au sommet du Spectre de confiance aussi rapidement que possible. C'est ce qui vous apportera un plus grand succès et une plus grande productivité dans vos efforts de prospection.

Instantanés

✔ *La recherche de clients est un processus en cinq étapes : faire le premier contact de façon efficace ; établir la confiance du client; créer la motivation de se rencontrer; fermer la vente; et garder une relation à long terme.*

✔ *Les deux premières étapes sont les plus difficiles : faire le premier contact avec le client potentiel de façon à entraîner une réponse positive et à augmenter le niveau de confiance.*

✔ *Dans l'évaluation des méthodes de prospection, les conseillers tendent à tort d'utiliser des critères à court terme comme la gratification immédiate, le degré de confort, la difficulté et le coût.*

✔ *Le Spectre de confiance montre ce que les clients reconnaissent comme leur inspirant le plus confiance lors d'un premier contact : les recommandations provenant d'un professionnel, la recommandation d'un autre client, un conseiller invité à s'adresser à un public cible, la connaissance d'une personne par son implication dans la communauté et la rencontre de gens lors de séminaires. À la fin du Spectre de confiance se retrouvent les techniques de masse comme les envois postaux individuels, les annonces et les appels à froid.*

✔ *Une corrélation directe existe entre le niveau de confiance qu'un conseiller financier inspire au client potentiel et la probabilité que cette personne devienne un client. De plus, dans les premiers stades de l'établissement d'une relation avec un client potentiel, rien ne dessine autant ce niveau de confiance que la méthode de prospection choisie pour le contact initial. Les méthodes de prospection influencent le niveau de confiance, qui en retour aide à déterminer la probabilité d'un dénouement positif.*

✔ *Souvenez-vous de la formule : $C + P + O + E = succès$. Le niveau de confiance que la méthode de prospection suscite; additionné à la façon dont cette méthode vous positionne en tant que professionnel dans l'esprit du client; combiné avec son niveau d'originalité; et finalement votre propre efficacité dans l'utilisation de cette méthode de prospection, vous procureront le succès.*

Miser sur
le 99 du client

IMAGINEZ QU'UN MATIN VOUS RECEVIEZ UN APPEL DU SERVICE DES RESSOURCES humaines de votre compagnie. L'interlocuteur vous apprend qu'après une évaluation en profondeur des dossiers des employés, vous avez été retenu comme étant le mieux qualifié pour choisir le nouveau système informatique qui portera votre compagnie vers le siècle prochain.

Vous êtes l'acheteur. Imaginez que je sois le vendeur, vous parlant des services de ma compagnie et des solutions splendides que nous pouvons vous offrir pour rencontrer vos besoins. Pendant que nous parlons, quelle proportion de votre attention et de votre énergie est dirigée à vos besoins en tant qu'acheteur et quelle proportion est allouée à mes besoins en tant que vendeur?

Évidemment, une très petite partie de votre attention est axée sur mes besoins. En fait, même après que je vous ai montré des photos des mes filles et de ma vieille mère, si vous êtes comme la majorité des gens, la plus grande proportion de l'attention que vous porterez dans une telle situation aux préoccupations des autres n'est que de un pour cent.. Quatre-vingt-dix-neuf pour cent de votre attention et de votre énergie sont dirigés vers vos priorités. C'est une question de point de vue.

Revenons maintenant à nos moutons. Qu'en est-il des prospects et des clients que vous rencontrez chaque jour en tant que conseiller financier? Quelle proportion de leur attention et de leur énergie est consacrée à leurs besoins et quelle proportion est allouée aux vôtres? La réponse est la même. Comme il se doit, 99 pour cent de leur attention et de leur énergie sont dirigés vers leur priorités.

Si nous voulons réussir, maintenant, à partir de quel point de vue devons-nous opérer? Le nôtre ou celui du client? Évidemment la réponse est celui du client. Pour réussir, nous devons continuellement miser sur le 99 de notre client.

Adopter le 99 du client

Imaginez le scénario : un même jour, vous faites affaire avec deux clients ayant des besoins distincts et vous leur vendez deux solutions différentes. Six mois plus tard, un des investissements a grimpé de 25 % tandis que l'autre a dégringolé de 25 %. Ces deux clients sont sur votre liste d'appels à faire, mais vous n'avez le temps d'en appeler qu'un seul. Lequel appellerez-vous?

La grande majorité des conseillers financiers choisirait le client dont l'investissement a rapporté. Après tout, ce serait une conversation positive. Comme vous agissez à partir de votre point de vue, vous appellerez le client qui a fait de l'argent.

Les conseillers doivent s'assurer qu'ils agissent à partir du point de vue du client (le 99 du client).

Mais qui auriez-vous dû appeler? Sans aucun doute, le client dont l'investissement a rapporté adorerait entendre parler de vous. Mais, le client qui a besoin de vous entendre est celui qui a perdu de l'argent. Si vous opérez à partir du point de vue du client, c'est automatiquement la personne que vous appellerez.

Certains conseillers financiers comptent sur le fait que les clients qui ont des questions ou qui ne sont pas satisfaits téléphoneront. Toutefois, selon ce que confirme une recherche récente, rares sont les clients qui le font. La majorité des clients insatisfaits restent tranquillement assis, perdent le sommeil et ruminent leur malchance. Ils ne vous appellent pas. Toutefois, ils répondront à ceux qui les appellent et un de ceux-ci pourrait bien être un compétiteur. La prochaine fois que vous entendrez parler de ce client pourrait bien être lors du transfert de son compte à un autre conseiller.

Il y a quelques années, lorsque les marchés étaient incertains, je me suis entretenu avec un conseiller qui avait appris qu'un déluge de relevés contenant des nouvelles moins-que-réjouissantes avait été posté aux clients. Il décida alors de bloquer une journée de son agenda, de rester à la maison et de téléphoner à ces clients. Son message était simple : «Dans quelques jours, vous recevrez un rapport trimestriel. Si vous avez suivi le rendement des marchés, vous savez qu'il a été décevant. Malheureusement, c'est une de ces périodes — et nous savons qu'elles se manifestent occasionnellement — pendant lesquelles les marchés reculent. Toutefois, je vous appelle pour vous informer que le directeur de la recherche de notre société a réalisé une étude sur les conditions du marché et a réitéré que nous avons toutes les raisons d'être positifs face aux prévisions à moyen terme. Même si vous essuyez des pertes à court terme, vous n'avez pas à vous inquiéter. Vous êtes bien positionné par rapport à vos besoins futurs.»

Quelle sorte de réponse à ces appels pensez-vous que le conseiller financier a reçu? Croyez-vous que ses clients étaient livides, criaient ou juraient? Pas du tout. En fait, ils l'ont chaleureusement remercié d'avoir téléphoné. Un client a même dit : «J'apprécie vraiment que vous preniez le temps d'appeler. Je parlais justement à une personne qui est insatisfaite de son conseiller financier actuel et j'aimerais lui téléphoner pour lui suggérer que vous la contactiez.»

Le conseiller a téléphoné à ses clients pour discuter de mauvaises nouvelles et a finalement obtenu une recommandation de client au cours de ce processus. L'idée ne repose pas sur le fait de prévenir vos clients des mauvaises nouvelles. Ils sont probablement au courant. S'ils les ignorent encore, ils allaient probablement apprendre la vérité, très prochainement. L'idée est que vous agissiez à partir du 99 de votre client. Les clients veulent savoir que leur conseiller surveille leurs intérêts, qu'il pense à eux et est prêt à prendre le temps et à fournir l'effort de les appeler même lorsque les nouvelles sont moins bonnes.

Certains conseillers peuvent y penser à deux fois avant de prendre toute une journée pour faire ce type d'appel. À première vue cela semble un investissement de temps considérable et une perte de productivité. Mais, une fois les rapports livrés aux clients, combien d'appels pensez-vous que ce conseiller a reçus pour commenter la situation ou pour répondre à des questions relatives à la performance? La réponse est aucun, évidemment. D'une façon ou de l'autre, il aurait eu à consacrer du temps à parler à ses clients. Mais en le faisant avant que ses clients reçoivent leurs rapports plutôt qu'après, il a transformé ce qui aurait pu s'avérer une expérience négative en un échange positif. Par la même occasion, il a aussi rejoint les clients silencieux qui sont insatisfaits mais ne téléphonent jamais, devenant ainsi une proie pour les assauts d'autres conseillers.

Je ne vous suggère pas de vérifier immédiatement la liste des investissements qui ne rapportent pas et qui vous donneront l'occasion de téléphoner à vos clients pour discuter de mauvaises nouvelles. Dans le cours normal des événements, sur une longue période de temps, malheureusement, cette occasion se produira. Mais lorsque cela se produira, vous devrez vous rappeler d'agir à partir du point vue du client, soit son 99.

Les clients s'attendent à ce que vous les appeliez lorsque les nouvelles sont bonnes. Si vous voulez leur montrer que vous vous souciez vraiment d'eux, appelez-les lorsque les nouvelles sont mauvaises. C'est un exemple de ce qu'opérer à partir du 99 du client signifie.

Le principe des deux rendez-vous

Un autre exemple pourrait se présenter lors d'un rendez-vous initial avec une cliente potentielle qui, après 45 minutes d'analyse de sa situation financière, vous demande : «Alors, qu'en pensez-vous?» La plupart des conseillers prendraient ceci comme le signal pour commencer leurs recommandations : «Tout compte fait, je pense que vous êtes dans une assez bonne position mais il y a quelques secteurs qui pourraient être améliorés. Voici lesquels...»

Comment croyez-vous que la cliente potentielle se sent lorsque vous commencez votre baratin? Quelle profondeur de réflexion croit-elle que vous donnez à sa situation, qui dans sa perspective est unique? Même si elle a demandé ces recommandations, en les lui donnant, vous lui indiquez que vous ne lui avez pas accordé le maximum de réflexion possible. Vous avez agi machinalement plutôt qu'à partir de son 99.

Une alternative consiste à répondre à la demande du client en requérant plus de temps pour réfléchir à sa situation. «Si vous le désirez réellement, je peux vous donner mes réactions à pied levé. Mais je préférerais réfléchir à ce que vous m'avez dit, peut-être faire d'autres recherches et me rasseoir avec vous dans une semaine pour réviser votre portefeuille plus en détail. À ce moment, j'aurai des recommandations plus détaillées.»

Il serait étonnant qu'après avoir proposé cette façon de faire, la cliente potentielle vous demande ce que vous recommandez dans l'immédiat. Elle sera bien contente d'attendre une semaine, sachant qu'elle obtiendra l'attention totale dont elle a besoin. Même si les recommandations sont les mêmes que celles que vous auriez faites sur le champ, elle y réagira plus positivement, parce qu'à partir de son propre intérêt vous avez pris le temps de réfléchir et de vous renseigner sur sa situation personnelle. Vous avez envoyé un signal positif indiquant que vous n'opérez pas selon l'approche du ravisseur de client mais plutôt selon une approche individuelle et professionnelle.

Ce style n'est pas différent de celui des grandes firmes de comptabilité. Peu importe la simplicité de votre déclaration de revenus, aucune grande firme ne vous la retournera dans moins de trois jours. Est-ce que cela prend vraiment trois jours pour remplir chaque déclaration? Certainement pas. Le message des firmes de comptables est le suivant : si vous voulez un travail économique et rapide vous pouvez avoir recours au premier H&R Block que vous rencontrerez. Si vous voulez la qualité et le souci des détails, cela prendra une peu plus de temps et coûtera un peu plus cher.

La différence dans chaque cas n'est pas le produit. Ce ne sont pas les recommandations d'investissement ni la déclaration de revenus. La différence est de communiquer aux 99 du client que vous pendrez le temps de donner un travail d'une qualité supérieure.

Le principe des deux rendez-vous est une méthode efficace pour assurer au client potentiel qu'il fait affaire avec un conseiller financier qui est professionnel et soucieux de mettre les intérêts de ses clients avant son désir de conclure une vente rapide. Comme le fait d'appeler le client avec des mauvaises nouvelles, cela démontre que l'intérêt du client est prioritaire à votre agenda. Dans tout ce que nous faisons, nous devons apprendre à mettre l'accent sur le point de vue des clients, à opérer à partir de leur 99.

Instantanés

✔ *Pour assurer leur succès, les conseillers financiers doivent continuellement adopter le point de vue des clients et opérer à partir de leur 99.*

✔ *Lorsque vous avez une mauvaise nouvelle pour les clients, ne vous cachez pas en espérant qu'ils ne le remarqueront pas; téléphonez-leur et cimentez votre relation en adoptant leur 99.*

✔ *Considérez le principe des deux rendez-vous — un premier pour écouter le client et un second pour exprimer vos recommandations — comme une façon de mettre de l'avant votre approche professionnelle et votre désir de respecter le 99 du client.*

CHAPITRE 5

Bâtir la confiance

PLUSIEURS CONSEILLERS ASSUMENT QUE LA RAISON PRINCIPALE POUR LAQUELLE les clients travaillent avec eux est la qualité de leur performance financière. Après tout, c'est pour cette raison que nos firmes nous payent. Cette supposition toutefois trahit nos clients. L'élixir que les clients recherchent chez leur conseiller financier est la confiance. C'est pourquoi il est primordial de bâtir cette confiance auprès de ses clients, potentiels et existants.

En 1993, par exemple, l'Association internationale de planification financière a demandé à un échantillonnage d'adultes américains les éléments qu'ils considéraient les plus importants dans une relation avec un conseiller financier. Les répondants considéraient les rendements et la performance comme des éléments importants : ils étaient mentionnés dans 24 % des cas. La compétence, qui est reliée, était aussi prise en compte 18 % du temps. Mais le facteur le plus important était la confiance, citée 53 % du temps. Un américain sur deux considère que la confiance est l'élément le plus important dans sa relation avec un conseiller financier (Figure 5.1).

Ceci correspond aux études que notre firme et d'autres ont effectuées. Cela recoupe aussi une recherche fascinante que notre firme a menée sur la raison pour laquelle les investisseurs persistent à faire affaire avec les banques même si les conseillers financiers sont facilement accessibles et offrent des conseils d'une qualité supérieure.

Nous avons commencé par demander aux investisseurs d'évaluer six sources possibles de conseils financiers : les conseillers financiers rémunérés selon des honoraires, ceux payés à commission, les courtiers en valeurs mobilières, les comptables, les directeurs de banque et les agents d'assurance. Les investisseurs ont utilisé une échelle en 10 points pour évaluer leur confiance en chaque conseiller. Le mieux coté

Figure 5.1

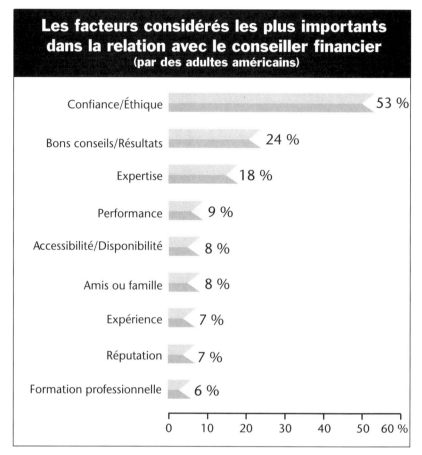

Les facteurs considérés les plus importants dans la relation avec le conseiller financier
(par des adultes américains)

Confiance/Éthique	53 %
Bons conseils/Résultats	24 %
Expertise	18 %
Performance	9 %
Accessibilité/Disponibilité	8 %
Amis ou famille	8 %
Expérience	7 %
Réputation	7 %
Formation professionnelle	6 %

était le conseiller financier rémunéré selon des honoraires, suivi de celui payé à commission et du courtier en valeurs mobilières. Les comptables et les directeurs de banque ont terminé derrière eux, suivi loin derrière par les agents d'assurance (Figure 5.2).

Selon l'échelle, le directeur de banque se situait 10 % derrière le conseiller financier rémunéré selon des honoraires. Mais notre seconde question a révélé une évaluation bien différente. Cette fois, nous avons étudié la confiance à partir d'une autre perspective : nous avons demandé aux répondants de mesurer leur confiance dans le fait que le conseil financier offert par ces intermédiaires serait dans le meilleur intérêt du client. Le comptable et le directeur de banque ont alors atteint le plus haut niveau, suivis du conseiller financier rémunéré selon des honoraires. Le courtier en valeurs mobilières et le conseiller payé à commission se sont retrouvés très loin derrière. L'agent d'assurance occupait pour sa part la toute dernière place (Figure 5.3).

Figure 5.2

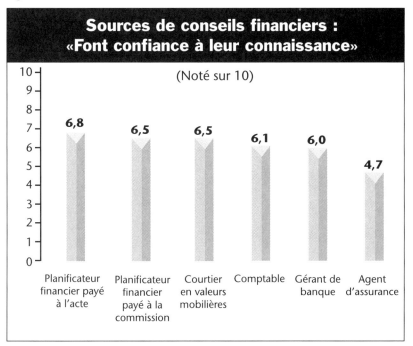

Imaginons un client potentiel qui a l'occasion de faire affaire avec deux conseillers financiers. Il a une confiance absolue dans le savoir du premier conseiller mais seulement une confiance modérée dans son intégrité. Pour le second conseiller, la situation est inversée : le client potentiel a seulement une confiance modérée dans ses connaissances mais une confiance absolue dans son intégrité. Lequel choisira-t-il? Les clients opteront pour l'intégrité presque à chaque fois.

Le besoin d'une stratégie pour bâtir la confiance

Le défi du conseiller financier est alors d'établir un niveau de confiance élevé auprès des clients potentiels, en gardant à l'esprit que le plus gros obstacle au développement de cette confiance est le fait que les consommateurs savent qu'il est payé à commission. Les consommateurs entrevoient que toute personne qui est rémunérée de cette façon est nécessairement en conflit d'intérêts. Comment cultivons-nous le même niveau de confiance qu'un directeur de banque alors que nous sommes perçus comme handicapés par ce conflit d'intérêts?

Assurément, ceci est notre principal défi dans le processus de prospection. Chaque activité de prospection doit être pensée afin d'augmenter la confiance des consommateurs dans notre professionnalisme

Figure 5.3

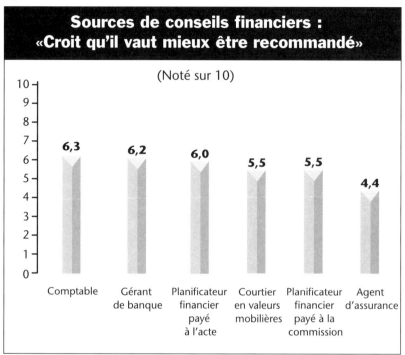

et dans notre intégrité. Ils doivent être certains que notre avis est émis dans leur meilleur intérêt.

Il est intéressant de noter que les conseillers financiers ont souvent développé des stratégies sophistiquées pour la prospection, la communication, l'établissement du profil du client, la vente et le matériel de présentation. Mais combien d'entre eux ont bâti, dans leur plan de marketing, une stratégie d'édification de la confiance? Combien de conseillers financiers ont des stratégies explicites en place pour développer la confiance dans l'esprit de leurs clients actuels et potentiels?

Souvenez-vous : la confiance est l'enjeu de suprême importance. Plus que toute autre chose, la confiance détermine si le client potentiel

Figure 5.4

Quatre piliers pour établir la confiance

1) Le loi du banquier

2) La capacité d'emprunt

3) Construire un profil dans un climat de confiance

4) Faire preuve de patience

entamera une relation d'affaires avec vous. Vos compétences, votre équipe de soutien et la qualité de vos conseils sont des considérations secondaires; c'est votre intégrité qui prévaut. Il s'ensuit alors que pour bien réussir vous devez vous dessiner une stratégie pour démontrer aux clients potentiels qu'ils peuvent avoir confiance en vous.

Quatre piliers forment la base de l'élaboration d'une stratégie d'édification de la confiance et nous les explorerons en détail dans les prochains chapitres (Figure 5.4).

1. Le premier pilier est la règle du banquier qui implique d'adopter l'attitude rassurante et les pratiques d'un banquier.

2. Le second pilier est d'emprunter de la crédibilité : puisque nous ne pouvons initier notre propre crédibilité, nous devons nous affilier judicieusement à des sources de crédibilité desquelles nous pouvons emprunter de la confiance.

3. Nous devons aussi construire notre profil d'une façon qui inspire confiance.

4. Finalement, nous mériter cette confiance en nous montrant patient.

Ceci pourrait sembler être du travail inutile, et certains conseillers pourraient être tentés de sauter cette étape. Après tout, se disent-ils, si les rendements financiers sont favorables, les clients resteront et les clients potentiels seront favorablement impressionnés. Mais cette justification provient du point de vue du conseiller et non de celui du client. La principale préoccupation du client, toutes les études le démontrent, n'est pas les rendements financiers. C'est : est-ce que je peux avoir confiance en mon conseiller?

Pour la plupart des clients, la performance est uniquement une question de base. Ils ont en tête un niveau de performance minimum qu'ils considèrent acceptable, et ils s'attendent à ce que leur conseiller rencontre ce standard. Le confort, l'enthousiasme et la loyauté sont acquis lorsque le conseiller rencontre ce seuil minimum de performance et inspire confiance en rassurant le client sur le fait que ses intérêts passent en premier.

Imaginez deux clients qui font affaire avec différents conseillers financiers. Le premier a seulement atteint le seuil de rendement mais a développé un niveau très élevé de confiance en son conseiller financier. Le deuxième client a touché un rendement très élevé sur ses investissements et en est ravi, mais il n'est que modérément satisfait de sa relation avec son conseiller. Le client ressent peut-être de la pression durant les rendez-vous, ne reçoit pas assez d'interaction ou a le sentiment qu'on ne répond pas à ses questions de façon satisfaisante.

À court terme, chaque conseiller gardera ses clients. Mais imaginez que les marchés plongent et que le rendement en souffre. Dans le cas du premier conseiller, sa relation solide avec le client lui procure du temps, peut-être même assez pour permettre au rendement de retrouver des limites acceptables. Mais le second client, avec des résultats faibles et une relation déficiente avec son conseiller, est probablement ouvert aux propositions d'un autre conseiller. Les rendements élevés étaient le ciment qui gardait le client et le conseiller ensemble. Maintenant, ceci a disparu. Sans une stratégie d'édification de la confiance adéquate, le conseiller est vulnérable.

Nous pouvons tous apprendre de Dodee Frost Crockett une leçon sur la confiance. C'est ce qu'elle arrive à créer avec son engagement d'aider les clients dans toutes les circonstances et en tenant cette promesse. Évidemment, elle n'aurait pas pu garder de clients sans la réelle capacité de donner des conseils d'investissement fiables. Les clients ne sont pas venus à elle en premier lieu au cas où ils auraient un jour eu besoin d'un plombier ou d'un médecin. Mais elle tient beaucoup à susciter l'enthousiasme au point ou le client peut avoir complètement confiance en elle, un peu comme dans l'exemple du client atteint du cancer. Dans l'avenir, c'est sur ce genre de confiance que reposera le succès.

✐ Instantanés

✔ *Les sondages montrent que la confiance est l'élément le plus important dans la relation entre le client et le conseiller financier.*

✔ *Plusieurs investisseurs ont choisi de faire affaire avec un directeur de banque, même s'ils n'évaluent pas aussi bonne la qualité des conseils financiers émanant de cette source comparativement à ceux reçus d'un conseiller financier. Pourquoi? Ils croient qu'un directeur de banque sera plus enclin à offrir des avis dans le meilleur intérêt des clients.*

✔ *Le défi pour les conseillers financiers est d'établir un niveau de confiance élevé auprès des clients potentiels, tout en gardant à l'esprit que l'obstacle majeur pour développer une telle confiance est le fait que les consommateurs savent qu'ils sont payés à commission.*

✔ *Les quatre piliers d'une stratégie d'édification de la confiance — ceci sera discuté en détail dans le prochain chapitre — sont la règle des banquiers, l'emprunt de crédibilité, l'établissement de notre propre profil d'une façon qui inspire confiance et, enfin, la patiente acquisition de cette confiance.*

CHAPITRE 6

Pratiquer la règle du banquier

POUR OBTENIR DES CONSEILS FINANCIERS, LES GENS PRÉFÈRENT FAIRE AFFAIRE avec quelqu'un qui a l'air, qui s'exprime et se sent conservateur. Quelqu'un de rassurant comme leur banquier ou leur comptable. Même les entrepreneurs qui aiment par leur nature prendre des risques préfèrent confier leur argent à des gens prudents, conservateurs et qui ne prennent pas de risques.

Ceci nous amène à ce que j'appelle la règle du banquier : lorsque nous faisons affaire avec des clients potentiels nous devons leur communiquer que nous sommes aussi dignes de confiance qu'un banquier. Ceci implique d'examiner les signaux que nous envoyons, directement et indirectement, par notre tenue vestimentaire, notre apparence, la quantité de bijoux que nous portons, l'allure de notre bureau, notre papier à en-tête et même par les magazines que nous offrons à feuilleter à la réception. Tout devrait être choisi en fonction de nourrir notre image de prudence et de conservatisme.

Il peut apparaître idiot de se soucier de détails aussi superficiels alors que les clients potentiels sont présumément à la recherche d'un flair financier. Mais les gens réagissent souvent à nous sur une base émotive, voire irrationnelle. Vous devriez influencer positivement cette perception chaque fois que vous le pouvez.

Commençons par les magazines. Vous pourriez choisir le *Reader's Digest* et le *National Geographic* et vos clients pourraient penser qu'ils sont entrés dans un bureau de dentiste par erreur. Ou vous pourriez offrir des publications comme *Fortune*, *Les Affaires* et le *Wall Street Journal*. Ces publications envoient un message clair sur la raison d'être de votre bureau et la vôtre par ricochet. *Time* et *L'Actualité*, ces deux incontournables de l'information et des salles d'attente ne vous causeront pas de tort. Mais ces revues n'enverront pas une message aussi direct et puissant que *Fortune*, *Les Affaires* et les magazines de cet acabit.

Les magazines n'ont pas à être exclusivement de nature financière. Mais généralement vous choisirez des publications orientées sur le commerce et la finance parce qu'elles contiennent le message approprié. Et tout dans votre bureau devrait contribuer à passer ce message également. Demain, lorsque vous arriverez à votre bureau, évaluez-le à partir du 99 du client. Évaluez le logo sur votre porte, regardez votre réception et votre salle d'attente, considérez les décorations sur les murs, examinez votre bureau personnel. Est-ce que l'ensemble montre que ce conseiller financier est une personne en qui le client peut mettre toute sa confiance, comme dans un banquier?

> **Les conseillers doivent projeter une image aussi conservatrice et rassurante qu'un banquier ou un comptable.**

Notre voiture envoie aussi un message important aux clients. Ceci ne veut pas dire que vous devez emprunter la Mercedes de votre ami pour impressionner les clients potentiels. Mais cela signifie que lorsque votre client potentiel entend venir votre Pinto 1984 rouillée, vous aurez tout un effort à faire pour installer la confiance et livrer le message que vous êtes digne de confiance et que vous incarnez le conservatisme.

Oubliez la photo

Je me suis souvent interrogé sur la pertinence de mettre la photo d'un conseiller sur sa carte de visite. «C'est plus cher, mais je crois que l'impact visuel en vaudra la peine», pense le conseiller. Mais en réalité, cette décision n'a pas beaucoup à voir avec le coût. Lorsque vous pensez à des cartes de visite avec photo, quels secteurs économiques vous viennent à l'esprit? L'assurance-vie, la vente d'immeubles et les voitures usagées. Lorsque vous offrez une carte de visite qui montre votre photo à un client potentiel, c'est inconsciemment le lien qui se fait. Et c'est un lien nuisible.

Vous voulez une carte de visite conservatrice, un peu comme celle d'un comptable, d'un avocat ou d'un directeur de banque. Le meilleur investissement n'est pas d'ajouter votre photo sur vos cartes et vos en-têtes de lettres, mais de choisir plutôt un papier de meilleure qualité ou de faire embosser ou améliorer votre logo. Les cartes et le papier à lettre devraient ressembler à du matériel de J.P. Morgan ou Morgan Stanley et non à celui du vendeur de voitures usagées du quartier.

Un conseiller financier m'a approché, il y a un certain temps, tout emballé par la technique de marketing de masse qu'il concoctait pour sa petite communauté d'environ 5 000 foyers. Il avait commandé un aimant pour frigo qu'il entendait aller porter à chaque porte de la ville. Je me souviens de l'avoir entendu dire que le coût n'était rien comparé à l'avantage d'avoir son nom et sa figure (l'aimant portait sa photo) sur tous les réfrigérateurs de chaque cuisine de la région. J'eus la vision de ces réfrigérateurs ornés de cet aimant, mais portant aussi celui de la pizzeria et de l'agent immobilier du coin.

Un autre exemple de l'importance de la règle du banquier provient de l'expérience d'un de mes clients. Je parlais à un commerçant prospère qui avait reçu l'appel d'un conseiller financier référé par un bon ami. «Franchement, je n'étais pas extrêmement insatisfait de mon courtier actuel, admit-il, mais un petit doute me dérangeait. J'ai pensé que je devais au moins écouter ce que cette nouvelle personne avait à dire.»

Le commerçant consentit à une visite de 30 minutes pour faire connaissance. «Lorsque nous nous sommes finalement rencontrés, il m'est apparu comme une personne assez raisonnable et nous avons jasé pendant environ dix minutes, après lesquelles il m'a demandé si j'avais une objection à ce qu'il prenne des notes, rappelle-t-il. Je lui dis non. Allez-y.» À ce moment, le conseiller a sorti un crayon à 19 cents portant le nom d'un restaurant local. «Ce n'est peut-être pas logique de ma part, mais ma réaction viscérale a été de me dire que si ce gars ne pouvait s'offrir un crayon, il n'était pas le genre de conseiller financier qui me convenait.»

Ceci ne signifie pas que vous devez immédiatement acheter une plume Mont Blanc de 300 $ et un complet de 2 000 $. Vous pouvez aussi exagérer par cette approche. Si vous êtes trop voyant, ou avez l'apparence d'un millionnaire, vous pouvez aussi déranger. Mais un crayon de bonne qualité à 10 $ — la sorte qu'un banquier utiliserait — et des vêtements de qualité équivalente feront l'affaire. De plus, une coiffure de bon ton complémente bien l'image.

D'une certaine façon, forgez votre image sur celle du client avec qui vous faites affaire. Vous devriez vous habiller différemment pour rencontrer le directeur général d'une grande société que pour rencontrer la personne qui dirige une ferme porcine. Mais en général, trouvez une ligne de conduite médiane : vous voulez projeter une image de succès, mais en même temps, conservatrice, rassurante et discrète. Comme un banquier.

Instantanés

✔ *Conformez-vous à la règle du banquier : lorsque vous faites affaire avec un client potentiel, communiquez de façon tacite qu'ils peuvent avoir autant confiance en vous qu'en leur banquier.*

✔ *Évaluez votre bureau selon la règle du banquier. Est-ce que les magazines dans l'aire de réception traitent de sujets reliés au monde du commerce ou des affaires? Est-ce que la signature, l'aire de réception, les cadres sur les murs et l'intérieur de votre bureau inspirent la confiance?*

✔ *Vos cartes de visite, votre papier à en-tête, votre voiture, vos vêtements et même votre crayon devraient être régis par la règle du banquier. Et oubliez complètement les aimants sur les frigos.*

CHAPITRE 7

Emprunter de la confiance

LORSQUE NOUS RENCONTRONS DES NOUVEAUX CLIENTS, NOUS N'INSPIRONS pas automatiquement beaucoup de confiance — même si nous sommes habillés comme des banquiers et que nous trimballons le dernier numéro de la revue *Commerce*. Nous pouvons inspirer de la confiance grâce à une référence ou par notre participation, avec le client, à un conseil d'administration. Mais les clients potentiels savent que nous sommes motivés par l'argent que nous pouvons obtenir par le biais des investissements qui peuvent être réalisés et, conséquemment, ils entament une relation avec un degré plus ou moins grand de scepticisme à notre endroit.

Puisque nous n'inspirons pas énormément confiance, une stratégie valable consiste à compenser en s'appropriant la confiance dévolue à d'autres personnes ou institutions. La plupart des gens, par exemple, font confiance aux institutions éducatives. Alors si vous parlez à un client potentiel et lui dites que vous enseignez les finances personnelles à l'université ou au CEGEP, vous vous appropriez la confiance que ces institutions inspirent. Si vous enseignez, vous devez être un expert.

Aujourd'hui, les médias inspirent dans notre société autant la confiance que la méfiance. Toutefois les médias possèdent suffisamment d'éléments de confiance pour que les conseillers financiers puissent leur en emprunter. Il n'est pas nécessaire que ce soit un journal. Il pourrait être tout aussi profitable lors d'une conversation de mentionner des phrases du type : «Une des choses que je fais de temps en temps est d'apparaître à la télévision locale en tant qu'expert de l'actualité financière», ou «J'anime une tribune téléphonique mensuelle à la radio sur les questions financières». Encore une fois, le client potentiel assume que si vous écrivez dans un journal ou passez à la radio ou la télévision vous devez être un expert.

Cette façon de s'approprier de la confiance s'applique au matériel d'information que nous envoyons aux clients. Des recherches effectuées par notre compagnie montrent que les investisseurs veulent faire affaire avec des conseillers qui sont des professionnels. Une façon de communiquer cette impression est de poster aux clients actuels et potentiels des articles contenant de l'information pertinente provenant de journaux ou de magazines. Ces articles ne devraient pas mettre l'accent sur l'actualité mais offrir plutôt des analyses étoffées.

Il est intéressant de noter que toutes les publications ne créent pas le même effet. Nous avons testé comment les clients potentiels réagissent lorsqu'ils reçoivent le même article mais d'une variété de publications et nous avons remarqué une hiérarchie évidente. La source d'information la plus crédible est le *Wall Street Journal*, suivi de *Fortune*, de *Business Week*, de *Barron's*. Le journal local se retrouve loin derrière dans ce barème de crédibilité.

> **Pour dix sous, la photocopie d'un article de journal inspire plus de confiance que la brochure en couleurs provenant de votre siège social.**

Se trouver au sommet du Spectre de confiance

Vous désirez vous retrouver au sommet du Spectre de confiance lorsque vous choisissez des articles à envoyer à vos clients, parce que vous empruntez la crédibilité de la publication et, comme dans la règle du banquier, ce que vous lisez renseigne les clients sur vos capacités. Envoyer un article provenant du journal local ne peut faire de tort, mais cela ne renseignera pas sur votre professionnalisme et votre engagement au même titre qu'un article provenant d'une publication plus sophistiquée, et moins accessible.

Considérez votre choix selon le point de vue du client potentiel. Après vous avoir rencontré une fois, il reçoit une note accompagnée d'un article provenant d'un journal local. Ce client sera-t-il impressionné de savoir que vous lisez le journal local? Sûrement pas. Il s'y attend. Mais lorsque vous lui envoyez une coupure du *Wall Street Journal*, il déduit que vous lisez probablement ce journal financier régulièrement ou au moins de temps en temps. Ceci envoie un message sur votre expertise, votre intelligence, l'apport d'information et la profondeur que vous apporterez à la relation.

Nous avons demandé à notre échantillonnage d'évaluer le même article mais cette fois reproduit dans le bulletin d'information publié par la firme du conseiller. Il s'est retrouvé au bas de la liste. Au-dessus du *National Enquirer* mais pas beaucoup plus. La raison est simple.

Figure 7.1 ☯

Date

Madame, Monsieur,

Il n'a jamais été aussi important pour les Canadiens de se tenir au courant des changements sur les marchés des capitaux.

Au cours des mois à venir, je ferai parvenir, à un groupe de personnes choisies qui pourraient être intéressées par cette information, des articles importants qui traitent des développements dans le domaine de l'investissement. L'article, que j'ai joint à cette lettre, provient du *Wall Street Journal*. Il traite de l'effet de la diversification mondiale sur les rendements d'investissement et il s'attarde à des développements particulièrement intéressants.

J'espère que vous trouverez utiles ces articles et les articles suivants. Si vous avez des questions, ou si je peux vous aider, n'hésitez pas à communiquer avec moi.

Je vous prie d'agréer, Madame, Monsieur, l'expression de mes sentiments les plus sincères.

Lorsque des clients potentiels voient un article du *Wall Street Journal*, c'est réel, il s'agit d'une autorité impartiale qui confère de la crédibilité. Lorsqu'ils voient le même article reproduit dans un bulletin de format luxueux, en couleurs, publié par la firme ils se disent : «Est-ce que je me fais avoir?»

Alors que certains sièges sociaux investissent des millions en production de prospectus luxueux et de matériel de marketing, souvent les conseillers financiers auraient plutôt avantage à investir 10 cents dans des photocopies. En effet vous établirez davantage votre crédibilité et augmenterez d'autant plus le niveau de confiance de vos clients avec une photocopie qu'avec des bulletins ou des rapports de recherches provenant de votre compagnie.

Ceci ne veut pas dire que le matériel fourni par votre firme n'est pas important. Il l'est, spécialement auprès des clients existants. Ces derniers ont développé leur confiance et veulent de l'information de qualité. Que celle-ci provienne de votre firme est absolument parfait. Mais avec les clients potentiels, votre première priorité est de bâtir la confiance. Pour ce faire, concentrez-vous à en emprunter des meilleures sources disponibles.

✍ Instantanés

✔ *Puisque nous n'inspirons pas des masses de confiance, nous devons emprunter de la crédibilité d'autres sources respectées.*

✔ *Les médias et les maisons d'enseignement sont d'excellentes sources auxquelles emprunter de la crédibilité.*

✔ *Lorsque vous envoyez des articles d'information provenant de publications, ayez le Spectre de confiance en tête. La source d'information la plus crédible est le* Wall Street Journal, *suivie de* Fortune, Commerce *et* Forbes *bien avant tout article en provenance du journal local.*

✔ *Les bulletins produits par votre compagnie ont un rôle à jouer auprès des clients existants mais n'inspirent pas beaucoup de crédibilité auprès des clients potentiels.*

CHAPITRE 8

Utiliser les médias

I L N'Y A PAS TRÈS LONGTEMPS, J'AI REÇU UN APPEL D'UN CONSEILLER FINANCIER provenant d'une communauté de grandeur moyenne. Il s'apprêtait à vivre un désastre. Il avait réservé les services d'un conférencier financier bien connu des médias pour visiter sa communauté et donner un séminaire. Le tarif était de 5 000 $ plus 2 000 $ supplémentaires pour payer le déplacement et rembourser les dépenses de l'invité. Le conseiller avait dépensé 1 000 $ pour réserver une chambre et offrir des rafraîchissements, et 5 000 $ pour annoncer le séminaire. Il était dans le trou de 13 000 $, c'était mardi matin, le séminaire était planifié pour le soir suivant et seulement 100 personnes s'étaient inscrites pour y assister. Comment pouvait-il sauver la situation dans les prochaines 36 heures?

En discutant de plusieurs options, il mentionna une tribune téléphonique populaire à la radio locale. Puisque le conférencier arrivait le soir avant le séminaire, il serait donc disponible pour participer à cette émission. Le conseiller financier se rendit à la station de radio pour gentiment les convaincre de permettre à son conférencier d'y parler mais il dut faire face à un autre dilemme : la station était d'accord en autant que le conseiller financier acceptait de sortir un autre 2 000 $ de commerciaux dans les prochains mois.

Le conseiller ayant déjà investi plus de 13 000 $, nous avons décidé que ces 2 000 $ additionnels étaient inévitables. Le conférencier éblouit les auditeurs pendant trois heures le matin du séminaire, provoquant beaucoup d'appels et s'organisant pour faire la promotion de l'événement qui se tiendrait le soir en assurant à chacun qu'il y élaborerait les réponses qu'il donnait à la radio. Le soir venu, 700 personnes assistèrent au séminaire.

Pourquoi ce séminaire augmenta-t-il de 100 à 700 personnes en un seul jour? Le catalyseur a été la crédibilité de cette émission de radio.

Puisque ce conférencier financier était invité à cette émission de radio, il devait être un expert. Le séminaire est tout de suite apparu plus attrayant. Un second facteur était d'être remarqué. Les grandes compagnies qui peuvent s'offrir une page de publicité entière arrivent généralement à faire passer leur message. Le conseiller financier, lui, s'est servi des petites annonces et n'a pu attirer suffisamment d'attention. Mais en dirigeant son message du côté de l'information au moyen de sa tribune téléphonique, le conférencier et son séminaire avaient beaucoup plus de chance d'être remarqués.

> **Les médias constituent souvent les sources les plus crédibles pour bâtir votre réputation.**

Dans plusieurs communautés, les médias sont les sources les plus crédibles desquelles vous pouvez emprunter de la confiance. C'est une démarche qui peut sembler intimidante initialement, mais souvent les médias sont plus accessibles qu'on le penserait. Toutefois, un peu comme la conversion d'un client potentiel en client exige que nous nous placions du point de vue du 99 du client, l'acquisition de crédibilité au moyen des médias exige de tenir compte du 99 des médias.

Si vous transigez avec l'éditeur du journal local des affaires, ou du journal communautaire ou avec le directeur de la station de radio locale, deux critères domineront. Premièrement, ils sont intéressés de produire de l'information d'intérêt général pour leur lectorat ou leur audience. Ce qui compte, ce n'est pas à quel point ils vous aiment, mais plutôt combien leurs publics vous aimeront. Deuxièmement, vous devez être certain qu'ils ne seront pas mal à l'aise. Lorsqu'ils vous donnent la parole, à la radio ou dans le journal, ils vous endossent implicitement en tant que conseiller financier. Ils doivent être confiants que cette décision ne leur nuira pas.

Approcher les stations de radio

Plusieurs conseillers ont rencontré ces critères et ont établi une crédibilité et une visibilité grâce aux radios locales. Supposons que la station n'a personne pour commenter les mises à jour du marché des actions. Offrez ce service : «Seriez-vous intéressé en un rapport quotidien ou hebdomadaire? Cela pourrait passer en fin de journée, ou le matin, pour récapituler les performances de la veille, ou à la fin de la semaine, pour revoir ce qui a transpiré sur un période plus longue.»

Cette approche ouvre beaucoup d'options, permettant au rapport de servir le 99 de la station de radio. Mais cela répond aussi aux critères de votre 99 en termes de régularité et de fréquence. En effet, vous ne désirez pas être utilisé occasionnellement uniquement lorsque la station désire discuter du monde financier. Vous voulez vous mettre en valeur sur un base régulière.

Pour la crédibilité, la quantité est plus importante que la qualité. Vous obtiendrez plus d'une intervention radiophonique d'une minute pendant 365 jours que de l'animation d'une émission d'une heure ou deux une seule fois par année. Une visibilité quotidienne nourrit la crédibilité.

Il ne sera probablement pas difficile de persuader le gérant de la station que plusieurs auditeurs trouveraient l'information valable. Étant donné la poussée dans l'investissement la plupart des directeurs de radios reconnaîtront l'intérêt pour ce type de nouvelles. Si la station diffuse un rapport national, insistez sur les avantages d'une version locale. Les stations de radio aiment être perçues comme étant orientées vers la communauté, les auditeurs préfèrent des personnalités locales et vous pouvez modeler vos rapports sur les intérêts particuliers de la communauté en mentionnant des firmes locales.

Le plus gros obstacle sera de convaincre le directeur de la station locale que votre proposition d'être diffusé ne représente pas un grand risque pour lui. Il peut être utile pour vous de vous préparer un vidéo de démonstration. Ce pourrait être enregistré dans votre bureau ou au collège local de la communauté si un cours sur le journalisme, la publicité ou la radiodiffusion y sont offerts. En plus de proposer des exemples d'émissions vous pourriez pallier aux doutes du gérant de la station en proposant une période d'essai de quelques semaines.

Vous pourriez aussi approcher le directeur de la station à partir de son 99 en vous offrant pour trouver un commanditaire pour ce rapport, peut-être même votre propre firme ou une compagnie de fonds que vous pouvez convaincre. Même si vous ne pouvez promettre de fournir le commanditaire personnellement, vous pourriez faire valoir au gérant de la station les différents avantages pour plusieurs annonceurs de s'y faire entendre compte tenu de la teneur démographique de ses auditeurs cibles.

Certains conseillers ont convaincu les stations de radio d'offrir une émission régulière. Ceci procure au conseiller une visibilité plus large et plus de flexibilité que des émissions quotidiennes de 60 secondes rigides (et occasionnellement moins efficaces parce que moins bien écrites). Pour ce genre d'émissions il peut être opportun d'inviter des spécialistes que vous pourrez interviewer en ondes régulièrement. Ce peut être un analyste provenant de votre firme, un économiste, un dirigeant d'entreprise, ou des représentants en marketing des compagnies de fonds.

L'orchestration de tout ceci et le fait d'y performer peuvent certainement demander un effort considérable, et si vous ne passez pas très bien en ondes, il ne vaut pas la peine d'essayer, parce que la dernière chose que vous souhaitez est de vous mettre dans l'embarras et de mettre vos défauts sous les feux de la rampe. Les conseillers qui tiennent des émissions dans leur communauté ont trouvé que ceci avait un impact fondamental sur leur visibilité et sur leur crédibilité. Ceci ne se produit pas nécessairement en l'espace d'une journée. Mais à long terme, l'impact se fait obligatoirement sentir.

Passer à la télévision

Il est plus difficile de paraître à la télévision parce que les stations sont moins nombreuses qu'à la radio et que leurs contenus informatifs a tendance à être plus petit. Mais si votre communauté a une station de télévision qui ne diffuse pas de rapport financier sur une base régulière, il pourrait exister une possibilité de redresser cette situation sur une base hebdomadaire lors d'une mise à jour d'une ou deux minutes pour les téléspectateurs. Ces apparitions vous positionneraient favorablement comme un expert dans votre communauté. Vous devriez aussi vérifier si vous pouvez avoir accès à la station communautaire locale du câble s'il en existe une.

La radio et la télévision offrent une grande visibilité et transmettent bien votre personnalité. Le désavantage est que lorsque votre intervention est terminée, l'occasion de tirer des bénéfices constants de cette activité est limitée. Les gens vous ont vu ou entendu ou non. Pour ceux qui ne vous ont pas entendu, c'est comme si l'événement (et tout vos efforts) n'avaient jamais existés.

Les journaux, d'un autre côté, ont une vie plus longue. Certains conseillers tirent avantage encore aujourd'hui d'articles qu'ils ont écrits pour les journaux, il y a dix ans. Le sujet est encore pertinent et au cours des multiples photocopies, la date de parution s'est estompée, alors l'article ne paraît pas dépassé. Un article peut être avantageux si vous pouvez le recycler des années plus tard, contrairement à une émission de radio ou à une tribune téléphonique.

Examinons le 99 des éditeurs de vos journaux locaux d'information ou du domaine financier. Ils recherchent des articles que les gens voudront lire, du matériel qui rencontre les besoins de leur public. Ils veulent que ce soit crédible, facile à lire et disponible à la date de tombée.

Encore une fois, vous devez rechercher les occasions pour ce type de besoins. Quelqu'un offre-t-il déjà une chronique régulière? Les grands journaux impriment déjà ce type de matériel et il est extrêmement difficile de vous y faufiler. Mais c'est plus facile dans les communautés plus petites. Plusieurs conseillers dans des centres plus grands ont approché le journal local où souvent l'élément clé du 99 de l'éditeur est comment remplir l'espace. Si vous pouvez offrir de l'information utile, sur une base régulière, à temps, vous prendrez de la valeur aux yeux de l'éditeur.

Disons que vous vous êtes engagés pour une tâche régulière (sans bonis, probablement sans rétribution et sans contrat, devrais-je ajouter). Où trouverez-vous le matériel? Certains conseillers peuvent faire les recherches et l'écrire eux-mêmes. Mais ceci peut vous paraître trop difficile, alors une autre option est d'emprunter du matériel d'autres sources. Votre siège social a peut-être des articles que vous pouvez rapidement adapter. Plusieurs compagnies de fonds d'investissement peuvent offrir des sources d'information.

Dans un cas, une demi-douzaine de conseillers de la même firme provenant de différentes communautés ont mis leur ressources en commun. Chacun a écrit des articles pour un mois. Leurs collègues les ont utilisés sous leur propre nom dans le journal de leur communauté. Selon cet arrangement, chaque six mois, un conseiller devait trouver le temps de faire les recherches et d'écrire quatre articles, mais il était dispensé pour les cinq prochains mois.

Écrire pour les journaux

Si l'idée d'écrire un article peut sembler intimidante, la longueur type est de 750 mots, soit trois pages à double interligne, et la plupart d'entre nous, si nous nous y mettons, pouvons atteindre cette longueur. Le journal ne s'attend pas à une mise en pages fulgurante; il veut simplement un texte présenté clairement, ce que nous pouvons tous aisément fournir.

Un conseiller avait toutes les idées nécessaires, mais souffrait du syndrôme de la page blanche. Il afficha une annonce à l'école de journalisme locale expliquant qu'il recherchait un étudiant capable d'écrire. L'étudiant l'interviewait chaque semaine sur un sujet choisi et transformait ses notes en article. Le conseiller révisait ensuite et améliorait l'article avant de l'envoyer au journal. Finalement, il produisait un article par semaine au moyen d'un investissement d'une heure de son temps et de 50 $ pour l'étudiant, une alternative que plusieurs conseillers devraient considérer comme une affaire extraordinaire. De plus, vous pourriez trouver que l'écriture de cet article est un moment important de votre semaine qui vous donne l'occasion de cristalliser votre pensée.

Figure 8.1

Les étapes menant à la publication

1. Se documenter sur la publication.
2. Mettre sur pied une courte liste contenant deux ou trois «idées».
3. Contacter l'éditeur et lui proposer une chronique.

Lorsque vous identifiez un journal qui n'a pas de couverture finan-cière adéquate, ne courez pas dire à l'éditeur : «J'aimerais écrire dans votre journal alors donnez-moi une chance.» Du point de vue de son 99, il y de grandes chances pour que votre démarche ne fonctionne pas. Dites-lui plutôt : «Je crois que vos lecteurs bénéficieraient de commen-taires sur les perspectives du marché. J'aimerais vous parler d'écrire un article sur une base régulière, à un rythme qui vous convient. Voici trois ou quatre exemples d'articles que j'ai écrits qui vous donnent une idée de l'approche que je prendrais et du type d'information que les lecteurs pourraient recevoir.» Ceci réduit considérablement le risque et prépare bien le terrain pour une décision positive de la part de l'éditeur.

Dans le cas des journaux communautaires, rappelez-vous que sou-vent, le preneur de décision sera le propriétaire, qui fonctionne selon deux registres. Un premier concerne le contenu, l'autre le résultat financier. Pour que la démarche fonctionne, vous pourriez devoir ache-ter de l'espace publicitaire dans le journal ou réussir à convaincre quel-qu'un dans vos relations d'en acheter. L'éditeur pourrait insister sur un tel arrangement.

Les conseillers aimeraient que le bas de leur article ressemble à une annonce, avec leur nom, celui de leur firme, les numéros de téléphone pertinents, ainsi que d'autres attraits pour les clients. Pendant que vous négocierez cet arrangement fantastique, il est important de reconnaître que les journaux voient dans cette bande-annonce un moyen de servir leurs fins plutôt que vos besoins promotionnels : l'annonce vous confère la compétence et la crédibilité requises pour écrire sur ce sujet. (Tout comme vous leur empruntez de la crédibilité, ils vous en empruntent.) Les journaux n'aiment pas que le contenu éditorial serve des intérêts commerciaux.

Ils permettront quelquefois que le nom de votre firme apparaisse, mais hésiteront à faire apparaître votre numéro de téléphone. Il y a un certain intérêt aujourd'hui à inscrire aussi une adresse de courriel parce que cela augmente le degré d'interactivité avec le journal. En bout de ligne, le numéro de téléphone (et même le nom de votre firme) ne sont pas si

Figure 8.2

Rédiger un article

• Le titre est primordial	• Rédigez un article simple
• Tenez-vous-en à une idée	• Ne pas tenter d'en dire trop
• Le premier paragraphe est important	• Ne visez pas la perfection
• Soyez concret/spécifique	• N'attendez pas que votre téléphone sonne
• Utilisez des exemples	

importants. Même si vous adoreriez une réponse immédiate, des gens qui verraient notre numéro de téléphone et vous appelleraient immédiatement, n'oubliez pas que vous recherchez surtout une vitrine à long terme.

Certains conseillers négligent d'étendre la portée de leur chronique. Oui, elle paraît une fois par semaine ou aux deux semaines dans le journal communautaire. Mais le bénéfice ne se termine pas lorsque quelqu'un lit (ou choisit de ne pas lire) votre papier. Vous pouvez inclure des photocopies de chroniques dans votre portefeuille, ce qui pourrait contribuer à augmenter la confiance de vos clients potentiels et existants. Souvent les journaux ont mensuellement des sections plus étoffées sur l'investissement. Vous avez alors l'occasion de choisir dans ce que vous avez écrit pour un petit marché et essayer de persuader un quotidien à large circulation de l'inclure dans le supplément spécial.

Être cité en tant qu'expert

Un dernier élément générateur de confiance originant des médias est de s'arranger pour être cité en tant qu'expert dans votre communauté. Tous les médias ont besoin de temps en temps de quelqu'un qu'ils peuvent appeler pour obtenir de l'information ou une opinion sur le monde de l'investissement. Idéalement, vous aimeriez que ce soit vous.

Souvent, ceci n'implique rien de plus compliqué que d'identifier le journaliste sur les finances personnelles ou l'éditeur, de décrocher le téléphone et de lui offrir votre disponibilité. «Je suis un conseiller financier qui travaille pour la firme XYZ ici dans notre communauté et récemment j'ai passé beaucoup de temps à expliquer à mes clients les options qui leur sont offertes. J'ai remarqué deux ou trois traits communs auxquels vous pourriez être intéressé et je me demandais si vous pouviez être d'accord pour aller prendre un café un bon jour et jaser des choses que je vois arriver dans la communauté.»

Il est remarquable de constater que les éditeurs reçoivent bien peu d'appels de ce type. Si vous prenez cette approche, les chances sont bonnes qu'ils disent oui. Les journalistes peuvent être cyniques et suspicieux, mais du point du vue de leur 99, ils ont besoin de bonnes histoires. Si vous pouvez leur offrir un contenu intéressant, votre offre prend une valeur irrésistible à leurs yeux.

Utilisez cette rencontre pour établir un climat de confiance avec le journaliste, comme avec un client. Ne soyez pas trop agressif. Mentionnez dans la conversation : «En passant, si jamais vous cherchiez quelqu'un pour vous donner de l'information ou des commentaires sur ce qui se passe sur le terrain, je serais heureux de le faire.» Certaines firmes ont des ententes ou d'autres politiques qui peuvent vous en empêcher. Mais dans plusieurs cas, vous avez la flexibilité en tant que conseiller financier d'offrir des commentaires sur les événements concernant le marché.

L'élément-clé à se rappeler lorsque vous recevez un appel pour de l'information est que le 99 du journaliste — pour les journaux, la radio ou la télévision — doit respecter une heure de tombée. Il a besoin d'information rapidement. Répondez alors à l'appel immédiatement. Si le journaliste sait qu'il peut compter sur vous pour un commentaire rapide, vous serez au haut de la liste des gens à contacter la prochaine fois.

Il voudra aussi une citation qui est courte, concise et directe. Vous devrez développer la discipline de répondre rapidement, en petits morceaux, plutôt que de discourir inlassablement. Il y a un truc pour y arriver. Certains conseillers financiers ont profité des écoles de journalisme pour apprendre cette technique, s'arrangeant pour que les étudiants en journalisme les interviewent dans des sessions de pratique qui aidaient autant le conseiller que l'étudiant en journalisme à développer leurs talents respectifs.

S'il est important que vous accommodiez le cadre des médias, la rapidité et les commentaires accrocheurs, il est aussi important que les réflexions offertes soient de grande qualité. Si l'on vous pose une question avec laquelle vous n'êtes pas confortable, vous ne perdez rien à dire au journaliste : «Écoute, je suis embêté. Je te rappelle dans cinq minutes.» Ce temps vous permet de ramasser vos idées, jeter quelques notes sur papier, faire une recherche rapide et rappeler mieux préparé à fournir la réponse immédiate et courte qu'il demande.

Lorsque vous aurez satisfait le 99 du reporter à quelques reprises, il y a des chances qu'il vous rappelle sur une base régulière. Pensez à votre propre style de travail : vous avez tendance à utiliser la compagnie de courrier, l'imprimeur ou le fleuriste qui vous ont bien servi dans le passé; vous n'en recherchez pas de nouveaux chaque fois. Les journalistes ne sont pas différents une fois qu'ils ont trouvé une source fiable de nouvelles. Et peu de choses battent, pour étayer la confiance en un conseiller financier, d'être cité comme expert des questions financières dans votre communauté sur une base régulière.

Instantanés

✔ *Les médias sont souvent la source la plus crédible de laquelle vous pouvez emprunter de la confiance. Et les médias peuvent être assez accessibles, si vous comprenez bien leur 99.*

✔ *Les éditeurs, les gérants de station de radio et les propriétaires de médias sont intéressés à de l'information d'intérêt général pour leur lectorat ou leurs auditeurs. Ils doivent aussi être certains qu'ils ne seront pas embarrassés d'aucune façon s'ils vous donnent accès à leur auditoire.*

✔ *La quantité est plus importante que la qualité en matière d'établisse-*

ment de la crédibilité. Vous êtes mieux de bénéficier d'une minute d'émission pendant 365 jours que d'animer une émission d'une heure ou deux une fois par année.

✔ Pensez à préparer une vidéocassette si vous cherchez à obtenir un rapport sur le marché boursier, pour démontrer vos compétences au gérant de la station.

✔ Vous pourriez vouloir offrir de trouver un commanditaire pour le rapport sur le marché boursier. Ce pourrait être votre propre firme ou une compagnie de fonds que vous pouvez approcher.

✔ Les conseillers qui participent à des tribunes téléphoniques trouvent que ce geste améliore leur visibilité et leur crédibilité.

✔ Il est plus difficile de passer à la télévision qu'à la radio parce qu'il y a moins de stations de télévision, mais si votre communauté en possède une et si un rapport financier quotidien n'y est pas présenté, cela vaut la peine d'y proposer une mise à jour d'une minute ou deux chaque semaine.

✔ Plusieurs conseillers de communautés plus importantes ont proposé leurs services sur une base volontaire pour écrire une chronique dans le journal local, rencontrant ainsi le 99 de l'éditeur qui doit remplir de l'espace. Il est utile de préparer trois ou quatre échantillons d'articles pour convaincre l'éditeur que vous savez ce que vous faites et qu'il prend un risque minimal en retenant vos services.

✔ Une dernière façon d'utiliser les médias pour inspirer confiance est de s'arranger pour être cité en tant qu'expert dans votre communauté. Souvent ceci n'implique rien de plus compliqué que d'identifier le journaliste en finances personnelles ou l'éditeur du média et de l'informer de votre disponibilité.

✔ Souvenez-vous que les journalistes ont besoin de leur information rapidement. Retournez leurs appels aussitôt. Et disciplinez-vous à donner des commentaires courts et percutants.

CHAPITRE 9

La règle
des deux minutes

RÉCEMMENT, UNE CONSEILLÈRE M'A DIT QU'ELLE AVAIT UNE BONNE ET UNE mauvaise nouvelle à m'apprendre après avoir expérimenté des idées de prospection émises dans mon séminaire. La bonne nouvelle était que les techniques avaient augmenté le nombre de rendez-vous obtenus auprès de clients potentiels. La mauvaise nouvelle était qu'elle essuyait un nombre considérable d'annulations, autour de 15 %, et que lorsqu'elle rencontrait un client potentiel, elle réussissait moins bien qu'elle l'aurait souhaité.

La question, telle que posée, comptait deux volets : comment augmenter l'éventualité que le rendez-vous soit respecté et comment augmenter la possibilité d'un dénouement positif. Je me souvenais d'un article paru dans la revue *Psychologie Today* qui faisait état de recherches californiennes. On y avait suivi des vendeurs représentant une grande variété de secteurs — des ordinateurs aux immeubles — lors d'un premier contact auprès de clients potentiels. Les chercheurs ont retracé le dénouement ultime qui émergea de ces rencontres initiales, souvent après plusieurs mois de suivi, pour déterminer si le contact original avait été positif ou non. Ensuite, ils interviewèrent le client potentiel pour éclaircir le processus de prise de décision.

Ils ont conclu que la moitié du temps, les clients potentiels avaient décidé dans les deux premières minutes si le vendeur était le genre de personne avec qui ils voulaient travailler. Cette décision ne se prend pas à un niveau rationnel. C'est une réaction émotive et viscérale. Mais c'est puissant.

Pensez-y! Pendant ces deux minutes, vous vous réchauffez, vous préparant pour la prochaine heure, vous n'avez abordé aucun des thèmes majeurs de votre proposition, et le client potentiel a déjà décidé. Le client potentiel a décidé, émotivement, si vous êtes compétent, professionnel et digne de confiance ou si vous êtes le genre de personne avec qui il ne veut pas faire affaire.

Ceci ne veut pas dire que si vous êtes gagnant dans les deux premières minutes vous pouvez immédiatement sortir le formulaire d'ouverture du compte et indiquer l'endroit où signer. Vous devez encore cultiver et nourrir le processus et le client potentiel. Cela ne signifie pas non plus que si vous ne réussissez pas dans les deux premières minutes vous devriez tout remballer et vous en aller. Vous pouvez contrer la décision — mais c'est difficile.

Le fait est, toutefois, que les deux premières minutes sont critiques pour former la perception du client potentiel à votre égard, au point où il peut faire confiance à votre expérience, votre intégrité et votre professionnalisme. Notre but est donc de travailler le plus fort possible à la création d'une première impression favorable.

En affaire, il n'y a pas que les avantages à considérer, les conseillers doivent aussi s'occuper de réduire les risques.

Mouvement de balancier entre les risques et les avantages

Comme d'habitude, pour faire ceci, il peut être utile de se placer du point de vue du client. Chaque fois que nous demandons au client potentiel de faire quelque chose — nous rencontrer, partager de l'information, répondre à des questions, donner plus d'information pour ouvrir un compte — le client potentiel soupèse l'avantage de cette activité contre les risques. C'est comme un mouvement de balancier entre les risques et les avantages.

Figure 9.1

Peser la décision de faire affaire avec vous

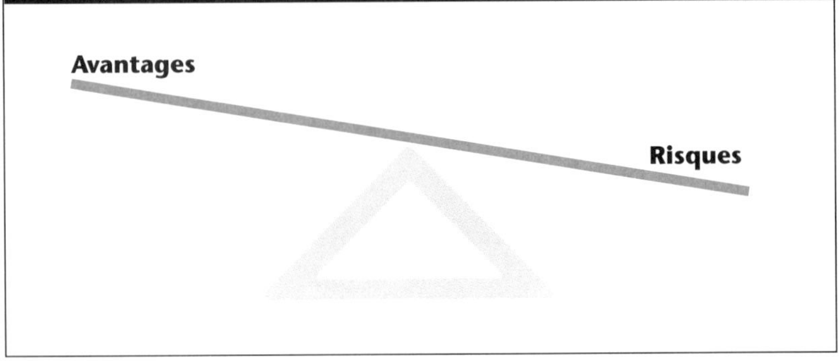

Avantages

Risques

Les conseillers sont merveilleusement bien adaptés pour démontrer aux clients potentiels les avantages de faire affaire avec eux et sont toujours prêts à passer à la prochaine étape du processus. Lorsque le client potentiel recule, instinctivement nous pensons que nous n'avons pas démontré assez d'avantages encore. Nous ajoutons donc d'autres avantages au client potentiel. Et si ceci ne fonctionne pas, nous en rajoutons. Nous continuons d'empiler les avantages.

C'est une façon de convaincre le client potentiel. Mais une autre voie s'offre à vous. Au lieu d'insister sur les avantages, vous pouvez faire basculer le balancier en réduisant les risques. Souvent, réduire les risques de faire affaire avec vous est une façon beaucoup plus facile et beaucoup plus productive de persuader le client potentiel de s'embarquer que de s'acharner à montrer encore plus d'avantages.

Avec notre conseillère éprouvant des difficultés, nous avons cherché à réduire les risques de la rencontrer, afin de prévenir les annulations et d'augmenter le plus possible la probabilité pour les clients potentiels de se sentir assez à l'aise pendant ces rendez-vous pour conclure une affaire. Nous sommes arrivés à la conclusion qu'il fallait hausser le niveau de confiance des clients parce que c'est au coeur autant de la première impression que du mouvement de balancier entre les risques et les avantages.

Figure 9.2 🕐

Date

Monsieur Untel
1234, rue Quelconque
Uneville (Québec)
A1A 1A1

Madame, Monsieur,

J'attends avec impatience le moment de notre première rencontre à votre résidence, le DATE à l'HEURE.

J'ai pensé vous envoyer de l'information qui vous sera utile.

Je vous prie d'agréer, Madame, Monsieur, l'expression de mes sentiments les plus distingués.

Votre nom,
Votre entreprise

Chaque fois qu'elle obtiendrait un rendez-vous, elle enverrait aux clients potentiels une note de deux lignes confirmant la rencontre. Avec la note, elle enverrait aussi un porte-documents, portant le nom de sa firme imprimé bien en vue sur la couverture, qui contiendrait des éléments d'information soigneusement choisis. Une page décrirait les points essentiels à connaître sur sa firme, comme le nombre d'années en affaire, le nombre de clients et l'actif géré. Une autre publication soulignerait son expérience, donnerait des références et parlerait de sa formation. Un troisième élément serait une photocopie d'un article qu'elle a écrit il y a un certain temps pour le journal local, mais dont le sujet est encore à jour et approprié. Elle insérerait aussi quelques articles de publications bien connues, dans ce cas *Fortune* et *Wall Street Journal*, qui pourraient intéresser un client potentiel. Finalement, elle inclurait des témoignages de clients : une page contenant des citations sur leur satisfaction de faire affaire avec elle.

Grâce à l'envoi de la lettre de confirmation et de la trousse de pré-rencontre, son taux d'annulation a chuté de 15 % à environ 1 %. Les clients potentiels annulaient occasionnellement pour des raisons légitimes qui n'avaient rien à voir avec elle : un autre rendez-vous plus urgent ou inévitable à respecter. Mais la plupart des clients potentiels annulent parce qu'ils ont la frousse. Ils ont accepté le rendez-vous sous la contrainte ou ils y ont repensé. Ils s'inquiètent du risque — avoir une mauvaise expérience, perdre du temps, être pressurisé pour acheter quelque chose qu'ils ne veulent pas vraiment. Ils n'ont pas suffisamment confiance au conseiller financier alors, pour éviter le risque d'une expérience négative, ils se défilent. La trousse de prérencontre sert à contrer ces préoccupations.

La conseillère financière n'a pas seulement réduit son taux d'annulation presque à zéro, elle a aussi augmenté le pourcentage de succès : le rendez-vous menait soit à l'ouverture immédiate d'un compte ou au moins ouvrait la voie à ce type de conclusion éventuellement. La raison tient dans la règle des deux minutes. Si l'objectif premier d'un conseiller est d'augmenter le niveau de confiance à son endroit et de rassurer, cette conseillère avait établi un niveau de confiance considérable avant même qu'elle franchisse la porte.

Elle s'était affichée comme étant une source fiable de conseils financiers, quelqu'un qui agit de façon professionnelle et qui est appuyée par une firme sérieuse. Elle s'est préalablement mise en marché, ce qui contribue à faciliter la vente ultérieurement. Elle se trouve du côté gagnant de la règle des deux minutes.

✎ Instantanés

✔ *Des recherches ont prouvé que dans la moitié des cas, les clients potentiels décident d'un point de vue émotif en l'espace de deux* minutes s'ils veulent faire affaire avec le type de personne qu'ils ont devant eux.

✔ Chaque fois que nous demandons au client potentiel de faire une action, cette personne pèse les avantages et les désavantages de cette action. C'est un mouvement de balancier entre le risque et les avantages.

✔ Les conseillers sont merveilleusement bien adaptés pour démontrer les avantages de faire affaire avec eux. Mais vous pouvez aussi retourner le balancier et insister sur la réduction des risques. Souvent, réduire les risques de faire affaire avec vous est une façon beaucoup plus facile et une manière plus productive de persuader le client potentiel de consentir que de continuer à empiler les avantages.

✔ Pour réduire les risques à votre égard, développez une trousse de prérencontre. Ceci a un effet positif sur le taux d'annulation et augmente aussi vos chances de réussir dès la première rencontre parce que vous établissez la confiance avant même d'entrer. Vous êtes gagnant avec la règle des deux minutes.

CHAPITRE 10

Les éléments d'une trousse de prérencontre

LORSQUE VOUS CONSTITUEREZ VOTRE TROUSSE DE PRÉRENCONTRE, GARDEZ toujours à l'esprit sa raison d'être. Celle-ci n'est pas un moyen pour servir de rappel pour la prochaine rencontre. Pour ceci, votre secrétaire pourrait simplement appeler le client potentiel le jour avant le rendez-vous. Cette trousse n'est pas non plus une occasion de montrer le nombre d'articles d'information financière que vous pouvez inclure dans un dossier. C'est un exercice d'édification de la confiance qui doit être judicieusement préparé afin d'être efficace.

Le premier élément est un aperçu sur votre firme. Bien que les clients potentiels ne choisissent pas leur conseiller en fonction de la compagnie qui les engage, ils sont rassurés si le conseiller représente une firme professionnelle et de bonne réputation. Toutefois, si les clients ne vous choisissent pas à cause de votre firme, ils pourraient décider de ne pas vous choisir s'ils ne sont pas à l'aise avec son poids institutionnel.

Si votre firme jouit d'une grande visibilité dans votre communauté, un sentier a déjà été tracé pour vous. Il est toutefois important de se souvenir que si les conseillers sont très au fait des grandes firmes oeuvrant dans le monde des services financiers, les clients potentiels, eux,

Figure 10.1

Trousse de prérencontre
- Lettre
- Chemise cartonnée
- Une page sur votre entreprise
- Un article d'un tiers crédible
- Un curriculum vitae
- Des témoignages de clients

---

ne le sont pas autant. Même si vous représentez Merrill Lynch, une firme d'une grande renommée, vous aurez avantage à en faire un bref historique.

Vous pourriez souligner l'ancienneté de la firme, le nombre de ses clients, son actif sous gestion, la variété de ses produits et de ses investissements et insister sur sa solidité institutionnelle, qui lui valut l'obtention de prix pour compétence en recherche. Ne rebutez pas le client potentiel avec des pages de prose. Vous n'avez besoin que de quatre à six points qu'il pourra parcourir rapidement pour finalement conclure : «Ce sont des gens fiables.».

N'importe quel conseiller peut obtenir des témoignages de satisfaction s'il les demande de la bonne façon.

Votre propre biographie devrait être organisée de la même façon : quelques points importants, sur une page, rassurant les clients sur vos compétences. Vous pourriez souligner depuis combien de temps vous êtes en affaires et inscrire aussi vos expériences de travail antérieures pertinentes (si vous avez déjà tra-

Figure 10.2

Exemple de profil personnel

Pat William, B.A., C.F.A

Conseiller financier à la société XYZ depuis 1991, je possède de l'expérience en gestion des comptes pour un leader de la fabrication informatique.

Spécialisé dans les besoins financiers uniques des individus qui se rapprochent de la retraite ou qui sont déjà à la retraite.

En ce moment, je suis président du programme de la division de London de l'Association Canadienne des Planificateurs Financiers.

Je détiens un baccalauréat ès arts de l'Université Queens et je suis certifié comme planificateur financier agréé, plus haute désignation pouvant être attribuée à un conseiller financier.

J'ai enseigné les finances personnelles au Collège Fanshawe et j'ai écrit des articles traitant de questions financières publiés dans des publications spécialisées de premier plan.

Je siège présentement sur le conseil d'administration des Grandes Sœurs de Montréal et au conseil exécutif de l'association des contribuables de Oakridge.

---

vaillé dans une cantine de hamburgers, vous pourrez omettre de le mentionner). Indiquez si vos clients répondent à un profil particulier ou si vous comblez des besoins spécifiques. Il est bon aussi de faire ressortir votre implication dans les associations, les postes de responsabilités que vous avez occupés et les agréments que vous possédez. Finalement, mentionnez tout élément dont j'ai précédemment parlé qui inspire confiance — l'enseignement, la rédaction, la radio, la télévision, les activités communautaires — qui rehaussent la crédibilité.

La plupart de ces éléments, vous remarquerez, dépendent d'un emprunt de crédibilité auprès de sources dignes de confiance. Si vous êtes en affaires depuis cinq ans, que vous avez travaillé précédemment pour une compagnie financière, que vous faites partie d'organisations industrielles ou communautaires, que vous servez 300 clients, que vous écrivez ou enseignez, le client inévitablement mettra sa méfiance en veilleuse et fera confiance à votre savoir et à votre professionnalisme.

Améliorer vos titres de crédibilité

Le formulaire que nous avons conçu pour bâtir votre crédibilité (Figure 10.3) peut servir de guide pratique. La plupart des conseillers ne rem-

Figure 10.3 🌐

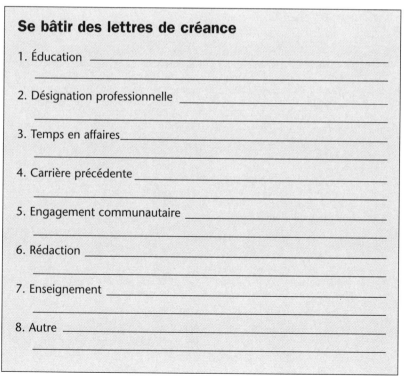

Se bâtir des lettres de créance

1. Éducation _____

2. Désignation professionnelle _____

3. Temps en affaires_____

4. Carrière précédente _____

5. Engagement communautaire _____

6. Rédaction _____

7. Enseignement _____

8. Autre _____

pliront pas chaque catégorie, mais vous devriez être capable de cibler deux ou trois secteurs. Si après avoir regardé le formulaire vous vous retrouvez devant une feuille blanche ou presque, vous devriez envisager dans l'avenir d'investir dans votre crédibilité. Comme ceci ne peut se faire par enchantement, vous devrez le planifier. Vous serez récompensé à long terme.

Ne soyez pas timide. Combien de cours de finances personnelles devrez-vous donner avant de vous permettre de dire : «J'ai enseigné les finances personnelles au collège de notre communauté.»? La réponse est un. Vous pourriez découvrir, à votre grand étonnement, que finalement, vous aimez l'enseignement et que vous souhaitez poursuivre. Certains conseillers ont établi leur pratique en se basant sur des membres de leur communauté qui suivent de tels cours. Ces gens sont impressionnés par le conseiller, entretiennent une relation, et se tournent vers lui ou elle à un moment ou l'autre pour leur confier leur portefeuille. Mais j'insiste encore : comme lorsque vous écrivez des articles pour le journal local, vous ne devriez pas vous attendre à un retour immédiat. Ceci arrivera comme un boni. L'effort, cependant, est dirigé vers le renforcement de votre crédibilité à long terme.

Figure 10.4 🔾

Votre philosophie

À QUOI DOIS-JE M'ATTENDRE DE VOUS?

«En tant qu'investisseur prudent, vous devriez vous attendre à trois choses de la part de votre conseiller financier. D'abord, vous devriez recevoir un plan financier conçu d'après votre situation pour répondre à vos objectifs particuliers. Puis, on devrait établir pour vous une stratégie d'investissement qui fournit une croissance à long terme et qui met l'accent sur la protection du capital. Finalement, vous devez vous attendre à une communication constante et régulière. Voilà ce que je m'efforce de vous fournir.»

QUEL GENRE D'INVESTISSEMENTS ME CONSEILLEZ-VOUS?

«Puisque chaque client est différent, chaque stratégie d'investissement varie. Donc, d'ici à ce que je connaisse votre situation, je ne saurai pas ce qui est juste pour vous. Cependant, je privilégie habituellement des placements prudents qui nous permettent, à mes clients et à moi, de dormir tranquilles. J'ajoute à cet investissement des placements à plus haut risque pour permettre une croissance plus forte.»

QUAND AURAI-JE DES NOUVELLES DE VOUS?

«Chaque client reçoit un relevé trimestriel et un bulletin d'information régulier. Si je ne vous ai pas contacté dernièrement, vous recevrez également un appel de mes adjoints tous les six mois. Lorsque nécessaire, je rencontre aussi les clients régulièrement pour mettre à jour et revoir leur situation.»

ET SI UN CLIENT A UNE QUESTION POUR VOUS?

«J'ai comme politique de retourner, moi-même ou par l'intermédiaire d'un de mes employés, chaque appel le même jour ouvrable. Les clients obtiennent donc toujours une réponse à leurs questions.»

Il est facile d'inclure dans votre trousse de crédibilité votre implication dans différentes associations. Est-il très difficile de présider l'association locale des conseillers financiers? L'élection implique-t-elle une lutte acharnée? Généralement, qui veut occuper la place l'obtient. Quelle est l'ampleur du budget, que représente la responsabilité? Des efforts devront certainement être déployés et vous désirez livrer la marchandise et ne pas décevoir vos collègues en ne remplissant pas vos promesses. Mais la charge de travail n'est pas déraisonnable : comme pour l'enseignement, l'exercice peut s'avérer intéressant, et le retour — pouvoir affirmer que vous jouez un rôle respecté dans l'industrie — peut être considérable.

Parfois, dans certaines petites ou moyennes communautés, aucune association locale n'existe. C'est une occasion extraordinaire. Si vous approchez une association nationale ou régionale pour mettre sur pied un chapitre local, devinez quoi : vous êtes le président. Et alors vous pouvez dire aux clients potentiels que vous êtes président de l'association locale des conseillers financiers. Votre crédibilité s'est accrue de façon appréciable.

Détaillez votre philosophie

Si vous êtes encore à bâtir vos titres de crédibilité et que vous n'avez pas encore beaucoup à montrer, une autre avenue moins directe pour réaliser le même objectif dans votre trousse de prérencontre est de laisser de l'espace pour exposer votre philosophie (Figure 10.4). Les dix principales questions des clients auxquelles ce résumé devrait répondre sont énumérées à la Figure 10.5.

Ceci n'est pas une liste exhaustive, mais ces questions viennent souvent à l'esprit des clients potentiels. Si vous y répondez à l'intérieur de

Figure 10.5

Questions importantes pour les clients

1. À quoi dois-je m'attendre de vous?
2. Quel genre de placements conseillez-vous?
3. Combien de fois me donnerez-vous de vos nouvelles?
4. Que se passe-t-il si j'ai une question et que vous n'êtes pas là?
5. Quelle est votre philosophie d'investissement?
6. Comment en arrivez-vous à vos recommandations?
7. Comment fais-je pour savoir qu'un type de placement est bon pour moi?
8. Comment puis-je être certain que j'aurai une retraite confortable?
9. Avec quel genre de clients travaillez-vous?
10. Combien dois-je investir avec vous?

Figure 10.6 🔵

Quelles attentes le client peut-il avoir?

1. Ma relation avec le client commence avec la mise sur pied d'un plan financier complet permettant d'atteindre des objectifs financiers à long terme. Comme élément de ce programme, nous abordons les questions d'investissement, d'assurance, d'impôt et de planification successorale selon la situation de chaque client.

2. Je m'efforce d'être le conseiller financier en chef de mes clients. Pour accomplir ce rôle, je coordonne les activités de conseillers professionnels existants tel que les fiscalistes et les avocats en droit successoral. Au besoin, j'ai aussi recours à mon propre réseau de conseillers professionnels.

3. Ma philosophie de placement est de nature essentiellement prudente. J'agis selon le profil de risque de chaque client et j'établis un portefeuille de placements qui fournira une croissance à long terme sans risques inutiles. Ainsi, mes clients et moi dormons l'esprit tranquille.

4. Pour la plupart des clients, la planification fiscale et la minimisation sont des facteurs importants de la planification financière. Comme élément du plan d'ensemble, des stratégies telles que le fractionnement du revenu, l'utilisation prudente de leviers financiers et les fiducies familiales sont étudiées.

5. À tous les trois mois, chaque client reçoit un bulletin d'information sur la performance. L'information est présentée le plus clairement possible et le format du relevé est revu avec chaque nouveau client, dès le début de chaque nouvelle relation, afin de minimiser la confusion ou l'incompréhension quant à la manière de lire les résultats.

6. Le compte de chaque client est suivi sur une base continue pour tirer profit des occasions créées par l'évolution de la situation. De plus, à chaque année, chaque programme est revu et les changements appropriés sont apportés.

7. Je me rends aussi disponible que possible pour les clients. Je m'assure que tous les appels téléphoniques reçoivent une réponse la journée même, soit par un agent, soit par moi-même.

8. Je crois que mon meilleur client est celui qui est bien informé. Je compte donc beaucoup sur la communication avec le client à l'aide d'un bulletin d'information régulier, d'ateliers de travail pour les clients sur les nouveautés du marché et des conférenciers invités. Je tiens également une bibliothèque contenant certains des meilleurs livres sur les finances personnelles que je mets à la disposition de mes clients.

la trousse de prérencontre, avant même que les fameuses deux minutes commencent, vous aurez pris de l'avance. Si vous êtes en affaires depuis seulement six mois, vous pourriez éviter d'étoffer vos titres de crédibilité et mettre l'accent sur votre philosophie.

Figure 10.7

Ce que les clients pensent de Pat Williams

«Pat n'attend pas que je lui téléphone. Elle est toujours en contact avec moi et elle s'assure que ma situation n'a pas changé et que j'ai obtenu réponse à toutes mes questions. Lorsque je lui téléphone, elle me donne toujours une réponse rapide.»

Andrea Davidson
Royal Lepage
Cliente depuis 1991

«Au cours des années, nous avons posé de nombreuses questions à Pat. Elle prend toujours le temps de trouver des réponses complètes et bien documentées.»

Robert et Lily Desaulniers
Retraités
Clients depuis 1991

«Pat a pris beaucoup de temps pour écouter nos idées et elle nous a aidés à développer une approche d'épargne et de placement qui correspond exactement à nos besoins.»

John et Linda Moore
Pharmaciens, Courtesy Drug Mart
Clients depuis 1992

«Pour la première fois, je sais vraiment où je vais côté finances et j'ai un programme en place qui me permettra d'y arriver.»

Richard Winters
Président, Lawton Graphics
Client depuis 1993

Un autre élément idéal de votre trousse de prérencontre serait d'y inclure un article financier que vous avez rédigé pour une publication reconnue. Si vous n'en avez pas, offrez un article que vous avez lu et qui provient d'une des meilleures publications dans notre hiérarchie de crédibilité. Ça montre le professionnalisme que vous apportez dans la gestion de vos affaires.

La valeur des lettres de témoignage

Les derniers éléments de la trousse de prérencontre sont les lettres de témoignage. Les conseillers, semble-t-il, sont plus cyniques que les clients à leur sujet. Lorsque j'en propose un exemple, comme à la Figure 10.7, certains conseillers se moquent : «Cela insulterait mes clients si je prétendais qu'ils sont assez stupides pour leur prêter foi. Aucun prospect n'accepte qu'une page de témoignages soit honnête ou représentative sauf si elle contient, par exemple, le point de vue des deux derniers clients qui m'ont remercié. Ils vont savoir que c'est trié sur le volet et vont considérer cela faux, ou comme un instrument de vente.»

Certains clients adhèrent peut-être à cette vision acerbe, mais lorsque nous avons testé les lettres de témoignage auprès des clients, nous avons découvert une réponse positive. Les prospects trouvent rassurant — encore ce mot clé — de lire des commentaires réels, provenant de vraies personnes sur leur expérience avec leur conseiller.

Juste un conseil cependant : une fois je pris connaissance d'un témoignage dithyrambique au bas duquel j'aperçus, en guise de signature, des initiales gribouillées. Ceci pourrait semer le doute. Si vous désirez des témoignages crédibles, les initiales ne suffisent pas. Vous devez montrer le nom complet et idéalement des détails comme le statut professionnel et le lieu de résidence. Si la personne possède un commerce, préside une association ethnique, est un avocat ou est à la retraite, indiquez-le. S'il est votre client depuis plusieurs années, indiquez-le : «Client depuis 1991». Une telle fidélité encourage les prospects.

Nulle part dans les exemples de témoignages de la Figure 10.7 il est mentionné que le conseiller financier a fait doubler l'argent. Nulle part il est mentionné que le résultat du travail du conseiller a permis une retraite à 37 ans. Le message est plutôt : mon conseiller garde un bon contact avec moi, répond à mes questions, m'aide à comprendre où je me situe financièrement. Des affirmations simples et directes. Justement, vous demandez-vous, qu'est-ce que ces affirmations peuvent apporter? C'est le minimum auquel un client peut s'attendre. C'est rassurant pour lui de voir d'autres clients bien réels témoigner sur le fait que le conseiller possède les qualités de base attendues.

La plupart des conseillers peuvent entrevoir l'avantage des témoignages dans la prospection. Mais la difficulté est de trouver la façon d'obtenir ces témoignages tout en mettant le client et le conseiller à l'aise. La dernière chose que souhaite le conseiller est d'embarrasser le client ou de l'incommoder en lui demandant un témoignage. Ce serait peine perdue.

Nous avons trouvé cependant que si vous le demandez correctement, 90 % des clients satisfaits du travail de leur conseiller consentiront à offrir un témoignage. Le secret est à qui le demander et comment le faire.

Figure 10.8

Choisir des témoignages

- Votre niveau de confort
- Niveau de satisfaction
- Personnalité
- Crédibilité/références

Comment demander un témoignage

En choisissant la meilleure source pour fournir un témoignage, quatre considérations doivent primer (Figure 10.8). Évidemment, le client doit être très satisfait, c'est une donnée de base. Ensuite, votre niveau de confort est primordial. L'obstacle empêchant les conseillers d'obtenir des témoignages de clients ironiquement n'est pas le refus des clients d'en fournir, mais plutôt le refus du conseiller d'en demander. Alors identifiez bien les clients à qui vous vous sentez à l'aise d'en demander.

Troisièmement, idéalement les clients que vous sollicitez devraient avoir une personnalité extravertie. Les comptables, plutôt réservés de nature, ne sont généralement pas une bonne source de recommandation. Vous rechercherez surtout des personnes qui sont enthousiastes de nature. Finalement, il sera opportun qu'ils ajoutent aussi à votre crédibilité. Ils apporteront plus s'ils sont président d'une compagnie locale, sont reconnus dans leur communauté, ou s'ils président une association communautaire importante.

Dans les ateliers, nous demandons aux conseillers de penser à des clients qui rencontrent ces critères et d'en dresser une liste de quatre ou cinq. Ensuite, vous devez demander des témoignages de façon que le client et vous vous sentiez à l'aise. Vous ne désirerez pas mettre en péril une relation privilégiée avec ce client pour l'obtention de témoignages de recommandation.

Voici comment débuter la conversation : «Jean, je t'appelle pour te demander une petite faveur. Un de mes buts cette année est d'augmenter ma clientèle en y ajoutant des clients de ta qualité.» Comment le client se sent-il alors? Vous lui demandez un service et la plupart des gens adorent aider les gens qu'ils connaissent et apprécient. C'est très flatteur.

Bien sûr, le client est probablement aussi un peu inquiet de ce qui va suivre. Vous continuez alors : «Pour m'aider dans ce sens, je prépare un résumé écrit de brefs commentaires de clients existants sur leur expérience de faire affaire avec moi. Je t'appelle pour savoir si tu pourrais m'aider en me donnant un bref commentaire que je pourrais joindre à ceux de quelques autres clients.»

Si votre relation avec ce client est effectivement bonne, cette demande n'est pas difficile à remplir. En fait, la plupart des clients seront probablement soulagés que vous ne les appeliez pas pour leur demander les noms de leurs amis, de leurs relations et de leurs voisins. Ils accepteront volontiers.

Ne tombez pas à ce moment dans le piège qui guette plusieurs conseillers. Soulagé que le client ait consenti et promis de vous envoyer un témoignage après y avoir réfléchi, vous raccrochez le téléphone en jubilant et en vous disant : «Ouf! C'est réglé! J'ai un témoignage!» Vous n'avez pas de témoignage. Vous avez la possibilité d'en obtenir un, ce qui peut être encore très loin de votre objectif.

En fait, trois dénouements sont maintenant possibles et un seul est positif. Le client peut envoyer une belle lettre de témoignage dans les jours prochains, satisfaisant ainsi entièrement votre besoin. D'un autre côté, le client peut remettre la tâche à demain — exactement comme nous — et comme vous ne voulez pas le heurter, vous commencez à l'éviter, et lui, comme il se sent coupable, il commence à vous éviter. Une relation client idéale tourne au vinaigre. Exactement ce que vous voudriez éviter. La pire possibilité, cependant, est que le client vous fournisse un témoignage inutilisable. Il est alors difficile de décrocher le téléphone et de lui dire : «Jean, merci d'avoir essayé mais pourrais-tu m'en écrire un autre qui serait plus conforme à mes besoins s'il te plaît?»

Pour éviter cette situation, lorsque le client promet d'écrire quelque chose et de vous le poster, vous devez poliment mais fermement l'arrêter. «C'est fantastique, Jean. J'apprécie vraiment ton aide. Mais si je peux prendre encore une minute de ton temps, supposons maintenant que tu as un voisin qui te demande de commenter ton expérience avec moi. Que lui dirais-tu?»

Figure 10.9 ✪

Demander des témoignages : exemple de scénario

Bonjour John, c'est Pat Williams. Avez-vous une minute?

(Réponse)

John, je vous téléphone pour vous demander une faveur. L'un de mes objectifs, pour cette année, est d'ajouter plus de gens comme vous à ma clientèle.

Pour y arriver, je mets sur pieds un résumé écrit de commentaires très brefs de certains de mes clients où ils parlent de leur expérience de travail avec moi. Je vous téléphone pour savoir s'il vous serait possible de m'aider en faisant un court commentaire que je pourrais utiliser, avec ceux de certains de mes autres clients.

(Réponse)

C'est merveilleux John. J'apprécie vraiment votre aide. Si je le peux, j'aimerais prendre une minute supplémentaire pour vous demander quelle réponse vous donneriez si quelqu'un que vous connaissez vous demandait de commenter votre expérience de travail avec moi?

(Réponse)

Vous savez que ce que vous venez juste de dire serait parfait. Est-ce que je peux utiliser ce commentaire-là?

Maintenant, assoyez-vous et écoutez. Presque à chaque fois, dans les 15 à 30 secondes suivantes vous entendrez exactement le message que vous voulez transmettre à vos clients éventuels : «Mon conseiller écoute... mon conseiller retourne mes appels... mon conseiller répond à mes questions... mon conseiller me donne de bons conseils.» Rappelez-vous, la recommandation doit être courte. Vous recherchez environ 5 à 10 mots clés que vous pouvez combiner dans une affirmation concise et convaincante. Notez les mots clés du client et poursuivez : «Ce que tu viens de me dire serait parfait. Je vais te le répéter, juste pour m'assurer que j'ai bien compris : 'Mon conseiller fait un très bon travail dans l'écoute de mes besoins et s'assure ensuite qu'ils sont satisfaits.' Est-ce que je peux utiliser ceci?» Naturellement, il sera d'accord.

Figure 10.10 🔍

Date

Monsieur Untel
1234, rue Quelconque
Uneville (Québec)
A1A 1A1

Monsieur,

L'un de mes objectifs, pour les mois à venir, est d'ajouter plus de personnes comme vous à ma clientèle. Puisque vous êtes l'un de mes clients les plus importants, je vous écris pour vous demander votre aide.

Lorsque que je m'adresse à des clients potentiels, on m'a dit qu'il serait utile d'avoir une page de commentaires réels de clients existants quant à leur expérience de travail avec moi et au service que je leur fournis.

En ce moment, j'en suis à l'étape préliminaire de la création de cette page que j'intitulerai : «Ce que les clients pensent». Je pense que vous pourriez m'aider en me donnant un court commentaire que je pourrais joindre à ceux de cinq ou six autres clients.

Je vous téléphonerai dans les semaines à venir pour répondre à vos questions et pour discuter plus en détail de ceci.

Je vous remercie de votre collaboration et je vous prie d'agréer, Monsieur, l'expression de mes sentiments les plus distingués.

Conseiller Quelconque

P.-S. : À titre d'information, j'ai inclus des exemples de commentaires fournis par d'autres clients qui ont déjà consenti à m'aider.

C'est ce qu'il croit et il n'a plus à s'en occuper! Il a rempli sa promesse et vous avez obtenu un témoignage (Figure 10.9).

Pendant un atelier, je parlai de cette technique juste avant la pause. Après le café, je remarquai que l'un des participants assis juste au centre de la première rangée n'était pas revenu. Ceci se produit de temps en temps et j'ai appris à m'endurcir devant la déception que cela me cause toujours. Mais environ vingt minutes plus tard, il revint dans la classe un papier à la main. Il avait couru à une cabine téléphonique, avait appelé quatre clients et dans cette courte période de temps se fit promettre quatre recommandations.

Je ne suggère pas ici que vous cessiez immédiatement de lire et que vous vous précipitiez au téléphone parce que vous avez probablement besoin de réfléchir aux gens à qui vous souhaitez vous adresser et au moment de le faire. Vous devez être à l'aise pour faire la demande. Généralement, il est utile de pratiquer le texte que vous avez l'intention d'utiliser environ quatre ou cinq fois — essayez-le devant votre conjoint ou un collègue — jusqu'à ce que vous vous sentiez à l'aise en

Figure 10.11 ✪

Nouveaux venus dans le domaine de l'investissement ? demandez des témoignages

Bonjour John, c'est Pat Williams. Avez-vous une minute?

(Réponse)

John, je vous téléphone pour vous demander une faveur. Comme vous le savez, je viens de me joindre à (nom de la société) et je commence à discuter avec des gens que je pourrais aider pour leur planification financière.

Afin d'y arriver, je crée un résumé écrit de commentaires très brefs de certains de mes clients qui parlent de leur expérience de travail avec moi. Je vous téléphone pour savoir s'il vous serait possible de m'aider en faisant un court commentaire que je pourrais utiliser, avec ceux d'autres clients avec qui j'ai déjà travaillé.

(Réponse)

C'est merveilleux John. J'apprécie vraiment votre aide. Si je le peux, j'aimerais prendre une minute supplémentaire pour vous demander quelle réponse vous donneriez à quelqu'un que vous connaissez qui vous demanderait de commenter votre expérience de travail avec moi?

(Réponse)

Vous savez que ce que vous venez juste de dire serait parfait. Est-ce que je peux utiliser ce commentaire-là?

---

posant la question. Cette anecdote illustre bien que l'obtention d'une recommandation peut ne pas être intimidante si vous la prenez étape par étape, et si vous vous placez du point du vue du client.

D'autres types de recommandation

Certains conseillers financiers ne se sentent pas à l'aise de téléphoner au client spécifiquement pour lui demander un témoignage. Ils préfèrent envoyer une lettre précédemment, pour préparer le chemin. C'est parfaitement acceptable. Un avantage de cette façon de faire est que vous pouvez y noter, comme dans la version d'une telle lettre de notre firme, que vous incluez à titre d'exemples des commentaires d'autres clients qui ont déjà accepté d'aider (Figure 10.10).

Certains conseillers, débutant dans le métier, s'inquiètent d'approcher le client prématurément à ce sujet. Et c'est logique : vous ne voulez pas faire surgir cette question quelques mois seulement après avoir débuté une relation avec le client. Mais après une année, si le client est vraiment content et qu'il rencontre les autres critères — un bon degré de confort, extraverti et ayant de la crédibilité — c'est n'est pas déraisonnable de le demander.

Si vous êtes un nouveau venu dans le domaine, il est aussi possible de demander des témoignages à des gens qui ne sont pas des clients. Vous approchez d'anciens employeurs et des clients ou des gens avec qui vous avez travaillé et leur demandez de témoigner de vos habiletés qui pourraient être intéressantes pour des clients éventuels (Figure 10.11). Les témoignages, après tout, ne mettent pas l'accent sur votre sens aigu de l'investissement. Ils mettent plutôt l'accent sur l'orientation service dont vous avez probablement fait montre auparavant.

Si quelqu'un vous donne une recommandation, je crois que cette personne devrait être récompensée pour vous avoir aidé. Vous pourriez lui écrire un petit mot de remerciement, ce qui serait probablement suffisant. Certains conseillers envoient une bouteille de vin, un livre, ou font un petit don — disons 20 $ — à l'organisme de charité préféré du client. Vous ne désirez pas que la personne se sente achetée, vous désirez surtout qu'elle se sente reconnue et appréciée. Le client vous a fait une faveur, en vous offrant un témoignage de confiance, et si vous le remerciez, il se sentira encore mieux dans la relation.

Une fois que vous avez organisé les différents témoignages, vous pouvez étendre leur usage hors de la trousse de prérencontre. Je connais un conseiller qui termine ses rendez-vous avec des clients éventuels en présentant des témoignages. Ce conseiller a investi beaucoup d'efforts dans les recommandations, en obtenant plus de trente, qu'il a classées en différentes catégories. Certaines s'adressent aux professionnels, aux propriétaires d'entreprise, aux veuves, aux retraités et d'autres sont de nature plus générale. Chaque catégorie occupe une seule feuille — souvenez-vous, vous n'avez pas besoin d'une liasse de commentaires — et il y inscrit les témoignages qu'il remet au prospect qu'il rencontre.

«M. ou Mme Prospect, j'ai vraiment apprécié vous parler et d'après ce que vous dites, je crois sincèrement que nous sommes sur la même longueur d'onde et que nous travaillerons ensemble de façon efficace, dit-il. Mais je reconnais que ceci représente une décision importante pour vous. Alors, ce que j'aimerais faire est de vous laisser une liste de noms et de numéros de téléphone de certains de mes clients qui ont des points en commun avec vous. Ils m'ont dit que vous pouvez entrer en contact avec eux directement et discuter personnellement du type de relation que j'entretiens avec eux. Sentez-vous tout à fait libre de le faire.»

C'est la meilleure façon que je connaisse de terminer un rendez-vous. Du point de vue du client, cela signifie : «Voici un conseiller qui se sent extrêmement à l'aise dans le travail qu'il fait pour ses clients et qui sympathise avec l'anxiété que je ressens face à la prise de décision.» Le taux de conversion de ce conseiller pour un premier rendez-vous a augmenté de façon significative depuis qu'il a adopté cette technique, même si la plupart du temps, les prospects prennent simplement la liste, le remercient et ne prennent pas la peine d'appeler les clients qui ont offert leur témoignage.

Certains le font, dois-je mentionner, alors si vous essayez cette méthode, les clients qui vous offrent des témoignages doivent être informés de cette éventualité et vous devez être préparé à ce qu'elle se produise. Mais généralement, le simple fait d'offrir la liste et de mettre le client à l'aise à l'idée de contacter l'un d'eux, envoie un puissant message sur votre confiance dans votre travail et sur la confiance que vos clients vous portent.

En clair, vous ne pouvez donner des noms et des numéros de téléphone sans la permission du client. Cela pourrait briser la confiance. Mais si vous le demandez, la majorité des clients satisfaits seront d'accord. «Jean, pourriez-vous dire, de temps en temps, lorsque je rencontre des prospects, ils me demandent des noms de clients auprès de qui ils peuvent se renseigner sur moi. Je me demande si tu pourrais me faire une grande faveur : inclure ton nom et ton numéro de téléphone dans la liste des gens qui pourraient être appelés.»

Les témoignages et les autres éléments d'une trousse de prérencontre ne sont pas difficiles à assembler. Ils demandent un peu de réflexion et quelques efforts, mais si vous suivez les étapes soigneusement, vous trouverez qu'ils rapportent en développant la confiance et en défiant la règle des deux minutes.

✎ Instantanés

✔ *Le premier élément d'une trousse de prérencontre est de l'information sur votre firme comme l'année de sa fondation, le nombre de ses clients,* l'actif qu'elle gère, la variété de ses produits et de ses investissements et tout prix ou autre mention confirmant sa solidité institutionnelle.

✔ Le deuxième élément est une biographie d'environ une page mentionnant depuis combien de temps vous êtes en affaires, votre expérience antérieure pertinente, toute information importante sur votre type de clientèle et vos talents particuliers. Mentionnez-y aussi les associations, les postes de responsabilité, les accréditations et les activités productrices de confiance comme l'enseignement, la rédaction, la radio ou la télévision auxquelles vous participez.

✔ Si vos activités génératrices de confiance sont trop peu nombreuses ou sont au stade de l'élaboration, une autre façon d'atteindre le même but dans une trousse de prérencontre est d'y exposer votre philosophie.

✔ Un article financier que vous avez rédigé pour une publication crédible pourrait faire partie d'une trousse de prérencontre. Vous pouvez aussi y inclure une coupure d'une des publications financières les mieux cotées.

✔ Finalement, le dernier élément de la trousse : les témoignages de clients. Les prospects trouvent rassurant de lire des commentaires d'autres clients.

✔ Les témoignages devraient être signés lisiblement et comprendre quelques indications sur la personne qui les fournit comme son statut professionnel, le lieu où elle réside, et le nombre d'années d'association avec le conseiller.

✔ Les témoignages ne doivent pas exprimer que le conseiller peut faire doubler l'investissement. L'accent doit plutôt être mis sur la capacité de bien répondre aux questions, d'écouter les besoins et d'aider à la compréhension du portrait financier.

✔ Si vous savez bien le demander, 90 % des clients satisfaits seront très contents de vous fournir des témoignages. La clé est de savoir à qui le demander et comment le faire.

✔ Les quatre critères pour solliciter un témoignage sont : un client très satisfait, le confort face à la demande au client, la personnalité extravertie du client et sa capacité de vous apporter de la crédibilité.

✔ Après avoir demandé des témoignages, ne tombez pas dans le piège d'accepter qu'ils vous soient envoyés ultérieurement. Amenez le client à commenter sur la façon dont il perçoit vos forces, écoutez attentivement, *résumez quelques points essentiels et obtenez qu'il consente à votre formulation.*

✔ *Si vous ne vous sentez pas à l'aise de téléphoner à un client à froid pour lui demander un témoignage, vous pouvez précédemment lui envoyer une lettre. Vous pouvez même y inclure des exemples de témoignages d'autres clients.*

✔ *Si vous êtes un nouveau venu dans le domaine, recherchez des témoignages de gens avec qui vous avez fait affaire dans le passé.*

✔ *Si quelqu'un vous donne un témoignage, n'oubliez pas de le remercier de vous avoir aidé.*

✔ *Une fois que vous avez réorganisé les témoignages, vous pouvez les utiliser ailleurs que dans la trousse de prérencontre. Les témoignages peuvent être très efficaces pour conclure un premier rendez-vous avec un client éventuel.*

CHAPITRE 11

Inspirer confiance par la tenue

PLUSIEURS CONSEILLERS FINANCIERS SE SONT TRADITIONNELLEMENT IMPLI-qués dans divers clubs sociaux, notamment le Rotary Club, les Chambres de commerce, et même des partis politiques. Ce qu'ils cherchent, c'est sans doute d'accroître le nombre de leurs éventuels clients, mais c'est aussi affirmer un sentiment d'appartenance communautaire; un désir d'aider leurs semblables.

Nos recherches indiquent toutefois que le motif secret de ce genre de participation est de se mériter un supplément de confiance. Le conseiller acquiert de la crédibilité même auprès des clients éventuels qui ne font pas partie de l'association.

L'association choisie peut varier largement : association de résidents, commission scolaire, oeuvre de charité, hôpital ou club d'affaires local. Toutefois, et jusqu'à un certain point, la nature de l'association ou du club importe. Elle doit inspirer confiance, ne pas être controversée ou susceptible d'indisposer les gens. Vous ne tenez pas à parvenir à la notoriété en tant que président d'une association controversée, ou à

Figure 11.1

Mettre sur pied un curriculum d'activités communautaires

1. Engagement communautaire
2. S'adresser à des groupes
3. Média
    a) Écrire une chronique/un article
    b) Radio
    c) Se faire citer

récolter des fonds pour le compte de gens réputés violeurs impénitents, ou enfin prendre ouvertement partie dans une cause émotive qui divise la population.

En recommandant l'engagement, je ne pense pas seulement à une implication ou même à l'assistance aux réunions (Figure 11.1). Même si cet engagement vous attire des profits par l'intermédiaire des gens que vous rencontrez, votre crédibilité aux yeux des autres clients ne se trouve guère accrue pour autant. Pour que l'engagement communautaire vous soit profitable, vous devez y tenir un rôle de leadership responsable. Vous devez participer à un comité, vous faire élire au conseil ou être élu membre de la direction.

En cherchant à soigner votre image par le biais du travail communautaire, réfléchissez avant de vous investir. Ensuite, soyez fidèle à l'activité que vous aurez choisi.

Un des pièges qui guettent les conseillers consiste à faire partie d'une foule de clubs ou d'associations sans s'y impliquer de manière à pouvoir y faire sa marque et, par conséquent, se rendre plus visible. Il est préférable de choisir une ou deux associations et d'y concentrer ses efforts. Vous tirerez un meilleur profit d'un engagement entier à une ou deux associations qu'en vous dispersant dans huit ou neuf, participant aux réunions sans vous engager.

Il faut éviter tout mouvement impulsif. Si cela fait partie de votre stratégie d'affaires — consacrer du temps à améliorer votre image — une sérieuse planification s'impose. Une méthode commode consiste à sélectionner trois ou quatre associations de marque et d'en faire l'évaluation (Figure 11.2).

D'abord, quelle crédibilité commande l'association? Plus le groupe est sélect, visible et très en vue, plus il accroîtra votre propre crédibilité. Deuxièmement, il importe de considérer l'étendue de votre propre engagement. Il est plus facile de s'imposer dans une association quand on a déjà un pied dans la porte.

Troisièmement, vous devez être foncièrement intéressé à la cause de l'association et bien vous entendre avec les membres qui en font partie. Vous ne pouvez simuler un engagement. Ceux qui s'engagent uniquement pour les apparences ont du mal à remplir les engagements qu'ils prennent. Il devient vite évident qu'ils ne sont guère motivés et que leur désir de participer ne vise qu'un ajout à leur curriculum. En bout de ligne, la vérité éclate et on ne peut empêcher les bruits de courir.

Les chances réelles d'atteindre le but visé constituent un quatrième critère. Certains postes sont tellement convoités qu'il devient difficile d'y acquérir une certaine prééminence. En pareil cas, il faut chercher ailleurs.

Figure 11.2 ⊘

Organisations communautaires

Organisation _____ _____ _____

1. Déjà membre
   (1-5 points) _____ _____ _____

2. Vraiment intéressé/
   aime les gens qui en
   font partie (1-5) _____ _____ _____

3. Occasions de s'associer
   avec des clients potentiels
   qui ont beaucoup
   d'argent à investir (1-5) _____ _____ _____

4. N'est pas saturée par d'autres
   conseillers financiers (1-5) _____ _____ _____

5. Occasion d'accéder à des
   positions de prestige (1-5) _____ _____ _____

6. L'impact sur la
   crédibilité (1-5) _____ _____ _____

POINTS (jusqu'à 30)

Créer des offres

Deux autres facteurs sont à considérer, car ils impliquent la possibilité de trouver de nouveaux clients au sein même de l'association. Même si la recherche de clients n'est pas votre première motivation, il faut tout de même en tenir compte.

La première question est de savoir jusqu'à quel point on vous autorisera à vous associer à des prospects d'envergure? La suivante est : combien de conseillers financiers font partie de l'association? S'il y en a un tous les deux ou trois membres, vos chances d'accroître votre clientèle seront plutôt minces comparées à une organisation où vous n'auriez que quelques concurrents.

Il importerait également de tenir compte de l'âge des membres du groupe car, comme nous l'avons noté plus haut, les bons clients tendent à être plus âgés. Les gens dans la cinquantaine, la soixantaine et même après soixante-dix ans, bien que de tempérament conservateur et moins portés au changement, ont souvent accumulé plus de biens. Le problème qui se pose avec des clients dans la vingtaine ou la trentaine réside dans le fait que, même si, avec le temps, ces jeunes peuvent devenir des clients sérieux, ils doivent pour le moment accumuler des avoirs et affronter des coûts élevés pour élever leur famille. Ils achètent des maisons et des meubles, doivent payer la gardienne et les couches, et n'ont pas encore atteint le sommet de leur échelle salariale. Moins que les gens dans la cinquantaine et la soixantaine peuvent-ils constituer une source très rentable. Voilà qui doit entrer en considération dans le choix d'une organisation pour canaliser vos énergies.

À la lumière de ces critères, vous devriez être capable de trouver une ou deux associations que vous pourrez aider et qui pourront vous aider à vous faire un nom tout en profitant à votre propre entreprise.

Instantanés

✔ *Assumer un leadership dans une association ou un club est une forme de confiance partagée et accroît la crédibilité d'un conseiller financier.*

✔ *L'organisation doit avoir la confiance du milieu, ne faire l'objet d'aucune controverse et ne pas offenser vos clients.*

✔ *Il ne suffit pas d'appartenir à une association et d'assister aux réunions. Il faut faire partie du comité, se faire élire au conseil ou être membre de l'exécutif. Il est donc préférable de se limiter à deux ou trois associations plutôt que de disperser ses énergies dans huit ou dix sans y occuper de fonctions.*

✔ *Quatre critères entrent en ligne de compte : la crédibilité de l'association; les chances de pouvoir vous y impliquer; l'estime que vous avez des membres et de la cause ainsi que les chances que vous avez d'accéder à une fonction au sein du groupe*

✔ *Il importe également de savoir ce que l'association peut offrir comme possibilité d'affaires et si d'autres conseillers financiers y poursuivent le même but. Dernière considération: l'âge des membres. Vous tiendrez naturellement à ce qu'ils soient à un âge où ils ont accumulé assez capitaux pour être des clients potentiels intéressants.*

CHAPITRE 12

Se mériter la confiance par la patience

En 1992, j'ai reçu la vive démonstration du pouvoir de la stratégie finale dont dispose un conseiller pour établir sa crédibilité. Il lui faut inspirer confiance en faisant clairement preuve de patience. À la suite d'une séance de travail où j'avais vanté les avantages d'inspirer confiance en distribuant aux clients éventuels des articles tirés de publications réputées, j'ai reçu un coup de fil d'un conseiller qui m'a dit avoir mis l'idée à l'essai, mais qu'elle avait fait long feu. Il avait photocopié un article du *Wall Street Journal*, l'avait adressé avec une note explicative à cent personnes d'un quartier à revenus élevés, puis, il leur avait tous téléphoné par la suite. Résultat : un seul contact et un maigre profit de un pour cent.

Il consentit à essayer de nouveau, mais en modifiant la stratégie. Je lui ai suggéré de choisir cent noms, mais d'un autre quartier à revenus élevés et résidant à au moins cinq maisons l'un de l'autre. Il s'empressa d'expédier une gentille lettre d'introduction avec la même coupure du *Wall Street Journal*.

Il écrivait dans sa lettre : «Jamais il ne fut aussi essentiel pour les gens de suivre les changements qui surviennent sur les marchés financiers. Dans un avenir prochain, je ferai parvenir d'importants articles portant sur le développement des placements à un groupe sélect de gens susceptibles d'apprécier ce genre de renseignements. La coupure ci-jointe du *Wall Street Journal*, traitant de l'impact de la diversification globale des rendements de placements, aborde d'intéressantes considérations. J'espère que vous lirez avec intérêt cet article et ceux qui suivront. N'hésitez pas à m'appeler si vous avez des questions à poser ou si je peux vous être de quelque utilité.»

Il attendit quatre semaines, se gardant de rappliquer. Puis, il adressa un texte tiré de *Forbes* avec une note manuscrite. «Je pense que ceci pourrait vous intéresser.» Après quatre autres semaines, il mit à la poste un troisième article, tiré celui-là de *Fortune*. Cette fois, il y inclut sa carte d'affaires avec une note: «Pour votre information.» Après dix autres jours, il téléphona à tout son monde.

Après la première lettre, rien de plus ne se produisit que l'appel de quelques-uns réclamant d'être retirés de la liste. Or, selon une populaire école de pensée, une fois que quelqu'un est inscrit sur une liste d'adresse, il y demeure jusqu'à ce qu'il achète ou qu'il meure. Ce sont là les deux seuls moyens d'y échapper. Toutefois, à notre époque, la plupart des gens d'affaires trouvent cette méthode frustrante, de même qu'une perte de temps, d'argent et d'énergie. À mon avis, si quelqu'un ne manifeste aucun intérêt, il est préférable de s'en rendre compte au plus tôt. Selon cette philosophie, vous préférerez faciliter les choses à ceux qui ne veulent pas de vos services.

> L'entonnoir de prospection s'étant maintenant transformé en pipeline, la patience est devenue essentielle.

Après une deuxième lettre, le conseiller a reçu un appel. Un correspondant manifestait quelque intérêt et sollicitait des renseignements supplémentaires. La troisième lettre suscita trois autres appels. Finalement, après dix jours employés à appeler ceux qui ne donnaient pas signe de vie, il sollicita dix rendez-vous. Cette fois, il en obtint quatorze comparé à seulement un précédemment.

C'est la patience qui fait la différence

Les deux cas sont à peu près identiques : le conseiller s'est servi d'une documentation tirée d'une publication réputée pour ensuite communiquer avec tout son monde. Dans l'autre approche, le conseiller a fait preuve de discipline, de patience et de professionnalisme en s'impliquant aussi dans une activité d'éducation, ce qui était inhabituel par rapport aux autres conseillers ou vendeurs.

Mettons-nous à la place des personnes contactées. Après le premier article, à quoi pouvaient-elles s'attendre? À un appel téléphonique, bien sûr. Les gens ne sont pas naïfs. Ils savent qu'on les courtise. Comme l'appel n'est pas venu, ils en ont sans doute conclu que le conseiller avait remisé l'affaire. Les vendeurs, après tout, ont la réputation de faire des promesses et de ne pas les tenir.

La deuxième lettre laisse naturellement croire qu'un téléphone est imminent. Mais il ne vient pas, ce qui laisse plutôt perplexe. Après une troisième lettre, c'est la confusion totale et on révise l'impression qu'avait donnée le solliciteur. Fait à noter, au téléphone plusieurs lui ont dit : «J'attendais votre appel.» Expérience peu banale pour un conseiller en finances de s'entendre dire qu'on attendait son appel.

À une faible échelle, voilà bien qui démontre l'importance de la patience dans la quête de la confiance. En général, les gens fuient les conseillers qui les pressent de trop près. Cela n'est pas étonnant, compte tenu de la différence de perspective où se trouvent sollicités et conseillers.

Ayant contacté un client, combien de temps faut-il à un conseiller avant d'être prêt à conclure un marché? Une fraction de seconde. Il est prêt aujourd'hui, comme il l'était hier ou la semaine dernière. Combien faut-il de temps à une personne sollicitée avant d'être mise en confiance? Beaucoup plus de temps : des jours, des semaines et même des années dans certains cas.

Pour être efficace, de quel point de vue le conseiller doit-il se placer? Du sien, ou de celui du client? De celui du client bien sûr. En conséquence, le défi d'un conseiller consiste à communiquer à son éventuel client : «Votre cas m'intéresse; il sera évalué à son mérite» — et non: «Vos affaires m'intéressent au point de faire pression sur vous à ce sujet».

L'entonnoir devient un pipeline

Voilà une métaphore qui reflète bien le changement fondamental survenu dans le processus du développement des affaires au cours de la dernière décennie, et cela, non seulement dans le domaine des investissements, mais dans plusieurs autres domaines. Dans le passé, le processus de développement en affaires se comparait à un entonnoir au bec plutôt étroit et avec des trous sur les bords. Un peu rouillé, l'entonnoir n'était guère étanche. Comme vendeur, vous engloutissiez quantité de clients dans l'entonnoir et plusieurs coulaient au fond. D'autres, s'échappaient par les trous sur le côté ou débordaient du haut, mais cela n'avait aucune importance. À la fin, il en restait quelques-uns au fond. Ce n'était guère efficace, mais c'était expédient. Vous saviez tout de suite si vous aviez affaire à un client.

Aujourd'hui, l'entreprise de sollicitation s'apparente plus à un pipeline qu'à un entonnoir (Figure 12.1). Les pipelines ne sont pas verticaux, mais horizontaux, et la gravité naturelle n'y entraîne pas les gens. De plus, le pipeline ne repose pas à plat; il est incliné à un angle d'environ cinq degrés, ce qui contribue à ralentir la chute vers le bas.

En qualité de conseiller financier, vous devez bien identifier ceux qu'il convient d'acheminer vers ce pipeline. Mais ce n'est là que le début. Le formidable défi suivant consiste à lancer une série d'activités susceptibles d'acheminer les clients éventuels vers le pipeline. Cela ne veut pas dire que si vous parvenez rapidement à inspirer confiance aux gens désireux de s'engager, vous devriez vous désister en protestant qu'il leur faut d'abord faire l'expérience des splendeurs que vous leur avez décrites. De toute évidence, il faut accommoder les gens quand ils se montrent prêts.

Figure 12.1

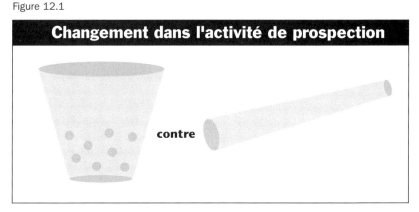

Mais vous devez comprendre qu'en matière de développement des affaires, il existe un processus en deux étapes: d'abord identifier le client et l'acheminer vers l'accès du pipeline; ensuite, le guider à l'intérieur.

Qu'on me permette de distinguer entre les deux concepts auxquels il est fait allusion plus haut : la vente et le développement des affaires. Une vente constitue un événement. Cela se produit à une période donnée; on a le début, le milieu et la fin, ce qui tend à être relativement court. Le développement des affaires, par contre, constitue un processus plutôt qu'un événement, et comporte aussi un début, un milieu et une fin, mais sur une période beaucoup plus longue.

La raison pour laquelle il faut tant de temps pour faire d'un client éventuel un client réel réside dans le fait qu'il faut prévoir trois conditions (Figure 12.2). Le client éventuel doit ressentir un réel besoin des services offerts, ou y flairer un profit. Ensuite, il doit pouvoir s'en remettre à votre compétence en tant que conseiller. Enfin, il doit être assuré de votre intégrité. Il ou elle doit vous faire confiance. Ces trois conditions sont requises pour qu'une personne sollicitée devienne un client. Deux seulement ne suffiront pas.

Figure 12.2

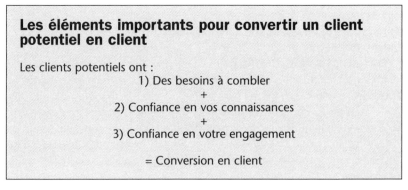

La rapidité avec laquelle ces conditions paraîtront acquises varie avec chaque client. De toute évidence, celle qui doit être remplie le plus rapidement est celle concernant la confiance qu'on aura dans votre savoir-faire. Si vous êtes un conseiller expérimenté, on reconnaîtra volontiers que vous disposez d'une compétence raisonnable et d'une connaissance approfondie du processus d'investissement. Oui, bien sûr, ce genre d'évidence n'est pas spontanée de nos jours, les clients éventuels étant eux-mêmes plus renseignés. En général, la sagesse du conseiller n'entre pas tellement en ligne de compte.

Normalement, le défi, quand il s'agit d'un conseiller, est de démontrer un besoin ou la possibilité d'un profit et voir à ce qu'on ait confiance en son intégrité. Dans certains cas, il inspire confiance, mais le client éventuel se dit satisfait de son sort et aucune transaction n'est possible à court terme. Le conseiller doit être patient; être prêt à attendre que la situation change et que son client devienne sensible à une nouvelle proposition.

Un cas plus typique est celui où l'éventuel client aura un sentiment d'insécurité à l'égard du conseiller. Ce n'est pas qu'il lui répugne terriblement, mais il n'en est pas tout à fait satisfait. Il se peut qu'il le trouve compétent, mais il n'est pas convaincu de son intégrité. Ces types d'appréhensions peuvent mettre des mois et même des années à se dissiper.

Histoire de patience et de pipeline

En acheminant les gens vers le pipeline, il importe de se rappeler que si quelqu'un n'est pas encore prêt à s'y engager, cela ne veut pas dire qu'il, ou elle, ne deviendra pas un jour un client intéressant. Certains conseillers s'irritent de voir que des participants à leurs colloques refusent par la suite de les rencontrer. «Ces gens-là sont du bois-mort», dira le conseiller. «Ils sont venus occuper mes chaises, boire mon café, et ils refusent de me recevoir. Oublions-les; ce sont des perdants.» Participant, par ailleurs, à une foire commerciale, il prendra les noms des visiteurs à son kiosque, mais essuiera un refus quand il tentera de les contacter. «J'ai perdu mon temps; ignorons-les et que leurs noms aillent au panier.» Ce genre de rebuffade est fréquent. Un conseiller pourra parler durant deux heures avec un client éventuel, avoir une deuxième rencontre avec lui et il restera encore réticent. «Il est des gens à qui il est impossible de plaire», murmure le conseiller. «Je vais m'adresser à ceux qui apprécient mes services.»

Une autre façon de percevoir la situation est d'accepter que pour quelques-uns de ceux qui ont assisté au colloque, visité le kiosque ou ont été suggérés par des clients, ces initiatives ne mèneront jamais à la conclusion d'une affaire. La chimie n'opère pas ou les moyens financiers font défaut. Mais en fait, pour bon nombre de ces clients éventuels, une incitation raisonnable s'est développée et des relations d'affaires pourraient éventuellement se révéler productives. Le conseiller n'a qu'à y mettre plus de temps.

Le défi consiste à provoquer un suivi pour que ces indécis deviennent des clients. Cela nécessite des contacts discrets et soutenus par une correspondance intermittente, des invitations occasionnelles à des colloques, des coups de fil périodiques (mais pas trop insistants afin que le client ne se sente pas harcelé) afin de savoir si votre publicité les intéresse ou s'ils ont des questions ou si une rencontre leur agréerait. Une initiative qu'un nombre croissant de conseillers trouvent productive est d'avoir régulièrement un lunch-causerie avec un petit groupe à la salle de conférence de leur bureau. L'occasion de prendre place autour d'une table de conseil avec deux ou trois clients prometteurs en vaut plus que la peine; c'est un moyen peu coûteux de connaître vos clients, et ces derniers de mieux vous connaître.

La sollicitation doit être organisée d'une façon efficace, de manière à ce qu'elle n'accapare pas tout votre temps. Elle doit être assez fréquente afin que les clients éventuels se souviennent de vous et de l'intérêt que vous leur portez, mais pas trop fréquente afin de ne pas les ennuyer.

Modèle de périodique

Un modèle adopté avec bonheur par un conseiller consiste à sélectionner des clients éventuels au moyen de colloques, et à les intéresser à son pipeline au moyen d'un bulletin qui les renseigne sur les marchés et les investissements et qui met à leur disposition des articles qui font autorité. À tous les deux numéros — soit deux fois par année — le conseiller engagera un étudiant de son patelin qu'il chargera d'établir de menus contacts genre : «Bonjour! mon nom est Jean-Louis; je travaille avec Marc-Henri de la firme XYZ. Marc-Henri vous a adressé un bulletin et il m'a prié de vous contacter pour savoir si vous avez des questions à poser concernant son contenu et si vous seriez intéressé qu'une rencontre ait lieu pour discuter certains points soulevés dans le périodique.» Durant le cours d'une année — soit après quatre numéros et deux contacts — près de 10 pour cent acceptèrent de participer à une rencontre, et plusieurs se révélèrent des clients probables.

Le secret, c'est évidemment le moment choisi. Imaginons que ces quatre périodiques et ces deux contacts aient eu lieu durant un mois plutôt qu'une année. Un lundi, le client reçoit un numéro du bulletin. Le lundi suivant, un autre numéro plus un téléphone le mardi. Le troisième lundi, un autre numéro et après le quatrième, nouvel appel téléphonique pour savoir si l'éventuel client est intéressé. Quel serait, selon vous, le résultat? De toute évidence : moins rentable que la première manière.

Voilà bien une importante leçon. Même nombre de bulletins; même

Figure 12.3

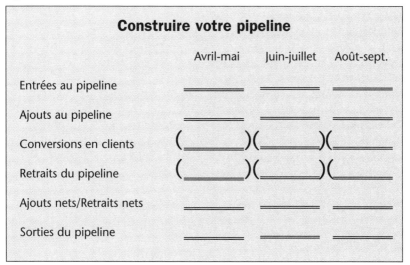

Pipeline d'objectifs pour les clients potentiels

	Année 1	Année 2	Année 3
Entrées au pipeline	═══════	═══════	═══════
Ajouts au pipeline	═══════	═══════	═══════
Conversions en clients (5 % - 10 %)	(═══════)	(═══════)	(═══════)
Retraits du pipeline (30 % à 50 %)	(═══════)	(═══════)	(═══════)
Ajouts nets/Retraits nets	═══════	═══════	═══════
Sorties du pipeline	═══════	═══════	═══════

nombre d'appels téléphoniques. Niveau d'approche identique. C'est le rythme qui diffère — et la patience. Dans le premier cas, on fait preuve de discipline et d'une approche discrète. «Vos affaires m'intéressent, mais je n'en fais pas une maladie.» Dans le deuxième cas (même si on le prolonge de quelques mois plutôt qu'un) vous lancez un message qui atteste de votre niveau d'anxiété.

En passant de l'entonnoir au pipeline, il importe de mettre plus de

Figure 12.4

Construire votre pipeline

	Avril-mai	Juin-juillet	Août-sept.
Entrées au pipeline	═══════	═══════	═══════
Ajouts au pipeline	═══════	═══════	═══════
Conversions en clients	(═══════)	(═══════)	(═══════
Retraits du pipeline	(═══════)	(═══════)	(═══════
Ajouts nets/Retraits nets	═══════	═══════	═══════
Sorties du pipeline	═══════	═══════	═══════

soins à surveiller les progrès chez les éventuels clients. Ce qui précède n'est qu'un simple moyen qui vous permet de suivre à la trace le progrès de votre pipeline. Il vous aide à cibler le nombre de clients éventuels à votre disposition et le nombre qu'il vous faut ajouter durant l'année suivante pour maintenir le niveau. La Figure 12.4 applique le même principe à une période de 6 mois.

Mettons que vous avez déniché 200 clients éventuels à la suite de colloques, de foires commerciales ou de contacts dans les clubs ou associations. Vous vous attendez à un retour de 10 pour cent et 20 d'entre eux deviendront vos clients à la fin de l'année. Vous anticipez également soustraire 30 pour cent du pipeline parmi ceux qui, selon vous, ne deviendront vraisemblablement jamais clients.

Il vous reste donc 60 pour cent de clients probables, soit 120 d'acquis pour l'année suivante. Si vous voulez commencer la deuxième année avec 200 clients probables, cela veut dire que vous devrez pourvoir la première année de 80 autres clients éventuels. En planifiant la deuxième année, souvenez-vous que vous avez deux sources de projets et que, compte tenu de la longueur de leur séjour dans le pipeline, ils auront un roulement et un taux d'abandon différents. Vous pourriez peut-être compter convertir 10 pour cent des nouvelles recrues, mais 15 pour cent du groupe primitif. De la même façon, le taux d'abandon va différer. Mais le modèle fournit à votre prospection un cadre qui en fait une force active et vitale.

Inévitablement et comme les autres conseillers, vous vous demandez quel serait le nombre idéal de prospects à entretenir dans le pipeline. Malheureusement, il n'y a pas de réponse exacte. Vous en voudrez autant qu'il vous sera raisonnablement possible de suivre régulièrement.

Certains conseillers maintiennent leur pipeline à 20 prospects et les cultivent d'une façon intense. D'autres en ont 2 000 et fonctionnent sur une base massive de mise en marché. Tout dépend de votre style, de l'état de vos services, de la catégorie et du nombre de clients que vous désirez, tout autant que des avenues qui s'offrent pour atteindre d'autres clients. Si vous disposez d'une base de clientèle significative, vous êtes également en mesure d'accroître significativement le nombre de vos clients au moyen d'indications de clients ou d'autres méthodes. En ce cas, un champ élargi de prospection semble moins important. Si vous ne disposez pas d'une vaste clientèle et si vous êtes novice en affaires, vous envisagerez probablement de bâtir un plus gros pipeline de prospection.

Gestion d'un pipeline de prospection

Trois éléments s'imposent pour faire fonctionner efficacement un pipeline de prospection. Le premier : un sens suffisant de la discipline et de l'organisation. Si vous n'êtes pas bien préparé, il est peu probable que

Figure 12.5

Les aspects financiers d'un pipeline de prospection : 1995

Clients potentiels :	200
Bulletin d'information trimestriel à 1,25 $	1 000 $
Adjoint pour le suivi semestriel (400 appels à 8 $/heures = 50 heures à 10 $/h + 20 $/rendez-vous)	1 000 $
Coût total	2 000 $
Coût/client potentiel	10 $

vous pourrez bâtir un pipeline de prospection. Il vous faudra aussi compter sur l'ordinateur; les fiches ne suffisent plus.

Deuxièmement, vous devez débourser des fonds ainsi que, de toute évidence, du temps et des efforts. Le bulletin destiné aux clients éventuels vous coûtera en frais de photocopies, de poste, d'étiquettes, etc., probablement autour de cinq dollars par client. Pour deux cents clients, cela représente une dépense de mille dollars.

Il se peut que vous préfériez vous occuper vous-même des suivis téléphoniques, mais plusieurs trouvent que, compte tenu du développement de leur entreprise, il est sage d'engager quelqu'un pour alléger le fardeau. D'une façon pratique, on a découvert qu'un étudiant bien motivé ou une personne âgée, engagé à titre temporaire, peut faire environ huit contacts à l'heure. Si vous envisagez contacter 200 personnes deux fois par année, cela implique cinquante heures. Pour ce travail, vous en avez généralement pour ce que vous payez. Comme taux raisonnable, nous recommandons huit à dix dollars l'heure et, comme stimulant, un bonus de vingt à vingt-cinq dollars pour chaque client éventuel recruté. Pour cinquante heures, il vous en coûtera un autre cinq cents dollars, et si, des 200 appels, vous décrochez 20 rendez-vous, vous aurez à payer quatre cents ou cinq cents dollars en boni. On compte donc mille dollars pour les appels au téléphone, et mille dollars pour le bulletin: un investissement de deux mille dollars, soit dix dollars par client éventuel pour entretenir le pipeline pour une année.

Troisièmement, si vous entendez acquérir du crédit par la patience, il vous faudra naturellement de la patience. Ce procédé ne peut être accéléré en ayant plus fréquemment recours à la poste ou au téléphone. En fait, si vous avez rappliqué après chaque envoi postal plutôt que d'être plus productif, vous le serez vraisemblement moins. Si chaque fois qu'un client est contacté par la poste, il ou elle reçoit un coup de fil, le message contenu dans le bulletin sera perçu comme un prétexte à l'appel. Au contraire, vous essayez de démontrer par la discipline, la patience et le professionnalisme, un engagement en matière de formation et un désir de pouvoir éventuellement travailler avec un client éventuel.

Avec soin, vous pouvez vous doter d'un pipeline qui fonctionne en votre faveur. Ce n'est plus aussi facile qu'anciennement, alors que l'entonnoir et la gravité mettaient les clients à notre portée. Mais avec discipline, organisation et patience, vous pouvez convertir une source continue de clients éventuels en clients réels.

Instantanés

✔ *Les clients sont souvent effarouchés par la hâte que met le conseiller à s'occuper de leurs affaires et l'envie qu'il a d'aller trop vite. Ce n'est pas étonnant puisque l'état d'esprit du client et du conseiller diffèrent totalement. Le conseiller est prêt à conclure le marché en une fraction de seconde. Le client a besoin de beaucoup plus de temps.*

✔ *Dans le passé, le processus de développement en affaires ressemblait à un entonnoir; aujourd'hui, c'est un pipeline.*

✔ *En qualité de conseiller financier, il vous appartient d'identifier ceux qui valent la peine d'être engagés dans le pipeline. Autre redoutable défi : mettre en marche une série d'activités qui vont attirer les clients éventuels vers le pipeline.*

✔ *Contrairement à la vente, le développement d'affaires est un processus plutôt qu'un événement. Comme la vente, il a un début, un milieu et une fin, mais le développement nécessite plus de temps.*

✔ *Pour gagner un client, il faut tenir compte de trois facteurs. Le futur client a besoin d'éprouver un besoin ou de percevoir un profit avant de s'engager. Il doit pouvoir s'en remettre à votre compétence comme conseiller financier. Bref, il doit vous faire confiance.*

✔ *En entraînant les gens dans, et tout au long du pipeline, il importe d'avoir pour principe que ce n'est pas parce que quelqu'un n'est pas prêt à conclure une affaire, qu'il ne pourra devenir un client plus tard.*

✔ *Gagner un client nécessite des contacts discrets et soutenus par l'entremise du courrier et d'occasionnelles invitations à des colloques. Il faut de plus recourir au téléphone (mais pas trop souvent pour ne* pas harceler l'éventuel client) afin de vous assurer si on trouve intéressante votre publicité, si on a des questions à poser ou si on serait intéressé à une rencontre.

✔ Un mode de prospection utile consiste à envoyer un bulletin mensuel suivi d'un appel à tous les deux mois. Vous pouvez engager un étudiant ou une personne âgée pour les appels, les rétribuant sur une base horaire avec bonus pour chaque rendez-vous obtenu. Le coût annuel par tête s'élève à environ dix dollars.

✔ Il importe de surveiller les progrès de votre pipeline, ayant soin de calculer le nombre de nouveaux clients éventuels à ajouter pour remplacer ceux qui sont devenus clients et ceux que vous éliminez parmi les clients éventuels.

✔ Pour administrer efficacement un pipeline de prospection, il faut de la discipline, de l'organisation, un ordinateur, de l'argent, du temps et des efforts, plus, de la patience.

CHAPITRE 13

Planifier les activités de sollicitation

U N DES PREMIERS PAS À FAIRE APRÈS AVOIR COMMENCÉ À BÂTIR VOTRE PIPELI-ne prospective est d'en organiser le fonctionnement. Vous contactez vos gens à différents moments; ils entrent dans votre pipeline à un rythme irrégulier, et vous devez les conditionner — ainsi que vous-même — de manière à pouvoir poursuivre des rapports encore fragiles.

Certains conseillers en sont à la pratique des papillons adhésifs amovibles. Vous verrez dans leur bureau des babillards remplis de papillons jaunes servant d'aide-mémoire. D'autres tiennent un fichier. D'autres se fient à leur mémoire. Mais la plupart réalisent qu'il faut désormais automatiser le système. Il devient évident que les conseillers non pourvus d'ordinateurs n'arrivent plus à maîtriser à long terme le recrutement. Il y a quinze ans, soit à l'époque de la technique dite de l'entonnoir, l'ordinateur ne s'imposait pas parce qu'à court terme, on savait qui pourrait devenir un client ou non. Mais maintenant, l'automatisation est devenue essentielle compte tenu du temps plus long qu'il faut consacrer au recrutement et à ses complexités.

L'étape facile vers l'informatisation consiste à se procurer un ordinateur. Plus difficile est celle d'apprendre à s'en servir et à l'adapter à ses propres besoins. Trois logiciels de gestion des contacts particulièrement conçus pour ce genre de travail sont préférés des conseillers, soit *ACT!*, *Maximizer* et *Janna*. Ils ne coûtent pas cher et sont très efficaces du moment qu'on en a fait l'apprentissage.

Un conseiller ne disposant pas de l'un de ces logiciels va de plus en plus ressembler à celui qui n'aurait pas d'auto. Vous ne seriez guère efficace si vous aviez à prendre l'autobus pour vous rendre chez un client. De même, vous serez inefficace sans un équipement informatique adéquat.

Pour déterminer quels renseignements inclure à votre dossier de sollicitation, commencez par résumer ceux que vous possédez déjà, soit :

Comment avez-vous rencontré le client? Quelle est sa situation? Où travaille-t-il? Quels sont ses besoins courants? Y a-t-il des points chauds à surveiller? Quels arrangements avez-vous pris avec lui? Quels sont les obstacles à son acceptation? Quelles démarches avez-vous entreprises jusqu'ici? A-t-il participé à un séminaire, lui avez-vous adressé des lettres ou des bulletins? Combien de téléphones ou de rencontres avez-vous faits jusqu'ici, et quelle fut sa réaction?

Ensuite, vous devez décider comment pousser plus loin vos rapports avec lui. L'inviterez-vous à un atelier d'étude? Lui adresserez-vous un autre bulletin ou solliciterez-vous une nouvelle rencontre? Quels sont vos plans en vue de l'acheminer vers votre pipeline?

Le conseiller moderne a besoin d'outils d'avant-garde y compris un système de gestion des contacts.

Maintenir les renseignements à jour

Tous ces renseignements étant compilés, il est facile de les maintenir à jour. Après chaque rencontre, vous inscrivez ce qui s'est passé. Avant d'entreprendre de nouveaux contacts, vous pouvez ainsi vérifier l'état de vos rapports, et non seulement vous fier à votre mémoire pour vous rappeler la dernière fois que vous lui avez parlé, ou encore la conversation qu'il a eue avec l'étudiant que vous

Figure 13.1 ☯

Mise sur pied des activités de prospection

Nom du client potentiel _____ Rempli le _____

Ce que je sais _____

Moyen de rencontre : _____

Situation actuelle : _____

Besoins : _____

Entente actuelle : _____

Raison première pour refus d'investir : _____

Contacts précédents : 1 : _____

2 : _____

3 : _____

Prochaine étape : _____

avez engagé pour s'enquérir des envois postaux récents ou pour vérifier s'il a participé au séminaire de l'automne dernier.

Les conseillers branchés prennent régulièrement le temps — quatre fois, ou du moins deux fois l'an — pour vérifier les progrès accomplis auprès de leurs contacts, ce qui leur permet d'établir des priorités, de déterminer les clients qui doivent être stimulés et ceux qu'il y aurait profit à moins presser.

Vous avez une voiture. Mais si vous n'avez pas d'ordinateur ni de logiciel de gestion de contacts, vous êtes encore à l'époque du cheval et du buggy. Le conseiller moderne a besoin d'équipement moderne pour planifier sa prospection.

Instantanés

✔ *Une des premières choses qui ressort après avoir entrepris l'établissement d'un pipeline de prospection est de savoir comment en organiser le va-et-vient fébrile.*

✔ *Dans notre monde de prospection, il vous faut un ordinateur et un logiciel de gestion de contacts du genre ACT!, Maximizer ou Janna.*

✔ *Commencez l'utilisation du système en entrant tous les renseignements que vous avez sur les clients recherchés et tenez le tout à jour.*

✔ *À la fiche de chaque client devrait s'ajouter votre plan d'attaque à venir.*

✔ *Semi-annuellement ou même quatre fois l'an, révisez les projets en cours et établissez des priorités.*

CHAPITRE 14

La patience et les mégaclients

L E RÔLE CRITIQUE DE LA PATIENCE DANS L'APPROCHE DE GROS CLIENTS ME FUT révélé au cours d'une récente conversation avec un conseiller en investissement qui avait occupé le poste de président de son entreprise durant plusieurs années. Bien que retiré, il continuait à en assurer brillamment l'orientation grâce à sa fille qui avait pris la relève trois ans auparavant. Hautement qualifiée, cette jeune personne avait agi comme experte en analyse financière pour une compagnie d'assurance et s'était initiée aux modes de contact avec le client et à l'examen des investissements confiés à son père.

Lorsque ce dernier prit sa retraite, tous ses clients se dirent prêts à faire confiance à sa fille. À la suite d'une rencontre, la passation des pouvoirs fut généralement bien accueillie. Aussi, quelle ne fut pas la stupéfaction du conseiller lorsqu'un de ses meilleurs clients (portefeuille de deux millions de dollars) lui dit :

- Georges, je tiens à te remercier pour toutes ces années de loyaux services. Nos rapports furent vraiment très agréables. Mais je me dois de te dire que je ne laisserai pas mes affaires entre les mains de ta fille. J'entends les transférer à l'un de tes concurrents.

- Henri, protesta le conseiller, de toute évidence je n'ai pas réussi à te démontrer à quel point ma fille est qualifiée. Le fait qu'elle soit ma fille n'a rien à voir. Elle est une analyste financière agréée et, en toute assurance, je peux te dire que les services qu'elle te fournira seront en tout point d'aussi haute qualité et même supérieurs à ceux que j'ai pu te rendre.

- Georges, il ne s'agit aucunement de ta fille. Je m'explique. Il y a six ans, je faisais partie d'un organisme local de charité et voici ce qui est arrivé. Un des membres était un courtier au service de l'un de tes concurrents. J'ai fait sa connaissance et un jour il m'a appelé pour m'apprendre que sa firme avait mis au point des stratégies nouvelles pour des gens comme moi, et il se demandait si nous ne pourrions déjeuner ou nous rencontrer au bureau pour discuter de la chose et voir si l'idée m'agréerait. Je l'ai remercié de ses attentions, mais lui ai dit que j'étais satisfait de mon conseiller actuel et qu'il ne serait pas raisonnable de lui faire perdre son temps. Sa réaction, toutefois, fut intéressante. Il m'a dit : «Ce que vous dites me plaît... pour deux raisons. Ça me plaît d'entendre que vous êtes bien servi, ce qui est formidable. Mais du fait que vous êtes bien servi, ça me plaît aussi d'entendre que vous n'êtes pas en quête de changement. Je n'aimerais pas que des clients que je m'applique à bien servir, se mettent en frais de me remplacer. Aussi, votre loyauté envers votre courtier m'impressionne, mais pourquoi ne pas prendre quand même le lunch ensemble?» Nous nous sommes rencontrés à table. Ce fut cordial mais cela n'alla pas plus loin.

Plus le client potentiel est gros, plus il faut être patient.

À peu près six mois plus tard, il me téléphone de nouveau et me dit : «Je tiens seulement à vous dire bonjour et à savoir comment vont les affaires. Nous venons tout juste de publier notre bulletin sur les investissements. J'aimerais vous en faire parvenir un exemplaire parce que je crois qu'il contient quelques idées intéressantes — en particulier en page 3 — que je signale à votre attention.»

Un autre six mois plus tard, il m'invita à déjeuner. Ce fut de nouveau très plaisant. On a parlé à bâtons rompus et franchement, non pas tant d'investissements que d'oeuvres de charité auxquelles nous nous intéressions, de politique et de quelques autres sujets. Il continua ainsi à me contacter à peu près tous les six mois. Une fois par année, ou à peu près, nous nous rencontrions, soit sur le terrain de golf, soit à déjeuner pour bavarder.

Il y a un an et demi environ, nous prenions un verre ensemble et il m'a dit : «Je vous sais heureux avec le courtier que vous avez. Il vous sert bien et c'est excellent. Mais si les circonstances venaient à changer — qu'un problème se pose pour vous ou que votre courtier se retire des affaires — j'aimerais beaucoup que nous puissions travailler ensemble. Croyez-vous que ça pourrait devenir possible?» Je lui ai répondu que cela pourrait se faire, et franchement, Georges, maintenant que tu prends ta retraite, je me sens obligé de lui donner la chance de faire ses preuves.»

Choix de clients d'envergure

De toute évidence, la fille de ce courtier à la retraite avait peu de chances de tenir le coup dans les circonstances. Par la patience, la discipline et la persistance, c'est l'autre conseiller, et non elle, qui s'était mérité la succession. Certes, vous ne pouvez vous permettre d'être aussi patient et aussi discipliné avec tous les clients. Vous épuiseriez vos efforts et ne pourriez survivre bien longtemps. Mais tout conseiller devrait choisir dix clients éventuels dignes d'être aussi courtisés.

Les gens choisis doivent être très riches — tellement riches que, s'ils devenaient clients, leur compte les classerait immédiatement parmi les cinq, ou du moins les dix meilleurs clients que vous avez déjà. Vous devez provoquer des occasions de rencontre, et avoir quelques raisons de croire que le client que vous convoitez est disposé à travailler avec vous. Vous pourriez lire le dernier article de journal concernant Bill Gates et vous dire : «Bill Gates est assurément un gros morceau.» En effet, Bill Gates est du gros gibier, mais à moins qu'un intérêt commun vous fasse le rencontrer un jour, ou encore que vous ayez fréquenté l'école ensemble, ou que vous l'ayez initié aux ordinateurs (!), il y a peu de chances qu'il fasse partie de votre clientèle.

Les candidats d'envergure peuvent provenir de divers milieux. Ce pourrait être des amis d'enfance, des confrères de collège, un ex-patron ou quelqu'un rencontré grâce à un de vos clients. Le fait de faire partie d'une association prestigieuse est de nature à vous mettre en valeur aux yeux de gens à revenus considérables. Il en est de même de vos loisirs.

Les avantages de se mettre en évidence aux yeux de gros bonnets m'ont été démontrés par un courtier qui a changé de firme il y a deux ans, ce qui lui a valu un boni appréciable. Ce courtier et sa femme raffolent de cuisine italienne, et lui-même est un gourmet et un cuisinier amateur. Aussi, ont-ils décidé de se faire plaisir et de partir en excursion culinaire en Italie. Deux choix de cours s'offraient à eux : le premier au coût de 2 000 $ par couple était fort alléchant. Mais le deuxième à 5 000 $ l'était davantage et se prêtait à une expérience plus prometteuse. C'est celui qu'ils choisirent.

Le hasard voulut que seuls six couples participent à cette tournée de luxe. Durant le voyage, les six couples purent faire abondamment connaissance. Deux ans plus tard, trois des couples devinrent des clients de notre conseiller financier, et ce n'est pas parce qu'il avait passé toute sa semaine de vacances à parler affaire ou à distribuer des cartes de visite. Au contraire, il se montra très discret, faisant à peine allusion à son métier. Mais, inconsciemment, il s'était fait connaître grâce à son escapade culinaire et il avait établi des relations avec des gens de haut calibre qui devenaient des clients potentiels d'envergure. En plus de se faire des amis, il les avait disposés à faire affaire avec lui.

Trente-cinq ans et après

Aucune règle sûre et rapide ne permet de déterminer le temps qu'il faudra pour décrocher la clientèle d'un magnat. J'écoutais, l'autre jour, une vidéocassette sur les propos d'un producteur à succès et de riches promoteurs. Le producteur parlait d'attirer des promoteurs en les invitant à des événements de charité, à des tournois de golf, à des excursions de voile ou à son chalet, faisant ainsi fortement pression sur eux. Quelqu'un a demandé : «Combien de temps êtes-vous prêt à consacrer à ce jeu avant d'abandonner la partie?» Il a répondu : «Je ne sais pas», ce qui a intrigué son interlocuteur. «Que voulez-vous dire par "je ne sais pas"? Je ne comprends pas.» Voici ce qu'a répondu le producteur : «Mon problème est que je ne suis en affaires que depuis trente-cinq ans et je parle, encore aujourd'hui, à des gens qui étaient là au début et qui ne sont pas encore devenus mes clients.»

Je ne vous propose pas de solliciter les gens durant trente-cinq ans, mais si quelqu'un correspond à vos critères, s'il s'agit vraiment d'un magnat disposé à faire affaire avec vous et si vous percevez qu'il peut devenir intéressé, vous vous rendrez compte en négociant avec lui (ou elle) si vous êtes en piste. Si oui, rien ne vous empêche d'entretenir indéfiniment des rapports, disons un coup de fil tous les six mois ou un déjeuner, une partie de golf ou de tennis, ou encore voir ensemble un film une fois l'an.

Rappelez-vous ce courtier qui hérita de ce compte de 2 millions $ détenu par la fille de l'autre conseiller. Combien de temps y avait-il consacré? On peut dire six ans. Pas facile d'être patient si longtemps. Une autre façon de voir les choses cependant est qu'il y a, en fait, consacré de 12 à 15 heures, plus 15 minutes au téléphone chaque année, et quelques heures à table, au golf ou quoi encore. Pas si mal : 12 à 15 heures pour se gagner un client de deux millions de dollars!

On peut supposer que si vous disposez de dix gros clients potentiels, vous devriez vous résoudre à leur consacrer, chaque année, trente heures de votre temps, ce qui équivaut à environ 45 minutes par semaine. Vous aurez à payer un petit-déjeuner, un lunch ou une partie de golf par mois avec l'un d'eux et à faire un appel occasionnel. Ce sera du temps bien employé.

Voir grand

Je vous conseillerais également de ne pas reculer devant une cible probable. Trop souvent, des conseillers se disent : «Oh! c'est là quelqu'un de trop gros pour moi. Il est trop riche, trop important pour s'intéresser au genre de services que je peux lui offrir.»

Il y a quelques années, je m'imposais ce genre de restrictions lorsque je décidai un jour d'adresser, à mon journal quotidien, un article destiné à sa chronique traitant des changements en affaires. Cette chronique attirait divers collaborateurs et il m'apparut que ce serait bien de pouvoir dire qu'un de mes articles y avait été publié. J'ai mis de quatre à cinq heures à rassembler des idées qui me paraissaient valables et j'ai demandé à ma secrétaire de trouver le nom du directeur de la chronique et d'aller lui porter mon texte. «Devrais-je le remettre à quelqu'un d'autre?» demanda-t-elle. J'ai réfléchi un instant et lui dit : «Au fait, pourquoi ne pas l'adresser aussi au *Wall Street Journal*? Appelez le journal, trouvez le nom du responsable et tentons la chance.»

C'était un peu charrié et la chose m'est partie de l'idée. Quelques semaines plus tard, j'ai appelé le responsable de la chronique du journal qui s'est montré on ne peut moins intéressé. Il n'avait pas lu mon article, n'avait pas l'intention de le lire. «L'espace disponible est réservé jusqu'à l'an 2010... Merci quand même.» J'ai raccroché. Désappointé bien sûr, mais je suis demeuré serein. Rien de gagné, rien d'acquis. J'avais consacré cinq heures à la chose, ce qui ne représentait pas une grosse perte. J'ai bientôt oublié mon aventure.

Une semaine plus tard, le téléphone sonne et j'entends au bout du fil quelqu'un qui se présente comme étant le directeur de la page d'opinion du *Wall Street Journal*. Il entend publier mon article le mercredi suivant. Si, au départ, quelqu'un m'avait suggéré de consacrer cinq heures de mon temps à la rédaction d'un article pour le *Wall Street Journal*, j'aurais trouvé l'idée saugrenue, jugeant absolument nulles mes chances d'être publié. Le Journal est l'organe financier le plus prestigieux d'Amérique. Il est trop puissant pour moi. On ne me connaît pas. On ne publiera rien de moi. Dans le quotidien local, oui; mais la page d'opinion du *Wall Street Journal*, allons donc.

De toute évidence, je me censurais moi-même. C'était seulement un coup de chance. La question de mon assistante et ma réponse irréfléchie ont fait que nous avons essayé. Ce fut pour moi un indice des dangers de l'autocensure.

La quête de gros clients constitue une entreprise sensible et délicate. Elle nécessite beaucoup de soins, du temps, de la discipline et... de la patience. Mais elle mérite d'être entreprise, les retours étant tellement fructueux.

Instantanés

✔ *Tout conseiller devrait avoir en réserve une liste de gros clients dignes d'être longtemps courtisés — même durant trente-cinq ans!*

✔ *Si vous disposez de dix gros clients potentiels, vous devez vous résoudre à leur consacrer au total 30 heures, ce qui comprend un déjeuner ou une séance au cinéma par mois, plus un coup de téléphone occasionnel.*

✔ *Évitez de vous censurer vous-même au sujet des magnats à approcher, les jugeant soit trop riches, soit trop importants.*

CHAPITRE 15

Quête d'indications de clients : à éviter

D ANS LE DOMAINE DE L'INVESTISSEMENT, IL EST DE NOTORIÉTÉ QUE LA meilleure source de nouveaux clients se trouve dans la clientèle existante. Les conseillers d'expérience confirment ce fait, en reconnaissant que la grande majorité des nouveaux clients leur a été référée par ceux déjà existants. Ce fait a aussi été largement confirmé par des recherches. Ainsi, une étude récente, concernant des clients qui ont changé de conseillers, indique que plus de la moitié en ont choisi un nouveau à la suite de suggestions faites par des amis ou des collègues.

Quantité de grandes entreprises d'investissement ont sondé leurs clients pour constater qu'ils seraient disposés à faciliter à leurs conseillers des rencontres avec des gens de leurs connaissances. Quatre-vingt pour cent des personnes sondées se sont dites disposées en ce sens. Toutefois, après un sondage effectué auprès des conseillers eux-mêmes afin de savoir quel pourcentage des clients régulièrement approchés consentent à coopérer, ils découvrirent qu'en réalité un peu moins de vingt pour cent étaient disposés à le faire, soit un sur cinq.

Voilà qui illustre un intéressant paradoxe de notre industrie. Les conseillers soupirent après de nouveaux clients. Ils savent d'instinct, par ouï-dire et à la lumière de recherches, que les recommandations sont les meilleures sources de nouveaux clients. Les sondages de leur siège social indiquent que les clients sont disposés à fournir des tuyaux. Pourquoi hésite-t-on alors? Pourquoi plus de conseillers ne demandent-ils pas de recommandations sur une base régulière?

Nos recherches indiquent que la principale raison est qu'on craint une rebuffade. Les conseillers appréhendent un refus de la part des clients et que l'expérience se révèle maladroite et déplaisante. À ceci s'ajoute la répugnance légitime des conseillers d'exercer des pressions sur leurs clients, les mettant de ce fait mal à l'aise. Les clients pourraient considérer la requête comme une obligation; ils auraient le sentiment qu'en recommandant un ami ils abuseraient de son amitié et violeraient son intimité.

Certains conseillers sont d'avis qu'ils paraîtraient manquer de professionnalisme en sollicitant des recommandations. D'autres se demandent même s'ils méritent tant de confiance. «Ma foi, disent-ils, je ne suis même pas sûr de mériter ce client, encore moins ses voisins et amis. Si je lui demande les noms de voisins ou amis, ne va-t-il pas se demander s'il doit continuer de faire affaire avec moi?»

Enfin, certains conseillers prétendent qu'ils oublient de solliciter des recommandations lors de réunions de clients. Drôle de faculté que la mémoire! J'aime les desserts, et au restaurant, j'oublie rarement d'en commander un. J'aime moins les légumes, et il est étonnant comme j'ai si peu souvent envie d'en commander. Il nous arrive à tous d'oublier, mais rares sont ceux qui oublient volontairement.

> Il y a de mauvaises façons, de plus maivaises façons encore, et des façons horribles de demander d'être référé.

Du point de vue du client, il existe sûrement des empêchements de fournir d'importantes indications. Dans certains cas, les clients ne veulent tout simplement pas être responsables de quoi que ce soit si la recommandation qu'ils ont fournie tourne mal. Dans d'autres cas, ils craignent d'être indiscrets. Mais le premier souci est de ne rien imposer à leurs amis et connaissances. Ils ne veulent pas que ces derniers aient l'impression qu'on cherche à tirer profit de leur amitié.

Il appert donc que les 80 pour cent qui se disent disposés à fournir des références est une proportion exagérée, et cela, parce que la question posée était vague et abstraite. Formulée d'une façon plus concrète — «y a-t-il de vos connaissances que je pourrais contacter et dont je pourrais immédiatement prendre les noms?» — le chiffre de 80 pour cent se dégonflerait sensiblement. Selon notre expérience, un pourcentage de 10 à 15 pour cent est plus réaliste.

Figure 15.1

Obstacles à la demande d'indications de clients

1. Peur du refus
2. Ne veut pas mettre de pression sur les clients
3. Peur de ne pas paraître professionnel
4. A l'impression de s'imposer
5. Ai-je mérité qu'on me réfère un client?
6. Oubli!

Figure 15.2

Obstacles à l'indication de clients

1. Ne veut pas incommoder ses amis/connaissances
2. Responsabilité s'il y a un problème
3. Confidentialité

C'est là, évidemment, la raison pour laquelle les conseillers ne sollicitent pas plus d'indications de clients. Ils connaissent le véritable pourcentage. Ils ont essuyé un grand nombre de refus et ont souvent eu le sentiment de manquer de professionnalisme. Si, en sollicitant des tuyaux, ils mettent leurs clients mal à l'aise, ils en subissent les conséquences. Les relations en souffrent. Pour plusieurs conseillers, le tout se résume à une simple équation : le prix à payer pour obtenir un tuyau d'un client est plus élevé que le profit qu'on peut en retirer.

Ce qu'il ne faut pas faire

Il y a la bonne et la mauvaise manière de demander des indications de clients. Dans le présent chapitre, examinons les causes qui font que des méthodes de sollicitation échouent, en commençant par les méthodes qui exercent une pression sur le client : celles enseignées dans les cours pratiques de vente. Elles sont au programme depuis des décennies et tournent autour du fameux «connaissez-vous quelqu'un qui...?» Après une rencontre harmonieuse avec un client, et sachant qu'il est extrêmement satisfait de la rencontre, vous attaquez : «Cher ami, dites-moi, êtes-vous satisfait du travail que je fais pour vous?» Le client reste un moment ébahi après une heure passée à vous dire combien il est satisfait. «Oui, bien sûr que je suis satisfait», répond-il. Vous enchaînez : «Bon, voilà qui est merveilleux et je suis très heureux de vous l'entendre dire. Maintenant, dites-moi, qui, parmi vos amis et connaissances ou voisins, pourraient éventuellement profiter de tels services? Je pourrais immédiatement prendre en note leurs noms.»

Figure 15.3

Approches qui ne sont pas efficaces pour la plupart des conseillers

1. Axée sur la pression («Qui connaissez-vous?»)
2. Manipulation («Comment allez-vous?»)
3. Axée sur la culpabilité («Je me fais payer de deux manières.»)
4. Subterfuge («Qui voulez-vous identifier comme amis ?»)

145

Ce procédé est valable dans certains cas — mais dans une proportion de seulement 10 à 15 pour cent. Après avoir manifesté tant de satisfaction, le client se sent tenu de céder à la pression. Mais la plupart d'entre eux contournent la question en disant : «Je ne vois personne pour le moment, mais si jamais un nom me venait à l'idée, je m'empresserai de vous le communiquer.»

Considérons maintenant l'état d'esprit de ceux qui suggèrent un nom ou deux. Se demandent-ils, comme l'espère le conseiller : «Qui est-ce que je connais bien et qui a beaucoup d'argent?» Malheureusement non. En général, ils se demandent : «Quel nom pourrais-je lui refiler parmi ceux qui me laisseraient indifférent si jamais ils m'en voulaient de les avoir suggérés?»

Venons-en aux refus nets. Malheureusement, ce genre de refus équivaut à un knock-out. La fin des relations. Le client se gratte les méninges pour trouver un nom avec qui il pourra vous liquider. «Tiens, se dit-il, je lui refile le nom du mec qui m'a référé il y a quelques semaines. Ça lui apprendra.» Cela fait partie du jeu. Les mêmes noms se trouvent ainsi constamment en circulation.

Sans doute, il arrive parfois qu'un conseiller obtienne des tuyaux selon la vieille méthode. Trop souvent, hélas, la qualité laisse à désirer. On ne vous oriente pas vers des partis intéressants. Les références que vous recevez sont sans douleur du point de vue de ceux qui vous les donnent. En général, donc, les méthodes qui exercent de la pression ne conviennent pas.

S'abstenir de toute ruse

La ruse ne convient pas davantage. Un conseiller fort enthousiaste m'a téléphoné récemment pour m'annoncer que son entreprise avait eu vent d'une méthode d'approche supposément de tout repos. Au début d'une conversation, avait-on indiqué aux conseillers, si un client vous demande : «Comment vont les affaires?», vous ne devez pas tout simplement répondre : «Bien», mais au contraire : «À merveille! Absolument formidable!». Le client restera inévitablement bouche bée après une réponse aussi inattendue, — en général, on se contente de répondre «bien» à cette question d'entrée en matière — et il ne peut faire autrement que d'enchaîner poliment sans s'enquérir de la cause de pareille euphorie, ce qui permet au conseiller de renchérir. «Permettez que je vous dise ce qui m'arrive. J'en suis tout étourdi! Je viens de causer au téléphone avec une de mes clientes qui m'a dit qu'elle avait bavardé avec une de ses amies et lui avait suggéré d'entrer en contact avec moi. Vous ne pouvez savoir quelle joie j'éprouve quand un client m'estime au point de me recommander à une de ses connaissances. Que vous me faites plaisir!»

J'imagine ce que cette manière de faire peut donner. C'est certes là semer une idée dans l'esprit du client. Mais un problème se pose immédiatement. Si vous avez recours à cette tactique, pensez à ce qui se produira la prochaine fois que votre cliente vous demandera comment vont les affaires et que vous lui répondez : «À merveille! Absolument formidable!» Votre crédibilité s'évaporera en fumée.

Même sans ce risque, il reste que le procédé n'est pas foncièrement honnête. Il n'est guère conforme aux normes d'intégrité auxquelles vous devez toujours adhérer. L'honnêteté, l'intégrité et la franchise bordent des pentes glissantes. Un seul faux pas, et vous dégringolez plus vite que vous croyez. Cette stratégie peut réussir chez quelques conseillers, mais en général, la ruse échoue à la longue chez la plupart des gens.

Une troisième méthode mise à l'essai chez certains conseillers et que je désapprouve, est de miser sur la culpabilité. Au début des rapports avec un client vous dites : «Monsieur, ou madame, je suis rémunéré de deux manières pour le travail que je fais et le temps que je consacre à vos affaires. La première est, bien sûr, ce que je touche sur vos investissements. Mais ce n'est là qu'une faible partie de mon salaire. La véritable compensation me vient de clients assez satisfaits de mes services pour me recommander à des gens qu'ils connaissent. Dites-moi, si d'ici un an, vous êtes satisfait de mon travail, seriez-vous disposé à me présenter à des gens que vous connaissez?»

Sollicités de cette façon, la plupart des clients vont répondre : «Bien sûr!». Que peuvent-ils répondre d'autre? Les clients ne sont pas plus braves que nous le sommes, et un an leur paraît bien loin. Toutefois, les douze mois étant écoulés, vous rappliquez au téléphone pour leur rafraîchir la mémoire. Comment vont-ils réagir? Diront-ils : «Que je suis content (ou contente) que vous m'appeliez, car j'ai souvenir de la deuxième source de compensation dont vous m'avez parlé et j'ai pensé à ceux que je pourrais vous présenter. Voici une liste de dix de mes riches amis.»

Bien sûr, les choses ne se passent pas ainsi. Au contraire, vous vous retrouvez presque au point de départ, ayant à reprendre un peu moins gauchement la formule du «connaîtriez-vous quelqu'un qui, etc.». Ainsi vous dites : «Monsieur (ou madame), vous vous souvenez peut-être qu'il y a un an je vous ai dit que j'étais rémunéré de deux manières, et que la principale était l'obtention d'indications de clients de la part de mes clients satisfaits. M'appuyant sur ces dires, je présume que vous êtes très satisfait(e) de mes services. Puisque désormais nous avons le plaisir de travailler ensemble, qui parmi vos connaissances pourrait profiter des mêmes services que vous recevez?» Un sentiment de culpabilité transpire à travers cette forme de pression.

Présentez-moi à votre ennemi, je vous prie

Une méthode des plus amusantes m'a été expliquée par un conseiller qui, à la suite d'une visite à l'improviste chez un très riche entrepreneur, s'est fait cavalièrement répondre : «Vous n'êtes, vous autres, que des parasites! Je n'ai aucun intérêt à causer avec vous, encore moins à traiter avec vous. Laissez-moi tranquille et allez vous-en.» Mais le conseiller a insisté : «Mon bon monsieur, je peux comprendre vos sentiments et je les respecte. Mais, juste avant que je disparaisse, dites-moi : même si vous n'êtes guère intéressé, qui parmi vos connaissances pourrait l'être? Qui, parmi les gens que vous connaissez, serait-il convenable que je rencontre?»

C'était là une réaction rapide et pleine de finesse, mais elle n'impressionna guère l'entrepreneur. «Alors quoi, hurla-t-il, vous n'avez donc pas compris? Je viens de vous donner mon opinion sur des gens de votre espèce. À mon avis, votre négoce est le plus débile de la planète. Je ne suis nullement intéressé à faire affaire avec vous, aussi pourquoi est-ce que je vous refilerais à mes amis?»

Du tac au tac, le conseiller rétorqua : «Évidemment, et là encore, je vous comprends. Mais puisque vous refusez de m'introduire auprès de vos amis, n'y aurait-il pas, parmi vos ennemis, quelqu'un que je pourrais aller voir?» Après une courte pause l'homme répondit : «Ah! tiens : allez donc voir Joe Smith, mon concurrent. C'est un vantard comme vous, vous vous valez l'un l'autre.»

Le conseiller prit rendez-vous avec le dénommé Smith, usant de ruse pour que la secrétaire lui transmette immédiatement le message. «Monsieur Smith, mon nom est Jos Conseiller. Je parlais récemment avec votre concurrent qui m'a laissé entendre que vous seriez intéressé aux services financiers que je peux offrir. Je vous appelle pour savoir s'il serait possible de se rencontrer.» Joe Smith eut un moment de réflexion avant de répondre : «Je suis un peu surpris, mais certainement. Si mon concurrent croit que je devrais vous rencontrer, pourquoi pas!»

Et il arriva que le conseiller se gagna ainsi un nouveau client. Comme on le voit, il arrive que des procédés aussi inusités peuvent parfois réussir. Mais quand ils réussissent, des difficultés peuvent surgir du fait que d'autres conseillers les mettront à l'essai sans grands profits.

Dans la même veine, une technique plutôt inhabituelle d'approcher de nouveaux clients me fut signalée. Après une première rencontre, le conseiller est censé annoncer en toute confidence : «Mon cher ou ma chère cliente, vous venez de prendre une excellente décision. Du fait que nous avons travaillé ensemble, vous allez devenir extrêmement riche. D'ici cinq ou dix ans, vous habiterez la grande maison, et vous conduirez la belle voiture dont vous rêvez. Vous n'aurez qu'un problème, les amis et voisins que vous avez présentement — lesquels, dans cinq ou dix ans continueront de vivre dans la même maison et de conduire leur vieille voiture — vont vous mépriser. Les gens détestent ceux qui réussissent et ils vont vous demander : "Joe (ou Mary), pourquoi ne nous avez vous pas parlé du merveilleux conseiller qui a travaillé avec vous?" Alors, dites-moi, parmi les gens que vous connaissez, qui tenez-vous à garder amis dans cinq ou dix ans?»

C'est là, encore une fois, une manière d'agir qui pourrait réussir dans certains cas. Mais le plus souvent, je crains qu'elle répugne au client et l'amène à se demander s'il a bien fait de choisir un conseiller qui cherche toujours à ce qu'on l'alimente en indications de clients. De plus, les détours et pressions ne sont aucunement nécessaires pour obtenir des noms. Ces procédés découlent de tactiques qu'il faut remplacer par des méthodes plus modernes. Dans le prochain chapitre, nous verrons qu'il existe des méthodes de marketing faciles à utiliser et beaucoup plus productives.

Instantanés

✔ *La raison majeure qui fait que des conseillers — même les plus productifs — ne demandent pas de recommandations auprès de leurs clients — est la peur d'essuyer un refus. On craint que l'expérience se révèle gauche, déplaisante et dépourvue de professionnalisme.*

✔ *Ce qui fait surtout hésiter le client à fournir des recommandations est la crainte de s'imposer à des amis ou connaissances. Il y a, de plus, la crainte de se sentir responsable si les rapports entre leurs amis et le conseiller tournent mal.*

✔ *Éviter les formules dépassées comme : «Connaîtriez-vous quelqu'un qui...?»*

✔ *Éviter les supercheries comme : «Je suis aux as, aujourd'hui!»*

✔ *Éviter de culpabiliser le client en lui disant : «Je suis surtout rétribué quand, après un an de service, des clients satisfaits me présentent à des gens qu'ils connaissent.*

CHAPITRE 16

Maximiser les recommandations des clients

D ANS LE CHAPITRE PRÉCÉDENT, NOUS AVONS EXAMINÉ LES MAUVAISES manières de solliciter des recommandations, et constaté que le recours aux pressions, aux combines ou à la ruse risquent de produire un effet contraire.

Quatre principes communs gouvernent les méthodes qui mènent au succès. Le premier consiste à se pourvoir de clients-zélateurs. Le présent ouvrage a débuté avec l'anecdote de Dodee Frost Crockett et du client-zélateur qu'elle s'est acquise en l'aidant à obtenir un rendez-vous avec un médecin qui a donné une seconde opinion sur son cancer. Il vous faut des clients qui soient tellement emballés de votre manière d'agir qu'ils deviennent les propagandistes spontanés du merveilleux conseiller financier qu'ils ont trouvé.

Quel degré de satisfaction doit atteindre un client avant de devenir zélateur? Réponse : rien de moins que l'admiration. Partez avec cet objectif : acquérir des clients qui vous admirent.

Ensuite, vous devez faire en sorte que vos clients trouvent facile de vous présenter des gens qu'ils connaissent. Il faut des circonstances ne comportant aucun risque. Il existe une variété de méthodes pour y parvenir. Certains conseillers ont recours aux séminaires ou aux ateliers d'étude, invitant les clients à y amener des amis. Là où les conseillers fixent un prix d'entrée à ces ateliers — soit 10 $ ou 20 $ — on exemptera le client de payer l'entrée s'il amène des connaissances ou des amis.

Un Bulletin périodique constitue un bon moyen d'amorce. Les conseillers qui publient ce genre de bulletins peuvent y inclure une note pour dire : «Si vous connaissez des gens susceptibles de s'intéresser à ce Bulletin, il nous fera plaisir de les inscrire sur notre liste d'envoi.» Une autre occasion se présente lors de la révision des progrès financiers d'un client. Le conseiller peut alors demander si la publica-

Figure 16.1

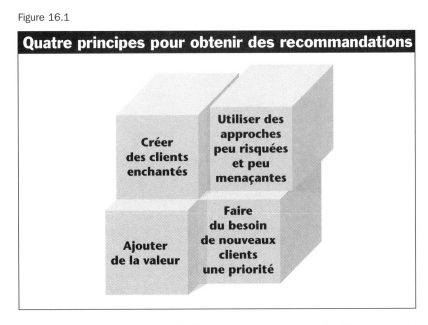

Quatre principes pour obtenir des recommandations

Créer des clients enchantés

Utiliser des approches peu risquées et peu menaçantes

Ajouter de la valeur

Faire du besoin de nouveaux clients une priorité

tion est intéressante et, dans l'affirmative, s'informer si le client connaît quelqu'un qui serait intéressé de recevoir une copie du Bulletin.

Dans les trois cas, la sollicitation est plutôt discrète, et apporte une valeur au client. C'est là un important principe. Notre entreprise a préparé une lettre accompagnant les séminaires. Pour attirer des clients éventuels, cette lettre s'est révélée plus efficace que tout ce que nous avons essayé jusqu'ici. Son but avoué est de connaître l'opinion des clients en vue de rendre les séminaires plus intéressants. Cela justifie amplement sa raison d'être, puisqu'enfin vous investissez du temps et de l'argent dans des séminaires qui se doivent d'être très populaires auprès de vos clients. Par ce moyen, cependant, vous amenez vos clients à vous communiquer des noms d'amis, de familles ou de compagnons de travail susceptibles d'apprécier une invitation de ce genre.

Les conseillers qui procèdent par lettre ont réussi à amener entre 25 et 50 pour cent de leurs clients à remplir le questionnaire. En moyenne, une personne par questionnaire retourné a exprimé le désir de participer aux ateliers. Il est bien évident que ne sont pas tous les clients qui ont suggéré des noms, mais plusieurs en ont suggéré plus d'un. Ainsi, le conseiller reçoit pour chaque réponse le nom d'un client en perspective, et cela grâce au concours du quart ou la moitié de ses clients.

Les garanties de succès

L'expérience assure une moyenne remarquable de réponses. Plusieurs raisons expliquent son succès. On a planifié le mode de contact de

Figure 16.2 🌐

Date

Monsieur Untel
1234, rue Quelconque
Uneville (Province)
A1A 1A1

Monsieur,

Je suis en train de planifier des séminaires sur les placements, dont les sujets sont variés et importants, qui seront présentés plus tard cette année. J'aimerais que vous preniez quelques minutes pour consulter la liste des sujets possibles que vous trouverez sur le questionnaire ci-joint et que vous indiquiez ceux que vous trouvez plus intéressants. Vous n'avez qu'à utiliser l'enveloppe affranchie pour retourner le formulaire.

Plus tard cette année, vous recevrez une invitation à l'un de ces séminaires. D'ici là, prenez un instant pour indiquer le nom de membres de votre famille, de vos amis ou de vos collègues de travail qui seraient intéressés à recevoir une invitation pour l'un de ces séminaires.

Je vous remercie de votre collaboration et je vous prie d'agréer, Monsieur, l'expression de mes sentiments les plus distingués.

Conseiller Quelconque

P.-S. Pour vous remercier d'avoir pris le temps de remplir ce questionnaire, nous choisirons, parmi les réponses reçues, une personne qui recevra un souper pour deux chez (NOM DU RESTAURANT). Que vous soyez intéressé ou non à participer à ce séminaire, votre collaboration est importante pour moi. Si vous avez des questions au sujet de votre compte, n'hésitez pas à communiquer avec moi ou avec, (NOM DE L'ADJOINT) mon adjoint.

manière à le rendre intéressant. Les clients tirent profit des séminaires et ils peuvent en accroître l'intérêt en y mettant du leur. Le questionnaire est bref et aucunement intimidant; pas plus d'une page et rédigé de manière à pouvoir fournir une réponse rapide et facile. De plus — et c'est capital — le conseiller doit prévoir une enveloppe de retour dûment timbrée — et non une enveloppe mécaniquement affranchie. L'enveloppe doit comporter un timbre-poste, ce qui a un effet psychologique intéressant. La plupart des clients répugneront à mettre l'enveloppe au panier. Quelques-uns récupéreront peut-être le timbre, mais la plupart vont prendre le temps de remplir le questionnaire plutôt que de laisser se gaspiller un timbre.

Figure 16.3

Quel séminaire vous intéresserait?

1. Veuillez indiquer les sujets de séminaire que vous aimeriez voir offerts :
   ❑ Stratégies d'investissement prudentes, à revenu fixe.
   ❑ Stratégies de planification successorale : Garder vos biens immobiliers dans la famille et à l'abri de Revenu Canada (avec les avocats de NOM DU CABINET).
   ❑ Évaluer les fonds de placement : Comment choisir le bon fonds?
   ❑ Les occasions d'investissement sur le marché mondial.
   ❑ Les stratégies de placement pour les propriétaires d'une entreprise.
   ❑ Les fiducies et les refuges extraterritoriaux.
   ❑ La tranquillité d'esprit par la répartition de votre actif et un portefeuille équilibré : la signification et le fonctionnement.
   ❑ Planifier sa retraite : mettre sur pied un plan financier de préretraite.
   ❑ Stratégies pour maximiser le rendement de vos REER.
   ❑ Stratégies d'économie d'impôt (avec un comptable de NOM DE LA SOCIÉTÉ).

2. Y a-t-il des sujets qui ne sont pas inclus ci-haut dont vous aimeriez que nous traitions? Quels sont-ils?

_____

_____

_____

_____

· ·

Monsieur, les personnes suivantes devraient recevoir une invitation à votre futur séminaire.

Nom : _____   Nom : _____

Adresse : _____   Adresse : _____

Téléphone : _____   Téléphone : _____

Veuillez retourner le formulaire dans
l'enveloppe affranchie à :   Untel Conseiller
                                    Société Quelconque
                                    Adresse
                                    Uneville (Province)
                                    A1A 1A1

MERCI BEAUCOUP DE VOTRE COLLABORATION

Figure 16.4

Résultats d'un conseiller financier

- Questionnaires envoyés à :
    - 400 clients
    - 200 clients potentiels
- Questionnaires retournés :   100
- Clients référés :   32
- Ouvertures de comptes   6
- Montant recueilli :   500 000 $

Finalement, pour provoquer une réponse, le conseiller prévoit un modeste stimulant. Dans un post-scriptum, la lettre indiquera que, pour remercier les clients qui répondent au questionnaire, on procédera à un tirage et le gagnant aura droit à un déjeuner dans un restaurant de l'endroit. Il est souhaitable qu'on mentionne le nom du restaurant. Éviter McDonald's autant que possible et, pour tenter le client, choisissez le meilleur restaurant de votre patelin.

Ces quatre facteurs — avantage pour le client, le moindre effort pour répondre au questionnaire, une enveloppe avec timbre et la possibilité de pouvoir gagner un gueuleton — assurent une moyenne de réponse de 25 à 50 pour cent. Si vous adressez votre lettre à 300 clients, vous pouvez attendre de 75 à 150 réponses, et mettons, cent possibilités de clients éventuels. S'agit-il vraiment de références? Au vrai sens du mot, non. Mais la porte est certainement ouverte. Vous pouvez ajouter ces noms à votre liste d'invités aux séminaires et parmi eux, amorcer des contacts. En réalité, la lettre en question vous aide à attirer de nouveaux clients.

Valeur ajoutée

Voici un autre moyen d'attirer des clients en leur procurant des avantages. À l'un des mes ateliers, j'ai bavardé avec un conseiller qui travaille avec quantité de propriétaires d'entreprise de son patelin. Il avait récemment tenu un séminaire de préretraite qui avait mal tourné. Ce n'est là rien d'étonnant, car il n'est pas facile d'attirer des propriétaires d'entreprises à un séminaire.

Nous avons discuté des moyens propres à stimuler ses relations avec ces propriétaires et même à étendre ses rapports avec d'autres. Nous avons examiné les préoccupations des propriétaires d'entreprise et nous avons constaté que leur problème majeur est d'être isolé et de se sentir seul. Même si leur entreprise est de taille moyenne, ils se sentent seuls au sommet, ne disposant d'aucun collègue pour partager leurs préoccupations.

Le conseiller retourna au bureau et s'engagea sur une nouvelle piste en appelant six de ses clients propriétaires d'entreprises pour les inviter, deux semaines à l'avance, à un petit-déjeuner devant avoir lieu dans une salle de conférence entre sept heures trente et dix heures du matin, sans autre motif que d'engager une discussion sur leurs problèmes communs. Cela n'avait rien à voir avec les questions d'investissement, d'actions, d'obligations ou de fonds de placement. Tout le monde se présenta. On leur servit du café et des beignes, et à 11 h 30, il dut les mettre à la porte.

De toute évidence, ce fut un matin productif. Ils convinrent tous de se réunir dans deux mois. De plus, tous promirent d'amener un propriétaire de leur connaissance à la prochaine réunion. Constatant qu'il avait pincé une corde sensible, le conseiller renchérit. Il appela immédiatement six autres clients, leur fit la même invitation qui eut le même succès, et cumula ainsi ses groupes.

Depuis, il dirige cinq de ces groupes, chacun se réunissant six fois l'an dans la salle du conseil. Le conseiller consacre trente avant-midi par année à alimenter ses clients et leurs amis en café et beignes pour leur permettre de parler de leurs affaires. Pourquoi cela? D'abord, à force de rester là à écouter, il accumule des renseignements concernant les préoccupations de ses clients. Ensuite, en parrainant ces colloques populaires, il a resserré les liens avec ces clients-là et d'autres propriétaires d'entreprise. Un certain nombre de clients lui ont fourni des références. Ils ne l'avaient jamais fait auparavant, ce qui indique que les rencontres leur en a donné l'idée. De plus, quelques-uns des nouveaux venus sont devenus des clients. Du point de vue du conseiller, c'est là du temps bien employé.

Mais ce n'était là qu'une première étape. Après un an, il eut l'audace d'organiser un séminaire pour les propriétaires d'entreprise, se rappelant bien que la première tentative avait subit un lamentable échec. Cette fois-ci, il procéda différemment. Au lieu de choisir une soirée, il opta pour une matinée. Plutôt que de parler de planification de retraite, il sollicita de ses invités des thèmes à discuter. Résultat : l'atelier eut comme invités un comptable spécialisé en entreprenariat, un avocat spécialisé dans la planification successorale des propriétaires d'entreprise; un banquier qui expliqua comment améliorer ses relations avec la banque, un consultant qui traita des rapports avec le personnel. Le conseiller tint le rôle d'hôte et présenta les conférenciers. Il se trouvait en quelque sorte en vedette, mais l'attention principale n'était pas dirigée directement sur lui.

À son grand étonnement, près de 200 personnes participèrent à l'atelier — moins de la moitié d'entre elles étaient des clients. Les autres avaient été suggérées à la suite de réunions précédentes. En réalité un de ses meilleurs clients s'était toujours montré réticent à suggérer des noms, disant : «Je ne pense à personne en particulier, mais s'il me vient quelqu'un à l'idée je vous en ferai part.» Cette fois-ci, le conseiller fit valoir que, grâce aux rencontres, il avait profité des idées de ce client et il lui demanda si certaines de ses connaissances ne devraient pas être sur la liste des invités. «Bien sûr», répondit-il. «Je vais vous en envoyer une liste.» La liste lui parvint le lendemain comptant soixante noms.

Le client avait-il contacté ces soixante personnes avant la dernière fois que le conseiller lui en avait fait la demande? Apparemment non. La réponse a été différente parce que, cette fois-ci, le conseiller avait quelque chose à offrir à ses invités. Le client en question se sentit bien à l'aise de donner les noms de ses amis, parce qu'ils en tireraient profit. Et cela est très important pour le recrutement de nouveaux clients.

Un autre moyen de créer des contacts en offrant quelque chose en échange se présente lors de la révision de la situation financière d'une cliente. Le conseiller peut alors profiter de l'occasion pour lui demander si l'information fournie lui est de quelque utilité. Si sa réponse est «oui», comme on s'y attend, alors le conseiller peut en profiter pour lui demander si elle connaît quelqu'un qui pourrait être intéressé aux mêmes services.

À l'avenir, un des principes de base pour obtenir des contacts sera : comment puis-je me rendre utile à la personne à qui je sollicite une indication de client? C'est seulement par ce moyen que mon client se sentira à l'aise de me la fournir.

Se rappeler au client

Le quatrième moyen d'obtenir des références est de demeurer présent dans l'esprit du client. La quête de recommandations après tout est notre objectif, et non celui du client. D'autres préoccupations réclament son temps et son attention. Posez-vous la question : même si vous êtes bien conscient de l'importance d'obtenir des indications de noms, comment avez-vous réagi la dernière fois que vous vous êtes offert à en fournir à votre agent d'immeuble, à votre comptable, à votre médecin, à votre avocat, à votre banquier ou à tout autre fournisseur? Il est probable que cela remonte à très loin, même si vous êtes pleinement satisfait de leurs services. Obtenir des recommandations de vous est de première importance pour eux mais non pour vous.

Situation identique chez nos clients. Périodiquement, il faut leur rappeler que nous sommes toujours disposé à les servir et que nous sommes toujours en quête de nouveaux clients. C'est particulièrement le cas pour les conseillers florissants. Leurs clients considèrent qu'ils s'en tirent tellement bien et qu'ils sont tellement occupés qu'ils ne pourraient tout simplement pas s'occuper d'un ami disposant de l00 000 $ en quête d'un nouveau conseiller.

En vérité, des conseillers entretiennent cette fausse impression. Lorsque leurs clients leur demandent comment vont les affaires, ils répondent toujours avec ardeur : «À merveille!». «Les affaires sont en

Figure 16.5

Date

Monsieur Untel
1234, rue Quelconque
Uneville (Province)
A1A 1A1

Monsieur,

Je tiens à vous remercier pour votre récent achat. Il me fait plaisir de vous compter parmi mes clients, c'est pourquoi vous ne devez pas hésiter à communiquer avec moi, ou mon adjointe, Diana, si vous avez des questions quant à cette transaction.

Si vous êtes satisfait de la manière dont je vous ai servi, et si vous pensez que je pourrais aider votre famille, vos amis ou vos connaissances de pareille manière, j'apprécierais que vous preniez quelques minutes pour m'indiquer leur nom sur le formulaire ci-joint ou que vous leur donniez ma carte de visite.

Merci encore de votre collaboration et veuillez recevoir, Monsieur, l'expression de mes sentiments les plus distingués.

Untel Conseiller

• •

Monsieur,
Les personnes suivantes pourraient avoir besoin de vos conseils.

Nom : _____   Nom : _____

Adresse : _____   Adresse : _____

Téléphone : _____   Téléphone : _____

Vous pouvez mentionner que nous travaillons ensemble :
❑ Oui   ❑ Non

Télécopiez au : Votre numéro de télécopieur, ou postez à :
Untel Conseiller
Société Quelconque
Adresse
Uneville (Province)
A1A 1A1

MERCI BEAUCOUP DE VOTRE COLLABORATION

158

plein essor.» «Occupé, occupé!». La réponse qu'il ne faut surtout par faire est : «Ça va bien, mais j'aimerais bien avoir plus de clients.» Nous ne disons et ne devons jamais dire cela. Il reste qu'il faut dissiper l'impression que vous laissez d'avoir trop de clients d'être trop prospère pour vous occuper d'amis ou de connaissances.

En réalité, il y a différentes façons de rappeler à vos clients discrètement et sans faire pression que vous désirez accroître votre clientèle. Mon entreprise a rédigé deux lettres très simples que des conseillers ont utilisé avec grand succès. La première remercie simplement le client d'un récent achat et indique que vous seriez heureux d'obliger ses amis et connaissances. Elle demande, si possible, soit de remettre la carte d'affaires jointe aux candidats probables ou de retourner le formulaire au bas de la page avec les noms suggérés.

Figure 16.6

Date

Monsieur Untel
1234, rue Quelconque
Uneville (Province)
A1A 1A1

Monsieur,

La plupart d'entre nous auraient aimé avoir pris conscience plus tôt de la valeur de l'argent et avoir fait des économies plus tôt. Aujourd'hui, de nombreux parents et grands-parents sont particulièrement soucieux d'aider leurs enfants à développer de bonnes habitudes de consommation.

J'ai été surpris de constater les bons conseils contenus dans l'article ci-joint. J'ai pensé que cela pourrait vous intéresser, au cas où vous ne l'auriez pas lu.

Je vous prie d'agréer, Monsieur, l'expression de mes sentiments les plus distingués.

Untel Conseiller

P.-S. Récemment, plusieurs clients m'ont demandé si j'étais disponible pour travailler avec un ami ou un membre de leur famille.

Les clients référés par des clients satisfaits ont, en fait, contribué de manière importante à l'élargissement de ma clientèle. Si vous connaissez des gens qui pourraient avoir besoin de mon aide, donnez-leur ma carte de visite. Il me fera plaisir de les rencontrer pour discuter de leur situation sans frais, ni obligation.

La deuxième lettre est plus subtile. Un texte d'intérêt pour le client y est annexé, puis un post-scriptum aborde le sujet comme suit : «Récemment, plusieurs clients m'ont demandé si je pouvais m'occuper d'un ami ou d'un parent. De fait, c'est grâce aux références que me fournissent des clients satisfaits que mon entreprise a grandi. Si jamais vous connaissiez quelqu'un qui pourrait avoir besoin de mes services, remettez-lui, je vous prie, ma carte d'affaires ci-jointe. Je me ferai un plaisir de le rencontrer pour le renseigner, sans obligation de sa part.»

À quelle fréquence devez-vous faire pareille sollicitation? Une école de pensée suggère de le faire chaque fois que vous entrez en contact avec un client. Que ce soit le matin, vous lui sollicitez des noms; que ce soit l'après-midi, vous lui demandez : «Au fait, avez-vous rencontré une personne que je pourrais servir depuis la dernière fois que nous nous sommes parlés?» Tout dépend du conseiller, mais il serait préférable de ne solliciter qu'une fois l'an. En pareille matière, le moins est le mieux. Autrement, vous risquez de passer pour un importun.

Même si votre méthode est plus agressive que celle que je suggère, il va de soi qu'il ne faut pas harceler le client chaque fois qu'on le rencontre. Supposons qu'une cliente a reçu de vous par le courrier un intéressant article auquel est attaché votre carte d'affaires sollicitant des indications de clients. Elle décide de conserver la carte au cas où un nom lui viendrait à l'esprit et en reconnaissance du geste que vous avez eu de lui faire parvenir l'article. Trois mois plus tard, elle reçoit un nouvel article avec la carte et le même post-scriptum.

Elle se demande alors ce qui vous incite à lui faire parvenir des articles? Est-ce parce qu'elle vous tient à cœur? Parce que vous avez pensé à elle en lisant l'article? En déduira-t-elle plutôt que vous avez lu un livre traitant de mise en marché et que vous avez découvert une manière sournoise de solliciter vos clients?

À mon point de vue, il serait peut-être préférable de n'adresser aux clients que des articles de grand intérêt, et seulement quatre fois l'an. Trois de ces envois devraient éviter toute sollicitation, alors que le quatrième le pourrait peut-être. En maintenant la proportion à une sollicitation après trois envois, il devient évident pour le client que votre but à lui faisant parvenir ces articles est de le renseigner plutôt que de lui réclamer des noms.

Maîtrisez votre enthousiasme

Encore une fois, c'est une question de patience; l'art de se mettre au diapason du client. À ce sujet, un conseiller m'a appelé une fois pour se plaindre de n'avoir reçu aucune réponse en appliquant cette méthode. Cela m'a intrigué, attendu qu'elle avait réussi auprès de tous les autres conseillers que j'avais contactés. Aussi, lui ai-je demandé de me dire ce qu'il avait fait exactement. «J'ai suivi scrupuleusement vos conseils. J'ai pris la lettre et je l'ai copiée mot à mot. Je me suis servi de l'article que vous nous aviez montré — excellent article — et j'ai ajouté quelques cartes d'affaires», dit-il. «Un moment, lui dis-je. Vous avez ajouté combien de cartes?» Il hésita un moment. «Je ne sais pas; 15 ou 20 peut-être.»

Si vous appliquez cette méthode, tâchez de modérer votre enthousiasme. Certains conseillers estiment que, compte tenu des frais de poste et de photocopie, il est déraisonnable d'inclure aux envois deux ou trois cartes d'affaires. Vous ne vous créerez probablement pas d'ennuis en y incluant deux cartes d'affaires. Mais une est plutôt la règle. N'allons pas nous montrer mesquins. Si le client désire soumettre un — ou dix noms — il va vous mettre au parfum même s'il ne dispose que d'une seule carte.

Une autre lettre que nous avons rédigée concerne les séminaires que vous tenez. Elle invite un client et sa femme à une session et indique que quatre places ont été réservées, au cas ou deux amis voudraient les accompagner. Et on ajoute : «Si toutefois vos invités désiraient éventuellement me rencontrer pour discuter de leurs finances, il me fera plaisir de les obliger, mais il est bien entendu qu'ils ne seront pas directement sollicités lors de la session.

Comme on peut s'y attendre, certains conseillers manqueront de s'étouffer en lisant ce qui précède. Pourquoi mettre dans la tête du

Figure 16.7 ⊗

Madame, Monsieur,

La présente est pour vous confirmer que je vous rencontrerai à mon bureau, jeudi prochain, le 6 avril, pour vérifier la progression de votre portefeuille.

J'attends avec enthousiasme le moment de notre rencontre et je vous prie de recevoir, Madame, Monsieur, l'expression de mes sentiments les plus distingués.

Signature du Conseiller

P.-S. Comme vous le savez, j'espère étendre ma clientèle pour travailler avec d'autres clients comme vous.

L'un des meilleurs moyens pour une personne de connaître ma méthode de travail est par mon bulletin d'information. Avant notre rencontre, j'aimerais que vous pensiez à deux ou trois amis qui pourraient avoir besoin de conseils financiers dans un futur rapproché et qui pourraient trouver mon bulletin utile. J'aimerais ajouter leur nom à ma liste de distribution.

Figure 16.8 🕐

Monsieur,

Je vous écris pour vous inviter, votre conjointe et vous, à participer à un repas de remerciement pour certains de mes clients les plus importants.

Le souper aura lieu le DATE au LIEU. Il sera suivi d'une conférence donnée par NOM, planificateur financier associé de la société comptable NOM DE LA SOCIÉTÉ. Arthur nous parlera de stratégies de planification successorale et de réduction d'impôt pour les Canadiens qui se trouvent dans la tranche d'imposition élevée.

Je vous ai réservé quatre places; deux pour vous, bien sûr, et deux autres pour des amis qui pourraient être intéressés par cette soirée. Si, par la suite, vos invités désirent me rencontrer afin de discuter de leur situation financière, cela me fera plaisir. Toutefois, si ce n'est pas le cas, je ne contacterai personne à la suite de cette rencontre.

Les détails de la soirée sont les suivants :

        Date :
        Consommations :
        Repas :
        Lieu :

J'espère que vous pourrez vous joindre à moi pour ce que j'espère être une soirée intéressante et remplie d'information. J'ai hâte de vous voir à nouveau le DATE.

Je vous prie d'agréer, Monsieur, l'expression de mes sentiments les plus distingués.

client que nous ne convoitons pas la clientèle de leurs invités? La raison est que cela est déjà ancré dans leur tête. Lorsque nous avons fait enquête sur les lettres ne comportant pas cette précision nous avons constaté qu'une des raisons pour ne pas inviter des amis est : «J'appréhende d'être embarrassé du fait qu'ils vont se faire harasser farouchement par le conseiller et j'en serais ulcéré.»

À leur point de vue, c'est ce qui les empêche d'inviter des amis. Aussi, en traitant franchement de la chose et en leur assurant que leurs craintes ne sont pas justifiées, il est plus vraisemblable qu'ils vont se sentir plus à l'aise d'inviter des amis, et en particulier, ceux qui sont les plus riches, attendu l'intérêt que comporte les sessions.

Puis-je souligner que les contacts peuvent s'opérer de différentes manières, et parfois très subtilement. Si une personne assiste à une session grâce à pareille invitation, et que, six à neuf mois plus tard, elle reçoit une invitation à un autre séminaire, personne n'aura à trop s'en plaindre. C'est une approche bas de gamme; le choix lui appartient, et votre offre en tire profit. Autrement, quand nous disons qu'il n'y aura pas de sollicitation, il faut que ce soit vraiment le cas. Le conseiller ne peut se récrier : «Je ne les ai pas harassés durant trois jours après la tenue de l'atelier. Je leur ai laissé un répit.» Si vous dites «pas de harcèlement», cela doit vouloir dire «pas de harcèlement».

Références indirectes

Une autre occasion de tirer avantage des relations avec vos clients est d'en obtenir indirectement des tuyaux. Mettons qu'un client est propriétaire d'entreprise. Vous lui dites : «Je projette, dans les jours qui viennent, d'ajouter à ma clientèle plus de clients comme vous, et d'ici quelque temps, j'approcherai d'autres chefs d'entreprise. Dans ces démarches, je me demande s'il me serait permis d'indiquer que vous êtes de mes clients.»

La plupart vous donneront leur consentement. La requête est inoffensive. Ainsi, lorsque vous contacterez un chef d'entreprise, vous pourrez dire : «Je travaille avec beaucoup de chefs d'entreprise comme vous. Au fait, je compte parmi mes clients M. Tremblay, propriétaire de l'Imprimerie XYZ, qui m'a autorisé à dire qu'il était mon client. Je me demandais si vous accepteriez de causer avec moi afin d'examiner si certaines des formules qui se sont révélées profitables pour d'autres ne pourraient pas vous convenir.»

En réalité, ce candidat ne vous a pas été référé, mais le procédé inspire à la personne froidement abordée une confiance qu'elle ne ressentirait pas autrement. Vous avez emprunté le témoignage d'un client; vous vous êtes donné de la crédibilité.

Même si la personne ne connaît pas ceux qui vous servent de caution, elle se sent rassurée du fait que vous travaillez avec des gens comme elle. Supposons que vous faites de la sollicitation dans votre voisinage : «Je travaille, direz-vous, avec beaucoup de gens d'Oak Ridges. Ainsi, parmi les clients qui m'ont permis de mentionner leur nom, il y a Joe et Mary Smith de la rue Belmont et Phil et Susan Brown de la rue Pine. Comme je passe souvent par ici, je me suis arrêté pour savoir si je pourrais entrer et passer de 20 à 30 minutes avec vous pour regarder votre situation financière?»

La confiance de la personne contactée est grandement accrue du fait des références, même si elle ne connaît les deux familles que de nom ou de vue. Vous vous distinguez des autres solliciteurs en indiquant que vous avez déjà des clients qui lui ressemblent dans le quartier.

Il faut y aller prudemment. Vous ne voulez pas abuser des relations de vos clients et vous ne voulez certainement pas qu'ils se sentent assiégés dans l'éventualité que leur nom serait colporté dans toute la ville. Utilisée d'une façon sélective, la méthode peut accélérer le processus de confiance.

Savoir dire merci

Il importe de se rappeler que les clients n'ont aucunement l'obligation de refiler des tuyaux aux conseillers, et ces derniers ne doivent pas s'attendre à ce qu'ils leur en fournissent. Plusieurs conseillers croient qu'on leur doit des recommandations du fait qu'ils font du bon travail. En vérité, les clients considèrent qu'un conseiller se trouve récompensé si sa clientèle continue de lui faire confiance. Il m'est d'avis que toute indication obtenue d'un client doit être considérée comme un supplément découlant d'un service exceptionnel et non comme une récompense.

Quelle que soit la valeur des services que vous dispensez, il est également important de reconnaître que certains clients ne recommanderont jamais un ami ou une connaissance. Un certain réflexe les pousse à ne rien imposer à quiconque, même s'ils reconnaissent vos compétences. Par conséquent, la meilleure source de recommandations demeure les clients qui se sont déjà montrés obligeants envers vous. Ils

Figure 16.9

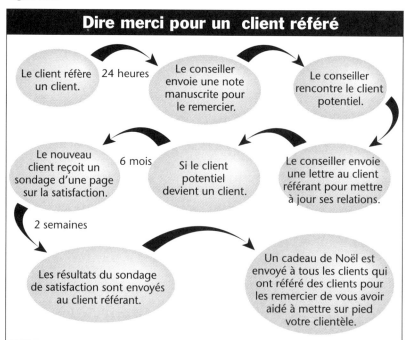

ont fait la preuve de leur complète satisfaction et de leur volonté de continuer à vous aider. Ainsi donc, un élément important dans la quête de nouveaux clients consiste à bien identifier ceux qui vous en ont suggéré dans le passé et ne pas manquer de leur en savoir gré.

Les conseillers se doivent de procéder d'une façon plus structurée et plus systématique que par le passé dans leur quête de recommandations. Même aujourd'hui, la plupart des conseillers se limitent à remercier le client qui leur a refilé un nom et c'est tout. Bien que cela puisse suffire dans certains cas, si c'est là votre unique manière de faire, vous vous privez d'une excellente occasion de susciter d'autres collaborations. Vous devriez vous mettre en quatre pour manifester votre reconnaissance, sans toutefois avoir l'air de glisser un pot-de-vin.

En deçà de 24 heures, ou tout au plus 48 heures, vous devriez faire parvenir à une cliente un mot écrit à la main pour la remercier. Rien de recherché; juste quelques mots : «Merci Sally de la confiance que vous me faites en me présentant Jim, votre ami. J'apprécie beaucoup votre geste.» C'est tout.

Ensuite, vous devriez vous assurer que Sally soit tenue au courant des résultats. Plusieurs conseillers négligent de le faire. Au contraire, quand vous pensez savoir quels seront ces résultats, vous pourriez en faire part à votre informatrice par téléphone. La personne recommandée étant devenue client, une autre note manuscrite s'impose : «Sally, vous vous souvenez sans doute de m'avoir suggéré de rencontrer votre ami Jim il y a quelques semaines. Je veux tout simplement vous dire que la démarche a réussi. Encore une fois, merci de votre aide.» Même si la démarche échoue — la personne suggérée ayant refusé de devenir un client ou d'avoir un conseiller — vous pourriez également envoyer un mot et remercier votre cliente.

À ce propos, des conseillers se demandent s'ils ne devraient pas exprimer leur reconnaissance d'une façon plus tangible. Manifester sa reconnaissance par un petit cadeau serait sage, en autant que le client ne se sente pas acheté. Évitez, toutefois, les chèques-cadeaux; cela semble indiquer la valeur du service reçu. Mais si le client est un fan de John Grisham, vous pourriez peut-être lui adresser un exemplaire de

Figure 16.10

Dire merci pour un client référé	
Abonnement à une revue	Livre
Repas pour deux	Don à leur organisme de charité favori
Fleurs/plante	Cadeau de Noël (bouteille de vin)
Panier cadeau	

Figure 16.11

Abonnement à une revue	
Golf	Décoration d'intérieur
Jardinage	Cuisine
Tennis	Voyage

son dernier livre, ou s'il raffole du ballet, deux billets à une représentation seraient appréciés avec une note : «Pour vous remercier de la recommandation que vous m'avez faite.»

Un conseiller a fait parvenir un don à sa société de charité préférée, informant comme suit son client : «En guise de remerciement spécial, j'ai fait parvenir en votre nom un don à l'hôpital pour enfants.» Vous ferez encore mieux en faisant parvenir votre don à la société de charité favorite du client. Du point de vue de ce dernier, un don de 50 $ attesterait d'une reconnaissance raisonnable et non commerciale, et de votre côté, ce serait un montant dérisoire en comparaison de la valeur du client que vous avez acquis.

Un conseiller de mes connaissances va même plus loin. Au bout de six mois, il adresse à ses nouveaux clients un témoignage d'appréciation comportant quelques questions simples. À ce premier stade des relations, le nouveau client se réjouit de constater qu'on s'occupe de ses affaires, et une heureuse stratégie financière se trouve ainsi établie. Quand le conseiller révise le dossier, il fait part au nouveau client de sa joie de voir que tout va bien et ajoute : «Je me demande si je pourrais vous demander une faveur. J'aimerais faire parvenir copie de tout ceci à Sally, la bonne amie qui vous a présenté à moi.» Dans presque tous les cas, le nouveau client est d'accord. Et vous avez là une nouvelle occasion de témoigner votre gratitude à l'informatrice originale et de lui démontrer qu'elle a fait une bonne action. De plus, elle a la preuve

Figure 16.12

Bienvenue et merci!

Nous tenons à souhaiter la bienvenue à tous les nouveaux clients qui se sont joints à nous depuis notre dernier bulletin. Je veux adresser un merci particulier aux clients qui ont donné notre nom à des personnes qu'ils connaissent.

Pour exprimer notre gratitude, nous effectuons, quatre fois l'an, un tirage au sort pour choisir un client qui nous a référé un autre client. Ce mois-ci, les gagnants d'un repas pour quatre au restaurant XYZ sont M. et Mme Clients Référants et leurs amis, M. et Mme Clients Référés.

que son ami est satisfait, aussi demeure-t-elle disposée à refiler de nouveaux tuyaux susceptibles eux aussi d'être satisfaits.

Chaque année, en décembre, un conseiller financier s'approvisionne en bonnes bouteilles de vin et en fait livrer une, ou la livre luimême, à tous les clients qui lui ont refilé d'importants tuyaux durant l'année, avec une note : «Je tiens à vous remercier de nouveau du plaisir que j'ai eu de travailler avec vous l'an dernier et de la confiance que vous m'avez témoignée en me présentant votre ami Jim.» Généralement, janvier est le mois par excellence pour les recommandations. Le cadeau rappelle au client combien vous avez apprécié son geste et le place vaguement dans l'obligation de penser sérieusement à ceux qui pourraient profiter de vos services.

Un autre conseiller manifeste sa reconnaissance lors de la tenue annuelle d'une séance d'évaluation. Tous les clients sont invités à venir entendre un conférencier, mais ceux qui lui ont obtenu des références l'année précédente sont invités à participer à un dîner avant la conférence. Dans un toast bref, il dira : «Bien que j'apprécie tous mes clients, je tenais à remercier particulièrement ceux qui, au cours de l'an dernier, ont eu l'amabilité de me présenter à des amis et à des connaissances.»

Des lecteurs trouveront que c'est là beaucoup s'en donner pour remercier ses clients. C'est vrai. Mais c'est moins d'efforts qu'il n'en faut pour attirer des clients selon la méthode directe. Comme un candidat référé en entraîne souvent un autre, l'effort en vaut la peine. Par ailleurs, il faut faire attention de ne pas créer d'illusions chez les clients qui suggèrent beaucoup de noms. Il se peut que vous ne vouliez pas faire un cadeau pour chaque nom soumis. Il est curieux de constater qu'un geste, pris pour une gratification au départ, crée une attente par la suite. C'est le cas du cadeau ou des événements annuels. On a l'occasion de faire différent chaque fois. Il faut prendre garde que le client n'ait l'impression de se faire acheter.

Finalement, après avoir pris autant de temps, dans le dernier chapitre, à fournir des modèles de démarches à éviter avec les clients, qu'on me permette de conclure en citant deux excellentes phrases propres à mettre un terme à une rencontre fructueuse avec un client. Elles sont simples et directes. «Mon cher ami, j'espère grandement qu'à l'avenir je pourrai enrichir ma clientèle grâce à des gens comme vous. Si jamais il vous venait à l'idée des noms de personnes qui, à votre avis, pourraient bénéficier des services que je vous offre, je vous serais reconnaissant de leur en faire part.» Il n'y a là aucune pression, aucune ruse. Mais le message se trouve transmis. Si vous accumulez des clients qui vous apprécient et que, de temps à autre, vous leur rappelez discrètement combien vous appréciez leurs recommandations, plus souvent qu'autrement, vous vous retrouverez avec un nombre croissant de recommandations de clients satisfaits.

Instantanés

✔ *La première méthode à suivre pour s'attirer des recommandations est de se pourvoir de clients-zélateurs. Vous voulez des clients qui soient tellement enchantés que c'est avec enthousiasme qu'ils font l'éloge du conseiller financier qu'ils ont la chance d'avoir.*

✔ *La seconde méthode consiste à procéder avec douceur afin de faciliter les choses aux clients susceptibles de pouvoir vous présenter quelqu'un.*

✔ *Une lettre que nous avons rédigée concernant la tenue de séminaires s'est révélée plus efficace pour le recrutement de nouveaux clients que tout ce qui avait été tenté auparavant. Cette lettre sollicite des suggestions de thèmes pour les séminaires, de même que des noms d'amis qui apprécieraient une invitation à y participer. Elle annonce aussi que ceux qui amèneront des amis au séminaire participeront au tirage d'un déjeuner pour deux dans un restaurant populaire. À retenir : le questionnaire doit être bref et facile à remplir. L'enveloppe de retour doit comporter un vrai timbre-poste.*

✔ *La troisième méthode consiste à offrir une valeur ajoutée aux clients comme fit le conseiller qui s'est créé une clientèle en amenant des propriétaires d'entreprise à se réunir pour discuter de leurs problèmes.*

✔ *La quatrième méthode consiste à être toujours en alerte : c'est-à-dire, rappeler périodiquement à votre clientèle que vous êtes toujours en quête de nouveaux clients.*

✔ *En général, il suffit d'un rappel par année.*

✔ *Dans la lettre d'invitation au client, il est recommandable de le rassurer comme suit : «Si vos invités désirent me rencontrer pour discuter de leurs affaires, il me fera grand plaisir de les accommoder, mais ils ne seront en proie à aucune pression directe lors du séminaire.»*

✔ *Ne pas oublier de remercier les clients qui vous fournissent des tuyaux. Tenez-les au courant des résultats obtenus, et prévoyez une manifestation annuelle de reconnaissance.*

✔ *Deux phrases commodes pour clôturer une session : «Messieurs, dames, au cours de l'an prochain, j'espère bien me mériter encore plus de clients comme vous. Si vous connaissiez ou si vous rencontriez des gens qui, à votre avis, pourraient tirer avantage du type de service que je vous offre, je vous saurais gré de bien vouloir me communiquer leurs noms.*

CHAPITRE 17

Faire affaire avec des gens que vous connaissez

Essayez cet exercice : prenez un papier et écrivez-y les noms de tous les gens que vous connaissez — amis, famille, voisins, collègues, ancien employeur, commerçants et ainsi de suite. Le plupart des gens sont en mesure de dresser assez rapidement une liste de 100, 150, et même 200 noms. Maintenant, marquez d'un astérisque tous ceux que, selon vos connaissances de leur situation financière, vous aimeriez avoir l'occasion de servir en tant que conseiller. Finalement, supprimez de ces gens ceux que vous comptez actuellement parmi votre clientèle.

La plupart des conseillers qui s'adonnent à cet exercice terminent avec une liste de 50 à 100 personnes avec qui ils travailleraient volontiers et qui ne sont pas encore leurs clients.

Cette situation se produit pour plusieurs raisons. Dans certains cas, les conseillers hésitent à approcher ces cibles potentielles craignant de mettre la relation amicale en péril ou de briser la confidentialité. Mais la raison principale est qu'ils ne veulent pas faire preuve d'indiscrétion et ne veulent pas être perçus comme voulant commercialiser une relation personnelle.

Mais ceci ne rend pas justice à la situation. Imaginez ce scénario : vous décidez que vous avez besoin de trouver un avocat pour mettre votre testament à jour. Vous avez deux choix possibles. Vous pouvez appeler un avocat que vous connaissez — soit qu'il fréquente votre église, est membre de l'association parent-élève ou du club de golf, ou qu'il est un vieux camarade de classe. La deuxième option est de chercher dans les Pages jaunes.

La grande majorité des gens appelleraient une personne connue. La raison est simple mais profonde : quand on leur donne le choix, les gens préfèrent faire affaire avec des gens qu'ils connaissent. C'est également vrai pour nous, comme le démontre l'exemple de l'avocat. C'est vrai pour nos amis. C'est vrai pour nos relations.

Figure 17.1 ❂

Catégories à considérer

Personnellement :
(famille, amis proches)   _____   _____

Ex collègues/employeurs :   _____   _____

Connaissances :
(Église, APE, hockey, voisins) _____   _____

Camarades de classe :   _____   _____

Collègues d'activités communautaires :
(entraînement, scout, conseils
d'administration)   _____   _____

La clé cependant est de capitaliser sur ce truisme sans toutefois ignorer le scrupule qui nous empêche de solliciter de telles affaires. Nous avons besoin de méthodes pour aborder ces relations personnelles qui mettront les deux parties à l'aise. Si nous pouvons gérer ceci, nous en convertirons quelques-uns en clients, sans porter atteinte à la relation avec ceux qui ne sont pas intéressés.

Trois principes simples forment la base d'une approche prudente et délicate auprès des amis et des connaissances : nous devons leur laisser savoir ce que nous faisons; nous devons communiquer un intérêt; nous devons leur faciliter la prochaine étape.

«En passant, je suis un conseiller financier»

En leur laissant connaître votre occupation, je ne suggère pas un seul moment que vous leur remettiez vos cartes de visite pour qu'ils les passent à tous les gens qu'ils rencontrent et qu'ils connaissent. Non seulement ce n'est pas professionnel mais ce ne serait pas efficace. Ce ne serait pas naturel.

Mais supposons que vous parlez à une connaissance lors d'une soirée ou d'une partie de baseball. Supposez que vous lui demandiez la nature de son travail. Cette personne ne sera sûrement pas offensée par la question. Les gens adorent parler de ce qu'ils font. Ils répondront à votre question et plus souvent qu'autrement vous demanderont aussi la nature de votre travail. À ce moment, vous ne devriez pas répondre : «Je suis heureux que vous me le demandiez. Je suis conseiller financier pour la firme XYZ et j'ai justement avec moi un prospectus traitant d'un nouveau produit très performant. Si vous vous décidez rapidement, vous pourriez souscrire à ce produit immédiatement.» Au lieu de ceci, vous direz simplement : «Je suis un conseiller financier pour la firme XYZ.» Arrêtez là. Si la personne veut en savoir plus, elle le demandera. Sinon, vous avez touché votre but qui est juste de semer une graine afin que la personne sache ce que vous faites au cas où un jour elle doive choisir entre les Pages jaunes et une personne qu'elle connaît.

Même si c'est un concept de base, il est remarquable de constater le nombre de personnes dans notre industrie et dans des domaines similaires qui ne s'y conforment pas. Une fois, je parlais avec un associé principal dans une grande firme de comptables. Il me raconta l'histoire d'une étude d'avocats de renommée qui emménagea dans l'édifice où il travaillait et de la réception qui fut organisée par son groupe pour les accueillir. En entrant dans la salle de conférence, le comptable eut la surprise d'y apercevoir un ami avec qui il jouait au tennis chaque semaine depuis plusieurs années. Il s'approcha et lui dit : «Robert, je suis vraiment mal à l'aise. J'ignorais que tu étais un avocat, je croyais que tu étais médecin.» Son ami lui répondit : «Écoute Jérôme, tu n'as pas à être embarrassé. Je croyais que tu étais dentiste.»

Alors assurez-vous que vos connaissances savent que vous n'êtes ni dentiste ni médecin. Et vous n'avez pas à attendre qu'ils vous le demandent directement. Des occasions de le mentionner dans la conversation se produisent généralement. Supposons qu'une personne vous dise qu'elle est pharmacienne et qu'elle est propriétaire d'une pharmacie de votre localité. C'est une occasion de la mettre en contact avec vos propres intérêts. «Eh bien! Je suis un conseiller financier pour la firme XYZ et Johnson & Johnson est une société particulièrement recommandée par notre équipe de recherche principalement en raison du nouveau médicament que cette société s'apprête à lancer. Dites-moi, avez vous de l'information de la part des vendeurs qui s'occupent de ce médicament? Et personnellement, qu'en pensez-vous?» La pharmacienne se sentira-t-elle offensée par cette question? Non, elle se sentira plutôt flattée que vous lui ayez demandé son opinion. Mais ce faisant, vous lui avez laissé savoir en toile de fond la nature de votre gagne-pain.

Figure 17.2

Principes pour le travail avec des gens que vous connaissez

1. Indiquez aux gens ce que vous faites.

2. Communiquez vos intérêts.

3. Facilitez les démarches initiales pour les gens.

4. Maintenez un équilibre.

Communiquez votre intérêt

Après avoir atteint votre premier but, le suivant est d'exprimer votre intérêt. Laissez savoir aux gens, de façon discrète, que s'ils désirent faire affaire avec vous, vous seriez très intéressé. Supposons que vous rencontriez un avocat à un événement social ou lors de l'assemblée du conseil de l'association dont vous faites partie. Quelques jours plus tard, vous recevez une note dans le courrier : «J'ai bien apprécié notre conversation lors de la dernière réunion. Je viens de tomber sur cet article et j'ai pensé qu'il pourrait vous intéresser.» L'article, provenant d'une publication juridique, discute d'une nouvelle règle concernant la responsabilité des conseillers financiers.

Seriez-vous offensé de recevoir cet article? Sûrement pas. Vous seriez flatté. Il vous a écouté et a exprimé son intérêt. Maintenant quelles sont les probabilités que vous le choisissiez si vous aviez besoin d'un avocat? Elles ont nettement augmenté. Il vous a communiqué un intérêt et vous a laissé entendre : «Si vous êtes intéressé à faire affaire avec moi, je partage le même intérêt envers vous.»

Dans cette optique, supposons que vous rencontriez une personne lors d'une réunion mondaine ou d'un conseil d'administration et que, quelques jours plus tard, cette dernière reçoive une note de votre part : «J'ai apprécié notre conversation. J'ai pensé que vous pourriez trouver cet article intéressant.» Vous incluez un article d'une publication recon-

Figure 17.3 ✪

Date

M. Connaissance Quelconque
1234, rue Quelconque
Uneville (Province)
A1A 1A1

Monsieur,

Comme vous le savez sûrement, je me suis récemment joint à NOM DE LA SOCIÉTÉ en tant que conseiller financier.

Au cours de la soirée du DATE, il y aura un séminaire sur les stratégies pour minimiser les impôts. Nous aurons la collaboration de NOM, C.A. fiscaliste associé de la société NOM DE LA SOCIÉTÉ et de NOM, avocat en droit successoral du cabinet NOM DU CABINET. J'ai pensé que vous pourriez être intéressé par ce séminaire et j'ai joint une invitation, au cas où vous désireriez y assister. Il me ferait plaisir de vous avoir comme invité.

Si vous désirez participer à ce séminaire, veuillez téléphoner à NOM DE L'ADJOINT, mon adjoint.

Je vous prie de recevoir, Monsieur, l'expression de mes sentiments les plus distingués.

nue telle *The Wall Street Journal* ou *Forbes* sur un sujet relié à l'investissement. Évidemment plus le sujet est relié aux circonstances mieux ce sera mais il n'est pas nécessaire qu'il soit trop spécifique. Est-ce que la personne sera fâchée? Je ne crois pas. Vous lui avez gentiment rappelé votre profession et lui avez témoigné votre intérêt de faire affaire avec elle si elle le désire.

Six mois plus tard, vous ouvrez votre courrier et vous y trouvez une invitation à un séminaire que votre ami avocat et ses collègues tiendront sur la planification successorale. «Si vous êtes libre jeudi soir, nous aimerions que vous vous joigniez à nous.», ajoute une note écrite à la main. Vous sentez-vous obligé? Bien sûr que non. On vous offre l'occasion d'assister à une conférence intéressante : vous pourriez y apprendre des choses et même y rencontrer des clients potentiels. Mais même si vous n'êtes pas intéressé à y assister, vous ne serez pas frustré puisque le choix d'y aller ou non vous est offert.

Inversez maintenant la situation. Supposez que vous envoyez à certains une invitation à un de vos séminaires. Est-ce qu'ils vont être offensés? Probablement pas, surtout si le sujet est véritablement intéressant.

Le secret toutefois est de garder relativement basse la fréquence de ce type de contact, soit une fois l'an. Ces gens appartiennent à une catégorie différente de ceux de votre pipeline de prospection, où les contacts sont trimestriels. Vous ne voulez pas qu'ils ressentent que vous interférez dans la relation que vous entretenez. La dernière chose que vous souhaitez est qu'en vous présentant quelque part, les gens se sauvent parce qu'ils savent que vous vous intéressez à eux uniquement pour l'argent qu'ils peuvent vous rapporter. Comme vous le savez maintenant, les gens préfèrent faire affaire avec des connaissances. Discrètement, faites-leur savoir la nature de votre profession, manifestez votre intérêt de les compter parmi votre clientèle, et vous pourrez ainsi faire affaire avec les gens que vous connaissez.

Instantanés

✔ *Lorsqu'on leur donne le choix, les gens préfèrent faire affaire avec des gens qu'ils connaissent.*

✔ *La première étape dans l'approche des amis et des connaissances dans le but de faire affaire avec eux est simplement de leur laisser savoir ce que vous faites.*

✔ *La deuxième étape est de leur communiquer votre intérêt.*

✔ *La troisième étape est de rendre facile la prise de décision de faire affaire avec vous.*

✔ *Si vous êtes discret, personne ne sera offusqué et certaines de vos connaissances choisiront volontairement de faire affaire avec vous.*

CHAPITRE 18

Susciter un motif de rencontre

L A PREMIÈRE FOIS QUE NOUS AVONS EXAMINÉ LES CINQ POINTS À OBSERVER pour réussir soit : (susciter un contact préliminaire, inspirer confiance, motiver une rencontre, conclure une vente et acquérir un client), j'ai fait valoir que chacun de ces points était important mais que les plus importants étaient les deux premiers : susciter une rencontre préliminaire et inspirer confiance. Ces deux points étant acquis, le motif de la rencontre en découle. Si vous avez agi en adoptant le point de vue du client, lui démontrant que vous pouvez accroître ses profits, vous avez dès lors assuré la motivation de la rencontre.

Historiquement, un précepte de vente veut qu'en courtisant un client déjà engagé auprès d'une firme, vous devez susciter son insatisfaction de manière à le faire changer de firme. Nos recherches démontrent qu'entre 15 et 20 pour cent des gens changent de firme par année. Il n'est pas difficile de susciter l'insatisfaction. Un nombre significatif d'investisseurs le sont déjà. Vous n'avez qu'à être l'alternative qu'ils souhaitent.

Les recherches de notre entreprise ont déterminé quelques-unes des approches qui créent un prétexte de rencontre. La première découle des conceptions irréalistes que plusieurs se font de l'âge pour prendre leur retraite. Dans un sondage, nous avons demandé à des gens dans la quarantaine à quel âge ils espéraient se retirer :

- 33 pour cent ont répondu 55 ans ou moins,
- 32 pour cent ont indiqué entre 56 et 60 ans,
- 29 pour cent optent plutôt pour 6l et 65 ans,
- 6 pour cent espèrent dépasser 65 ans,
- 1 pour cent des gens ont répondu qu'ils ne prendront jamais leur retraite parce qu'ils ne peuvent se le permettre.

La plupart de ces options ne sont pas réalistes. Toutes les études de préparation à la retraite — le temps que s'accordent les gens pour mettre leurs affaires en ordre — indiquent qu'il est impossible que tant de gens puissent se retirer avant l'âge traditionnel de 65 ans. Il est intéressant de noter que les intéressés en sont très conscients, même s'ils se lancent dans des prédictions irréalistes.

La retraite, source d'anxiété

Dans un autre sondage, on a demandé aux consommateurs s'ils appréhendaient de vivre au-delà de ce que leur permettent leur épargne-retraite. Soixante pour cent l'appréhende un peu ou beaucoup. Cela est particulièrement vrai chez les personnes de 35 à 55 ans, et plus encore chez celles de 60 ans. Après avoir analysé les réponses à leur réelle valeur, il appert, comme prévu, que plus l'avoir est faible, plus grandit l'appréhension. Même chez 53 pour cent de ceux dont l'avoir se chiffre entre les 100 000 et 250 000 $, on appréhende l'épuisement des réserves avant que survienne la mort.

Il est si compliqué de déterminer les besoins financiers pour la retraite que bien des investisseurs ont recours à un conseiller pour les aider, créant ainsi une occasion.

L'inquiétude grandit en partie du fait que la plupart des gens n'ont aucune idée des réserves que nécessitera leur retraite. Quand on leur demande avec quelle précision ils ont calculé le montant de ces réserves, seulement un septième des gens disent y avoir consacré assez de temps et croient avoir une bonne idée de ce qu'ils leur sera nécessaire. Environ quarante pour cent estiment également avoir une assez bonne idée de ce qu'il leur faudra et l'autre quarante pour cent n'en a aucune idée. Encore une fois, alors que les réponses sont en rapport avec le revenu et l'avoir net, plus ce revenu et cet avoir sont élevés, plus les gens en sont conscients — moins d'un répondant sur quatre parmi ceux dont l'avoir dépasse les 100 000 $ croit avoir une bonne idée de ses besoins à la retraite.

Cela ne doit pas nous étonner. Après tout, évaluer ses besoins de retraite n'est pas une mince entreprise. La plupart des gens auraient du mal à le faire eux-mêmes. Côté dépenses, il faut commencer par évaluer les besoins rudimentaires d'argent liquide pour l'avenir, besoins évalués au taux actuel du dollar; il faut également tenir compte de l'inflation et des taux d'imposition. Côté revenus, il faut calculer les principales sources, tenir compte de l'inflation et des revenus de pensions; faire des hypothèses raisonnables quant à l'intérêt que rapportent les placements. La plupart des gens ne peuvent entreprendre eux-mêmes une analyse aussi compliquée.

Il ne faut donc pas se surprendre si la plupart des gens ne savent pas ce dont ils auront besoin pour vivre durant leur retraite. Les conseillers peuvent tirer parti de cette ignorance pour obtenir une première rencontre. Des recherches de *Marketing Solutions* suggèrent aux conseillers l'entrée en matière que voici : «Un des services que je peux vous rendre, si cela vous intéresse, est de vous accorder un peu de temps pour discuter de ce que vous prévoyez comme revenus de retraite, et vous assurer que vous êtes en voie d'atteindre votre objectif. Nous parlerons du moment où vous entendez vous retirer et du niveau de vie que vous désirez avoir alors.»

Procurer des profits

Si vous avez déjà acquis la confiance du client en puissance, c'est là un moyen sûr d'obtenir une rencontre. Vous lui apportez du profit. Vous ne lui faites pas signe : «Allez, venez à la réunion; je vous parlerai de ces nouvelles actions sensationnelles.» Au contraire vous dites :« Je vais vous fournir des renseignements précieux».

L'inquiétude de plusieurs investisseurs au sujet de leur avoir offre une autre occasion de procurer des profits. Le consommateur perçoit les marchés comme étant de plus en plus volatiles et se demande si ses investissements sont adéquats compte tenu du climat économique. Cette inquiétude a fait l'objet d'un sondage : «À quel point êtes-vous convaincu que vos épargnes sont placées de manière à rencontrer vos prévisions pour l'avenir?» Nous avons obtenu des réponses intéressantes. Treize pour cent des répondants se sont dits absolument sans inquiétude à cet égard. Un autre 53 pour cent affirment qu'ils sont peu inquiets. Le reste, soit le tiers des répondants, se montre plus ou moins inquiet ou très inquiet. Le malaise qui transpire chez ces derniers les rend réceptifs à un conseiller en mesure de les renseigner et de les aider.

Incidemment, ce genre d'inquiétude ne se limite pas aux seuls petits investisseurs. Un sur cinq des répondants dont les investissements dépassent les 250 000 $ avoue ne pas être tellement rassuré et se demande s'il a fait les meilleurs placements.

Une deuxième technique propre à justifier une rencontre (après que vous ayez établi une certaine familiarité et inspiré confiance) est de dire à la personne sollicitée : «Un des services que nous pouvons rendre aux gens avec lesquels nous travaillons est de leur faire des suggestions concernant la structure de leur portefeuille en fonction du climat économique actuel et de ce qui est à prévoir pour l'avenir. Si vous êtes intéressé, il nous fera plaisir d'examiner vos objectifs et la manière dont vos investissements sont présentement répartis. Nous sommes en mesure de vous dire si vos arrangements actuels sont appropriés, et ainsi vous aurez au moins obtenu une seconde opinion sur le profil de vos placements.»

Ces deux méthodes vous aideront à créer des motifs de rencontre en tirant avantage des inquiétudes et de l'insatisfaction qui existent déjà sur le marché.

Instantanés

✔ *Si vous avez bien épousé le point de vue du client en lui démontrant que vous pouvez lui faire faire des profits, vous avez suscité un motif de rencontre.*

✔ *Dans le climat actuel, il n'est pas difficile de provoquer l'insatisfaction susceptible d'inciter un client à changer de conseiller. Un nombre significatif d'investisseurs sont déjà insatisfaits et ont l'intention de bouger ou se prépare à le faire.*

✔ *La plupart des gens ignorent ce dont ils auront besoin pour leur retraite. Les conseillers peuvent profiter de cette incertitude pour se ménager un premier contact en vue d'aider un éventuel client à déterminer s'il est sur la bonne voie pour atteindre son but.*

✔ *Autre technique efficace : proposer de nouvelles manières de répartir le portefeuille.*

✔ *Dans les deux cas, vous offrez une information substantielle plutôt que l'achat de nouvelles actions.*

CHAPITRE 19

Comment conclure une vente

L A DERNIÈRE ÉTAPE EN VUE DE SE FAIRE UN CLIENT CONSISTE À CONCLURE LA vente. Vous avez pris contact, vous avez créé un climat de confiance et vous avez justifié le but de votre rencontre en faisant miroiter un profit évident. Le processus est en marche.

Il s'est écrit plus de sottises sur les méthodes de conclusion de ventes que sur toutes les autres pratiques du métier. «Conclure tôt et souvent» est un mot d'ordre constamment répété dans les salles de maints bureaux de vente. Et il y a autant de «trucs sûrs» et de «techniques infaillibles» que de maîtres pour les enseigner. La méthode dite de conclusion est classique. Elle met la personne sollicitée devant l'obligation de choisir entre deux options proposées par le vendeur avant même que ladite personne ait exprimé le désir d'acheter. «Ce bidule vous intéressait-il en rouge ou en bleu? Préférez-vous en acheter 5 000 ou 10 000? Pourrait-on se rencontrer lundi ou mardi?»

Si cela ne marche pas, vous pouvez recourir à des expédients comme une vente en différé ou une vente forcée. Les ventes forcées m'ont toujours amusé. Le principe en est simple : si vous parvenez à faire dire «oui» quatre ou cinq fois de suite au client éventuel, il ou elle en aura pris l'habitude et vous pouvez alors poser la question cruciale de savoir s'il est preneur.

«Avez-vous passé une bonne fin de semaine? demande le vendeur.

– Oui.

– Avez-vous eu l'occasion de jouer au golf?

– Oui.

– La partie a-t-elle été agréable?

– Oui.

– Avez-vous eu du beau temps?

– Oui.

Aimeriez-vous acheter un million d'actions d'IBM?»

Bien que cette tactique semble absurde, des écoles de pensée réputées la recommandent. Je suis d'avis qu'il est plus sensé de s'accorder du recul et d'étudier les méthodes de vente dans leur contexte. Dans leurs démarches, les vendeurs doivent avoir en tête le point de vue du client. Ce dernier ne cesse d'évaluer les profits à tirer d'une transaction de même que les risques qu'elle peut comporter. Alors dans la conclusion d'une vente, comme en toute autre chose, notre défi consiste à mettre l'emphase sur les avantages et à minimiser les risques.

> **Posez des questions. Posez-en davantage. Ensuite, posez-en encore quelques-unes.**

Dilemme d'un novice

Imaginons qu'un vendeur n'est en affaires que depuis une semaine et qu'il se présente tout excité au travail un matin parce que sa grand-mère lui a préparé une rencontre avec les voisins d'à côté. Ceux-ci ont récemment touché une somme qu'ils désirent placer, mais ils sont aussi à la veille de partir pour un long voyage en Europe. Avant de partir, ils désirent prendre une décision quant à cette somme, et comme ils n'ont pas de conseiller, ils font l'envie du novice.

Ce dernier les appelle et reçoit un accueil chaleureux. «Il nous fait plaisir de parler avec vous aujourd'hui, car nous partons demain», précise le voisin. «Mais sachez que le temps nous presse, aussi ne pouvons-nous accorder qu'une demi-heure. Sachez aussi que nous avons l'intention de rencontrer d'autres conseillers. Si ces conditions vous conviennent, il nous fera plaisir de vous recevoir.»

La rencontre est fixée à plus tard dans la matinée. Pour s'y préparer, le jeune conseiller se met à fouiller les manuels de vente qui ont servi à son entraînement et qui expliquent les cinq étapes universellement reconnues dans les cours de vente. La première consiste à rassurer la personne sollicitée en établissant avec elle une communion d'idée. La deuxième est de sonder le terrain et de poser des questions. Ayant entendu les réponses, on passe à la troisième où l'on propose des solutions. Ensuite, on procède à l'identification et à la réfutation des objections, et enfin, étape finale, obtenir un accord et conclure la vente.

De diverses façons, ces cinq étapes conditionnent le raisonnement de tous les conseillers de l'industrie. Mais notre novice ne dispose que d'une demi-heure. Aussi, se demande-t-il combien de temps il doit accorder à chaque étape.

Figure 19.1

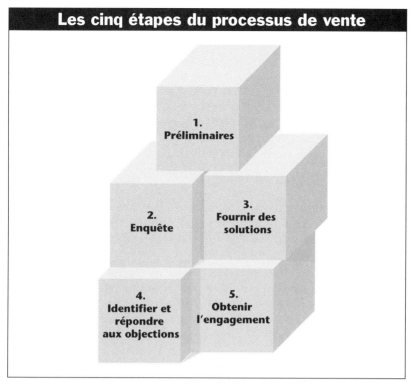

Les cinq étapes du processus de vente

1.
Préliminaires

2.
Enquête

3.
**Fournir des
solutions**

4.
**Identifier et
répondre
aux objections**

5.
**Obtenir
l'engagement**

Courte histoire de la vente

Pendant que vous réfléchissez à la question du novice, examinons le processus de vente. Jusqu'au milieu des années 50, les conseillers ne recevaient aucune formation. La vente, croyait-on, ne pouvait être enseignée. Vendre était un art. Vous étiez né vendeur efficace ou vous ne l'étiez pas. Avec de la chance, vous auriez pu vous initier au métier en accompagnant, durant un ou deux jours, un vendeur d'expérience. Vous appreniez ainsi par osmose.

À la fin des années 50 et au début des années 60, Xerox proposa l'approche PSS, une méthode professionnelle de vente qui révolutionna ce champ d'action car, pour la première fois, on mit de l'avant une pratique vraiment structurée. PSS insuffla à ce qu'on considérait de l'art une parcelle de science. La vente conserve certes des aspects subjectifs. Elle ne se laisse guère envelopper dans des formules. Elle n'a rien de mécanique. Mais pour la première fois, et grâce à Xerox, un processus structuré de vente était en place.

La théorie des cinq étapes dérive de la méthode PSS. Toute une génération de vendeurs a pu accroître considérablement son efficacité grâce aux directives précises dont elle disposait. Ces directives structurées ont fonctionné à merveille durant quelques décennies, quoiqu'en 1980, des habitués de la méthode ont trouvé qu'elle n'était pas aussi probante que dans le passé.

Des recherches ont démontré qu'aucune de ces recommandations ne garantit le succès des ventes. La seule étape qui semble procurer de l'expérience à un vendeur à succès est celle qu'on tend à ignorer, soit le temps qu'il faut mettre à poser des questions, à faire parler le client et à l'écouter. C'est là la réponse à la question de notre vendeur novice. Celui-ci doit consacrer la plupart de son temps à faire parler le client et à écouter attentivement ce qu'il essaie de communiquer.

Établir le contact

Examinons plus attentivement cette étape. De toute évidence, établir le contact est important. Vous devez vous établir un niveau minimum de confort afin que le client sente que vous êtes sur sa longueur d'onde. Autrement, la rencontre est ratée.

À l'étape de l'établissement du contact, plusieurs programmes d'entraînement suggèrent des techniques qui sentent quelque peu la manipulation. Ainsi, on suggère aux vendeurs qu'en entrant dans la maison ou le bureau d'un éventuel client, ils doivent chercher dans le décor ce à quoi s'intéresse le maître de céans, ce qui révèle, sa personnalité afin de disposer d'un prétexte pour engager une conversation susceptible de créer des liens.

Peut-être qu'un diplôme suspendu au mur vous révélera que vous avez fréquenté la même université; il faut sauter sur cette coïncidence. Peut-être encore verrez-vous une photo de jeunes enfants; empressez-vous de vous émerveiller de la beauté des petits-enfants de votre client. Si un trophée de golf s'étale bien en vue sur la corniche du foyer, il faut alors parler de golf. Ce faisant, vous créez des liens.

Une anecdote illustre les risques de cette tactique. Elle est peut-être inventée, mais elle a trait à la première visite d'un nouveau vendeur chez un client. Il cherche dans le bureau quelque chose comme entrée de jeu, car il a reçu un bonne formation. Il ne voit rien de personnel, sauf une énorme tête d'orignal suspendue au-dessus du client. Naturellement, il s'écrie : «Oh! la belle tête d'orignal!» Le client se retourne et dit : «Vous trouvez? Moi, je la trouve plutôt moche et elle me fait horreur.»

Le vendeur se reprend. «Ouais, maintenant que je la regarde de plus près, je vois ce que vous voulez dire. Mais elle est quand même intéressante. Où avez-vous abattu cette bête?

– Ce n'est pas moi qui l'ai tuée.»

Une fois de plus le vendeur perd pied, mais renchérit :

«Ah...! Mais vous êtes sûrement chasseur?

– Je n'ai jamais chassé de ma vie», dit l'homme.

Rien, dans les cours de vente, n'avait préparé notre novice à ce renversement de situation. Faisant fi des théories, il lance :

«Permettez alors que je m'interroge. Si vous n'êtes pas chasseur, si vous n'avez pas tué cet animal et s'il vous fait horreur, pourquoi le suspendez-vous dans votre bureau?»

Réplique cinglante du client :

«C'est pour amener les vendeurs qui posent des questions idiotes à en venir au fait. Maintenant, de quoi désirez-vous vraiment parler?»

Bien que la plupart des gens soient plus polis que ce client, en réalité, alors qu'on s'attarde au climat ou aux enfants, le sollicité pense à la même chose que le solliciteur. Or, de quoi au juste voulez-vous parler? Ceci veut dire qu'il faut nuancer si vous rencontrez un client que vous connaissez depuis des années, et avec qui vous partagez des intérêts communs, ou si vous sentez que votre vis-à-vis est peu enclin à faire des confidences. Mais contrairement au sentiment général et en principe, quand vous avez rendez-vous avec une personne que vous ne connaissez pas très bien, vous devriez considérer les préliminaires comme tremplin pour en venir directement au but. Vous dites :

«Comme nous en avons convenu, je suis ici aujourd'hui pour parler de ceci, de cela ou de telle autre chose. Nous allons limiter notre conversation à environ 45 minutes. Ça vous va?»

Cette approche d'affaires est conforme au fameux cliché des deux minutes. Vous ne finassez pas; vous faites preuve d'à-propos et d'efficacité. Ça vous permet d'entrer rapidement dans le vif du sujet, c'est-à-dire : les questions.

Amener le client à se confier

La clé du procédé est de poser des questions qui amènent le client à s'ouvrir. Il faut des questions non compromettantes et assez évasives pour inciter le client à élaborer. Voici quelques questions types :

- Quelles expériences avez-vous eues jusqu'ici en matière d'investissements?
- Qu'avez-vous expérimenté de plus agréable dans le passé au chapitre de l'investissement?
- Qu'avez-vous trouvé de plus désagréable à ce sujet dans le passé?
Au fil des réponses de votre client, prenez l'habitude de dire :
- Expliquez-vous là-dessus.
- Pouvez-vous élaborer davantage?
- Pourriez-vous me fournir plus de détails là-dessus?

Ayant obtenu toutes vos informations, l'étape suivante est de formuler les recommandations qui s'imposent. Des vendeurs ont recours à la méthode dite de la grenade dans leur pratique de vente. Ils se comportent comme s'ils se trouvaient dans une tanière de renard, avec autour d'eux plusieurs boîtes de grenades, alors que le client se blottit dans une tranchée tout près. Ils prennent une grenade et la lancent. Après qu'elle a explosé, ils sortent la tête pour voir si l'on va hisser le drapeau blanc. Si rien ne se produit, ils ramassent une autre grenade — ils en ont des tas — et la lancent, attendant toujours le drapeau blanc. Ils poursuivent ce manège jusqu'à ce que l'acheteur se rende. «Ça va; j'achète.»

L'idée est que si vous faites les bonnes recommandations — et que vous lancez la bonne grenade — le client achètera. En conséquence, plus vous faites de recommandations, plus vous avez de chance de toucher la corde sensible. «Tenez-vous à des bons d'épargne peu rentables du gouvernement? Non? Alors que dites-vous de ces actions à grands rendements?»

Bien que cette méthode puisse parfois jouer en votre faveur, elle travaille plus souvent contre vous. Mousser une idée que votre client perçoit comme inappropriée l'amène à se demander si vous comprenez vraiment ses besoins. A l'encontre de la méthode des grenades, de sérieuses recherches établissent que moins vous faites de recommandations, plus vous avez de chances de réussir, pourvu que lesdites recommandations rejoignent le point de vue du client.

Réfutation des objections

La plupart des vendeurs espèrent désespérément éviter l'étape suivante dans le processus de la vente, soit celle d'apporter des réponses aux objections. Généralement, les vendeurs perçoivent les objections comme des ennemies. Si l'on s'est servi de grenades au stade des recommandations, on fait appel à l'artillerie lourde à celui des objections. Ces dernières semblent se dresser entre nous et l'île au trésor.

Curieusement, des recherches démontrent que souvent les meilleurs conseillers financiers sont maladroits quand il s'agit de réfuter les objections. Ils sont des as quand il s'agit d'établir des contacts, de poser des questions, de suggérer des solutions, mais se révèlent médiocres à l'étape des objections. C'est un fait que les as-conseillers n'ont guère d'expérience en ce domaine.

Ceux qui répondent le mieux aux objections sont les vendeurs d'actions minières. Ils passent des journées entières à répondre à des objections, aussi deviennent-ils habiles à détecter les craintes. Les conseillers financiers qui réussissent oeuvrent dans un contexte tout différent. Ils ne suscitent guère d'objections, aussi comment pourraient-ils devenir habiles à les réfuter?

Notre recherche indique que si les conseillers s'appliquent au départ à poser des questions qui leur permettent de fournir des recommandations satisfaisantes, les objections disparaissent. Une pareille prudence persuade les clients que les recommandations sont en harmonie avec leurs besoins, plutôt que faites parce que c'est l'investissement à la mode... qui commande une commission plus élevée.

Bien sûr, des objections surgissent. La réaction instinctive consiste à les contourner et, conséquemment, les conseillers ont appris diverses techniques pour ce faire. L'une d'elles est de faire diversion sur un point apparemment acquis. Mettons que le client se demande si l'investissement ne serait pas trop hasardeux. Vous répondez : «Cher ami, je comprends votre sentiment. La plupart de mes amis ont eu les mêmes craintes. Après mûr examen, cependant, ils ont constaté que l'investissement ne présentait pas trop de risques et en réalité, le plus grand risque que vous devez envisager est celui de n'avoir pas assez de fonds pour assurer votre subsistance à la retraite. Je vous comprends, d'autres clients ont réagi comme vous, croyez-moi, mais ils ont découvert qu'il n'y avait rien à craindre.»

Dans bien des cas, c'est là une méthode efficace de contourner une objection, on ne l'a pas réfutée. Elle se trouve écartée temporairement parce que le client sent qu'on le presse du fait que d'autres, supposément plus sages que lui, ont surmonté la même crainte. Mais vous payez le prix, puisque l'objection demeure comme inquiétude voilée et pourrait de nouveau faire surface.

Au cours de réunions, j'ai vu des vendeurs écarter une objection grâce à cette commode diversion, et lorsqu'ils firent pression pour conclure le marché, le client eut soudain une hésitation. «J'ai besoin d'un peu de temps pour y réfléchir», dit-il. Ou encore : «Je ne suis pas encore convaincu.»

Le vendeur repart frustré. «Ces sacrés clients! murmure-t-il, ils n'arrivent jamais à se faire une idée! Pourrai-je jamais transiger avec des gens qui ne remettent pas toujours au lendemain?» Quelques-uns de ces clients peuvent effectivement être des indécis congénitalement incapables de prendre une décision. Mais quantités d'entre eux sont parfaitement capables de prendre des décisions prudentes dans bien des domaines. Le problème est que le conseiller a contourné plutôt qu'il n'a fait face aux inquiétudes que reflétaient les objections.

Je crois qu'il faut encourager les objections plutôt que les contourner. Après avoir fait vos recommandations, vous devriez dire : «Cher monsieur, à ce stade de nos pourparlers, les gens ont souvent à poser quelques questions qui n'ont pas reçu de réponses ou à exprimer des doutes sur les points que je viens d'exposer. Cela est parfaitement normal. Quel point parmi ceux que je viens d'exposer n'est pas tout à fait clair et vous inspire des questions? Peut-être même avez-vous des inquiétudes?»

Un client peut plus facilement dévoiler ce qui le tracasse après en avoir été ainsi invité. Il se peut qu'il réponde que rien ne le tracasse, en quel cas vous poursuivez avec assurance. Mais s'il soulève une objection, il importe de bien écouter. En posant la question, vous n'avez pas créé le problème. Il existait déjà. Mais vous l'avez amené sur la table où vous pouvez le résoudre.

Commencez par vous assurer que vous avez bien compris le problème. Posez des questions franches mais non provocantes. «C'est là un souci courant, direz-vous. On l'évoque souvent. Dites-moi pourquoi il vous préoccupe.» Voilà une façon rassurante d'entreprendre l'examen d'une objection. Facilitez les choses le plus possible pour que le client puisse exprimer clairement son point de vue.

Après avoir pris pleinement connaissance de l'objection, vous devez juger à quel point elle est valide. Peut-être avez-vous recommandé des actions qui lui répugnent. «J'ai acheté des actions jadis, et cela m'a peu rapporté. Franchement, je n'ai pu dormir tranquille tant que j'ai possédé ces actions.»

Il se peut que ce client ne doive pas posséder d'actions. «Monsieur, lui direz-vous, quantité de gens partagent vos sentiments et c'est tout à fait compréhensible. Pourquoi ne pas explorer d'autres avenues qui, peut-être, vous accommoderont mieux.»

D'un autre côté, il se peut que le client ne comprenne pas parce que vous n'avez pas communiqué adéquatement avec lui. En fait, les craintes au sujet des investissements risqués — craintes entre autres de perdre son argent — sont probablement parmi les premières que les conseillers sont appelés à dissiper. Mais les réponses à ces craintes reflètent plus le point du vue du vendeur que celui de l'acheteur. Ce dernier se sert de tableaux et de graphiques qui l'emballent attendu qu'ils reflètent son point de vue, mais ces accessoires n'ont guère d'impact sur le client.

Les enquêtes de Marketing Solutions ont établi que la meilleure façon de réfuter les craintes est de transposer le problème dans un autre contexte en faisant l'analogie suivante :

«Monsieur, je comprends vos sentiments. Il est bien certain que personne d'entre nous cherche à vous faire perdre de l'argent. Plusieurs partagent vos appréhensions. Vous n'êtes pas le seul à en avoir. Ce que vous devez décider est une priorité qui vous appartient. Nous pouvons trouver des placements qui vous exemptent de pareilles craintes mais, ce faisant, vous courez le risque de ne pas atteindre l'objectif que vous visez.

«C'est comme entreprendre un voyage en avion. Vous montez dans un appareil à New York à destination de Los Angeles. Quel pourcentage des passagers sont à bord parce qu'ils aiment voyager en avion? Sans doute très faible. Tous ces voyageurs sont à bord parce qu'ils ont besoin d'aller du point A au point B, et l'avion est le moyen le plus efficace de le faire. Pour certains, c'est le seul moyen de se rendre à destination, parce qu'ils n'ont pas le temps de s'y rendre en auto, en autobus ou par train, encore moins en auto-stop ou à pied. C'est le seul moyen.

«Supposons qu'une heure après le décollage, l'avion frappe des turbulences. Plusieurs passagers, en particulier ceux dont c'est le baptême de l'air, deviennent très inquiets : ils sont convaincus que c'est la fin — l'avion est sur le point de s'écraser. Si des parachutes étaient immédiatement disponibles, ils sauteraient. Par ailleurs, les voyageurs d'expérience, haussent les épaules. Ils n'aiment pas les turbulences, mais ils savent que c'est le prix qu'il faut parfois payer pour aller du point A au point B. Ils attachent leur ceinture un peu plus fermement et cherchent à appliquer leur attention à autre chose en attendant que ça passe.

«C'est comme l'investissement : il bondit et chute de temps à autre, et c'est le risque à prendre si vous voulez atteindre votre destination financière. Mais c'est vous qui prenez la décision. Vous êtes le seul à décider si vous êtes prêt à endurer quelques turbulences. Il n'y a ni bonne ni mauvaise réponse. Mais vous devez comprendre que si vous choisissez des investissements à l'épreuve de toute turbulence, vous aurez à en payer le prix.»

D'après nos recherches, c'est ce parallèle qui explique le mieux l'investissement. Puisque les conseillers doivent prévoir les turbulences — de même que les inquiétudes de leurs clients — il importe de mettre l'objection de l'avant, de manière à pouvoir en discuter avant qu'elle ne devienne un obstacle infranchissable.

Moins vaut plus

Suprême étape : la conclusion de la vente. Plusieurs études recommandent de tirer la ligne et de solliciter l'accord cinq, six ou sept fois

Figure 19.2

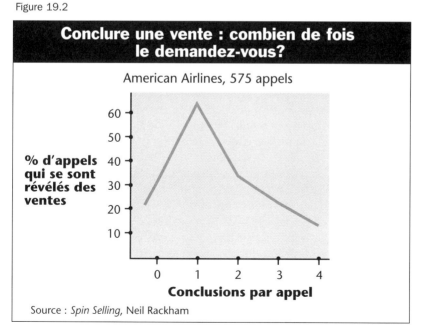

187

Figure 19.3

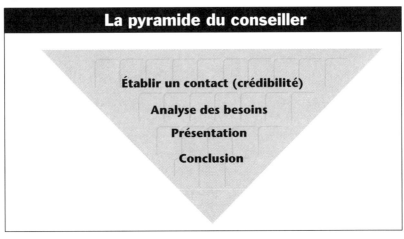

avant d'abandonner la partie. En d'autres termes, attendez-vous à rece-voir un «non» cinq, six ou sept fois avant d'obtenir un «oui».

Au début des années 90, cependant, un organisme du nom de Huckwaithe a mené une enquête dont le sommaire a paru dans le livre intitulé *Spin Selling* du Dr Neil Rackham, et qui dément cette théorie. Ils ont analysé 575 appels de représentants d'American Airlines aux fins de savoir combien de fois un vendeur a sollicité une commande afin de déterminer le rendement des appels. Ils ont constaté que les ven-deurs qui n'ont sollicité qu'une fois furent les plus efficaces. Dans soixante pour cent des cas, une vente s'ensuivit après une seule requê-te. Ceux qui ont sollicité deux fois viennent ensuite, avec un taux de succès de 35 pour cent. Les autres ont raccroché sans succès. Ceci démontre qu'il vaut mieux ne pas solliciter une commande plutôt que d'avoir à s'y reprendre trois, quatre ou cinq fois (Figure 19.2).

Si vous tenez à l'amitié du client, cela est parfaitement logique. Si vous pressez le client en vue d'obtenir une décision et qu'il s'y refuse, les rapports se gâtent. Le client a subi des pressions indues. Vous essuyez une rebuffade et devez reculer d'un pas. Les relations en souf-frent. Idéalement, vous souhaitez réussir du premier coup et n'avoir à solliciter la vente qu'une fois.

Les vendeurs traditionnels partisans des techniques à pression ont souvent comparé le processus de la vente à une pyramide. Bien que la comparaison soit valable, leur manière de procéder s'est malheureuse-ment révélée complètement inefficace parce qu'elle met la charrue devant les bœufs. Ces vendeurs considèrent que c'est le sommet de la pyramide qui est l'élément le moins important du processus de vente, sommet qui comprend la manière de faire connaissance, ainsi que celle de poser des questions et de déterminer les besoins. Ces vendeurs se concentrent plutôt sur la base, c'est-à-dire les propositions de solutions et la conclusion de la vente. Les conseillers nouvelle vague seront bien avisés de faire exactement le contraire, soit de se soucier davantage du sommet de la pyramide, et de consacrer le moins de temps possible à la base, tout en prévoyant un peu temps tout de même pour les solutions. Donc la plus grande partie du temps, comme l'a appris notre vendeur novice qui ne disposait lui que d'une demi-heure, devrait être consacrée aux parties supérieures de la pyramide, soit faire connaissance avec le client, développer des rapports avec lui et poser les questions qui conduiront au succès de la rencontre, tout en contournant les objections de manière que la vente puisse se faire du premier coup. C'est la méthode de l'avenir.

✔️ Instantanés

✔ *Il s'est écrit plus de sottises sur la conclusion des ventes — étape finale d'un marché — que sur le reste du processus en son entier.*

✔ *Plutôt que d'essayer les dernières méthodes, il est plus sage de les examiner dans leur contexte. Le défi quand vient le moment de conclure un marché est de se mettre au diapason du client, surtout quant à son appréciation des profits et des risques.*

✔ *Jusqu'au milieu des années 50, on jugeait impossible l'apprentissage de la vente, attendu que c'était un art. Le programme professionnel (PSS) de vente lancé par Xerox a révolutionné ce champ d'action en suggérant une manière structurée de procéder qui comporte cinq étapes.*

✔ *Des recherches démontrent que le seul facteur valable de succès réside dans l'étape généralement négligée : celle de la période de questions, et celle où le client expose son point de vue et ses craintes.*

✔ *L'importance de nouer des relations est généralement négligée. Contrairement au sentiment général, lorsque vous rencontrez un client que vous ne connaissez pas très bien, vous devriez d'abord vous appliquer à fixer l'ordre du jour de la rencontre puis passer aux questions.*

✔ *Le but des questions est d'amener le client à exposer son point de vue. Cela suppose des questions franches et claires propres à faire s'épancher le client.*

✔ *Tous les renseignements étant acquis, vous passez à l'étape des recommandations qui s'imposent. Évitez toutefois de brusquer les choses ou de faire pression. Si vous émettez une idée que votre client ne semble pas priser, vous risquez de compromettre la confiance qu'il a en vous. Des recherches approfondies démontrent que moins vous faites de recommandations, plus vos chances de succès augmentent, à condition toutefois que vos recommandations correspondent aux espérances exprimées par le client durant la période de questions.*

✔ *Traditionnellement, les vendeurs perçoivent les objections comme des ennemies. Il est plus logique de soulever les objections que de les écarter.*

✔ *Souvent, les objections sont parfaitement justifiées et doivent être traitées à leur mérite. L'objection la plus courante a trait aux risques et le meilleur moyen de la réfuter est la comparaison avec les turbulences en avion. Mais c'est au client qu'il appartient d'évaluer et d'assumer ces risques.*

✔ *Pour conclure une vente, le moins appelle le plus. Il ne faut solliciter qu'une fois la conclusion d'une vente.*

✔ *Dans la relation avec le client potentiel, la majorité du temps doit être consacré à comprendre les besoins en demandant des questions.*

CHAPITRE 20

Prospecter dans les Salons professionnels

L'UN DES MOYENS D'APPROCHE QUE BIEN DES CONSEILLERS ESSAIENT, PARTI-culièrement lorsqu'ils sont nouveaux dans le domaine, est de réserver un kiosque dans un Salon commercial local. Ils offrent de l'information, recueillent les noms de clients potentiels, en général par le biais d'un tirage, et, une fois l'événement terminé, gardent contact avec les gens qu'ils ont rencontrés. Néanmoins la majorité des conseillers qui tentent leur chance avec cette technique tendent à l'abandonner, frustrés, après le premier ou le second essai. Ils concluent que ce n'est pas là une manière productive d'employer leur temps.

Rarement considérée, l'une des difficultés majeures est que la plupart des Salons créent un environnement inadéquat pour des conseillers financiers. S'ils s'installent dans un Salon de l'auto ou un Salon de l'habitation — deux des attractions les plus courues dans bien des communautés — les visiteurs y viendront pour apprécier les dernières innovations automobiles ou domiciliaires et non pas pour discuter d'épargne pour l'avenir. Une telle foule ne vous prêterait probablement pas attention au milieu de toutes les attractions étincelantes qui l'ont fait se déplacer. Peut-être même que les gens se sentiraient agressés par votre approche.

Un autre obstacle est le tohu-bohu propre à ce type d'événement. Capter l'attention sera souvent un défi énorme. Lorsque dans un Salon vous vous tenez debout, ou assis, à un kiosque, les passants vous voient immédiatement comme un vendeur prêt à les assaillir. Et cela n'est pas le contexte le plus positif pour engager une relation client-conseiller.

Toutefois, le kiosque peut se révéler un moyen d'approche hautement efficace s'il est employé adéquatement. Il faut considérer le Salon comme une bonne méthode pour prendre contact avec un grand nombre de clients potentiels. Certains pourraient se qualifier pour notre pipeline, et d'autres risquent même d'être intéressés à brève échéance. Il nous faut réorganiser notre stratégie afin d'esquiver les barrières inhérentes aux Salons et maximiser l'atteinte de nos objectifs.

La première étape sera de faire l'évaluation critique de l'événement lui-même. Il sera habile de concentrer vos énergies sur les Salons et les événements qui ont une connotation d'affaires ou financière. Les événements de consommation pure et simple ne génèrent pas l'ambiance désirée pour établir les bases d'un dialogue financier.

> **En étant soigneux et réfléchi, et en agissant du point de vue du client, les foires commerciales peuvent devenir des véhicules de prospection très efficaces.**

L'endroit, l'endroit, toujours l'endroit

Une fois que vous avez choisi un événement qui vous agrée, soignez le choix de votre emplacement dans la salle d'exposition. L'emplacement du kiosque est d'une importance capitale, et pourtant, bien des conseillers s'en remettent au hasard. Ils se présentent le matin même de l'ouverture et découvrent l'emplacement qu'on leur a assigné, qu'il soit bien ou mal situé. Dans la plupart des cas, pourtant, s'assurer l'attribution d'un emplacement avantageux ne coûte pas beaucoup plus cher. Et si au tout début du processus, avant de vous lancer pour de bon, vous avez pris la peine de demander que l'on vous fournisse des indications quant à l'endroit où sera votre kiosque, vous n'aurez peut-être même pas à payer de surplus.

Des conseillers financiers font souvent pression pour se voir offrir un emplacement bien achalandé, peut-être même face au hall d'entrée principal. Mais c'est généralement l'endroit le moins approprié pour tenir une conversation décente avec le client potentiel. Vous souhaiterez plutôt avoir un emplacement où il y a un achalandage raisonnable — nul ne veut être relégué dans un coin — mais où le flot des visiteurs n'est pas si important qu'il empêche de cibler individuellement quelques-uns des passants. Idéalement, vous aimeriez aussi être situé au bout d'une allée, puisqu'il est plus facile d'échanger ainsi en privé que lorsque vous vous trouvez pris en serre entre deux autres kiosques. Comme il augmentera considérablement votre taux d'efficacité, cela vaut la peine de défrayer une modeste prime afin de réserver un pareil emplacement.

Une fois que vous avez déniché l'événement et le bon emplacement, il faut vous consacrer à l'aspect visuel de votre kiosque. Celui-ci doit projeter une allure professionnelle; une table bancale, un poster de 1989 et quelques brochures ne feront pas l'affaire. Si vous avez l'intention d'investir votre temps dans un Salon, il vous faut également investir argent et énergie dans un décor qui aidera à promouvoir et à projeter votre message plutôt que de saboter vos efforts. Souvent, les sièges sociaux auront des kiosques de disponibles. Il sera aussi possible d'en emprunter à des compagnies de placement, dans certains cas. Voilà qui assurera à votre emplacement une image parfaitement professionnelle.

La valeur du contact visuel

Vous avez repéré l'événement approprié, puis vous avez obtenu l'emplacement idéal, et votre kiosque a l'aspect voulu. L'étape suivante consistera à ne pas demeurer derrière la table ou le comptoir. L'erreur la plus courante que commettent les conseillers dans des Salons commerciaux est d'installer une grande table devant le kiosque, et de s'asseoir ou de se tenir debout derrière, dans l'attente de clients potentiels. La table est une barrière. Débarrassez-vous-en. Si vous avez absolument besoin d'une table pour le matériel imprimé, placez-la tout au fond du kiosque, en retrait. Quand le devant du kiosque est ouvert, vous avez l'occasion de vous tenir plus près des gens et d'établir ainsi un meilleur contact visuel.

Jadis, lorsque j'organisais des campagnes électorales au centre-ville de Toronto, nous avions envoyé des volontaires distribuer de l'information dans les stations de métro durant l'heure de pointe du matin, supposant que les usagers auraient le temps de jeter un coup d'oeil au contenu de notre programme en se rendant au travail. Très souvent, les volontaires revenaient en disant : «C'était aussi inutile qu'humiliant : les gens nous ignoraient, nous bousculaient, ne prenaient même pas la brochure. Je ne referai plus jamais ce travail.»

Nous sommes retournés ensemble à la station de métro. Lorsque les gens approchaient, je cherchais leur regard, je leur souriais, leur disais bonjour. Presque toujours, les gens me rendaient mon bonjour et c'est alors que je leur présentais le matériel en disant : «Puis-je vous offrir l'un de ces dépliants?» Encore une fois, dans la majorité des cas, les passants répondaient : «Bien sûr.»

Je n'ai pas la moindre idée du temps qu'ils passaient à regarder effectivement le matériel. C'est un jeu de probabilités : quelques-uns feuillettent ou lisent le dépliant, d'autres le jettent dès que nous ne sommes plus en vue. Mais les gens étaient très rarement impolis. Ils ne me bousculaient pas dans la foule. Pourquoi? À cause du contact visuel, à cause des regards qui se sont croisés, du sourire, et du bref échange qui a lieu lorsqu'ils m'ont rendu mon « bonjour ».

Le même principe s'applique à la prospection dans un Salon. Pendant que les visiteurs passent, comme vous ne pouvez hélas échanger avec chacun, évaluez d'après son apparence la possibilité qu'un individu donné devienne un client intéressé. Cherchez le regard de

Figure 20.1 ☯

Test de connaissances pour l'investisseur

Ce test est basé sur des entrevues téléphoniques menées par Marketing Solutions auprès des décideurs principaux ou des co-décideurs financiers chez 1 000 ménages canadiens dont les épargnes et les investissements étaient de 10 000 $ et plus. Les entrevues téléphoniques ont été menées du 5 au 12 novembre 1996. Les résultats pour tous les répondants, de même que les bonnes réponses, sont les suivants :

1. Si vous avez investi dans un fonds de placement comprenant des obligations ou des hypothèques et que les taux d'intérêt augmentent, au meilleur de vos connaissances, qu'arriverait-il à la valeur de votre fonds? Votre fonds mutuel serait-il susceptible de prendre de la valeur, de rester stable ou de perdre de la valeur?

❑ Prendre de la valeur
❑ Perdre de la valeur
❑ Rester stable
❑ Ne sais pas

2. D'après vous, quel est le pourcentage maximal d'un REER pouvant être investi à l'extérieur du Canada?

❑ 20 %
❑ Moins de 20 %
❑ Plus de 20 %
❑ Ne sais pas

3. Disons que vous avez le choix entre recevoir 1 000 $ en intérêts, 1 000 $ en loyer, 1 000 $ en dividendes d'actions canadiennes ou 1 000 $ en bonus d'un employeur. Lequel de ces choix vous donnera le plus de dollars, après déduction d'impôt?

❑ Dividendes
❑ Loyer net
❑ Intérêt
❑ Tous identiques après déduction
❑ Bonus
❑ Ne sais pas

4. Disons que vous avez investi dans des actions caractéristiques de celles vendues sur le marché boursier de Toronto depuis les 20 dernières années. Combien d'années parmi ces 20 années ont, selon vos connaissances, connu une hausse du marché boursier?

❑ 12 sur 20
❑ 15 sur 20
❑ 10 sur 20
❑ 7 sur 20
❑ 4 sur 20
❑ Ne sais pas

5. Supposons que vous avez un CPG de 100 000 $, d'un terme de 5 ans, dans une banque à charte. Si la banque où votre CPG est placé venait à fermer, quel est le montant maximal de votre fonds qui soit protégé par le gouvernement canadien par l'entremise de la SADC?

❏ 60 000 $
❏ 100 000 $
❏ 75 000 $
❏ 25 000 $
❏ 40 000 $
❏ Ne sais pas

6. Dites-moi, s'il vous plaît, lequel des investissements à long terme suivants a, depuis 1950, présenté les meilleurs rendements avant déduction d'impôt?

❏ Obligations d'épargne du Canada
❏ Actions américaines
❏ Obligations à long terme de sociétés
❏ Actions canadiennes
❏ CPG de 5 ans
❏ Ne sais pas

7. Lequel de ces mêmes investissements à long terme a, depuis 1950, présenté les pires rendements avant déduction d'impôt?

❏ Obligations d'épargne du Canada
❏ Actions américaines
❏ Obligations à long terme de sociétés
❏ Actions canadiennes
❏ CPG de 5 ans
❏ Ne sais pas

8. Selon vous, lequel des choix suivants décrit le mieux un «gain en capital» ? Est-ce :

❏ Le profit réalisé sur la vente d'actions ou d'obligations
❏ L'augmentation annuelle de votre avoir net
❏ L'intérêt reçu sur un investissement
❏ L'augmentation de la valeur des investissements à votre REER
❏ Des dons financiers d'autres membres de votre famille
❏ Ne sais pas

Réponses au test de connaissance pour l'investisseur

Résultat d'ensemble pour 1 000 Canadiens
Réponses exactes : 2,7 sur 8
Réponses inexactes : 3,0 sur 8
Ne savaient pas : 2,3 sur 8

1. Si vous avez investi dans un fonds de placement comprenant des obligations ou des hypothèques et que les taux d'intérêt augmentent, au meilleur de vos connaissances, qu'arriverait-il à la valeur de votre fonds? Votre fonds mutuel serait-il susceptible de prendre de la valeur, de rester stable ou de perdre de la valeur?

❏ Prendre de la valeur   % de réponses exactes : 36 %
☑ Perdre de la valeur   % de réponses inexactes : 52 %
❏ Rester stable   % de réponses inconnues : 12 %
❏ Ne sais pas

2. D'après vous, quel est le pourcentage maximal d'un REER pouvant être investi à l'extérieur du Canada?

☑ 20 %   % de réponses exactes : 22 %
❏ Moins de 20 %   % de réponses inexactes : 27 %
❏ Plus de 20 %   % de réponses inconnues : 51 %
❏ Ne sais pas

3. Disons que vous avez le choix entre recevoir 1 000 $ en intérêts, 1 000 $ en loyer, 1 000 $ en dividendes d'actions canadiennes ou 1 000 $ en bonus d'un employeur. Lequel de ces choix vous donnera le plus de dollars, après déduction d'impôt?

☑ Dividendes   % de réponses exactes : 36%
❏ Loyer net   % de réponses inexactes : 32%
❏ Intérêt   % de réponses inconnues : 32%
❏ Tous identiques après déduction
❏ Bonus
❏ Ne sais pas

4. Disons que vous avez investi dans des actions caractéristiques de celles vendues sur le marché boursier de Toronto depuis les 20 dernières années. Combien d'années parmi ces 20 années ont, selon vos connaissances, connu une hausse du marché boursier?

☑ 12 sur 20   % de réponses exactes : 18 %
❏ 15 sur 20   % de réponses inexactes : 49 %
❏ 10 sur 20   % de réponses inconnues : 33 %
❏ 7 sur 20
❏ 4 sur 20
❏ Ne sais pas

5. Supposons que vous avez un CPG de 100 000 $, d'un terme de 5 ans, dans une banque à charte. Si la banque où votre CPG est placé venait à fermer, quel est le montant maximal de votre fonds qui soit protégé par le gouvernement canadien par l'entremise de la SADC?

☑ 60 000 $ % de réponses exactes : 56 %
❑ 100 000 $ % de réponses inexactes : 29 %
❑ 75 000 $ % de réponses inconnues : 15 %
❑ 25 000 $
❑ 40 000 $
❑ Ne sais pas

6. Dites-moi, s'il vous plaît, lequel des investissements à long terme suivants a, depuis 1950, présenté les meilleurs rendements avant déduction d'impôt?

☑ Obligations d'épargne du Canada % de réponses exactes : 22 %
❑ Actions américaines   % de réponses inexactes : 60 %
❑ Obligations à long terme   % de réponses inconnues : 18 %
  de sociétés
❑ Actions canadiennes
❑ CPG de 5 ans
❑ Ne sais pas

7. Lequel de ces mêmes investissements à long terme a, depuis 1950, présenté les pires rendements avant déduction d'impôt?

❑ Obligations d'épargne du Canada % de réponses exactes : 17 %
❑ Actions américaines   % de réponses inexactes : 61 %
❑ Obligations à long terme   % de réponses inconnues : 22 %
  de sociétés
☑ Actions canadiennes
❑ CPG de 5 ans
❑ Ne sais pas

8. Selon vous, lequel des choix suivants décrit le mieux un «gain en capital» ? Est-ce :

☑ Le profit réalisé sur la vente d'actions ou d'obligations
❑ L'augmentation annuelle de votre avoir net
❑ L'intérêt reçu sur un investissement
❑ L'augmentation de la valeur des investissements à votre REER
❑ Des dons financiers d'autres membres de votre famille
❑ Ne sais pas

% de réponses exactes : 52 %
% de réponses inexactes : 38 %
% de réponses inconnues : 10 %

ceux qui vous semblent prometteurs et souhaitez-leur le bonjour ou le bonsoir, selon le cas. Lorsqu'ils vous répondent, comme cela se produira souvent, vous aurez ouvert une avenue pour la discussion.

Les ouvertures non agressives

Maintenant, vous aurez besoin d'une manière non agressive de poursuivre la conversation. Vous voulez donner une bonne raison à la personne de discuter davantage, ce qui est la seule véritable façon de maintenir le contact. L'une des techniques efficaces que nous avons essayées consiste à demander au visiteur s'il a déjà eu la chance de passer un test de QI financier. Généralement, il vous répondent négativement. Poursuivez : «Eh bien, aimeriez-vous en passer un tout de suite? Cela ne prendra que trois ou quatre minutes de votre temps, et vous pourrez découvrir combien vous en savez sur le sujet.»

Selon toute vraisemblance, plusieurs ne seront pas intéressés. Mais une quantité appréciable de gens répondront que le test les intrigue. Vous voici investi d'une certaine valeur, puisque vous leur offrez la possibilité de mesurer gratuitement l'étendue de leurs connaissances financières.

Une fois le test complété, proposez une suite qui n'est pas trop menaçante. Ne dites pas : «Je suis disponible demain matin à neuf heures quinze.» Dites plutôt : «Vous savez, nous aurons bientôt un séminaire sur la planification de la retraite; j'aimerais que vous m'autorisiez à vous faire parvenir une invitation. Qu'en pensez-vous?»

Dans la majorité des cas, une fois de plus, les gens accepteront avec enthousiasme. Ceci vous procure l'occasion de noter leur nom, leurs coordonnées ainsi que leur numéro de téléphone pour votre pipeline de prospection. Une autre alternative consiste à établir une sorte de tirage pour tous ceux qui passent le test de QI financier. Cela crée un incitatif supplémentaire et oblige chaque participant à vous laisser ses coordonnées. Certains conseillers fournissent même de l'information permettant à tous ceux qui ont passé le test de comparer leurs résultats avec d'autres qui l'ont complété. Les gens adorent les tests, ils aiment savoir quel a été leur pointage, et ils apprécient de découvrir qu'ils sont meilleurs que ceux qui les ont précédés.

Si vous suivez le procédé que je viens d'illustrer, en moins de six ou huit minutes vous aurez identifié visuellement quelques clients potentiels, établi un contact initial avec certains, échangé brièvement avec l'un d'entre eux, suscité de l'intérêt, commencé à établir un peu de confiance, et inclus la personne dans votre pipeline de clientèle éventuelle. De toute évidence, c'est beaucoup mieux que de se présenter bêtement au Salon et de distribuer votre matériel invariablement, à l'aveuglette, en espérant des résultats époustouflants.

Le pendant de tout ceci est que vous ne pouvez pas parler à tout le monde. Vous n'atteindrez que cinq ou dix pour cent des visiteurs. Le résultat, si vous ciblez instinctivement les gens que vous désirez aborder, est que vous instaurerez avec eux une certaine relation. Ceci donnera de bien meilleurs résultats que si vous n'aviez fait que demeurer assis derrière une table, ne vous démarquant pas du reste des exposants, qui désirent aussi attirer l'attention du public.

Instantanés

✔ *La majorité des conseillers qui cherchent des clients lors de Salons commerciaux tendent à abandonner cette idée, frustrés, après leur premier ou second effort. Mais les kiosques peuvent se révéler des moyens d'approche très efficaces quand on les emploie adéquatement.*

✔ *Vous devez considérer le Salon comme un moyen efficace par lequel on peut prendre contact avec un grand nombre de clients potentiels. Certains peuvent être inclus dans le pipeline de prospection, et d'autres pourront même être intéressés à faire affaire dans un avenir rapproché.*

✔ *Concentrez vos énergies sur les événements et les expositions à caractère financier plutôt que sur le Salon de l'auto ou celui de l'habitation.*

✔ *Montez votre kiosque à un endroit raisonnablement achalandé, mais où vous aurez également un peu d'intimité pour échanger tranquillement avec les visiteurs. Cela vaut la peine de payer un peu plus pour un emplacement situé au bout d'une rangée.*

✔ *Votre kiosque doit avoir une allure professionnelle. Les sièges sociaux prêtent souvent des panneaux ou des kiosques à monter. Parfois il est aussi possible d'emprunter ce matériel à des compagnies de placement.*

✔ *Ne laissez pas la fameuse table devenir une sorte de mur qui se dresse entre le public et vous. Lorsque le devant du kiosque est ouvert, vous pouvez vous tenir plus près des visiteurs, repérer les clients qui semblent intéressés, établir un contact visuel, et dire «bonjour» ou «bonsoir» avec plus de spontanéité.*

✔ *Une technique très commode est d'offrir aux visiteurs la chance de passer un test de QI financier. Ensuite, vous pouvez les aiguiller vers un séminaire prochain, et, du même coup, noter leurs coordonnées et leur nom pour votre pipeline de prospection. Ils pourraient aussi participer à une sorte de tirage, vous permettant de cette façon d'obtenir des noms et des adresses.*

✔ *En moins de six à huit minutes, vous identifierez visuellement quelques clients potentiels, établirez sûrement un contact initial avec certains, échangerez brièvement avec l'un d'entre eux, ferez circuler de l'information, commencerez à établir une atmosphère de confiance et ferez entrer la personne dans votre pipeline de prospection.*

CHAPITRE 21

Tenir des séminaires efficaces

LES SÉMINAIRES SE SONT RÉVÉLÉS L'OUTIL LE PLUS EFFICACE DES ANNÉES 90. Que les conseillers tiennent des séminaires à titre d'experts ou invitent simplement des conférenciers, leur habileté à augmenter le temps qu'ils passent en compagnie de plusieurs clients potentiels et de clients en même temps est évidemment très attrayante.

Trois composantes sont nécessaires pour organiser un séminaire efficace. Vous devez arriver à y attirer des clients potentiels. Vous devez livrer un message efficace, motivant pendant leur présence. Et vous devez réussir un jour à convertir ces participants en clients.

Pour tenir un séminaire efficace, les trois éléments sont requis. Vous pouvez attirer des clients potentiels à l'événement et livrer un message stimulant, mais si vous ne pouvez les convertir en clients, le séminaire n'est pas efficace. Ou vous pouvez livrer un message enthousiaste, mais si vous n'attirez pas un grand nombre de clients potentiels, encore une fois, vous ne recevrez pas beaucoup en échange du temps et des efforts que vous y avez investis. Alors tous les facteurs sont importants.

Certains conseillers redoutent de parler en public et trouvent que cet élément est le plus difficile des trois. Mais vous pouvez toujours déléguer ceci en demandant à quelqu'un d'autre de le faire — un analyste de votre firme, un représentant d'une compagnie de fonds de placement, un comptable —tout en conservant votre rôle d'animateur face aux clients potentiels. Ce que vous ne pouvez déléguer, et qui s'avère le plus difficile est d'attirer les clients potentiels à votre séminaire.

Avant de les inviter, il est utile de connaître exactement les objectifs du séminaire. Ces derniers peuvent différer beaucoup d'un conseiller à l'autre. Certains séminaires, par exemple, sont conçus pour générer des ventes à court terme. J'ai assisté à des séminaires où au début, le conseiller verrouille les portes et annonce : «La tenue de ce séminaire coûte 6 000 $ et personne ne quittera cette salle tant que je ne les récupérerai pas.» Une approche en temps partagé.

Un autre tactique, plus subtile, consiste à mettre l'emphase dès le début sur l'importance d'accorder un rendez-vous au conseiller. «Si vous ne prenez pas rendez-vous avant que vous partiez aujourd'hui vous allez rater l'occasion de votre vie, vous mourrez indigent, et mangerez de la nourriture pour chien à votre retraite...» Ce n'est pas mon choix préféré mais il fonctionne pour certains conseillers.

Les conseillers doivent s'assurer que la valeur et la qualité des séminaires sera élevée et que l'incitation à la vente sera minime.

D'autres séminaires sont axés sur les produits, ce qui est correct si c'est votre objectif et que vous le souligniez clairement dans l'invitation. D'un autre côté, la technique d'appât subterfuge ne fonctionne pas : inviter des clients potentiels à parler de stratégie de réduction d'impôts et les entretenir plutôt pendant deux heures sur un tout autre sujet. Ceci mine votre crédibilité, indispose les invités et contribue à vider votre pipeline de clients potentiels.

L'approche que notre firme considère la plus fructueuse pour un séminaire est celle axée sur la formation et l'amélioration des relations humaines. Un séminaire dirige les gens vers votre pipeline et les fait glisser s'ils sont déjà à l'intérieur.

Vous devriez voir un séminaire comme faisant partie d'une démarche à long terme plutôt qu'un événement isolé. Plusieurs conseillers qui tentent de mettre un séminaire sur pied trouvent l'expérience plus difficile qu'ils l'avaient prévu et finissent par abandonner le projet. Mais toute activité a sa propre courbe d'apprentissage. Si vous n'êtes pas prêt à consacrer le temps, l'effort et la discipline pour grimper la courbe d'apprentissage, vous ne devriez probablement pas vous lancer dans cette forme de prospection. Que ce soit au moyen du publipostage, de séminaires ou de publicité vous devez vous consacrer totalement à l'activité que vous avez choisie comme outil de prospection.

Le nombre de clients éventuels que vous visez influence évidemment la structure de l'atelier et l'endroit où il se tient. Certains conseillers visent des petits groupes et animent leurs sessions à leur bureau ou dans leur salle de conférence. D'autres ont une vision à large échelle et doivent louer une salle. Tout dépend de vos priorités et de votre budget. Vous devez aussi considérez si vous ou un invité agirez comme conférencier. Le fait de combiner ces deux possibilités offre probablement la meilleure alternative puisqu'un conférencier invité peut ajouter de la crédibilité auprès de vos clients potentiels.

En bout de ligne, tout est question de budget. Trop souvent les conseillers oublient de considérer tous les coûts reliés à un séminaire : location, rafraîchissements, frais d'audiovisuel, de publicité, honoraires du conférencier, publipostage et salaire du personnel. Au milieu des préparatifs, ils découvrent que les frais dépassent leurs prévisions et ils se mettent à couper dans les dépenses. Ensuite, ils sont déçus que le séminaire n'ait pas rapporté plus. Vous devez tailler l'événement sur mesure et établir un budget réaliste dès le début du processus.

Pourquoi tenir un séminaire?

Puisque la condition essentielle au succès d'un séminaire est de persuader les gens d'y assister, la question clé à laquelle nous devons répondre est : qu'est-ce qui les empêche de venir? Comme dans toutes choses, les raisons sont diverses. Certaines personnes sont trop occupées. D'autres ont assisté à un autre séminaire portant sur le même sujet. Pour d'autres, le sujet manque d'attrait. Mais la raison principale pourquoi les clients potentiels n'assistent pas à un séminaire est qu'ils redoutent de vivre une mauvaise expérience. Ils craignent que ce soit une perte de temps, d'être forcés d'acheter ou que la qualité de l'atelier ne soit pas très bonne. En fait leur confiance dans la qualité et la valeur de l'expérience n'est pas suffisamment élevée.

Dans leur préparation d'un séminaire, les conseillers doivent tenir compte de cette appréhension. Ce devrait être une offensive menée sur trois fronts : l'offre ou la raison de venir; le moyen de faire passer le mot; et le suivi.

Commençons par l'offre puisque le sujet de l'atelier est l'une des premières décisions. C'est presque toujours préférable de choisir un sujet large et orienté sur la formation plutôt qu'un sujet orienté sur un produit. Les clients semblent effrayés par un sujet du type : «Les cinq meilleures actions à acheter aujourd'hui». Certaines personnes seront certainement intéressées, mais vous attirerez bien plus de gens avec un sujet du type «Comment choisir les actions qui vous conviennent».

Les gens désirent de la formation et des renseignements lors d'un séminaire et plus vous le communiquerez comme sujet même du séminaire, plus vous attirerez de personnes. Selon nos recherches, le sujet le mieux apprécié pour les séminaires a été et restera probablement pour longtemps, les stratégies pour sauver de l'impôt.

Après avoir choisi un sujet, vous devez trouver un conférencier. Si vous êtes à l'aise en public, vous pourriez tenir le rôle. Mais compte tenu de l'hésitation que les clients potentiels ressentent instinctivement face à une invitation à un séminaire, vous devez considérer la crédibilité et la confiance ajoutées par un conférencier extérieur. C'est une décision importante surtout lorsque le conseiller paie la note. À plusieurs occasions, j'ai entendu : «C'est très difficile d'attraper les gens pour qu'ils assistent à un séminaire qui durera tout au plus une heure et demie. Je veux donc que les projecteurs soient braqués uniquement sur moi. Je ne veux pas partager la visibilité.» Toutefois, notre recherche indique que la présence de conférenciers extérieurs — un comptable et un avocat le plus souvent — fait augmenter la participation. Les gens ont alors confiance qu'ils vivront une bonne expérience et qu'ils obtiendront une information valable.

D'autres facteurs vont aussi dans ce sens. Votre crédibilité auprès des clients augmentera en vous associant à des professionnels qui inspirent confiance comme un comptable et un avocat. Et vous aurez moins de travail puisque vous n'aurez qu'à préparer la seconde moitié du séminaire. De plus vous faites augmenter vos possibilités de recommandations de la part d'autres professionnels grâce à la visibilité que vous leur offrez auprès de vos clients éventuels.

La clé est de partager la responsabilité et non d'abdiquer. Vous désirez vous mettre en valeur. Vous désirez parler pendant au moins la moitié de la conférence. Après tout, à la fin de la session vous ne souhaitez pas que les clients potentiels proclament : «Ce comptable était vraiment intéressant! Je crois que je vais lui téléphoner pour qu'il me donne son avis sur mes impôts.» Ce n'est évidemment pas l'objectif. Vous souhaitez emprunter de la crédibilité auprès d'autres professionnels pour augmenter l'assistance, mais non pour restreindre votre rôle au point où votre propre crédibilité n'est pas augmentée par la session.

L'importance du lieu

Les conseillers exagèrent souvent l'importance du lieu où se tient le séminaire. Ils décident selon le prix, réservant la bibliothèque municipale ou une salle au Holiday Inn pour contrôler les frais. Par contre, ils paient cher pour l'assistance et pour la crédibilité. Les clients potentiels jugent de la qualité d'un séminaire en partie sur le lieu où il est tenu. Selon notre expérience, les meilleurs endroits pour tenir un séminaire sont des lieux exclusifs qui ont du cachet. Les clubs privés ou champêtres font souvent l'affaire parce qu'ils ajoutent un message subtil sur le statut du conseiller. Ils donnent aussi le goût à ceux qui n'ont jamais vu l'intérieur d'un club de venir le visiter.

Les rafraîchissements sont le dernier élément que vous offrez à vos invités. Il n'est pas nécessaire de débourser des prix exorbitants pour offrir des hors-d'oeuvre de luxe ou pour servir un repas complet pour obtenir le succès, mais il est de mise d'offrir des rafraîchissements, que ce soit du vin et du fromage ou du café et des pâtisseries. Choisissez le mieux que vous pouvez offrir, selon l'ampleur de l'événement et ce que les gens s'attendent de se voir offrir selon l'heure du jour. Votre choix influencera l'humeur de vos invités et transmettra de l'information sur vous.

Mike Robertson, un courtier invité lors de l'une de nos conférences des meilleurs vendeurs, prospecte une clientèle pointue, visant les gens qui ont plus de un demi-million de dollars à investir. Il tient des séminaires le midi dans plusieurs villes aux États-Unis, réservant des salles privées dans les meilleurs restaurants. Il poste ensuite une invitation personnellement adressée à chacun de ses invités de choix, dans laquelle il donne de l'information sur le calibre de ses clients et le type de gens qui se joindront aux invités pour le séminaire.

Donc, après avoir décidé du sujet, du conférencier, du lieu et des rafraîchissements, vous devez annoncer l'événement. Deux considérations doivent être prises en compte : qui voulez-vous inviter et comment souhaitez-vous les rejoindre?

Vous pouvez acheter un grand espace publicitaire dans un quotidien et inviter tous ceux qui seraient intéressés. Vous toucherez ainsi un vaste auditoire. Par contre, les annonces dans les journaux peuvent vous apporter une mêlée de participants et vous faire perdre le contrôle sur l'assistance. Les gens se présentant à leur guise peuvent ne pas exactement se révéler vos clients éventuels idéaux. Une approche similaire mais plus ciblée serait le publipostage. Cela demande plus d'efforts mais vous pourriez louer une liste d'adresses ou choisir un quartier qui générerait probablement le type de clientèle que vous visez.

Les séminaires, comme nous l'avons précédemment expliqué, sont un excellent choix non menaçant pour inviter des amis et des connaissances dans l'espoir de les amener à vous choisir comme conseiller. Ils sont utiles pour faire glisser des prospects dans votre pipeline. Vos clients actuels apprécieront votre séminaire et pourraient, comme nous l'avons précédemment dit, recommander leurs amis pour votre liste d'invitation. Les anciens clients ne devraient pas être oubliés. Plusieurs firmes ont une liste d'anciens clients qui les ont quittées et pour qui l'expérience subséquente n'a peut-être pas été complètement satisfaisante. Une invitation à un séminaire pourrait être les premiers pas vers un retour sous votre bannière.

Finalement, n'oubliez pas de demander à votre conférencier invité si ses clients devraient être invités. C'est une façon d'augmenter l'intérêt à participer du conférencier, d'allonger la liste des invités et d'élargir votre visibilité face à des clients probablement très intéressants pour vous.

Annoncer le séminaire

Une fois que vous avez décidé qui vous inviterez, vous devez le leur faire savoir. Généralement, les véhicules de marketing de masse comme les annonces, les affiches et même les publipostages ne toucheront pas votre cible. Les invitations personnelles par la poste sont souvent le véhicule le plus efficace. Le secret toutefois réside dans leur qualité. Encore une fois, elles doivent aussi servir à rehausser votre image et celle de votre séminaire. Des invitations ciselées dans le style de celles utilisées pour les mariages sont les plus appropriées.

Mike Robertson, après avoir réservé dans des restaurants haut de gamme, envoie des invitations contenant une carte-réponse sur laquelle on peut lire : «M. Robertson, je me joindrai à vous pour le lunch le 18 mai. Pour mon repas, je préférerais (cocher) un filet mignon ou un canard à l'orange.» Pourquoi demander de retourner cette carte? Comme le dit Mike : «Je me fous que les gens choisissent le filet mignon ou le canard à l'orange. Ce que je veux, cependant, est d'envoyer un message très clair à ces clients éventuels sur la qualité de l'événement, sur le public visé et sur ceux qui pourraient y assister.» L'invitation avec carte-réponse présente subtilement ce message.

Mike a aussi une méthode spéciale pour assurer le suivi auprès des invités qui ne se sont pas présentés au séminaire malgré qu'ils aient confirmé leur présence et reçu un appel de confirmation le matin de l'événement. Il les appelle le jour suivant et leur dit : «M. ou Mme Prospect, c'est Mike Robertson. Je m'appelle pour m'excuser. Il y avait tellement de monde au séminaire hier, ça été un tel succès, que malheureusement je n'ai pas eu l'occasion de venir à votre table vous saluer. Je vous appelle pour vérifier si vous avez aimé l'expérience. Qu'avez-vous pensé du contenu?» La moitié du temps, les gens sont si gênés qu'ils acceptent de le rencontrer même s'ils n'ont pas assisté au séminaire.

Il est important de se rappeler, comme l'expérience de Mike le montre, que ce n'est pas toutes les personnes qui promettent d'assister qui le font réellement. Certains oublient. D'autres rencontrent des obligations plus pressantes. Dans d'autres cas, comme le séminaire n'est pas considéré comme si important par l'invité, un rien le distrait et l'incite à aller plutôt ailleurs. Il jette un coup d'oeil à l'horaire télé, remarque une nouvelle émission et décide de rester à la maison pour l'écouter. Une reprise ne l'aurait pas retenu, mais une nouvelle émission l'a convaincu.

Certains développent une peur. À mesure que l'événement approche, ils décident de ne pas s'exposer à la possibilité d'une expérience déplaisante. Finalement, peut-être sous-jacente à toutes les autres raisons, certains invités ne perçoivent pas le séminaire comme pouvant leur être d'une grande utilité.

Ceci est une raison bien connue. Plusieurs conseillers trouvent valable d'y appliquer la même technique qu'ils emploient pour ajouter de la crédibilité et réduire le risque du client lors du premier rendez-vous : une lettre de confirmation accompagnée d'une trousse d'information. La lettre contient les grandes lignes du contenu du séminaire. Elle est accompagnée de matériel présentant le sujet et le conférencier, et d'articles provenant de sources extérieures crédibles. Ceci augmente la confiance des clients éventuels que l'expérience sera positive et renforce l'obligation d'assister, réduisant ainsi les chances qu'une nouvelle émission les en dissuade.

Livrer un message efficace

Après toute la préparation, la date du séminaire arrive. Vous y avez attiré 50, 100 ou 150 clients potentiels. Le défi consiste maintenant à livrer un message efficace, en gardant à l'esprit que l'accent devrait être mis sur l'information plutôt que sur la vente pure. Plusieurs conférenciers sont généralement plus efficaces, non seulement parce qu'ils ajoutent de la crédibilité mais aussi parce qu'ils permettent plus de pauses et offrent des styles différents, favorisant ainsi l'attention de leur auditoire.

Il faut prendre la longueur de la session en considération. Court est probablement préférable à long. De notre point du vue, nous pouvons nous écouter pontifier très longtemps. Il n'en est pas de même pour nos prospects. Si vous êtes le seul conférencier, une heure est le grand maximum d'attention qu'un auditoire peut accorder. Un conférencier doit être extraordinaire pour retenir l'attention plus longtemps. Avec quelques conférenciers, vous pourrez peut-être retenir l'attention plus longtemps et allonger la conférence à une heure quinze ou trente.

Ces restrictions pratiques de temps expliquent la pertinence des midi-conférences. Ils forcent à raccourcir la présentation : les gens arrivent à midi, terminent leur sandwich vers midi quinze, la présentation commence et ils en ressortent vers treize heures ou treize heures quinze. Ces sessions sont souvent plus faciles à intégrer à l'horaire puisqu'elles font partie de la journée de travail plutôt que les séminaires en soirée qui demandent aux clients éventuels de se précipiter à la maison, de manger rapidement et de repartir malgré leur envie parfois irrésistible de rester pour voir la nouvelle émission à l'horaire.

L'audiovisuel et la documentation sont d'une importance majeure lors d'un séminaire. Sans leur existence, il est beaucoup plus difficile pour l'auditoire de suivre et de retenir l'information. Généralement, la disposition des sièges lors des séminaires ne favorise pas l'attention : les dispositions en rangées n'offrent aucune place pour écrire ou pour poser les mains. Il est préférable d'installer vos invités à des tables rondes. Ils pourront prendre des notes confortablement, siroter leur café ou leur thé et se sentir plus à l'aise et détendus. Ce sera plus onéreux parce que vous aurez besoin d'une salle plus grande mais l'expérience démontre que cela en vaut la peine.

Un piège de la plupart des séminaires est d'être à sens unique. Le conférencier parle et l'auditoire écoute. C'est presque inévitable, mais il est utile de susciter la participation de l'auditoire en prenant en note les idées émises et en les encourageant à prendre des notes.

Une implication éblouissante de l'auditoire

Un exercice qui stimule l'intellect est le jeu de 99. On donne à chacun, une feuille comportant les numéros de 1 à 99 pêle-mêle sur la page.

Figure 21.1 🌑

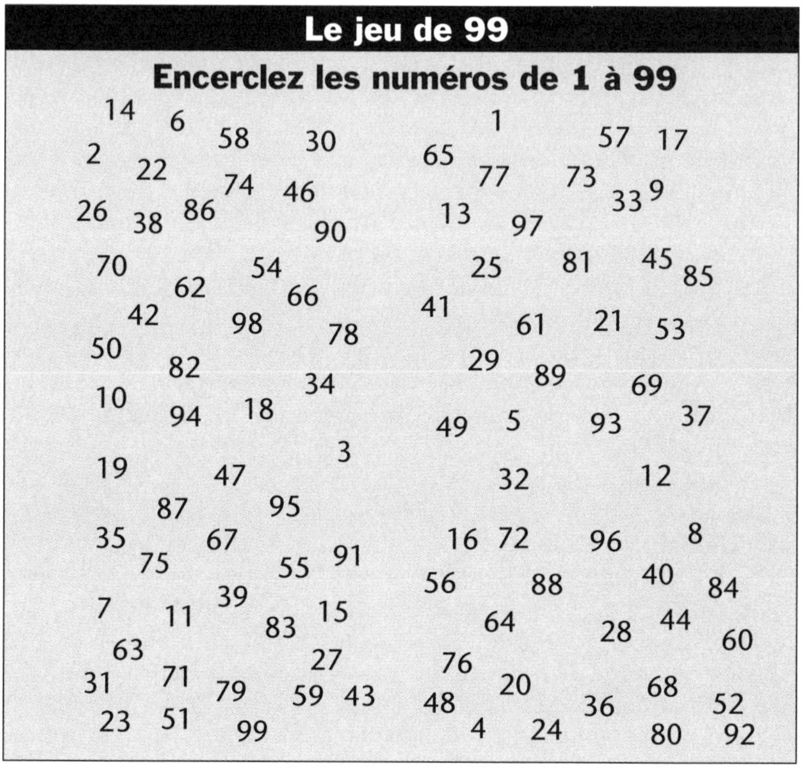

Le jeu de 99
Encerclez les numéros de 1 à 99

14 6   58   30   1   57 17
2   22   65
    22   74   46   77   73   33 9
26 38 86   13   97
            90
70   54   25   81   45 85
    62   66   41
    42   98   78   61   21   53
50   82   29
    10   34   89   69
        94   18   49   5   93   37
19   47   3
    87   95   32   12
35   67   16 72   96   8
    75   55 91
7   11 39   15 56   88   40   84
    63   83   64   28 44
31 71   76   60
    23 51 79 59 43 48 20 36 68 52
            99   4   24   80 92

attirez l'attention sur le fait que les chiffres augmentent dans le sens contraire des aiguilles d'une montre, d'un quadrant à l'autre. Le numéro un se situe dans le coin supérieur droit, le numéro 2 dans le coin supérieur gauche, le numéro trois dans le quadrant inférieur gauche et ainsi de suite.

À la suite de cette explication, avisez-les : «Continuez maintenant à partir d'où vous avez laissé mais cette fois je vous laisserai seulement 15 secondes.» Après qu'ils ont essayé encore, demandez-leur combien d'entre eux ont trouvé le deuxième essai plus facile. Tout le monde aura cette impression. La majorité de l'auditoire lèvera la main.

«Pourquoi était-ce plus facile?» demanderez-vous? Quelqu'un répondra, «parce que je savais où j'allais.» C'est la réponse que vous attendiez : «Exactement. Vous saviez où vous alliez. Vous aviez un plan. Et tout comme vous avez besoin d'un plan pour être capable d'encercler des chiffres de 1 à 99, vous avez besoin d'un plan financier pour réussir votre préparation à la retraite de la façon la plus directe possible.»

Débuter les séminaires avec le jeu du 99 a deux avantages. Cela renforce l'importance de la planification financière. Cela met aussi en évidence le rôle de l'implication personnelle.

Vous pouvez aussi terminer le séminaire avec une autre technique de participation de l'auditoire orientée sur l'importance de la planification financière. Ce second jeu devrait être annoncé dès l'introduction de votre présentation. «Pendant la soirée, nous parlerons de plusieurs idées qui ont le potentiel de vous aider à augmenter vos revenus et à prendre une retraite confortable. Quelquefois des gens viennent à des sessions comme celle-ci en espérant qu'ils y trouveront des idées qui leur permettront de devenir riches sans effort de leur part. Malheureusement, je dois vous le dire immédiatement, je ne connais pas vraiment d'approche qui vous permettra de le faire. Il y en a toutefois une que j'ai découverte assez récemment et que je partagerai avec vous avant la fin de la soirée. Une idée qui a le pouvoir d'augmenter significativement votre revenu avec absolument aucun effort de votre part. Je me répète : aucun effort. J'aimerais qu'un volontaire me rappelle de vous livrer ce secret avant la fin de la soirée.»

Après avoir obtenu le volontaire, vous résumez : «Parfait. Ce sera une idée, mais malheureusement juste une. Le reste dont nous parlerons ce soir exigera de fournir des efforts, de l'application et de la discipline de votre part.» La soirée se déroule et à la fin vous terminez : «Je crois que j'ai couvert tout ce dont je voulais vous parler ce soir. Je vous remercie encore d'être venus. Je crois n'avoir rien oublié, n'est-ce pas?» Le volontaire ou quelqu'un d'autre vous rappellera votre promesse de les aider à devenir riches sans aucun effort.

«Merci de me l'avoir rappelé. Je vous ai fait cette promesse et j'essaie de respecter les promesses que je fais, ajoutez-vous. J'aimerais que tout le monde se lève pour un instant et s'étire les bras. Parfait. Maintenant j'aimerais que vous regardiez sous la table devant vous. Vous y trouverez un billet retenu par du ruban gommé. C'est un billet pour la loterie de samedi. Le gros lot est de 5 millions.

«Peut-être quelqu'un dans cette pièce pourra-t-il se permettre d'oublier tout ce dont nous avons discuté et prendre sa retraite sans aucun effort en gagnant ce 5 millions. Mais si vous n'avez pas le billet gagnant,

Figure 21.2 🕲

Pourrions-nous connaître votre opinion s'il vous plaît?

1. Parmi les options suivantes, laquelle choisissez-vous comme suivi à ce séminaire?
- ❑ Veuillez me contacter pour discuter d'une évaluation financière gratuite.
- ❑ J'aimerais recevoir une contre-expertise quant à la structure actuelle de mes placements.
- ❑ Veuillez m'avertir des prochains séminaires.
- ❑ J'aimerais des informations supplémentaires sur : _____

2. Quels sujets vous intéresseraient pour nos prochains séminaires?
   (Cocher au maximum 3 cases)
- ❑ Répartition des actifs et portefeuille équilibré : sa signification et son fonctionnement.
- ❑ Stratégies de placements obligataires prudentes.
- ❑ Évaluation des fonds de placement : comment choisir le bon fonds.
- ❑ Financer les études de vos enfants.
- ❑ Occasions de placements sur les marchés mondiaux.
- ❑ Rembourser votre hypothèque ou investir dans un REER : le bon choix pour vous?
- ❑ Planifier la retraite : mettre sur pied un programme financier de préretraite.
- ❑ Stratégies pour maximiser le rendement de votre REER.
- ❑ Les stratégies d'économie d'impôt.
- ❑ Les aspects économiques entre être propriétaire ou être locataire d'une maison.

3. Quelle a été l'utilité de ce séminaire?

	Très	Quelque peu	Pas du tout
Les idées étaient faciles à comprendre.	❑	❑	❑
Les concepts étaient pratiques.	❑	❑	❑
Le séminaire a capté mon attention.	❑	❑	❑
Le séminaire n'était pas une perte de temps.	❑	❑	❑

4. Quel est le revenu estimé de votre ménage?
- ❑ Moins de 40 000 $ ❑ De 40 000 $ à 70 000 $
- ❑ De 70 000 $ à 100 000 $ ❑ Plus de 100 000 $

5. Êtes-vous retraité? ❑ Oui   ❑ Non

Nom :   ❑ M.   ❑ Mme _____

Adresse : _____ Code postal : _____

Téléphone : résidence : (   ) _____ travail : (   ) _____

bonne chance dans la mise en place des idées que nous avons émises.»

C'est une des meilleures façons pour terminer un séminaire sur un coup d'éclat et sur une note positive. C'est aussi quelque chose que les gens raconteront et dont ils se souviendront longtemps après le tirage du samedi soir.

Répondre aux questions

Les séminaires se terminent ordinairement par une période de questions. Je mets toutefois en doute l'efficacité de cette tradition. Après un séminaire touffu et bien présenté, le conseiller s'en remet à la chance. Quelques fois, peut-être une fois sur dix, quelques questions songées et bien articulées surgiront et tous profiteront des réponses.

Mais, quatre-vingt-dix pour cent du temps, aucune question n'est posée laissant l'auditoire mal à l'aise. Ou pire, quelques questions sans intérêt se combinent au discours intarissable de certains qui semblent compétitionner votre séminaire en longueur faisant regretter à tous les autres de ne pas être restés à la maison pour regarder la télé. Le risque d'offrir de répondre à des questions est plus grand que ce qu'il peut rapporter, parce que vous perdez le contrôle. Vous ignorez ce qui arrivera. Vous pouvez devoir couper certains, risquant de les insulter ou devoir répondre à d'autres ce qui ennuiera profondément le reste de l'auditoire. Tous ces risques alors que vous pouvez terminer sur une note positive.

Si vous insistez sur une période de questions, demandez aux clients potentiels de les inscrire sur des cartons. Ne tenez pas une période de questions formelle. Terminez par les remerciements habituels et rappelez à votre auditoire que les autres conférenciers et vous circulerez pour répondre aux questions. De cette façon, personne n'est tenu en otage par les questions d'un autre et le contrôle de la soirée ne vous échappe pas au moment où chacun est fatigué et crispé.

Après l'événement, vous désirez faire de ces personnes vos clients. La meilleure méthode est celle des cartes d'évaluation. Nous avons développé un formulaire d'une page demandant des impressions sur le séminaire et des suggestions pour d'autres séminaires et par-dessus tout, de l'information sur la meilleure façon de faire un suivi personnalisé. Les gens les compléteront, particulièrement si vous faites tirer un prix en récompense.

Naturellement, vous ne faites pas de suivi uniquement avec ceux qui indiquent sur le formulaire qu'ils souhaitent être contactés. En même temps, vous ne désirez pas être indiscret. Vous ne désirez pas que les gens se sentent obligés parce qu'ils ont accepté de venir assister à votre séminaire.

Si quelqu'un n'indique pas le désir qu'un suivi soit exercé, vous pouvez lui téléphoner pour discuter du séminaire et approfondir un des aspects inscrits sur le formulaire de rétroaction. Vous pourriez terminer avec la question inoffensive suivante : «Puis-je vous envoyer plus d'information?» S'ils ne sont pas intéressés — ou si vous choisissez de ne pas faire ces appels téléphoniques parce que vous craignez que l'effort soit mal interprété — vous mettez ces gens dans votre pipeline de prospection et commencez le processus de développement.

Un bon investissement après le séminaire est d'envoyer à tous les participants, une note de remerciement personnalisée accompagnée d'un article intéressant. Après tout, le séminaire s'inscrivait dans un processus d'amélioration de la confiance. Un peu plus d'effort et de frais — comme pour la trousse d'information, les rafraîchissements, une salle plus grande pouvant contenir des tables et les billets de loterie — pour rendre l'événement agréable et mémorable et tisser ainsi des liens plus solides dans l'avenir.

Instantanés

✔ *Les séminaires sont parmi les outils de prospection préférés des années 90.*

✔ *Un séminaire efficace exige trois éléments : vous devez tout d'abord réunir des clients potentiels dans une salle; vous devez leur livrer un message efficace et motivant; et finalement, vous devrez un jour transformer ces clients éventuels en vrais clients. Ce que vous ne pouvez déléguer dans ces tâches est par conséquent le plus difficile à réussir : amener les clients éventuels dans la salle.*

✔ *L'approche la plus efficace pour un séminaire est de mettre l'accent sur l'éducation et l'amélioration des relations. Dans cet esprit il est préférable de regarder le séminaire comme faisant partie de moyens à long terme plutôt qu'un événement isolé.*

✔ *Le nombre de prospects que vous avez l'intention de viser a une influence sur la structure du séminaire et du lieu où il est tenu.*

✔ *Préparez un budget réaliste pour le séminaire.*

✔ *C'est généralement préférable de choisir un sujet plus large et de nature éducative plutôt qu'axé sur un produit. Le sujet préféré des séminaires : les stratégies pour économiser de l'impôt.*

✔ *L'assistance augmente si le conseiller partage la conférence avec un comptable ou un avocat ou avec tout autre professionnel qui ajoute sa compétence et de la crédibilité à la soirée.*

✔ *Le meilleur emplacement pour un séminaire se démarque par son exclusivité et par un certain cachet.*

✔ *Des rafraîchissements légers aident à rehausser la soirée.*

✔ *Des invitations embossées sont le véhicule le plus efficace pour annoncer votre séminaire. Vous pouvez aussi envoyer une note de rappel accompagnée d'une pochette d'information.*

✔ *N'ennuyez pas votre public. Rappelez-vous, il est plus facile d'écouter plusieurs conférenciers. Des présentations courtes sont préférables aux longues. Si vous êtes le seul conférencier, l'auditoire ne pourra vous écouter attentivement plus d'une heure. Si vous avez quelques conférenciers, vous pouvez peut-être porter la durée de la session à une heure quinze ou trente minutes.*

✔ *Des supports visuels et des imprimés sont essentiels. Et pensez asseoir les gens à des tables rondes.*

✔ *Encouragez la participation par des techniques comme le jeu du 99 et les billets de loterie surprises.*

✔ *Évitez une période de questions formelle pour ne pas perdre le contrôle de la situation.*

✔ *Un carton de commentaires vous aidera à rentabiliser la soirée en facilitant les suivis.*

CHAPITRE 22

Développement de recommandations par des professionnels

L ORSQUE NOUS AVONS ÉTUDIÉ L'ÉVENTAIL DES RELATIONS DE CONFIANCE, CE sont les clients référés par des professionnels qui tenaient le haut du pavé. Dans le domaine qui nous intéresse, cela ne surprendra personne, pas même les néophytes. Rien ne vaut la crédibilité immédiate dont vous bénéficiez lorsque vous êtes présenté à un client par le biais de son comptable ou de son avocat. Si vous faites l'affaire du professionnel, vous ferez pratiquement toujours l'affaire du client.

En dépit de cela, la grande majorité des conseillers qui ont tenté de cultiver des relations de recommandation avec des comptables et des avocats ont échoué. Pour oublier ce résultat peu reluisant, analysons le procédé qui nous permettra de développer de solides relations de référence avec des confrères professionnels afin de mettre en relief les difficultés qui ont pu occasionner ces échecs.

Cinq étapes sont essentielles pour entretenir de bonnes relations de recommandation :

1) Se placer du point de vue du Comptable et de l'Avocat;
2) Identifier et cibler les bons comptables et les avocats réputés;
3) Savoir rassurer vos sources de recommandation professionnelles quant à la qualité des services que vous pouvez fournir à tous les clients qu'on vous recommandera;
4) Trouver des façons d'ajouter de la valeur aux sources de recommandation;
5) Maintenir un contact discret mais soutenu avec ces sources.

Souvent nous gaffons dès la première étape : nous omettons de consacrer une attention suffisante à l'avantage de nos sources de recommandation. Leur priorité est d'aider des clients acquis à bien s'en sortir en trouvant des solutions à leurs problèmes, et, simultanément, de veiller à ne pas mettre en péril la relation de confiance qui les lie à ces mêmes clients. Quelquefois il peut y avoir opposition entre ces deux instincts. Même si un comptable ou un avocat croit deviner que tel client aurait avantage à requérir les services d'un conseiller financier, il ou elle peut mettre en danger sa relation avec ce client en vous le recommandant.

En recherchant des sources de recommandation, il faut se rappeler que pour bien des comptables et des avocats, le risque de faire une recommandation pèsera plus lourd que la possibilité des avantages potentiels. Ils craignent plus de perdre un client à la suite d'une mauvaise expérience avec le conseiller financier qu'ils réfèrent qu'ils ne sont séduits par les possibilités d'avoir un client satisfait de leur recommandation.

Il demeure néanmoins que, pas très loin derrière cette crainte particulière du Comptable et de l'Avocat, l'on trouve aussi la volonté d'attirer de nouveaux clients. La décennie que nous vivons propulse comptables et avocats dans un monde nouveau, comme c'est le cas pour nous tous. Ces derniers ont découvert — tant dans les grandes firmes que dans les plus modestes — le besoin de prospecter plus activement leur marché.

Un esprit de réciprocité et une livre de café moulu en cadeau peuvent augmenter le nombre de clients référés par des professionnels.

Un autre tracas dont ils ont à s'occuper lors de cette véritable explosion de l'information est de demeurer à jour, et plus particulièrement dans ces domaines parallèles dans lesquels ils sont censés avoir aussi quelque expertise, mais où ils n'ont à offrir, le plus souvent, que de l'information inexacte. Ceci est particulièrement vrai pour les comptables provenant de petites ou moyennes firmes, où les ressources internes ne peuvent fournir le savoir-faire souvent propre aux grandes firmes. Aux

Figure 22.1

Préoccupations des avocats et des comptables

1. Clients actuels
   a) aider les clients à obtenir de meilleures performances
   b) ne pas mettre en jeu les relations

2. Attirer de nouveaux clients

3. Se tenir informés des événements

4. Affaires personnelles

yeux de bien des clients leur comptable devrait être renseigné sur les questions de placement. Mais, en réalité, beaucoup de comptables ne possèdent pas cette compétence et ne peuvent servir adéquatement leurs clients en leur fournissant toute l'information nécessaire en matière de finance et d'investissement.

Leurs propres craintes financières personnelles sont un élément-clé de leur point de vue. Comme tout un chacun, comptables et avocats sont préoccupés à savoir si leurs propres affaires sont en bon ordre pour le futur.

Qui approcher?

Après s'être renseigné sur leurs propres avantages, nous devons décider des gens que nous approcherons spécifiquement. Les comptables et les avocats que vous choisirez devront indubitablement être de haut calibre. Vous devrez être certain qu'ils ont des cabinets intègres, qu'ils prêtent attention aux détails et sont dignes de confiance. Vous voudrez aussi choisir ceux qui sont déjà pourvus d'une base d'affaires rencontrant vos besoins de marché. Si ceci semble aller de soi, en fait, même avec la meilleure volonté du monde, seuls certains comptables et avocats pourront vous recommander auprès de leurs clients.

Les avocats et les comptables que vous ciblerez devraient aussi être capables de réciprocité. J'ai croisé plusieurs conseillers qui avaient investi énormément de temps dans une relation de recommandation avec soit un comptable, soit un avocat qui ne faisait que pofiter des clients qu'on lui envoyait, sans jamais pour sa part aiguiller quiconque en sens inverse. Et lorsque les conseillers tentaient, timidement ou fermement, d'aborder le sujet, ils découvraient que le comptable ou l'avocat en question considérait la recommandation comme un geste anti professionnel. Ceci est particulièrement courant dans les grandes firmes, mais ce type de restriction traditionnelle tient encore parfois dans de plus petites institutions.

Finalement, il faut tout simplement que la chimie s'installe. Une relation de recommandation est en quelque sorte un partenariat, et sans une chimie adéquate entre partenaires, ce partenariat ne saurait durer.

Figure 22.2

Qualités des bons partenaires de références

1. «Qualité» du partenaire

2. Axé sur les affaires

3. Pensée «réciproque»

4. Affinités

À leur propre détriment, certains conseillers ignorent ces considérations. Plutôt que de s'encombrer avec le point de vue de ces autres professionnels, ils se figurent qu'en informant tout simplement le milieu de leur disponibilité ils obtiendront des tas de recommandations de clients. Le conseiller n'aurait qu'à chercher «comptables» dans l'annuaire téléphonique puis à composer le premier numéro de la liste pour lui annoncer : «Je me présente, Jean, conseiller financier à la compagnie XYZ. Je tenais à vous avertir de ma disponibilité pour aider n'importe lequel de vos clients. Si vous rencontrez par hasard quelqu'un qui a besoin de moi, n'hésitez pas à lui transmettre mes coordonnées.» Ensuite, il n'aurait plus qu'à répéter cette brève activité autant de fois qu'il y a de comptables dans l'annuaire. Enfin, le conseiller se croiserait les bras et attendrait la sonnerie du téléphone. Lorsque ladite sonnerie tarderait à se faire entendre, le conseiller se dirait : «Encore une idée bien bête. De toute évidence, les recommandations par des professionnels, ça ne fonctionne pas. Retour aux appels à froid.» Il y a une touche d'exagération dans mon exemple, bien entendu, mais juste une touche, si j'en juge par les tactiques flasques que certains conseillers ont employées afin de développer des relations avec d'autres professionnels.

L'autre piège le plus commun est de cibler la mauvaise catégorie de comptables et d'avocats. D'instinct, (et cela est fort louable), on aura tendance à vouloir aller se trouver des partenaires dans les grandes firmes prestigieuses ainsi que dans des agences nationales de comptabilité. Bien que cela, dans certains cas, soit excellent et puisse mener à de très fructueuses relations, dans des cas beaucoup plus nombreux, c'est un échec. Vos meilleures occasions seront généralement auprès des petites et des moyennes firmes.

Les firmes de plus petite taille ont tendance à être davantage orientées vers le marketing. Elles tendent aussi à être moins conservatrices. Les firmes majeures, bien souvent, dans les grands centres métropolitains, se consacrent surtout aux gros clients corporatifs. Vous pourriez bien développer une merveilleuse relation avec un comptable d'expérience œuvrant pour une firme renommée, mais si sa seule responsabilité consiste à s'occuper de la vérification de la plus grande banque en ville, les chances qu'il ou elle en vienne à interagir avec plusieurs clients potentiels sont bien minces.

Plus petit, beaucoup mieux

L'idéal est de se concentrer sur de petites et moyennes firmes, où l'on trouve des avocats et des comptables qui sont dans la trentaine, ou la quarantaine. S'ils sont plus jeunes il est à parier qu'ils n'ont pas pleinement développé une base d'affaires qui pourrait produire des recommandations immédiates pour vous. S'ils sont plus âgés, en revanche, ils ont probablement leurs façons de faire et leurs méthodes, et rien ne les en fera déroger. Nous avons découvert que les comptables et les avocats dans la cinquantaine et la soixantaine tendent à être plus réticents à suggérer des recommandations. Mais en plus de toutes ces prescriptions, n'oubliez pas que votre propre âge doit également être pris en considération : la chimie adéquate est plus à même de se produire avec des professionnels de votre génération.

Il serait utile de souligner, dans cette veine, une autre des erreurs répandues de certains conseillers qui s'entêtent à faire affaire avec chaque professionnel qu'ils arrivent à dénicher dans leur groupe-cible. En ciblant tout le monde, le risque est de se retrouver avec l'impression bien réelle de n'avoir concrètement ciblé personne. Plutôt, vous devriez commencer par établir de très solides relations de recommandation avec deux ou trois personnes de chaque profession. Si vous avez encore de l'énergie, rien ne vous empêchera ensuite d'ajouter une personne ou deux dans ces différentes catégories.

Si vous ciblez seulement quelques professionnels dans chaque catégorie, vous tiendrez à ce qu'ils soient les plus prometteurs. Une bonne façon de débuter est de revoir vos relations existantes. Peut-être avez-vous déjà une relation de recommandation avec un avocat ou un comptable qui mériterait d'être intensifiée. Vous pouvez également en parler à des amis, des membres de votre famille, ou des voisins qui sont déjà dans ces professions.

Une alternative que bon nombre de conseillers ont trouvée efficace consiste à repérer la personne qui s'occupe de la comptabilité et des besoins légaux de leurs meilleurs clients. Vous pouvez tâter ce terrain en demandant tout bonnement à un bon client : «Georges, je me demande si tu pourrais m'aider. De temps en temps, quelques-uns de mes autres clients me demandent de leur référer un comptable ou un avocat. Dis-moi, quel type d'expérience as-tu eue avec ton comptable et ton avocat?» Si le client commente des relations positives, aventurez-vous un peu plus loin : «Intéressant! Si je l'appelais afin de la rencontrer et de mieux la connaître, penses-tu que ta comptable s'en formaliserait? Je pourrais ensuite lui référer les clients dont je te parlais.» Évidemment, le client à qui la question est posée sera ravi. «Parfait! direz-vous alors. Avec ta permission, je lui passerai un coup de fil. Si tu n'y vois pas d'inconvénient, je lui dirai que je travaille avec toi.»

Quand vous appelez, dites : «Madame la comptable, Jean de la compagnie XYZ à l'appareil. Je suis conseiller financier, et c'est un client commun, Georges Richard, qui m'a donné votre nom et vos coordonnées. Hier, Georges et moi parlions d'investissement, et il ne tarissait pas d'éloges sur vous. À l'entendre, vous êtes la meilleure. Laissez-moi vous expliquer l'objet de mon appel. Régulièrement, je me retrouve en présence de clients qui sont insatisfaits de la relation qu'ils ont avec

Figure 22.3 🔊

Date

Monsieur Untel
1234, rue Quelconque
Uneville (Province)
A1A 1A1

Monsieur,

Je vous écris pour vous demander une faveur.

Il y a peu de temps, certains clients m'ont demandé de leur référer un professionnel qu'ils pourraient consulter pour des conseils.

Je travaille donc à mettre sur pied une courte liste de professionnels travaillant dans divers domaines que vous n'hésiteriez pas à recommander à mes clients qui ont besoin de leurs services.

Si vous travaillez avec une personne qui vous a particulièrement impressionné et dont vous seriez d'accord pour faire circuler le nom, j'apprécierais grandement que vous me l'indiquiez sur le formulaire ci-joint et que vous me télécopiiez cette page.

Merci beaucoup de votre collaboration et veuillez accepter, Monsieur, l'expression de mes sentiments les plus distingués.

Conseiller Quelconque

• •

Monsieur,
J'ai eu une bonne expérience avec les personnes mentionnées plus bas et il me ferait plaisir que vous donniez leur nom à d'autres clients.

	Nom	Société	Téléphone
Comptable :	_____	_____	_____
Architecte :	_____	_____	_____
Courtier d'assurances :	_____	_____	_____
Avocat :	_____	_____	_____
Agent immobilier :	_____	_____	_____
Autre :	_____	_____	_____

leur comptable, ou qui n'ont pas de comptable du tout. Je cherche un comptable à qui je pourrais les référer. J'appelais afin de vous demander si vous aimeriez que nous nous rencontrions pour discuter de vos méthodes et de l'approche que vous préconisez, de sorte que je puisse par la suite repérer parmi mes clients ceux qui me sembleront vous convenir afin de vous les recommander.»

Comment la comptable réagira-t-elle? Vous pouvez parier qu'elle aura une réaction bien meilleure par rapport à vous que par rapport à cet autre conseiller qui lui a débité d'un seul trait qu'il était immédiatement disponible pour ses clients fortunés. Le plus grand avantage de cette façon de faire est qu'elle offre de bien meilleures chances que cette comptable ait d'autres clients intéressants du type de ce client commun, ce qui n'est fort probablement pas le cas de votre copain de collège ou du troisième cousin de votre belle-soeur.

La technique que nous venons d'expliquer nécessite davantage de temps, mais le jeu en vaut la chandelle pour cibler vraiment le bon groupe de comptables et d'avocats. Il existe même des conseillers qui ont une approche encore plus drastique, comme l'envoi d'une lettre à un échantillon de clients triés sur le volet, disons les premiers dix pour cent. Cette lettre constitue une demande d'informations à propos des professionnels à qui ils confient leur comptabilité et leurs affaires juridiques. Pour le conseiller, c'est une façon de constituer une banque de professionnels pouvant assister ses clients, un peu comme Dodee Frost Crockett, de Merrill Lynch, de Dallas, aide les siens. Il est ainsi possible de passer en revue un très large éventail de professionnels : comptables, avocats, architectes, agents immobiliers, courtiers d'assurances et peut-être même banquiers.

Se montrer rassurant

Après avoir localisé les professionnels voulus, vous devez leur fournir l'assurance que leurs clients auront avantage à faire affaire avec vous et qu'ils bénéficieront d'une expertise haut de gamme. Les comptables et les avocats sont d'un conservatisme inné et hésiteront longuement

Figure 22.4

Se faire présenter à des partenaires potentiels

1. «Nous avons un client en commun.»

2. «Nous connaissons une même personne.»

3. «Je mets sur pied un groupe de gens d'affaires qui travaillent ensemble pour s'entraider à attirer de nouveaux clients.»

Figure 22.5

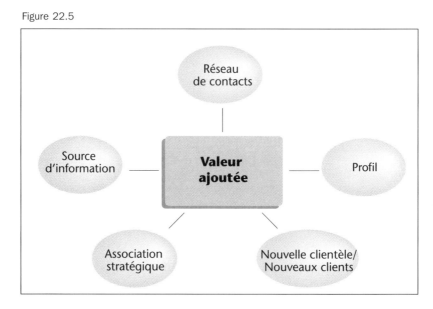

avant de vous référer leurs clients. Ceci est bien compréhensible. Vous seriez également très prudent dans cette situation.

Supposons un instant que vous receviez une recommandation très intéressante d'une comptable dont le cabinet, à votre avis, n'est pas au-dessus de tout soupçon. Elle a la réputation de «couper les coins assez ronds», ou peut-être de ne pas finaliser les dossiers à temps. Si un client vous priait ce jour-là de lui recommander un comptable, lui recommanderiez-vous cette personne-là, malgré le service qu'elle vient de vous rendre? Vous ne voulez pas risquer de mettre en péril votre propre relation conseiller-client, advenant le cas où les services du cabinet de comptabilité recommandé par vous s'avéreraient de mauvaise qualité.

Vous devrez donc bâtir des relations de confiance avec tous les comptables et avocats par qui vous souhaitez être recommandé, tout comme vous avez établi ces liens de confiance avec vos clients et vos clients potentiels. Un point de départ : insistez sur les clients communs. Il serait utile de vous faire connaître par le biais d'une trousse de prérencontre. Il est aussi très important de laisser voir votre style et votre patience — en un mot votre adhérence au Code des banquiers. Ils voudront quelqu'un de sûr, de conservateur. C'est une nouvelle occasion d'aller puiser dans votre réserve d'articles inspirant confiance tirés du *Wall Street Journal*, de *Fortune* et de *Forbes*.

En rassurant ainsi vos partenaires potentiels, vous escamotez leurs soupçons. Mais vous n'aurez ainsi fait qu'éliminer un élément négatif, sans avoir encore fourni à ces gens la moindre raison positive de vous recommander à leurs clients. Dans le but de développer une relation de recommandation vigoureuse, vous devez ajouter de la valeur à la pratique de vos partenaires pour qu'ils tirent profit, eux aussi, des recommandations qu'ils vous feront.

Valeur ajoutée

Ceci peut sembler une lourde tâche, pourtant, il n'existe pas moins de cinq secteurs distincts par lesquels un conseiller peut ajouter de la valeur à un partenariat donné. Le premier secteur est celui où vous jouez le rôle de source d'information calmant ainsi l'anxiété de vos partenaires qui doutent de pouvoir demeurer à jour dans le domaine de la finance.

Certains conseillers se développent la réputation d'être les informateurs les plus accessibles, les plus avertis du domaine de l'investissement auprès des professionnels qu'ils ont ciblés. Ils enverront régulièrement des articles à leurs partenaires, sur une base bi-hebdomadaire, posteront des bulletins d'information provenant de leur propre firme et des communiqués inédits. Ils donneront régulièrement des exposés dans leur salle de l'exécutif à l'intention de petits groupes de professionnels, pour les tenir au courant des derniers développements du marché.

Je connais personnellement un conseiller qui va même un peu plus loin encore. Il demande à des comptables et à des avocats de l'appeler dès qu'un client leur posera une question d'investissement ou de finance à laquelle ils ne seront pas en mesure de répondre. S'il n'a pas la réponse, il procédera à une recherche et les rappellera immédiatement. Vous remarquerez que le message qu'il transmet n'est pas «envoyez-moi vos clients,» mais plutôt «envoyez-moi vos problèmes et je les solutionnerai afin de vous aider à bien paraître.» Ce conseiller arrive à point nommé pour colmater une sorte de «brèche» que connaissent et craignent comptables et avocats.

Une autre façon d'ajouter de la valeur à une relation de recommandation sera de solutionner une autre préoccupation des avocats et comptables : l'ajout à leur réseau de professionnels. Ils ont toujours besoin d'élargir leur bassin de contacts professionnels, tout comme vous. Beaucoup de conseillers ont pris l'initiative de chapeauter des réseaux de partenariat continus qui ont porté fruits et d'où ils ont retiré de bonnes relations de recommandation.

Un réseau de déjeuners d'affaires est assez simple à créer. Le groupe se réunit à intervalles réguliers — disons une fois par mois, de 7 h 30 à 9 h — dans la salle de l'exécutif de l'un des participants. Les membres peuvent être recrutés dans différentes spécialités au sein des professions dites centrales. Il pourrait y avoir dans le groupe un comptable fiscal, un comptable général, un avocat de l'immobilier, un avocat de la famille, un avocat corporatif, un agent immobilier commercial, un agent immobilier résidentiel, un courtier en assurance-vie, un courtier en assurance de biens et d'accidents, un architecte. Un directeur funéraire pourrait être membre. Dans un groupe que je connais fort bien, l'un des membres le plus actif est un consultant en gestion.

Ayez une approche subtile. Entrez en contact avec quelques-uns des participants potentiels simplement dans le but de les aviser de la mise sur pied d'un tel groupe. Le but de la démarche, en cette époque perpétuellement changeante, est de faire en sorte que chacun puisse demeurer à flot et au courant des autres champs d'expertise, étant ainsi en mesure de mieux servir son client lorsqu'une question se présente. L'approche plus franche, plus directe, est d'expliquer dès le départ votre volonté de les voir se joindre à un réseau de recommandations qui permet à un éventail de professionnels d'élargir le cercle de leurs relations, d'avoir divers experts à qui référer leurs clients, puis d'être eux-mêmes recommandés par d'autres à de nouveaux clients.

Les conseillers ont généralement des résultats très positifs à la suite de ces déjeuners d'affaires. La réaction venant des autres professionnels, la plupart du temps, est enthousiaste. Eux aussi, ont parfois de la difficulté à étendre leur base de clientèle. Le mauvais côté de la chose, c'est qu'il en coûte une quantité considérable d'énergie rien que pour organiser le groupe de départ, et que les résultats tangibles tendent à ne se faire sentir qu'à moyen terme.

Un conseiller avait organisé la rencontre de neuf professionnels à son propre bureau. Le déroulement du déjeuner en question comprend un exposé d'un ou de deux des membres. Il s'agit aujourd'hui de l'émergence de situations, dans leur domaine, qui pourraient bientôt se révéler d'un grand intérêt pour les autres professionnels. Le conseiller se porte donc volontaire pour faire le premier exposé, d'ailleurs fort bien reçu : les marchés internationaux, le prix des obligations et les taux d'intérêt. Une fois le déjeuner terminé, il est retourné à son bureau, a fermé la porte et attendu que le téléphone sonne. Le déjeuner suivant avait lieu dans la salle de l'exécutif d'un autre membre, avec un autre présentateur. De nouveau, il prit le temps de s'y rendre, obtenant dès lors quelques informations intéressantes et discutant cordialement avec les autres. Rentré au bureau, il se remit à attendre la sonnerie du téléphone, mais, une fois de plus, en vain. Tout ce temps investi : n'obtiendrait-il donc rien en retour?

Il fallut attendre la troisième rencontre pour qu'il obtienne sa première recommandation. Il fallut deux autres rencontres, pour se faire référer un second client. Mais après six mois environ, le rythme s'accentua. Après chaque rencontre, il recevait quelques recommandations dans les deux semaines suivantes. Ainsi donc, le procédé avait pris du temps à se mettre en marche, mais une fois rodé et bien établi, il était plutôt dynamique. Or, si vous vous donnez la peine d'y réfléchir un peu, cette expérience n'est autre que celle de la nature humaine. Les gens préfèrent référer leurs amis et connaissances à ceux avec qui ils font affaire. Lorsqu'on a bâti une relation à force de contacts maintenus et réguliers, on risque de venir aussitôt à l'esprit du comptable ou de l'avocat qui entend son client dire qu'il aimerait des conseils financiers de qualité.

Aider à améliorer l'image

En aidant d'autres professionnels à se bâtir une image, vous pourrez également ajouter de la valeur à un partenariat. Puisque les comptables et les avocats font face, au fond, aux mêmes défis que vous sur le marché, vous pouvez leur donner, en tant que conseiller financier, un sérieux coup de main en les présentant à vos clients. Lors d'un séminaire, vous invitez un comptable à parler vingt ou trente minutes des modifications apportées au code fiscal, ou alors vous priez un avocat d'expliquer la planification successorale. Presque à tout coup, ils seront emballés, parce qu'ils ont besoin d'améliorer leur image. On peut aussi approcher un comptable ou un avocat en lui demandant s'il accepterait d'écrire un court article de trois cents mots pour votre bulletin d'information, article qui serait bien sûr publié avec son nom, sa photo et l'adresse de son bureau. Ici encore vous aurez toutes les chances de voir votre partenaire ravi puisque vous lui offrez de la visibilité. Vous n'entretenez pas juste une relation, vous lui ajoutez de la valeur.

Il y a des conseillers, surtout à l'intérieur de très petites communautés, qui sont réticents à faire de semblables invitations parce qu'ils ont parmi leurs clients des comptables ou des avocats et qu'ils ne veulent surtout froisser personne. Mais nul n'a à se sentir froissé. On peut éviter d'offenser quiconque en créant un large programme de séminaires et de bulletins d'informations qui mettent en lumière les talents des représentants de chacune de ces autres professions.

Un conseiller, par exemple, se présenta tour à tour chez trois des comptables qu'il avait ciblés avec une proposition allant à peu près comme suit : «Au cours des douze prochains mois, j'ai décidé de tenir trois séminaires à l'intention de mes clients actuels et potentiels dans cette communauté. Le premier séminaire, très tôt dans l'année, portera sur la planification fiscale; le séminaire du printemps sera consacré aux relations avec les banquiers; enfin, le séminaire d'automne étudiera les mises à l'abri des créanciers. Je me demandais si par hasard vous seriez intéressé à prendre la parole lors du séminaire sur les mises à l'abri des créanciers, lequel suscitera l'intérêt des propriétaires d'entreprise, en particulier.»

Le comptable, bien entendu, ne se fit pas prier. Encore mieux, lorsqu'il reçut l'invitation au premier séminaire portant sur la planification fiscale, il ne fut pas fâché de constater qu'un rival était à l'ordre du jour. Il connaissait le programme du conseiller et savait que son tour viendrait éventuellement, lors du troisième et dernier séminaire.

Figure 22.6

Date

Monsieur Untel
1234, rue Quelconque
Uneville (Province)
A1A 1A1

Monsieur,

Plusieurs d'entre nous faisons face à un défi soit de trouver des conseillers professionnels qui soient compétents, dynamiques et accessibles, surtout lorsqu'il s'agit de comptables et d'avocats mais aussi d'architectes, d'agents immobiliers et de courtiers d'assurances.

J'ai récemment demandé à mes clients de me recommander des professionnels d'après leur expérience de première main.

Comme résultat, j'ai mis sur pied une courte liste de professionnels œuvrant dans divers domaines et qui offrent des services de très bonne qualité.

Si cela vous intéresse, veuillez m'en informer et il me fera plaisir de vous donner leurs noms. Si vous avez une relation de qualité particulière avec un professionnel de l'un de ces domaines et que son nom devrait être inclus dans la liste, j'aimerais que vous me le disiez.

N'hésitez pas à me téléphoner si vous avez des questions sur ce sujet ou surtout autre sujet.

Je vous prie d'agréer, Monsieur, l'expression de mes sentiments les plus distingués.

Conseiller Quelconque

Vous pouvez adopter la même stratégie en ce qui a trait aux bulletins d'information. Si vous planifiez d'avance le programme de toute une année, vous pourriez approcher un avocat local. «Je vais publier cette année un bulletin spécial pour mes clients actuels et éventuels. J'ai même pris l'initiative d'inviter des experts d'autres domaines à y participer. Il se trouve que j'ai une ouverture dans le numéro du printemps pour un article traitant de planification successorale. Aimeriez-vous préparer un texte pour cette édition?»

Un conseiller particulièrement ingénieux avait approché trois comptables et les avait convaincus tous les trois de prendre part à une tribune sur la planification fiscale. Bien qu'une bonne dose de diplomatie et de coordination ait été nécessaire, il n'empêche qu'il a fait pour ainsi dire d'une pierre trois coups puisqu'en une seule occasion, il a établi des liens solides avec non pas un, ni deux, mais trois comptables. En outre, en invitant trois comptables plutôt qu'un seul, la soirée revêt une plus grande importance, et attire donc beaucoup plus de clients potentiels. Mieux encore, il a persuadé les comptables de partager le coût de la séance. C'est la démonstration ultime du potentiel dont vous êtes le détenteur lorsque vous incluez dans votre marketing la possibilité pour des avocats ou des comptables d'améliorer leur image.

Recommander les partenaires

Votre quatrième méthode pour ajouter de la valeur à une relation avec un comptable ou un avocat est de le pourvoir en recommandations. Tous les autres menus services que vous rendez à ces professionnels sont appréciés, toutefois rien n'égale ou ne surpasse une recommandation franche et directe. Le vieil axiome n'a pas vieilli : la plus sûre façon d'obtenir une recommandation est encore d'en offrir une d'abord.

Même si chacun de vos clients ne sera pas obligatoirement à la recherche d'un comptable ou d'un avocat, une quantité tout de même

Figure 22.7 🌐

Date

M. Conseiller Quelconque
1234, rue Quelconque
Uneville (Province)
A1A 1A1

Monsieur,

Pour les gens qui sont dans le domaine de l'investissement, la période avant le 28 février, dernier jour pour contribuer à un REER, est la plus achalandée de l'année.

Au cours des prochaines semaines, je m'attends à ce que votre vie soit tout aussi occupée, avec de nombreuses et de longues heures à travailler sur les déclarations d'impôt de dernière minute. Alors que je ne peux vous être d'aucun conseil pour vous aider à remplir ces déclarations, j'espère que le café que j'ai joint à cette lettre vous aidera à passer à travers certaines de ces soirées.

Je vous prie d'agréer, Monsieur, l'expression de mes sentiments les plus distingués.

Votre nom

appréciable d'entre eux le sera. Cela devrait faire partie des questions générales que vous posez à tous vos nouveaux clients : Avez-vous rédigé un testament? Avez-vous un avocat et en êtes-vous satisfait? Requérez-vous les services d'un comptable lorsqu'il est temps de préparer votre déclaration de revenus? Appréciez-vous son travail? Parfois, vous constaterez que les gens sont parfaitement satisfaits des professionnels avec qui ils font déjà affaire. Cependant, vous pourriez aussi apprendre que certains clients ont des réserves sur le travail de leur comptable, de leur avocat, ou qu'ils n'ont carrément ni comptable ni avocat.

C'est le moment de mentionner à votre client actuel — ou éventuel — puisque ces questions leurs sont également posées, que vous pouvez lui procurer de l'aide dans ce domaine également. «L'une des choses que j'ai coutume de faire, expliquerez-vous, est de mettre les clients qui en manifestent le besoin en contact avec les comptables, avocats, ou autres professionnels requis. Si cela vous intéresse, je serai ravi de vous fournir les noms et adresses de trois comptables ou de quelques avocats avec qui mes autres clients font affaire, et dont je n'entends dire que du bien. Peut-être serait-il sage que vous parliez avec l'un d'entre eux.»

Quand le client quitte votre bureau, n'hésitez pas à prendre le téléphone et à avertir ces comptables ou ces avocats que vous venez de les référer à un certain M. Joseph Client qui les contactera probablement. Le seul fait de faire ces appels augmente substantiellement vos chances de recevoir à votre tour la recommandation de chacun de ces professionnels.

Certains conseillers ne tarderaient pas à remarquer une irrégularité dans cette façon de faire : «Un instant! Vous nous dites que nous devrions fournir à cet unique client les noms de trois comptables et de trois avocats? Mais quand ce sera au tour de ces partenaires-là de recommander à leurs clients un conseiller financier, nous voulons qu'il n'y ait qu'un seul nom sur la liste — le nôtre.»

C'est vrai. C'est une contradiction irréconciliable. Lorsque vous recommandez d'autres professionnels à vos clients, il est plus sage et plus sûr de leur fournir plus d'un nom. Deux me semble déjà mieux. Trois, pourquoi pas? Cela vous fournit ainsi une excuse valable pour faire quelques appels supplémentaires et annoncer à plus d'un avocat ou d'un comptable que vous avez transmis son nom à un client. Plus important encore : si vous avez recommandé un comptable ou un avocat à votre client et que la relation se termine en queue de poisson — ils ne s'entendent pas, ou un problème sérieux survient —, qui donc sera alors à blâmer? Vous. Par contre, si vous recommandez plusieurs noms et que survient un incident, vous porterez une certaine responsabilité, mais, en bout de ligne, n'est-ce pas le client lui-même qui aura fait le choix?

Certains conseillers débrouillards cultivent les occasions de pouvoir donner des références en faisant parvenir à leurs clients des lettres les informant que s'ils devaient avoir besoin des services d'un comptable, d'un avocat, ou d'un autre professionnel, ils pouvaient en recommander plusieurs, ayant constitué une banque de noms au fil des ans. Ceci crée davantage de chances de pouvoir fournir des recommandations, même si ça n'est pas immédiatement; les clients n'oublient pas de telles informations, et, ultimement, ils y auront recours. La méthode rappelle aussi au client à quel point vous souhaitez le seconder et lui faciliter la vie dans tous les aspects du domaine des affaires.

Partenariats stratégiques

La dernière méthode pour ajouter de la valeur est le partenariat stratégique. C'est une expression usée jusqu'à la trame et rendue un peu sensationnelle, de nos jours, par la presse du milieu financier. En fait, il s'agit d'un regroupement de deux ou trois compagnies distinctes ayant un but commun. Je connais personnellement un conseiller qui a débuté en acceptant de produire un bulletin mixte avec un comptable connu, un avocat, et un courtier en assurance-vie. Chacun avait une page dans ce bulletin trimestriel de quatre pages qui était plus un moyen d'éducation financière que de promotion. On faisait des rotations, évidemment, de sorte que chacun des quatre participants puisse occuper la première page une fois l'an. Cependant on n'échangeait pas ses listes de clients; chacun se chargeait de poster le bulletin à ses propres clients.

Après le premier numéro, le conseiller avait reçu un appel ou deux, mais aucun des résultats mirifiques que la clientèle ajoutée des trois autres laissait espérer. Après le second bulletin, les résultats se firent un peu meilleurs, mais comme dans le cas des déjeuners d'affaires, il fallut attendre le quatrième bulletin pour bénéficier de l'explosion. Une fois encore, cela nous montre qu'il faut du temps et de la patience afin de gagner la confiance de clients potentiels.

L'année suivante, les quatre professionnels poussèrent jusqu'à l'organisation de séminaires. Chacun des partenaires se chargeait de préparer et de présider un séminaire avec sa propre base de clientèle; les trois autres prenaient part à l'événement, chaque fois, en qualité d'expert invité. Encore une fois, ils ne firent aucun partage de leurs listes de clients, et aucune occasion de suivi immédiat n'était disponible. Mais un nombre significatif de clients intéressés se manifestèrent. En bref, si vous avez compris le principe, chaque partenaire se servait de sa propre crédibilité auprès de la clientèle pour la partager avec tous ses confrères.

Ces procédés de développement de recommandations de professionnels — depuis la compréhension de l'avantage du Comptable et de l'Avocat jusqu'à la valeur ajoutée — doivent être scellés par le développement d'une politique de communication active entre les partenaires. À chaque deux mois, vous devriez être en contact avec eux. Par un simple coup de fil, par une invitation à déjeuner ou à dîner. Ou en prenant ensemble une tasse de café. Mais il faut qu'il y ait un contact soutenu. En assumant que vous avez un total de six professionnels-clés sur votre liste, et que vous souhaitiez contacter chacun d'entre eux une fois à tous les deux mois pour environ trente minutes — un appel téléphonique, un dîner, etc. — cela vous ferait un total d'à peine trois heures de dévouement par période de deux mois. En un an, cela vous demandera douze heures — sans doute les douze heures les plus productives de l'année en termes de recherche de clients.

Finalement, tout en considérant l'intérêt personnel des avocats et des comptables tandis que vous tissez des liens, ne négligez pas la dimension humaine. À la fin de la journée, nous préférons tous faire affaire avec des gens qui nous plaisent. Et la première chose qui nous plaît, c'est l'intérêt qu'ils nous portent — la compréhension dont ils font preuve, leur sympathie et leur empathie vis-à-vis de notre travail. Par exemple, cet intérêt que vous portez à vos confrères comptables pourrait efficacement se démontrer par l'envoi d'une demi-livre de café Second Cup une semaine ou deux avant la date d'échéance des déclarations de revenus avec cette note : «Pour les gens du domaine de l'investissement, la période qui précède l'échéance des régimes enregistrés est le moment le plus mouvementé de l'année. Durant les prochaines semaines j'imagine que votre vie sera aussi fort mouvementée, avec de longues heures à compléter des déclatations de revenus. Même si je ne puis être d'aucune utilité pour vous en ce moment, j'espère que le café que voici vous aidera, vous et vos employés, à passer au-travers de ces longues soirées. Bonne chance dans les jours à venir!»

Ça n'est pas grand-chose; en fait, ça n'est presque rien. Mais le conseiller qui aura pris la peine de poser ce geste aura sans aucun doute beaucoup aidé sa cause. Cela rappelle au comptable que vous pensez à lui. Cela vous fait ressortir de la masse en vue de la prochaine fois où il sera en position de référer quelqu'un.

Instantanés

✔ *Rien ne vaut la crédibilité immédiate dont vous bénéficiez lorsque vous êtes présenté à un nouveau client par son comptable ou par son avocat.*

✔ *Les cinq étapes essentielles pour entretenir les meilleures relations de recommandation possibles sont : Bien comprendre l'avantage du Comptable et de l'Avocat; identifier et cibler les bons comptables et les bons avocats; être en mesure de rassurer vos sources de recommandation professionnelles quant à la qualité de services que vous pourrez fournir à ceux à qui on vous recommandera; trouver des façons d'ajouter de la valeur aux sources de recommandation; et maintenir un contact discret, mais soutenu, avec ces sources.*

✔ En recherchant nos sources de recommandation, il faut se rappeler que pour bien des comptables et des avocats, le risque de référer pèsera plus lourd que la possibilité des avantages potentiels. Ils craignent plus de perdre un client à la suite d'une mauvaise expérience avec le conseiller financier référé par leurs soins qu'ils ne sont séduits par les possibilités d'avoir un client satisfait de leur recommandation.

✔ Simultanément, le comptable et l'avocat cherchent à attirer les nouveaux clients. Ils sont également inquiets de la façon de demeurer à jour dans ces domaines parallèles dans lesquels ils sont censés avoir aussi quelque expertise, mais où ils n'ont le plus souvent que de mauvaises informations à offrir. Et leurs craintes personnelles, sur le plan financier, jouent également un rôle dans la manière qu'ils ont de se laisser approcher.

✔ Les comptables, les avocats que vous choisirez d'approcher doivent être de haut calibre. Ils doivent aussi être capables de réciprocité. Bref, la «chimie» doit être bonne entre vous.

✔ Des firmes de petite taille, voire de taille moyenne, sont de bonnes cibles; les avocats et les comptables y sont habituellement dans la trentaine ou la quarantaine.

✔ Vous pourriez localiser des comptables et des avocats par le truchement de vos amis, de votre parenté ou de vos voisins, mais la meilleure manière est de demander tout simplement à vos meilleurs clients le nom de celui qui s'occupe de leur comptabilité et de leurs besoins juridiques.

✔ Certains conseillers envoient une lettre à un échantillon de leurs clients (disons, les premiers dix pour cent) afin de leur demander le nom des professionnels qui font leur comptabilité et qui s'occupent de leurs affaires juridiques. Pour le conseiller, c'est une occasion de constituer des banques de professionnels pouvant assister ses autres clients.

✔ Après avoir trouvé les professionnels recherchés, vous devez leur fournir la preuve que leurs clients auront avantage à faire affaire avec vous. Un point de départ : insistez sur les clients communs. Il serait utile de spécifier votre façon de faire par le biais d'une trousse de pré-rencontre. Il est aussi très important de démontrer votre adhésion au Code des banquiers. Ils voudront quelqu'un de sûr et de conservateur. C'est une nouvelle occasion d'aller puiser dans vos articles inspirant la confiance et tirés de sources connues.

✔ *Vous devriez aussi fournir des raisons positives de travailler avec vous en ajoutant de la valeur à la pratique de vos partenaires pour qu'ils sortent gagnants, eux aussi, des recommandations qu'ils vous feront.*

✔ *Une façon d'ajouter de la valeur est de fournir de l'information à tous vos associés qui doutent de pouvoir demeurer à jour dans le domaine de la finance, calmant ainsi leur anxiété.*

✔ *Une seconde méthode est de les aider à étendre leur réseau en les invitant à se joindre à un groupe de professionnels lors de déjeuners d'affaires réguliers.*

✔ *Une troisième méthode est de leur permettre d'améliorer leur image professionnelle en les faisant connaître de votre clientèle par le biais de séminaires ou d'un bulletin d'information.*

✔ *Une quatrième méthode : les recommander vous-même à vos clients, et les appeler immédiatement, pour les en informer. Sachez toutefois que le mieux est de donner deux ou trois noms plutôt qu'un seul lorsque vous devez recommander quelqu'un à votre client.*

✔ *La dernière méthode, pour ajouter de la valeur, est celle du partenariat stratégique. Considérez la possibilité de partager des bulletins ou des séminaires avec d'autres professionnels compatibles et compétents.*

✔ *Il est très important de maintenir des contacts réguliers et soutenus avec chacun des comptables et des avocats que vous aurez choisis. À chaque deux mois, vous devriez les contacter.*

✔ *Un simple petit café Second Cup fera parfois des miracles.*

CHAPITRE 23

Comment vous différencier

U N PEU PLUS TÔT DANS CET OUVRAGE, NOUS AVONS PARLÉ DE LA NOUVELLE réalité à laquelle font face nos conseillers financiers. En effet, de nos jours, se faire référer n'est plus du tout la fin du procédé d'acquisition de clientèle, mais plutôt son début. En particulier lorsque vous approcherez des clients potentiels très prometteurs, vous serez immanquablement en compétition avec d'autres conseillers.

Le défi auquel vous faites face est de vous différencier de cette compétition. Comment faire en sorte que le client se sente plus à l'aise de travailler avec vous qu'avec tous ces autres conseillers disponibles? Comment mettre en valeur une qualité de professionnalisme supérieure et comment établir un solide lien de confiance qui vous démarquera de vos rivaux?

Les occasions de vous différencier se produisent à quatre moments-clés : avant une rencontre d'affaires, durant cette même rencontre, en récapitulant la rencontre, et après la rencontre. À bien des points de vue, le moment le plus important est celui qui précède la rencontre, et c'est pourquoi j'ai insisté précédemment sur la règle des deux minutes et sur l'importance fondamentale de votre première impression sur le client. Je me suis attardé sur l'influence qu'un dossier de prérencontre peut avoir sur la rencontre proprement dite — c'est un excellent moyen de vous différencier de vos compétiteurs. J'ai également mentionné ce conseiller qui avait appelé les clients potentiels pour leur préciser qu'une place de stationnement privée les attendait à leur arrivée. Une troisième chose qui pourra contribuer à vous différencier avant une rencontre sera l'image de professionnalisme que votre salle de réception projette. Assurez-vous bien d'avoir l'édition du jour du *Wall Street Journal* plutôt que le *Time* de l'an dernier : ce sera encore un élément qui contribuera à vous différencier.

Un certain conseiller a développé une routine subtile pour les premières rencontres avec ses clients. Il avertit sa réceptionniste qu'il attend la visite d'un client et, si possible, donne une description physique de la personne telle que communiquée par le client ayant fait la recommandation. Au moment même où le client passe la porte, la réceptionniste dit : «Ah, vous devez être monsieur Tessier. M. Richard m'a dit de le prévenir dès votre arrivée.»

Le client potentiel n'a donc encore jamais vu le conseiller en question, mais il a déjà reçu un signal clair quant à l'importance qu'accorde ce conseiller au fait de travailler avec lui. Et ce petit détail fait probablement contraste avec des sessions semblables au bureau d'autres conseillers, où la réceptionniste prend au moins une minute avant de même daigner regarder le client, où elle repasse une liste de rendez-vous afin de déterminer si ce client peut être introduit dans le sacro-saint bureau, et où on le fait attendre cinq minutes sous prétexte que le patron est occupé.

> **N'importe qui peut vanter son service mais des gestes tangibles auprès de vos clients vous différencieront de la compétition.**

Différenciez-vous durant la rencontre

La rencontre elle-même offre un second moment-clé qui pourra servir à vous démarquer des autres conseillers. Assurez-vous d'un départ positif en demandant à votre réceptionniste, et cela devant le client même, de filtrer tous vos appels. «Que l'on ne me dérange pas.» Il y a deux raisons à ceci. Premièrement, vous ne voulez réellement pas être dérangé puisque cette rencontre, après tout, est cruciale. Deuxièmement, vous souhaitez faire sentir au client qu'il est pris et qu'il continuera d'être pris au sérieux chez vous.

Comme je l'ai mentionné plus tôt, votre bureau devrait exprimer une atmosphère de professionnalisme — un endroit duquel vos clients n'auront pas de réserves à voir leur capital administré. Le moins de désordre possible, le meilleur est l'effet produit. Faites en sorte que vos diplômes soient bien en vue. Éliminez tout ce qui pourrait faire douter de votre objectivité absolue : si vous avez reçu des macarons ou de la propagande des compagnies de placement, ôtez ces choses de la vue des clients. (En fait, ce genre de matériel ne devrait jamais se retrouver dans votre bureau.) La Règle des banquiers doit s'appliquer tout aussi bien à votre bureau qu'à votre salle d'attente.

De plus en plus de conseillers financiers reconnaissent maintenant l'importance d'une courtoisie appropriée et même de quelques extras. Offrir le café ou une boisson gazeuse est apprécié et si le tout est servi dans une tasse de porcelaine ou dans un verre, ce sera encore mieux que dans un contenant jetable en styromousse. Pour ce qui est du contenu, débutez par un préambule qui met en valeur le but de la rencontre, et insistez aussi sur les appréhensions que les clients ont souvent dans ce genre de situation. Après tout, nous savons que les clients craignent une expérience déplaisante et de se sentir acculés au pied du mur.

Il est préférable d'aller au-devant des craintes du client et de tenter de les désamorcer en promettant d'abord que la rencontre ne vise aucune vente immédiate. Vous ne sacrifierez rien en tenant un tel discours; des recherches démontrent que de toute manière il faudra probablement deux ou trois rencontres avant que le client potentiel ne devienne un client tout court.

Commencez par : «Cher monsieur, j'apprécierais qu'aujourd'hui nous puissions nous attarder à deux choses. D'abord, j'aimerais que nous fassions plus ample connaissance. Que vous me parliez de votre situation, de vos besoins financiers, et des choses que vous souhaitez réaliser ultérieurement. Ensuite, j'aimerais vous fournir la possibilité de mieux me connaître. Et, si cela vous agrée, j'aimerais que nous n'engagions aucune discussion d'investissements spécifiques, aujourd'hui. Si vous désirez qu'on se revoie plus tard pour parler affaires, j'en serais heureux, évidemment. Mais aimeriez-vous que nous consacrions au moins la rencontre d'aujourd'hui à faire plus ample connaissance?»

Ce type de préambule a un effet positif remarquable pour ce qui est de

Figure 23.1

Stratégies pour vous démarquer des autres			
Avant une rencontre	Pendant une rencontre	Terminer une rencontre	Après la rencontre
1. Trousse de prérencontre	**1.** Allure d'affaire (Loi du banquier)	**1.** Résultat du sondage auprès des clients	**1.** Note de suivi
2. Espace de stationnement	**2.** Préambule (but de la rencontre)	**2.** Témoignages de clients	**2.** Article
3. Allure professionnelle de la réception	**3.** Bref aperçu de la trousse de prérencontre		
	4. Aucune interruption		
	5. Livres sur les finances personnelles à prêter		

mettre votre visiteur à l'aise et de faire en sorte qu'il ne soit pas entièrement sur la défensive. Il verra qu'il n'a pas à tant s'inquiéter, que vous n'êtes pas là pour tenter de lui tendre un piège quelconque. Et vous aurez ensuite la possibilité d'engager un dialogue véritablement productif quant aux affaires financières d'un client de plus en plus confiant.

Saisissez l'occasion de repasser brièvement la trousse de prérencontre avec votre client. Ne vous y éternisez pas, mais revoyez les éléments importants. Si le visiteur n'a pas eu la chance de lire le document dans son entier — et même s'il l'a lu en entier — assurez-vous qu'il ait compris qu'à n'importe quel moment il peut vous appeler pour vous poser des questions ou vous faire part de ses tracas.

D'ailleurs, cette invitation devrait outrepasser les limites de votre dossier d'introduction.

Faites un geste en direction d'une bibliothèque où sont rangés une bonne douzaine de textes de nature financière et expliquez au futur client que l'une de vos politiques est de prêter de vos textes sur la planification, l'investissement, les fonds de placement ou la taxation, et ce, tout à fait gratuitement.

Au fur et à mesure que vous introduisez ces exemples de services à valeur ajoutée dans une conversation, tâchez de les rendre le plus vrai, le plus tangible possible. Plusieurs conseillers financiers se disent qu'ils sont «à la disposition du client». Les mots ne coûtent rien. Des preuves tangibles peuvent vous faire ressortir du lot et vous différencier.

Terminer adéquatement

Si le commencement d'une rencontre est le moment-clé de n'importe quelle interaction, la fin vient tout de suite après dans l'ordre d'importance. De la fin d'une rencontre dépend très souvent la possibilité d'une rencontre subséquente. Ce sont les derniers échos que le client emportera avec lui et auxquels il repensera. Vous devez réfléchir à la manière la plus adéquate de conclure la session. Vous avez besoin d'une conclusion qui fait que le client potentiel repart en étant certain que vous surpassez tous les autres conseillers financiers qu'il a pu rencontrer avant vous.

J'ai déjà suggéré l'idée de finir en offrant des témoignages de clients que votre visiteur pourra vérifier s'il le désire. Vous pouvez de plus lui fournir quelques numéros de téléphone, ce qui démontrera encore une fois à quel point vous êtes à l'aise à l'idée qu'il se renseigne à votre sujet.

Un conseiller encourageait ses clients potentiels à consulter un sondage qu'une firme de comptabilité locale, à sa demande, avait exécuté auprès de sa propre clientèle. Ce n'est pas un bien gros risque : si vous sondez la plupart de vos clients, ils auront une réponse positive, ou alors pourquoi seraient-ils encore vos clients? (La véritable question qu'aborde ce sondage n'est pas tant de savoir si l'on est satisfait de votre travail, mais bien de savoir jusqu'à quel point on en est satisfait.)

À la sortie de la rencontre, dites au client : «J'ai un engagement profond envers ceux avec qui je fais affaire. Ici, nous nous faisons un point d'honneur de tenter tout ce qui est en notre pouvoir afin de prodiguer les meilleurs conseils, les meilleurs services et le meilleur suivi possible. Il y a à peu près un an, j'ai commandé un sondage auprès de mes clients. Voici une copie du résultat que j'ai obtenu, puis un exemplaire du sondage et de la lettre originale adressée aux clients visés.» Pensez à l'impact qu'une démonstration aussi concrète peut avoir sur les clients potentiels et comparez ensuite cet impact à l'impression laissée par un autre conseiller qui, lui, n'a fait que spécifier qu'il est préoccupé de la satisfaction de chaque client. Ce moyen est tangible, précis et spécifique — donc très efficace.

Enfin, vous pourrez encore vous différencier de vos concurrents par la qualité du contact que vous maintiendrez après la rencontre. En supposant que vous avez déjà arrêté la date d'une prochaine rencontre avec le client, vous ne voulez pas que ce dernier se sente tenu pour acquis. Prenez une minute et demie et acceptez de dépenser une enveloppe et un timbre. Envoyez une note qui laissera savoir au client combien vous avez apprécié de le rencontrer et combien vous avez hâte à la prochaine session. Vous pouvez même inclure dans l'envoi un article traitant d'un sujet qui a été discuté lors du rendez-vous, (tiré d'une publication de qualité). Cela montrera que vous êtes le genre de conseiller financier avec lequel ils se sentiront confiants.

Tout ceci constitue beaucoup de travail, certes. Historiquement parlant, cela n'a pas toujours été nécessaire. Si vous aviez été recommandé, eh bien, vous étiez pratiquement sûr d'avoir un nouveau client à brève échéance. Cependant, étant donné le niveau de compétitivité du milieu de nos jours, étant donné aussi le discernement que les clients ont développé, la seule façon dont un conseiller puisse vraiment capitaliser sur les recommandations est de reconnaître d'emblée qu'il est en compétition et qu'il doit se différencier de ses pairs. À la lueur de tout ceci, nous examinerons dans le prochain chapitre une très importante stratégie de différenciation : le marketing ciblé.

✎ Instantanés

✔ *De nos jours, le défi auquel vous ferez face est de vous différencier de la compétition, c'est-à-dire des autres conseillers financiers.*

✔ *L'occasion de vous démarquer se produit à quatre moments-clés consécutifs : avant une rencontre, durant une rencontre, en terminant une rencontre, et après une rencontre.*

✔ *Le moment le plus important est avant la rencontre. Souvenez-vous de la valeur d'une trousse de prérencontre et de l'exemple de ce conseiller qui prenait la peine d'appeler chaque client pour lui dire* qu'une place de stationnement privée l'attendait à son arrivée. Assurez-vous que votre salle d'attente soit impeccable et demandez à votre réceptionniste d'accueillir chaque client potentiel si possible en l'appelant par son nom.

✔ Assurez-vous d'un bon départ en disant à votre réceptionniste, et ceci devant le client, de filtrer tous vos appels.

✔ Donnez à votre bureau une allure très professionnelle — et débarrassez-vous des contenants en styromousse.

✔ Dès le début, placez-vous du point de vue du client, et dites que vous souhaitez utiliser la rencontre pour faire plus ample connaissance, et, si le client est d'accord, ne discuter d'aucun sujet financier avant la prochaine rencontre.

✔ Lorsque vous mentionnez des faits à propos de vos services ou de votre engagement auprès des clients, tâchez d'étayer vos dires avec le plus d'exemples concrets possible.

✔ Il vous faut une conclusion qui convainc les clients que vous êtes supérieurs aux conseillers qu'ils ont rencontrés jusqu'à maintenant. Les témoignages sont bien utiles. Un sondage de satisfaction mené auprès de votre clientèle est excellent.

✔ Une dernière façon de vous démarquer de vos pairs est d'agir dans les jours qui suivent immédiatement la rencontre initiale. Envoyez un mémo, une note personnelle, et peut-être même un article financier qui intéressera le client visé.

CHAPITRE 24

Le saut vers le marketing ciblé

IMAGINEZ QUE VOTRE FRÈRE VIENNE TOUT JUSTE DE VOUS RAPPELER QUE LE dixième anniversaire de votre nièce favorite tombe cette fin de semaine et que vous décidiez d'aller lui acheter un cadeau samedi avant-midi. Pour la majorité des gens, le premier réflexe — et souvent le seul — est de se rendre chez Toys "R" Us. Vous serez assuré d'avoir l'embarras du choix : vous trouverez à coup sûr quelque chose qui plaira à l'enfant. Les prix seront compétitifs, quoique ce ne soit pas les prix qui attirent la clientèle chez Toys "R" Us, parce que vous pourriez trouver les mêmes jouets ailleurs à meilleur prix. Mais vous faites confiance à Toys "R" Us pour avoir en magasin tout ce que vous désirez, puisque telle est la vocation de ce commerce.

Et ça n'est pas seulement Toys "R" Us. Des articles de sport jusqu'aux accessoires de bureau en passant par la quincaillerie, les détaillants spécialisés ont prospéré depuis les quinze dernières années, coupant l'herbe directement sous le pied des grands magasins à rayons de consommation de masse tandis que les marchands à rabais empiétaient de l'autre côté. À moins que les détaillants trouvent le moyen de compétitionner avec les Wal-Mart de ce monde, ils seraient beaucoup mieux d'avoir une niche distincte et solide. Le commerce moyen a été envoyé au tapis.

Une mauvaise époque pour les généralistes

Cette tendance n'a pas cours uniquement dans le commerce. Dans la plupart des catégories, les généralistes n'ont pas très bien réussi dans la dernière décennie et demie. Prenez les médecins, par exemple. Le praticien général qui, il y a vingt ans, voyait des enfants durant l'avant-midi, un patient avec une hernie durant l'après-midi, et qui accouchait un bébé le soir venu a vu sa clientèle s'amenuiser. Les patients ont convergé vers des spécialistes comme les pédiatres ou les obstétriciens. La même chose s'est produite dans plusieurs autres professions, comme dans le domaine juridique et la comptabilité : un rétrécissement du marché du généraliste au profit du spécialiste.

La raison de tout ceci est fort simple. Les généralistes marchent très bien tant et aussi longtemps qu'ils compétitionnent avec d'autres généralistes. Mais dès qu'un spécialiste fait irruption sur la scène, avec une expertise plus grande et mettant un accent précis sur un segment étroit du marché, les généralistes ont de la difficulté à compétitionner au sein de ce groupe visé en particulier.

Je vais vous fournir un second exemple basé sur nos recherches. Imaginez qu'un client riche appelle un jour, pour vous annoncer qu'il est à tel point satisfait de votre travail qu'il souhaite vous offrir un présent, et qu'il ne tolérera pas de refus. Le présent en question est une croisière n'importe où dans le monde pour vous et votre épouse. Ne voulant pas vexer le client généreux, vous acceptez son offre.

Dans le futur, les gagnants seront fort probablement les premiers conseillers à s'être orientés vers le marketing ciblé.

Lors des premiers préparatifs, vous ouvrez l'annuaire des Pages Jaunes et y découvrez deux options sous la rubrique Agences de Voyage. La première est Voyages Autour-du-Monde, fondée en 1930. Sa publicité annonce fièrement : «Nous sommes allés là où vous voulez vous rendre.» La seconde possibilité est Croisière à la Carte, qui se spécialise en croisières de toutes sortes. Laquelle de ces deux agences choisirez-vous?

Lorsque nous avons posé la question à des consommateurs, quatre-vingts pour cent d'entre eux ont choisi Croisière à la Carte malgré la compétition imposante d'une agence expérimentée qui a assurément satisfait les attentes de ses clients depuis plusieurs décennies. Si c'est une croisière que vous recherchez, vous choisirez la source qui dispose selon vous de la meilleure information, de la plus vaste sélection et des meilleurs conseils — bref, celle qui semble offrir la meilleure valeur. Si vous aviez recherché un voyage en autobus à travers l'Europe, vous n'auriez pas téléphoné à Croisière à la Carte. Vous auriez fait affaire avec Voyages Autour-du-Monde, en admettant qu'une autre alternative n'ait été disponible.

Ce tournant dynamique de généraliste à spécialiste s'étend à tous les aspects de l'économie. Mais les conseillers financiers, pour la plupart, ont résisté à la tendance. L'une des raisons principales est que beaucoup de conseillers n'ont pas la discipline de cibler leurs activités de marketing. Ainsi donc, en tant que conseiller financier généraliste, vous avez été plus chanceux que tous les magasins à rayons, les praticiens généraux et Voyages Autour-du-Monde : vous avez compétitionné, la plupart du temps, contre d'autres généralistes. Et les généralistes s'en tirent bien tant et aussi longtemps qu'ils se comparent à d'autres généralistes.

Dans l'avenir, cependant, étant donné l'avantage de la spécialisation, il est inévitable que la tendance qui se manifeste déjà en d'autres secteurs de l'économie nous frappe un jour aussi. Et, normalement, les grands gagnants sont ceux qui s'adaptent. Ils mènent la meute plutôt que de la suivre.

Prospecter les physiothérapeutes

Laissez-moi vous donner l'exemple de quelqu'un qui s'est aventuré très tôt sur un terrain inconnu. En 1993, après un atelier de travail, une conseillère financière m'a approché pour discuter de son travail. Elle travaillait pour la même firme depuis quelques années et s'y était habituée : elle réussissait assez bien pour garder son emploi, mais pas mieux que cela. Plus important encore : elle n'avait pas de plaisir à faire ce travail et en était même à se demander si cette profession était faite pour elle. Tous les lundis matins, elle s'éveillait avec un serrement d'estomac à l'idée d'une autre semaine au téléphone à faire de l'appel à froid.

En discutant ses options, je lui demandai ce qu'elle faisait avant de devenir conseillère. «Rien de comparable, vraiment, remarqua-t-elle. J'étais physiothérapeute et je me suis retrouvée à la tête d'une clinique que j'ai revendue, par la suite. C'est à ce moment-là que je me suis lancée en affaires.» Compte tenu de ce bagage précis, nous nous sommes appliqués, dans les minutes qui suivirent, à définir un plan d'attaque simple qui lui permettrait de cibler les physiothérapeutes de sa communauté. Elle devait donc assister aux rencontres locales de l'Association des physiothérapeutes, puis chercher à savoir s'il n'y aurait pas une occasion pour elle d'écrire pour le bulletin de l'Association, et même demander la parole lors de l'une des réunions. Rien de très inhabituel, mais entièrement ciblé sur ce groupe parfaitement défini.

Je n'avais plus repensé à cette conversation lorsque, un an plus tard environ, la conseillère me rappela pour me donner quelques nouvelles d'elle, certaines bonnes, et d'autres mauvaises. Dès la première réunion de l'Association des physiothérapeutes, une personne qui était assise à sa droite engagea la conversation avec elle et lui demanda où elle travaillait. Elle expliqua qu'elle avait déjà été physiothérapeute, mais qu'elle était à présent conseillère financière; elle disait qu'elle était venue assister à la réunion parce qu'elle voulait demeurer au fait de ce qui se passait dans le milieu de la physiothérapie. La chance lui souriait et la personne assise à sa droite déclara : «Justement, il se trouve que j'ai une question d'intérêt financier à laquelle vous pourriez peut-être

Figure 24.1

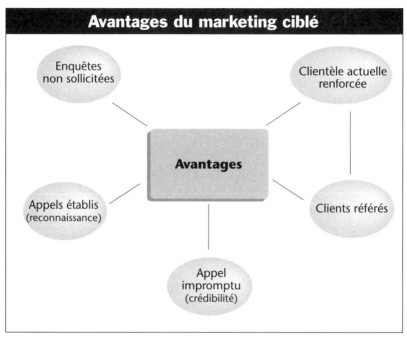

répondre.» La conseillère quitta la réunion, croyez-le ou non, avec un premier client-physiothérapeute.

Durant l'année qui suivit, elle continua d'assister à toutes les réunions; elle rédigea une chronique régulière sur les questions financières dans le cadre du bulletin mensuel des physiothérapeutes qui, d'ailleurs, manquait de chroniqueurs; lors de la réunion de septembre, elle prit la parole, et fut invitée à expliquer la gestion de la liquidité et les régimes de retraite adaptés pour les physiothérapeutes.

La bonne nouvelle, donc, était qu'elle s'était bâti au cours des douze derniers mois une image dans ce milieu très restreint, et ainsi, elle y avait récolté pas moins de quarante clients. Elle avait établi une banque d'information avec les noms et coordonnées de plus de quatre-vingts autres personnes du milieu avec qui elle entretenait de bonnes relations après qu'ils aient manifesté un certain intérêt. La mauvaise nouvelle était qu'elle se trouvait à présent à cours de physiothérapeutes. Qu'est-ce qu'elle pourrait donc faire?

Nous avons discuté de nouveau et nous avons eu l'idée d'agrandir l'approche à deux autres groupes-cibles : les infirmières et les chiropraticiens. Il s'agissait de domaines connexes dans lesquels elle pourrait utiliser les mêmes stratégies. Dans les semaines qui suivirent, elle se vendit très bien une fois de plus et les deux nouveaux groupes-cibles enrichirent encore sa clientèle.

L'expérience de cette conseillère nous fait voir certains des avantages du marketing ciblé. En sélectionnant une clientèle assez précise, et en vous y consacrant, vous vous bâtirez une image et mettrez en confiance les membres du groupe choisi grâce à la visibilité acquise. Vous pouvez vous différencier des autres conseillers financiers non seulement grâce à votre visibilité dans votre marché-cible mais aussi parce que vous avez le pouvoir d'ajouter de la valeur. Vous en viendrez à avoir une connaissance insurpassée des besoins spécifiques de ce groupe et pourrez donc mieux en servir les membres. Le potentiel du bouche à oreille et de la recommandation deviendra gigantesque puisque vous serez l'expert de la communauté et facile à référer. C'est aussi une excellente façon de vous vendre. Vous faites affaire avec un groupe homogène ayant des besoins communs et des liens serrés entre ses membres.

Mais les désavantages surviendront aussi. Par définition vous limitez les clients potentiels que vous ciblez. Vous prenez la décision fondamentale de ne cibler qu'un, deux, ou trois groupes; l'approche du tireur d'élite plutôt que l'approche du mitrailleur. Pour le moment, à tout le moins, vous mettez de côté toutes les autres alternatives de groupes. Et il peut toujours arriver que vous vous concentriez sur le mauvais groupe.

Même si les cibles semblent un choix naturel et productif à court terme, le concept de groupe en tant que tel pourra causer des difficultés à long terme. Avec l'affaissement du marché immobilier, les conseillers qui ont ciblé des promoteurs immobiliers en 1990 n'en ont sûrement pas été très fiers en 1995. Ou alors, le groupe choisi sera peut-être trop petit pour vos besoins.

Une autre difficulté est que, dans un contexte de marché ciblé, le potentiel du bouche à oreille peut se développer exponentiellement autant de façon positive que négative. Lorsqu'un client n'est pas satisfait de vous dans une clientèle très diversifiée, ce n'est pas un problème sérieux. Il se retire et vous poursuivez avec les clients qui vous restent. Mais dans un contexte de marché ciblé ce n'est pas si facile. Les gens du groupe se parlent énormément les uns les autres et il est beaucoup plus difficile de faire cesser le bouche à oreille négatif d'un client insatisfait dans ce genre de milieu.

Être une personne-ressource

Bien des choses nous laissent croire que le marketing ciblé deviendra graduellement l'option que de plus en plus de conseillers seront forcés d'explorer. Comme les clients deviennent de plus en plus instruits, ils souhaiteront faire affaire avec des experts dans leur domaine. Pour subvenir à leurs besoins particuliers, ils vont vouloir travailler avec les mieux qualifiés.

Utilisons une situation imaginaire pour illustrer ceci. Très tard un soir vous découvrez un cadavre dans la rue. Il a un couteau fiché entre les côtes, et vous l'ôtez de là, mais, à ce moment précis, une voiture de police se trouve à tourner le coin, et voilà, vous vous retrouvez au poste de police en moins de deux : on vous permet de passer un seul coup de téléphone. Qui appelez-vous?

Certaines personnes dans cette situation appelleraient l'avocat qui a la plus grosse annonce dans les Pages Jaunes. D'autres appelleraient quelqu'un qu'ils connaissent, cherchant une recommandation. Mais la plupart des gens prendraient un peu de recul et se diraient : quelle serait la meilleure personne disponible pour me tirer de ce faux pas? Est-ce que Maître Hébert serait disponible? Et donc, on constate que lorsque l'enjeu est très important, les gens vont vers la ressource la plus experte et la plus reconnue.

Quand vous parlez à Maître Hébert, il est fort peu probable que vous lui demandiez de vous télécopier une proposition de ses intentions quant à votre cas ainsi qu'une évaluation de ses honoraires. Vous direz plutôt : «Maître Hébert, j'ai un sérieux problème. Est-ce que vous pouvez venir ici immédiatement? Votre prix n'a pas la moindre importance.» Lorsque c'est grave, vous voulez le meilleur.

Poursuivons notre petit scénario. Maître Hébert arrive sur les lieux et paie votre caution. En vous rendant à la maison vous vous faites arrêter pour excès de vitesse malgré le fait que vous étiez en deçà de la limite permise; ce n'est que du harcèlement de la part de la police locale. Furieux, vous décidez de vous défendre. Engagerez-vous de nouveau Maître Hébert? Probablement pas. Plutôt vous ouvrirez l'annuaire, appellerez quelques avocats et comparerez leurs tarifs. Pour des choses triviales, on est plus porté à nous contenter de ce qui est utile et raisonnable.

Ceci est vrai en ce qui nous concerne, et c'est également vrai en ce qui a trait à nos clients. Comme les conseils financiers sont plus souvent importants que triviaux, il faut devenir le meilleur, pour le plus de clients potentiels possible. C'est difficile à accomplir dans une communauté tout entière, à moins qu'elle ne soit très petite. La seule façon d'y arriver dans une plus grande communauté sera de fragmenter, d'une certaine manière, le marché et de nous concentrer sur un sous-groupe précis. Inutile de devenir le meilleur pour tout le monde. Il ne nous faut être perçu comme étant le meilleur que par un segment clair et défini du marché «entier».

Voici ce à quoi le marketing ciblé sert vraiment. Parfois les gens se méprennent et croient que s'ils visent un marché-cible, ils ne pourront plus faire affaire avec personne à l'extérieur de ce marché précis. Comme si quelqu'un qui ne travaille qu'avec des vétérinaires était soudain recommandé, par l'un d'eux, au beau-frère de ce dernier, qui est docteur et que le conseiller dise : «Je suis désolé, je ne puis le prendre comme client parce qu'il n'est pas vétérinaire.»

En vérité, vous pourrez accepter autant de clients et de recommandations qu'il vous plaira. Le marché ciblé est simplement une façon de concentrer votre énergie sur un groupe particulier pour pouvoir mieux comprendre et subvenir à ses besoins précis. Vous employez votre temps, votre argent et vos forces à servir ce groupe au mieux de vos capacités. Mais vous ne dédaignez pas les autres clients que vous avez déjà, ni les clients potentiels qui pourraient passer ultérieurement par votre chemin.

Il est intéressant de mentionner que les conseillers qui pratiquent le marketing ciblé se butent à très peu de résistance quant à leurs honoraires. Tout comme Maître Hébert n'a pas de querelles de prix avec ses clients, une fois que vous vous serez bâti l'image du meilleur conseiller de votre segment de marché, vous récolterez une récompense pécuniaire appréciable. Vous verrez que les clients essaieront de moins en moins de négocier vos honoraires à la baisse, et que plusieurs seront même disposés à payer une prime afin de faire affaire avec vous.

La physiothérapeute devenue conseillère financière qui a choisi de retourner à ses racines aura découvert une certaine quantité d'avantages à concentrer ses efforts dans un marché restreint. Elle s'est rendu compte qu'à chacune de ses rubriques dans le bulletin de l'Association, les physiothérapeutes qui travaillaient d'ores et déjà avec elle se sentaient plus en confiance, plus satisfaits d'être ses clients. Le flot de recommandations dans le milieu de la physiothérapie augmentait également. Il est plus facile de recommander un collègue à la personne perçue comme la plus en vue à l'intérieur d'un groupe ciblé. Elle a assisté aux réunions et s'est parfois retrouvée avec cinq ou six clients lui présentant de nouveaux physiothérapeutes présents.

Elle poursuivit les appels à froid, mais cette fois-ci à l'intérieur même de son marché-cible. Quand elle appelait, les gens disaient souvent qu'ils l'avaient entendue parler ou alors qu'ils avaient eu l'occasion de lire ses articles. Parfois, ils étaient même flattés de constater que cette experte — la meilleure ressource du milieu — les appelait, eux. En effet, il n'est peut-être plus indiqué d'appeler cela un appel à froid. C'est un appel tiède, voire même chaleureux. Quand les gens ne la reconnaissaient pas par son nom et n'avaient pas entendu parler d'elle ni rien lu d'elle, elle pouvait encore se présenter avec beaucoup plus de crédibilité en spécifiant qu'elle se spécialisait dans les besoins financiers des physiothérapeutes.

Autre avantage : elle avait commencé à recevoir des propositions sans avoir à solliciter. Elle vivait le rêve de n'importe quel conseiller financier, c'est-à-dire décrocher le combiné pour s'apercevoir qu'un client potentiel veut vous parler. La position qu'elle avait atteinte permettait à ce genre de chose de se produire.

En bout de ligne, elle était plus heureuse. Elle retrouvait le plaisir de se lever le lundi matin, et, en fait, avait même hâte de se remettre au travail. Elle appréciait mieux son travail parce que ce dernier redevenait gratifiant, parce que les aspects négatifs avaient disparu, et peut-être aussi parce que sa nouvelle carrière renouait avec son ancienne passion pour la physiothérapie. Le marketing ciblé, dans le cas de cette conseillère, fut une réforme vivifiante et stimulante de ses méthodes de travail.

Instantanés

✔ *Les généralistes n'auront pas été très productifs durant la dernière décennie et demie. Dès que des spécialistes font irruption sur scène avec une expertise plus grande, un meilleur contrôle dans un domaine donné, les généralistes ont de la difficulté à rester dans la course.*

✔ *Les conseillers financiers, pour la plupart, ont résisté à la tendance de la spécialisation, principalement parce que beaucoup n'ont pas la discipline suffisante pour orienter leurs activités de marketing.*

✔ *Ce refus de cibler un segment spécifique n'a pas encore coûté bien cher aux conseillers financiers, puisqu'un généraliste, quel que soit son domaine, se tire très bien d'affaire tant et aussi longtemps qu'il compétitionne avec d'autres généralistes.*

✔ *Cibler permet d'établir la confiance grâce à la visibilité dont vous bénéficiez dans un groupe donné. Vous pourrez ajouter de la valeur à ce segment restreint : vous en viendrez à avoir une connaissance insurpassée des besoins spéciaux de ce groupe et pourrez donc mieux en desservir les membres.*

✔ *Le potentiel du «bouche à oreille» puis de la recommandation devient gigantesque lorsque vous devenez l'expert de la communauté, et donc une personne que tous pourront recommander aisément. C'est aussi une très bonne façon de vous vendre.*

✔ *Le désavantage principal est que vous limitez vous-même le bassin de vos clients potentiels et prenez la décision fondamentale de ne cibler qu'un, deux, ou trois groupes; l'approche du tireur d'élite plutôt que du mitrailleur.*

✔ *Un autre danger du marketing ciblé est qu'on peut se concentrer sur le mauvais groupe. Le groupe choisi sera peut-être trop restreint pour vos capacités ou en mauvaise posture en tant qu'industrie ou profession.*

✔ *Dans un contexte de marketing ciblé, le potentiel du «bouche à oreille» peut se développer exponentiellement autant de façon positive que négative.*

✔ *Lorsque l'enjeu est très important, les gens veulent avoir la meilleure ressource. Pour les choses triviales, ils sont plus portés à se contenter de ce qui est utile ou raisonnable. Comme des conseils financiers sont rarement requis à la légère, il vous faut faire en sorte de devenir, pour le plus de clients potentiels possible, le meilleur ou alors un des meilleurs pour satisfaire leurs besoins.*

✔ *Cela est difficile à atteindre au sein d'une communauté tout entière, à moins qu'elle ne soit très petite. La seule façon d'y arriver dans une plus vaste communauté sera de fragmenter le marché d'une certaine manière et de vous concentrer sur un sous-groupe.*

✔ *Le marketing ciblé est simplement une façon de concentrer votre énergie sur un groupe particulier, pour pouvoir mieux comprendre et subvenir à ses besoins précis. Cela ne veut pas dire que vous refusez tous les clients qui n'appartiennent pas à ce groupe.*

✔ *La physiothérapeute devenue conseillère et qui a décidé de revenir à ses racines a découvert qu'à chaque fois qu'elle signait une rubrique dans le bulletin de l'Association locale des physiothérapeutes, ceux qui faisaient affaire avec elle se sentaient plus en confiance, même satisfaits d'être ses clients. Le flot des recommandations venues du milieu de la physiothérapie augmentait également.*

✔ *Bien des appels à froid deviennent des appels plus chaleureux. Certains sont flattés de constater qu'une experte les appelle, eux.*

✔ *Elle commença à recevoir des propositions sans même avoir de sollicitation à faire.*

✔ *Étant donné les avantages de la spécialisation, il est inévitable que le milieu des conseillers financiers soit envahi également, tôt ou tard, par cette tendance. Le plus souvent, ceux qui s'avèrent être les grands gagnants sont ceux qui s'adaptent les premiers à une nouvelle réalité : ils mènent la course plutôt que de suivre le troupeau.*

247

CHAPITRE 25

Le choix d'un marché cible

COMME DANS TOUTE CHOSE, LE MARKETING CIBLÉ REQUIERT DE LA PATIENCE. La réaction instinctive de bien des conseillers après avoir entendu parler du marketing ciblé est de se ruer sur le premier domaine qui leur vient à l'esprit et de tenter d'y vendre immédiatement. Ils croient que tous les liens naturels qui existent à l'intérieur du groupe choisi leur faciliteront automatiquement la tâche pour ce qui est de se bâtir une image et d'inspirer confiance.

Afin d'organiser un marketing ciblé productif, il faut pourtant y aller doucement, intelligemment, et patiemment. D'abord, vous devriez identifier quelques groupes cibles intéressants. Puis il vous faut effectuer des recherches sur ces groupes, apprendre leurs besoins particuliers et savoir à quelle compétition ils font face dans leur domaine, tout cela afin de vérifier s'ils feraient de bons clients potentiels.

Après avoir sélectionné les meilleurs groupes, il faut vous bâtir une image, mettre à contribution les différentes méthodes de mise en confiance dont nous avons parlé un peu plus tôt dans ce livre. Vous devez vous ménager plusieurs occasions d'écrire et de parler à ce groupe, mais aussi assister à des rencontres, prendre part à leur tournoi de golf ou à leurs campagnes de financement. Ce n'est qu'après avoir efficacement établi de telles fondations que vous arriverez vraiment à vendre à l'intérieur de ce groupe.

En évaluant un marché cible, le premier critère est de s'assurer que les membres du groupe en question ont suffisamment d'argent pour pouvoir se permettre d'investir. Le groupe peut avoir un grand rayonnement et être très en vue, mais si ses membres ne sont pas en mesure d'investir ou ne sont pas en nombre suffisant, il est peu probable que ce marché vous soit très profitable. Vous pouvez aimer le travail de jeunes artistes et même avoir envie de vous associer à eux, mais ce n'est pas là un groupe susceptible de générer un grand nombre d'occasions de vendre, du moins, à cette étape de leur vie.

Vous devez aussi vous assurer que le groupe disposera de moyens financiers suffisants dans l'avenir pour soutenir un spécialiste du marketing ciblé. Y a-t-il quelque chose qui pourrait mettre en danger la situation financière de ce groupe dans l'avenir? Les détaillants de produits du tabac, par exemple, peuvent paraître un excellent groupe cible aujourd'hui, mais pourraient s'avérer moins intéressants dans l'avenir.

Deuxièmement, vous gardez vos distances des groupes qui sont déjà surexploités ou qui ont un conseiller expert bien établi. Certaines professions auxquelles nous sommes portés à songer dès le départ sont également celles qui sont le plus souvent surexploitées, par exemple les médecins. La présence dans ce milieu d'un conseiller expert déjà bien en place n'augure pas très bien votre venue, mais on pourra toujours réussir à s'insinuer dans un groupe orga-

Les spécialistes peuvent dérober des clients aux généralistes ainsi qu'à ceux qui se font passer pour des spécialistes.

nisé, pour peu que l'on n'ait pas peur de livrer une lutte serrée. Dans un tel cas, la course fera un peu plus de bruit et les obstacles à l'élaboration d'une image crédible seront plus nombreux. Accéder aux véhicules qui servent à bâtir la confiance, comme les occasions de parler ou d'écrire dans un bulletin mensuel, sera difficile, parce que les sujets dont vous voudrez traiter ne seront pas nouveaux et qu'il y aura une compétition abondante. Vous devriez cibler un groupe qui n'est pas sollicité à l'extrême; dans le scénario idéal, il ne devrait y avoir personne qui travaille auprès de ce groupe lorsque vous vous y attaquez.

Troisièmement, le marché cible doit être relié par des liens de communication et d'organisation déjà existants. Les membres doivent se rencontrer et communiquer les uns avec les autres lors de séminaires et par des publications afin que vous puissiez vous y bâtir une image et assurer une visibilité en tant que ressource experte du groupe. Mais si le milieu qui vous intéresse n'a pas établi de liens ou d'association, si les membres ne se rencontrent pas et qu'il n'y a pas de communication soutenue entre eux, il sera extrêmement difficile d'y réussir.

En étudiant leurs moyens de communication, vous devez identifier qui sont les leaders, c'est-à-dire les individus qui ont de l'influence et que vous devez approcher initialement dans le but qu'ils puissent vous recommander éventuellement à d'autres membres. S'il s'agit d'une association professionnelle, y a-t-il un directeur exécutif? S'il s'agit d'un groupe ethnique, est-ce que quelqu'un en a déjà été président ou si tout le monde s'en remet au mentor du groupe?

Quatrièmement, les membres du groupe doivent avoir quelques affinités, comme celles qui lient les médecins entre eux. Si vous dites à un client potentiel médecin que vous vous spécialisez dans les besoins financiers des médecins, ou que vous travaillez déjà avec dix autres médecins de la communauté, mentalement, il acquiescera immédiatement. Votre crédibilité se taille lentement un chemin au fur et à mesure que le client se dit : «J'ai plusieurs choses en commun avec eux, et s'il travaille avec eux, je vais l'écouter plus sérieusement.»

Comparez ceci avec un appel téléphonique à un client potentiel lui annonçant votre spécialité dans les besoins financiers des diplômés de telle université. Ces diplômés, bien sûr, ont certains points communs. Mais ils n'ont pas de très fortes affinités sauf s'ils ont fréquenté l'université en même temps. Dans la pratique du marché ciblé, vous devez faire en sorte de trouver des groupes au caractère unique et qui ont de fortes affinités.

Cinquièmement, le groupe choisi devrait vous aller comme un gant et vous devriez avoir du plaisir à faire affaire avec les gens qui en font partie. Si vous avez une aversion viscérale envers les avocats, par exemple, ce milieu n'est certainement pas votre meilleure cible, et ce même si le groupe répond à tous les autres critères. La chimie doit d'abord exister.

Finalement, il est préférable d'avoir un point de départ pour vous aider à percer dans le groupe. Ce peut être, comme dans le cas de notre conseillère-physiothérapeute, une formation commune. Peut-être êtes-vous un comptable? Vous pourriez donc cibler ce marché. Peut-être êtes-vous un ingénieur? Dans ce cas, les ingénieurs seraient un choix logique. Si avant de devenir conseiller financier vous avez travaillé en tant que représentant des ventes pour une compagnie pharmaceutique, vous pourriez cibler les pharmaciens ou les médecins. Ou vous pourriez avoir tout simplement des intérêts communs qui vous lient à un groupe cible : l'amour de la navigation à voile, par exemple (Figure 25.1).

Figure 25.1

Conditions pour un groupe cible efficace

1. Argent à investir
2. N'est pas saturé/aucun conseiller en place
3. Accessible par des groupes/méthodes de communication communes (les membres communiquent)
4. Naturel pour vous (vous aimez faire affaire avec eux)
5. Vous pouvez ajouter de la valeur
6. Base sur laquelle partir :
   - milieu d'origine commun
   - intérêts communs
   - clients actuels
   - répétitions dans la base de données

Figure 25.2

Catégories possibles de groupes cibles

1. Professions (chiropraticiens, dentistes, vétérinaires)
2. Groupe ethnique (Italien, Chinois, Indien, Coréen)
3. Petite entreprise (vendeur automobile, atelier de carrosserie, franchisé de McDonald)
4. Occupations (contrôleur, vendeur, organisation des jeunes présidents)
5. Loisirs coûteux (clubs de tennis, country club, voilier/aviation)
6. Communautés résidentielles (associations communautaires, associations de résidents)
7. Activités personnelles (club de bridge, petites ligues, groupes confessionnels)

Une bonne méthode consiste à étudier votre base de clientèle actuelle, et à y repérer les répétitions, c'est-à-dire des professions qui reviennent plus d'une fois. Cela indique une chimie adéquate qui pourra servir de base pour ériger votre offensive.

Des marchés ciblés à considérer

En ayant ceci à l'esprit, faisons un bref survol de toutes les possibilités qui s'offrent à vous (Figure 25.2). Les professionnels sont tous des cibles évidentes : chiropraticiens, dentistes, médecins, vétérinaires, comptables... La liste s'allonge à l'infini.

Plusieurs conseillers se concentrent sur un groupe ethnique, avec succès. Si vous provenez d'un groupe ethnique qui n'a pas été traditionnellement une grande source de conseillers financiers, vous avez une excellente occasion de vous différencier d'autres qui ne sont pas issus de votre groupe ethnique.

Les petites entreprises peuvent constituer de superbes marchés cibles. Certains conseillers se concentrent sur les concessionnaires automobiles, sur les propriétaires d'imprimerie, ou même sur un groupe aussi restreint que les propriétaires de franchises McDonald.

Une quatrième alternative sera de choisir une occupation. Les vendeurs professionnels pourraient constituer un marché cible, les contrôleurs corporatifs un autre et les vice-présidents un autre. Vous pourriez choisir de vous attaquer aux membres de l'Association des Jeunes Présidents.

D'autres conseillers visent les passe-temps populaires. Ils s'arrangent pour être le conseiller de prédilection au Country Club — la première personne à laquelle les membres du club de golf, quel que soit leur métier ou leur origine, songeront lorsqu'ils auront besoin d'un conseiller financier. Le conseiller subventionne des tournois de golf ou des trophées pour le club, il joue un rôle prépondérant lors des comités importants du club et il cherche les occasions de prendre la parole lors des rencontres. Il n'y a pas que le golf qui puisse se prêter à ce genre de tactique : la voile, le tennis, et même quelque chose d'aussi spécialisé que le planeur peuvent faire l'affaire.

Les ensembles résidentiels ne sont pas une cible facile, pourtant certains conseillers y ont concentré leurs efforts et sont devenus les conseillers de prédilection d'un bon nombre de gens faisant par exemple partie de l'association des résidents. On pourra aussi viser les activités personnelles comme les clubs de bridge, les ligues de baseball ou les associations paroissiales.

Votre approche pourrait cibler un produit. Vous pourrez vous concentrer sur les nouveaux développements; un secteur précis d'une industrie, comme les technologies de pointe ou les valeurs boursières. L'investissement, en de telles situations, détermine lui-même les gens que vous voudrez cibler.

Restreint ou étendu

À partir du moment où vous aurez atteint le seuil critique de cinq ou six clients au sein de n'importe lequel de ces marchés, il deviendra beaucoup plus facile de vous faire de nouveaux clients dans la communauté. Vous serez devenu un choix judicieux, le seul avec qui il faut faire affaire. Vous serez l'expert et la tête connue du groupe.

En évaluant les choix qui s'offrent à vous, néanmoins, il faudra garder à l'esprit tous les critères ci-haut mentionnés. Les membres du groupe choisi devront avoir les moyens nécessaires pour investir, sinon ce n'est pas un marché viable. Il doit y avoir des affinités entre les membres du groupe. Certains liens de communication doivent être établis. Ce sont toutes des conditions sine qua non : sans elles, vous perdrez votre temps. Il est aussi préférable que les membres du groupe ne soient pas surexploités, et que vous possédiez vous-même une base de connaissances dans le domaine qui puisse servir de rampe de lancement.

L'un des dilemmes philosophiques importants auxquels auront à faire face les conseillers qui se lancent dans le marketing ciblé est de choisir entre un marché étendu et un secteur très pointu. J'entends déjà des conseillers qui disent : «Nous comprenons les avantages du marketing ciblé et l'importance d'être les experts de certains groupes donnés, mais nous voulons viser le marché de façon à ne laisser personne hors de portée. Nous ferons donc en sorte d'être perçus comme les personnes-ressources des gens qui ont de l'argent.»

Malheureusement, cette approche ressemble dangereusement à une réclame que j'ai vue récemment pour les restaurants Charrington's. Au milieu de la réclame, on pouvait lire : «Nos spécialités sont la cuisine française, les mets italiens, et la gastronomie nord-américaine.» Voici une entreprise qui a réalisé l'importance de la spécialisation, mais qui aura ensuite décidé de se proclamer spécialiste en tout. Le message implicite est que peu importe les goûts du client, ils en sont les spécialistes. Mais être spécialiste en toute chose est comme d'être spécialiste en rien, c'est n'être, en somme, qu'un généraliste. Et un généraliste, même lorsqu'il prétend être un spécialiste, sera battu dès que les véritables spécialistes entreront en scène. Et si vous avez envie de cuisine française, vous ne choisirez probablement pas Charrington's, mais plutôt un restaurant de cuisine française.

Même si le cas de Charrington's est un cas extrême, cette façon de se prétendre expert en tout semble être plutôt commune. Vous êtes un peu plus discipliné, et vous décidez, supposons, de vous faire spécialiste des propriétaires d'entreprise. Ils ont les ressources et ils ont des affinités; en général, ils ont des moyens de communication établis, associations, bulletins d'information, réunions.

Pourtant, le risque, puisque les propriétaires d'entreprise sont un groupe immensément vaste, sera de voir un jour un autre conseiller ambitieux emporter un morceau alléchant de «votre» marché cible. Si l'intrus décide de se concentrer uniquement sur les propriétaires de restaurants, d'assister aux réunions de l'Association des Restaurateurs, d'écrire pour leur bulletin et de se réserver quinze minutes pour parler lors d'une réunion, vous ne pourrez pas le suivre. S'il organise deux séminaires dans l'année traitant de l'augmentation de la productivité et des nouvelles techniques de marketing, il vous fera une compétition impitoyable.

De votre côté, si vous rencontrez un propriétaire de restaurant durant l'avant-midi, un entrepreneur général durant l'après-midi et un imprimeur vers la fin de la journée, à la longue vous constaterez qu'il devient très difficile, voire même impossible, de compétitionner avec le conseiller qui, lui, ne fait que s'occuper des propriétaires de restaurants. À cet instant, vous êtes devenu le généraliste. Lui, c'est le spécialiste, et il est plus à même d'être choisi et adopté par les restaurateurs tout simplement parce qu'il se place entièrement de leur point de vue.

Toutefois, même lui n'est pas en terrain protégé. Une autre conseillère rusée pourra se glisser dans le jeu et découvrir une occasion de marché. Elle se dit : «Il y a un sous-groupe curieux et intéressant parmi les propriétaires de restaurants. Ils ont des affinités, des ressources, et les moyens internes de communication qu'il faut. Ce sont les propriétaires de franchises McDonald, et j'ai déjà deux clients acquis qui sont des franchisés de la chaîne McDonald. Je vais commencer à assister à leurs réunions et je vais développer un bulletin d'information spécialisé visant à répondre à leurs questions. J'organiserai même un voyage à la convention annuelle de McDonald. Je verrai si l'intérêt des propriétaires est suffisamment marqué pour qu'une tournée des franchises en Angleterre et dans le reste de l'Europe vaille la peine d'être planifiée. Le coût du voyage serait défrayé par les propriétaires de franchises, mais pour ma part j'organiserais le tout et serais la personne-ressource.»

Le conseiller qui avait ciblé les propriétaires de restaurants en général réussira toujours à conserver la majorité de sa clientèle et même à l'étendre grâce à sa prédominance au sein de ce milieu choisi. Par contre, il éprouvera d'énormes difficultés à attirer les propriétaires de franchises McDonald et à faire affaire avec eux, puisque la conseillère ci-haut mentionnée a fini par devenir leur spécialiste. À tout moment, quand un conseiller se concentre sur un sous-groupe qui a plus d'affinités avec les autres membres du sous-groupe qu'avec le groupe d'origine, ce conseiller a une chance de s'approprier cette niche particulière.

Plus vous ciblez un marché étendu, plus vous pouvez atteindre de clients potentiels. Il y a davantage de propriétaires de compagnie qu'il n'y a de propriétaires de restaurant, et davantage de propriétaires de restaurant qu'il n'y a de franchisés McDonald. Ce sont les avantages d'un groupe étendu. Mais plus vous ciblez un marché pointu, à l'intérieur d'une limite raisonnable, plus vous pourrez vous faire une image dominante au sein du groupe choisi et plus vous vous serez éloigné des compétiteurs qui pourraient venir tenter de s'immiscer entre vous et vos clients.

En tant que conseiller financier, vous êtes beaucoup mieux de devenir la personne-ressource dans trois ou quatre sous-groupes que dans un seul grand groupe. Bien entendu, la taille de la ville où vous travaillez influencera cette stratégie. Il y a plus de flexibilité dans une communauté de plus grande taille à cause du bassin de population qui est d'importance également plus grande. Il y a beaucoup de franchises McDonald dans une grande communauté. Dans une communauté restreinte, chaque groupe doit être plus étendu, question de rentabilité et de nombre. En outre, dans une petite communauté, vous avez moins de craintes à avoir quant à l'éventualité de voir un conseiller vous dérober un sous-groupe de votre marché cible, puisque la petitesse du groupe qui en résulterait serait ridicule.

Stratégiquement parlant, beaucoup de facteurs entrent en ligne de compte lorsque vous décidez de passer au marketing ciblé. La chose n'est pas automatique. Le groupe ou les groupes qu'il faut cibler ne vous sembleront peut-être pas des choix évidents de prime abord. Cela suppose que vous deviez faire une comparaison des différents facteurs pour et contre et que vous deviez faire le choix le plus prometteur.

✎ Instantanés

✔ *La première étape de l'élaboration du marketing ciblé est d'identifier quelques groupes possibles. Puis il faut effectuer des recherches sur ces groupes, apprendre les besoins particuliers de leurs membres afin de vérifier s'ils feraient une cible potentielle réaliste.*

✔ Le premier critère, lorsque vous commencez un marketing ciblé, est de s'assurer que les membres ont des moyens financiers suffisants.

✔ Deuxièmement, le groupe ne devrait pas être déjà surexploité ou avoir une personne-ressource dominante et bien en place.

✔ Troisièmement, votre marché devra être accessible grâce à des liens déjà existants de communication et d'organisation.

✔ Quatrièmement, les membres du groupe sélectionné doivent avoir beaucoup d'affinités.

✔ Cinquièmement, le milieu choisi devrait vous aller comme un gant.

✔ Enfin, il est préférable d'avoir une base de connaissances de départ dans le domaine que vous désirez cibler, pour vous aider à tisser des liens dans le groupe.

✔ Des marchés possibles sont basés soit sur les professions, les groupes ethniques, les petites entreprises, les occupations, les passe-temps populaires, les communautés résidentielles, les activités personnelles ou les produits d'investissement.

✔ L'un des dilemmes philosophiques importants auxquels auront à faire face les conseillers qui s'attaquent au marketing ciblé est de choisir entre un marché étendu et un secteur plus restreint.

✔ Plus vous ciblez un marché étendu, plus vous pouvez atteindre de clients potentiels. Plus vous ciblez un marché pointu, plus vous pourrez vous bâtir une image au sein du groupe, et plus vous serez à l'abri des compétiteurs.

✔ En tant que conseiller financier, vous êtes mieux de devenir la personne-ressource principale dans trois ou quatre sous-groupes que dans un seul grand groupe.

✔ La taille de la communauté où vous travaillez influencera cette stratégie : dans une plus grande communauté vous aurez davantage de flexibilité à cause de la population plus grande également. Même des groupes très restreints peuvent receler des clients potentiels. Dans des communautés plus petites, le groupe doit être bien plus important pour demeurer rentable et dynamique.

CHAPITRE 26

Débuter
un marketing ciblé

PRÉSUMONS QUE VOUS AVEZ PRIS LA DÉCISION DE VOUS ATTAQUER À UN MARché cible. Vous avez identifié de trois à cinq groupes cibles possibles, et, à l'aide du tableau que nous fournissons sur notre disque compact (Figure 26.1), vous avez évalué vos affinités avec chacun d'entre ces groupes. L'un d'entre eux ressortit clairement du lot avec un score beaucoup plus élevé. Il vous faudra maintenant étudier attentivement ce groupe afin de connaître son point de vue. Quels sont les principaux problèmes rencontrés par les membres du groupe. Quels sont leurs principaux intérêts?

Récemment, pour les besoins d'un atelier, j'ai eu besoin d'en apprendre davantage à propos des dentistes. J'ai appelé mon propre dentiste et lui ai demandé si je pouvais réserver un moment afin de parler un peu avec lui au téléphone des choses qui préoccupent les dentistes. Lorsque les dentistes se rassemblent, de quoi s'inquiètent-ils? Il était plus qu'heureux de m'aider, et nous avons eu un agréable petit échange d'une dizaine de minutes — cela est amplement suffisant pour faire le tour de la question. Huit points-clés firent surface, de l'effet du fluorure à la terreur du SIDA en passant par les pressions financières et le besoin d'administrer un cabinet comme une entreprise.

Obtenir de l'information

En étudiant votre groupe cible, vous respecterez cette même procédure. La source initiale d'information sera généralement un membre du groupe que vous connaissez déjà. Il est important de vous montrer respectueux de son temps et ainsi de vous limiter à une conversation de moins de quinze minutes au maximum. Vous expliquez donc : «La raison de ce petit entretien est que je souhaite comprendre un peu mieux votre milieu et vos besoins puisque je songe à cibler une partie de mes efforts sur les gens de votre profession. Je n'ai pas l'intention de tenter

Figure 26.1

Évaluer les groupes cibles

	Nom du groupe	Nom du groupe	Nom du groupe
1. Argent (1-5 points)	_____	_____	_____
2. Sans conseiller dominant/ pas de sur-prospection (1-5)	_____	_____	_____
3. Accessible par des moyens de communications existants (1-5)	_____	_____	_____
4. Accès (1-5)	_____	_____	_____
5. Bases sur lesquelles partir (1-5)	_____	_____	_____
Total (sur 25)	_____	_____	_____

de vous vendre quoi que ce soit. Ce n'est que de la recherche d'information.» À la fin, remerciez poliment, et tendez une perche : «Écoutez, cela a été fantastique. J'apprécie vraiment que vous ayez pris le temps de me parler. Je me demande si je pourrais requérir une dernière faveur : connaissez-vous deux ou trois autres personnes avec qui je pourrais avoir une petite conversation au sujet de la médecine dentaire?»

La seconde source serait celle des publications commerciales. Arrangez-vous pour mettre la main sur des anciens numéros et lisez-les attentivement. Non seulement vous renseigneront-ils sur les sujets chauds et sur les inquiétudes principales du groupe, mais ils vous permettront de voir s'il existe une ouverture pour vous qui souhaitez écrire pour cette même publication des articles traitant d'affaires financières. Les anciens numéros peuvent aussi révéler la présence d'un conseiller qui vous aurait damé le pion et qui ferait déjà affaire au sein du groupe que vous considérez.

La troisième source est l'association du secteur. Souvent, il est possible de s'asseoir, ou, à tout le moins, de discuter au téléphone, avec le directeur exécutif, un employé, ou un membre de l'exécutif. Vous voulez connaître les besoins uniques du groupe : «Je songe à organiser une série d'ateliers qui feraient le point sur les préoccupations spécifiques des dentistes,» pourriez-vous dire, «et je veux comprendre mieux quelle est la situation et quels sont les besoins précis des dentistes aujourd'hui.»

Finalement, ne dédaignez surtout pas les autres intervenants qui oeuvrent au sein de ce groupe, puisqu'ils peuvent être une mine d'in-

Figure 26.2

GROUPE CIBLE : Dentistes

CONTACT : Dr. Allen Kent

TÉLÉPHONE : 555-4826

POINTS IMPORTANTS :
1. L'effet du fluorure dans le dentifrice et une meilleure éducation dans les écoles et à la maison : les enfants ont moins de caries.
2. De plus en plus de programmes d'assurances paient pour les traitements : cela attire les patients qui, sinon, ne seraient pas venus. Toutefois, les honoraires peuvent changer (à cause des tarifs d'honoraires qui ne sont pas à jour).
3. En général, ils sont sous une pression financière grandissante (en particulier les nouveaux dentistes, pour qui les coûts reliés à la mise sur pied d'un cabinet sont élevés et parce que, quand vient le temps de d'emprunter de larges sommes d'argent pour l'achat d'équipement pour commencer, les banques sont plus prudentes).
4. Besoin de gérer les cabinets de dentistes comme une entreprise : besoin d'hygiénistes dentaires/d'assistants et d'employés délégués afin d'assurer le fonctionnement quotidien et d'obtenir un bon rendement.
5. La tendance grandissante d'effectuer des traitements de correction pour les adultes/orthodontie.
6. Trouver et maintenir un personnel qualifié est un problème de plus en plus important.
7. SIDA
8. Le niveau de stress parmi les dentistes est l'un des plus haut de toutes les professions : de haut niveau d'épuisement professionnel.

SOURCES D'INFORMATION SUPPLÉMENTAIRE

1. Dr. Barbara Olnychuk	555-1234
2. Dr. Peter Bernas	555-5678
3. Dr. Tom Elliott	555-9123

formations. Si vous ciblez le milieu de la médecine dentaire, prenez en considération le point de vue des comptables, des avocats ou des banquiers qui ont beaucoup de dentistes parmi leurs clients. Vous pourriez même prendre contact avec la faculté de médecine dentaire à l'université ou avec des distributeurs d'équipement dentaire. Ce sont tous des gens qui interagissent régulièrement avec des dentistes et qui peuvent apporter des précisions sur leur point de vue précis et sur la manière de s'insinuer efficacement au coeur de la vie communautaire du milieu (Figure 26.3).

Bâtir votre image

Une fois ces deux étapes passées, c'est-à-dire l'identification et l'étude

Figure 26.3

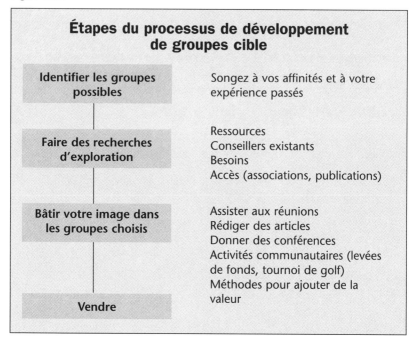

Étapes du processus de développement de groupes cible

Identifier les groupes possibles	Songez à vos affinités et à votre expérience passés
Faire des recherches d'exploration	Ressources Conseillers existants Besoins Accès (associations, publications)
Bâtir votre image dans les groupes choisis	Assister aux réunions Rédiger des articles Donner des conférences Activités communautaires (levées de fonds, tournoi de golf) Méthodes pour ajouter de la valeur
Vendre	

Figure 26.4

Groupe cible : _____

Occasions de bâtir votre image :

Associations
1. _____
2. _____
3. _____

Occasion d'écrire des articles
1. _____
2. _____
3. _____

Fournisseurs actuels
1. _____
2. _____
3. _____

Donner des conférences
1. _____
2. _____
3. _____

approfondie du groupe voulu, il vous faut commencer à bâtir votre image au sein de ce groupe (Figure 26.4). J'ai travaillé récemment avec un conseiller qui, fameuse coïncidence, avait ciblé le milieu de la médecine dentaire. Il avait déjà deux dentistes au nombre de ses clients, et cela lui fournissait une base sur laquelle commencer à bâtir son image. Lors de quelques rencontres, nous avons donc développé un plan de marketing en cinq points qui visait à placer le conseiller dans une position importante en tant que personne-ressource pour les dentistes de cette communauté :

1. Il avait décidé d'être présent aux rencontres mensuelles de l'association des dentistes et à la convention annuelle. Faire acte de présence à chaque mois nous avait semblé trop ambitieux, alors nous nous sommes mis d'accord pour une rencontre sur deux.

2. Il avait déjà pris contact avec une publication trimestrielle pour dentistes appelée Gestion de la Pratique dentaire : il avait eu de la chance et les éditeurs étaient intéressés à la possibilité de le voir rédiger une chronique régulière de 750 mots.

3. Il avait décidé d'organiser un séminaire de printemps sur les taxes et sur les approches stratégiques pour l'impôt des dentistes, avec un comptable invité, qui avait, parmi ses clients, plusieurs dentistes, puis un séminaire d'automne traitant de planification immobilière, avec comme conférencier invité un avocat qui, aussi, se spécialisait dans le milieu. Le conseiller-organisateur, bien sûr, demeurerait bien en vue et jouerait le rôle d'hôte.

4. Durant sa période de recherche, il avait pris connaissance de bon nombre d'articles intéressants qui faisaient référence à la gestion d'une clinique et de ses employés, aux affaires financières et à la mise en marché. Il prit la décision de poster à tous les dentistes de la communauté, et ce à chaque deux mois, un bref choix d'articles pertinents ne totalisant pas plus de quatre pages.

5. Il était également dans ses intentions d'entrer en contact avec l'association dentaire locale afin de trouver une occasion de prendre la parole à l'une de ses assemblées.

Calculer l'implication en temps

Chaque conseiller financier vous dira que sa façon de faire est efficace et qu'elle lui permet d'établir autant sa crédibilité que son image : elle lui faciliterait grandement les choses s'il devait un jour chercher à devenir un conseiller financier expert au sein d'un groupe circonscrit avec précision. Toutefois, plusieurs de ces conseillers pourraient se poser des questions au sujet de l'effort nécessaire qui semble plutôt gigantesque. Comment maintenir à flot une base de clientèle déjà existante et un revenu stable tout en expérimentant un marché entièrement nouveau?

Récapitulons l'emploi du temps d'un conseiller qui travaille sur un marché ciblé afin de calculer exactement combien d'heures il est nécessaire de libérer pour s'attaquer à un semblable projet. Il y a d'abord les six rencontres de l'Association. Évidemment, vous voudriez arriver parmi les premiers et être parmi les derniers à quitter, puisque la plupart des occasions se produisent avant et après la rencontre proprement dite. Cela nous fait trois heures par rencontre pour un total de dix-huit heures annuellement.

Les articles trimestriels demandent de la recherche et, même si une certaine quantité de matériel était disponible aux sources les plus accommodantes (sièges sociaux, etc.) il faudrait encore du temps pour façonner le tout à votre image, pour donner à l'article le style et le caractère voulu. Le résultat se doit d'être de bonne qualité, car ce qui mérite d'être fait mérite d'être bien fait. Tenons pour acquis que chaque article demandera douze heures de préparation (même si le temps que vous y consacreriez pourrait être réduit de beaucoup par l'embauche d'un étudiant en journalisme qui se chargerait de faire une entrevue, puis de rédiger l'article). Et si le chiffre de douze heures semble sous-estimé, considérons qu'un texte de sept cent cinquante mots se réduirait à soixante mots par heure ou à un mot à la minute. Au total, les quatre articles vont requérir quarante-huit heures de préparation dans l'année.

Les deux séminaires, eux, demandent un effort considérable, mais la plus grande part de cet effort, c'est-à-dire la préparation des listes d'invitation, l'impression d'étiquettes et les arrangements avec les traiteurs, peut être délégué à vos adjoints. Il restera la logistique : vous devrez rencontrer le conférencier invité, écrire votre propre intervention, voir à la publicité et louer ou préparer le site. Il est raisonnable d'estimer que vous consacrerez quarante heures au total par séminaire et donc quatre-vingt heures par an. Cela n'est pas si énorme, étant donné que vous attirerez ainsi une foule importante qui englobera même la propre base de clientèle de vos conférenciers invités, s'ils sont le moindrement reconnus.

Les articles que vous devrez distribuer au sein du groupe cible demandent une certaine quantité de travail puisque vous devez les lire au préalable, mais cette activité fait partie des tâches qu'un conseiller ordinaire accomplit afin de se tenir informé. Supposons qu'il faut trois heures supplémentaires pour feuilleter et choisir les articles qui seront distribués. Le reste du travail — faire les photocopies et envoyer le tout par la poste — incombe à votre secrétaire. Cela fait donc dix-huit heures par année.

Le discours de trente minutes fait durant la rencontre de l'Association est le tout dernier élément de la stratégie de mise en marché. C'est une intervention qu'il ne faut pas négliger et qui demande une longue période de préparation, puis de recherche et de rédaction, et, enfin, de pratique répétitive. Pour certains de nos conseillers les plus perfectionnistes, le temps requis serait près de l'infini : ils pourraient commencer aujourd'hui et ne terminer jamais. Si le fait de parler devant un public vous indispose, cet aspect de la stratégie ne vaut sans doute pas la peine d'être pris en considération. La règle populaire en ce qui a trait aux discours est qu'il devrait y avoir une heure de préparation derrière chaque minute de discours. C'est un discours d'une demi-heure : attendez-vous à investir plus ou moins trente heures de votre temps.

Additionnées, toutes les activités de mise en marché visant un groupe cible choisi totalisent 194 heures réparties sur une année. Et c'est un chiffre précis, puisque nous voulions faire un travail soigné. Mais même cette estimation prudente ne se résume pas à plus de quatre heures par semaine.

La question qu'il faut vous poser, lorsque vous considérez le marketing ciblé, est la suivante : serait-ce le meilleur emploi que je pourrais faire de ces quatre heures par semaine? Il existe des conseillers qui passeront outre le marketing ciblé en se disant qu'ils seraient beaucoup mieux d'occuper ces quatre heures par semaine à faire de la sollicitation conventionnelle. Cependant, pour beaucoup de conseillers, ceci pourrait bel et bien être de loin le meilleur emploi à faire de trois ou quatre heures par semaine puisqu'ils se lancent ainsi dans une position proéminente au sein d'une communauté bien spécifique. Gardez également à l'esprit qu'une fois construites votre image et votre réputation à l'intérieur d'un groupe donné, il vous faudra beaucoup moins de temps par année pour les maintenir qu'il ne vous en aura fallu pour les bâtir. C'est la dynamique du Décollage.

Vous ne pourrez pas abandonner toutes les activités, bien sûr. Il faut protéger vos arrières. Si vous informez l'éditeur de cette publication trimestrielle du fait que vous n'écrirez plus que deux fois l'an dans son bulletin, qui dit qu'un autre conseiller ne sera pas invité à combler le vide ainsi créé? Pourtant, maintenir cette position vous prendra beaucoup moins de temps puisque vous aurez la possibilité d'être plus sélectif quant aux activités auxquelles vous irez prendre part.

Lentement et sûrement

Le temps que vous consacrez à bâtir votre image devra être étalé sur une longue période, et ce pour plus d'une seule raison. Tandis que vous continuez de vous occuper de votre clientèle, rien de plus facile que de travailler votre image petit à petit. Il faut que la visibilité qui est la vôtre soit soutenue, parce que, comme je l'ai déjà indiqué plus haut, la confiance se nourrit de régularité puis de constance. Confrontés à un besoin de 194 heures, vous pourriez retrancher quatre semaines de votre agenda de base et consacrer au moins cinquante heures par semaine à vous construire une image dans un marché nouvellement ciblé. Mais vos efforts ne serviraient à rien et seraient vains. Le défi n'est pas seulement de trouver le temps, mais de le répartir sur une longue période.

Très communément, les conseillers tombent dans le panneau d'une activité brusque, épisodique, avant que de reperdre le fil et de revenir à leurs affaires habituelles. Si l'on ne vous voit qu'à trois rencontres d'association, tout pimpant et plein d'entrain, et que vous semblez ensuite disparaître du paysage, vous vous ferez plus de mal que de bien. Afin de vous positionner à l'intérieur du groupe que vous avez choisi, et pour vous y maintenir en position, vous avez besoin d'une discipline de fer et d'une ténacité qui ne l'est pas moins.

Dans ces méthodes d'édification de la confiance, vous verrez que le plus difficile est de trouver une occasion de prendre la parole lors d'une assemblée générale. Peut-être qu'il n'y a pas tant d'assemblées qui sont tenues et que, s'il s'agit d'un groupe prometteur, beaucoup d'autres conférenciers sont déjà en ligne pour ces places précieuses. Plus important encore, tant que vous ne vous serez pas bâti une image solide qui inspire la confiance, un comité d'association hésitera à vous réserver une présence au micro, car il craindra d'être embarrassé dès le moment où vous serez sur la tribune si vous commencez alors à vanter vos produits alors qu'il vous aura officiellement endossé.

Publier un article sera généralement plus facile et ce sera d'ailleurs généralement la première incursion dans une communauté choisie. Les publications industrielles semblent éternellement en manque de matériel et leurs éditeurs cherchent toujours des façons ingénieuses de remplir l'espace. Dites à l'éditeur : «Je fais déjà affaire avec plusieurs dentistes, et en discutant avec certains d'entre eux dernièrement, j'ai cru remarquer que beaucoup avaient des inquiétudes quant à la retraite. J'ai composé un article sur le sujet que j'aimerais vous faire parvenir. Vous me direz s'il s'agit potentiellement d'un bon morceau pour votre publication.»

Remarquez qu'il ne faut surtout pas dire : «Je suis intéressé à écrire un article et si cela vous intéresse, je l'écrirai.» Du point de vue de l'éditeur, vous demandez beaucoup plus que de faire simplement lire votre article par quelqu'un : vous demandez presque à être mis sous contrat avant d'avoir écrit un seul mot, or il est fort peu probable que l'éditeur vous donne son feu vert. Il est beaucoup plus facile pour lui d'accepter de jeter un coup d'oeil à quelque chose lorsque vous avez manifesté de l'intérêt et que cet article est déjà rédigé.

Si on vous demande d'envoyer l'article tout de suite, vous aurez peut-être à vous débattre rapidement pour l'écrire, s'il n'est pas prêt, mais, à tout le moins, la porte s'est entrebâillée. Si votre article plaît à l'éditeur et que vous recevez des échos positifs à son sujet, suggérez-lui de lui en faire parvenir un second. Puis, vous pourrez proposer une colonne régulière. Quoi qu'il en soit, il sera toujours mieux de gravir les échelons un à la fois plutôt que de viser dès le départ l'article mensuel. Pour l'éditeur, il s'agit d'une implication et d'un risque beaucoup plus grand. Mais si vous êtes patient avec ceci comme avec toutes les autres activités qui se rattachent au marketing ciblé, une crédibilité s'installera et les dividendes commenceront à vous parvenir à long terme.

Instantanés

✔ *Après s'être servi du Tableau des Scores de notre disque compact pour évaluer les marchés possibles et choisir la communauté la plus prometteuse, il est temps d'approfondir notre connaissance de cette communauté.*

✔ *Est-ce que le milieu choisi possède les ressources présentes et futures pour supporter un spécialiste du marketing ciblé?*

✔ *Y a-t-il d'autres conseillers financiers qui opèrent dans ce milieu, soit directement, soit à travers un marché plus étendu?*

✔ *Comment communiquent-ils?*

✔ *Est-ce que le groupe a de très fortes affinités?*

✔ *Qui sont les personnes-clés ou les plus influentes du groupe?*

✔ *Quel est leur point de vue? Quels sont leurs sujets chauds de l'heure?*

✔ *Débutez votre quête d'information par le biais de quelqu'un que vous connaissez déjà et qui appartient à ce groupe. Il est important de vous montrer respectueux du temps de cette personne et de ne pas l'occuper plus de quinze minutes.*

✔ *Trouvez des anciens numéros de la publication commerciale de ce groupe, et lisez-les afin de vous familiariser avec les dilemmes auxquels la profession a fait face, et pour déterminer, en passant, s'il existe des occasions de rédiger quelques articles traitant des affaires financières au sein de cette profession.*

✔ *Conversez avec ceux qui prennent les décisions importantes au sein de la profession ou de l'industrie, pour être au fait de tout ce qui se passe au fur et à mesure où ça se passe.*

✔ *Ne négligez pas de parler à des fournisseurs de ce groupe.*

✔ *Après avoir fait beaucoup de recherche, commencez à construire votre image. Votre stratégie, idéalement, pourrait comporter des présences* régulières aux rencontres d'association, des articles à teneur financière adaptés au milieu pour le bulletin interne, un ou deux séminaires, l'envoi d'articles choisis par voie postale, et des discours lors d'assemblées.

✔ Ces efforts conjugués vous demanderont une moyenne de trois ou quatre heures par semaine. Pour bien des conseillers, ce serait bel et bien la meilleure utilisation possible de ces heures/semaine, puisque cela les propulserait dans une position-clé au sein d'une communauté prometteuse et définie.

✔ Souvenez-vous qu'une fois votre image bâtie dans le groupe que vous cibliez, moins de temps sera nécessaire pour la maintenir qu'il n'en aura fallu pour la construire.

✔ L'activité promotionnelle la plus difficile d'accès dans tous les groupes sera d'obtenir des occasions de parler en public lors des assemblées. Écrire pour un bulletin d'association est plus aisé et plus rapide, mais rappelez-vous d'y aller très lentement avec l'éditeur, et de gagner sa confiance.

CHAPITRE 27

Enrichir
un marché cible

U NE FOIS QUE VOUS AVEZ COMMENCÉ À VOUS BÂTIR UNE IMAGE ET À DÉVE-
lopper une relation de confiance adéquate au sein de votre marché cible, vous désirerez approcher certains membres du groupe et discuter de leurs besoins d'investissement. Le défi sera, comme toujours,
de trouver un juste milieu entre se montrer intéressé, mais non désespéré et mettre une pression indue sur le client (Figure 27.1).

Marketing Solutions a élaboré deux lettres modèles qu'il est possible
d'envoyer au client potentiel après l'avoir rencontré lors d'une assemblée (dans notre exemple, un dentiste lors d'une rencontre d'association). Sous bien des aspects, les deux lettres sont semblables et souli-
gnent le plaisir que vous avez eu à faire la connaissance de la personne
concernée, en spécifiant aussi qu'un article digne d'intérêt a été joint à
l'envoi. La différence réside dans l'article qui accompagne la missive. Le
premier article est tiré du *Wall Street Journal* et traite de la pression
financière grandissante qui assaille le milieu de la médecine dentaire.
Le second article est un essai rédigé par l'expéditeur en personne pour
le prochain numéro du bulletin de l'Association des dentistes (Figures
27.2 et 27.3).

Malgré les mérites certains de ces deux articles, nos recherches ont
démontré que l'extrait du *Wall Street Journal* créait une meilleure première impression que le texte du bulletin de l'Association. Le *Wall
Street Journal*, comme je l'ai déjà mentionné, génère beaucoup de crédibilité, mais, dans le cas présent, plus précisément, sert à un suivi
moins agressif. Un article écrit par le conseiller lui-même ne produit
pas cet effet : il risque de mettre tout de suite le dentiste sur la défensive et de lui faire se demander ce qu'on est en train d'essayer de lui
vendre. Et s'il y a une chose que vous désirez éviter à tout prix, c'est
bien d'être perçu comme celui qui n'assiste aux rencontres de

Figure 27.1

l'Association que pour vendre ses services aux divers participants. Donc la meilleure solution serait d'envoyer d'abord l'extrait du *Wall Street Journal* et puis, deux mois plus tard, de poursuivre avec le texte personnel écrit pour le bulletin de l'Association.

Il est extrêmement important de veiller à ne pas avoir l'air de celui qui s'insinue dans le groupe simplement pour proposer ses produits plus à son aise. C'est pourquoi, par exemple, je vous recommande de décliner l'offre que vous feraient les organisateurs de la convention annuelle d'installer un kiosque sur le site. Lorsque les dentistes franchiront les portes de ce séminaire ou de cette convention, que penseront-ils des gens qui se tiennent derrière leur kiosque? Réponse : ces gens sont ici pour vendre quelque chose. Leurs banquiers, leurs avocats et leurs comptables feront rarement partie des exposants. Vous désirez être le partenaire de ces dentistes et vous souhaitez être à leur niveau et non avoir l'air d'un inférieur visant leur portefeuille. La Règle des Banquiers s'applique tout autant dans ce cas-ci que dans les autres méthodes de prospection. Vous voudrez avoir l'air aussi professionnel que faire se peut.

Dans un même ordre d'idées, il ne serait pas sage d'expédier une lettre comme celle que l'on peut voir à la Figure 27.4 et qui traite de la prédiction des taux d'intérêt, puis de l'urgence de faire de bons placements tandis que ces taux sont au plus haut. À première vue, la missive ne semble pas si différente des autres exemples de lettres, puisqu'elle

Figure 27.2 🔊

Date

Dr Alain Adam
380, Avenue Laflèche Ouest
Bureau 200
Montréal (Québec)
H5J 1Y1

Monsieur,

Il m'a fait plaisir de vous rencontrer, mardi dernier, à la rencontre de l'ADO.

Pour faire suite à notre conversation traitant de la pression financière crois-sante sur les dentistes, j'ai pensé que vous pourriez trouver intéressant l'article du *Wall Street Journal* que j'ai joint à cette lettre. Il traite de certaines des ques-tions que nous avons abordées et qui touchent les dentistes au sud de la fron-tière et de leur réaction face à celles-ci.

J'ai hâte de vous rencontrer à la prochaine rencontre de l'ADO.

Je vous prie d'agréer, Monsieur, l'expression de mes sentiments les plus distin-gués.

Conseiller Quelconque

---

inclut aussi un article digne d'intérêt. Mais de quel point de vue vous placez-vous lorsque vous expédiez à un client potentiel une lettre qui l'incite à profiter du fait que les taux d'intérêt sont hauts? Davantage de votre propre point de vue que de celui du client. Plus important enco-re, la lettre vous identifie d'emblée comme étant quelqu'un qui cherche à vendre quelque chose. Et lorsque vous vous concentrez sur un grou-pe cible, le mot d'ordre est : prudence — vous ne voulez surtout pas projeter une image de vendeur. Particulièrement si le groupe cible constitue un groupe de professionnels.

Comparez ceci avec la lettre modèle qui, toujours dans la Figure 27.5, convie les dentistes à un séminaire sur les options de planification de la

Figure 27.3 🌐

Date

Dr Alain Adam
380, Avenue Laflèche Ouest
Bureau 200
Montréal (Québec)
H5J 1Y1

Monsieur,

Il m'a fait plaisir de vous rencontrer, mardi dernier, à la rencontre de l'ADO.

Pour faire suite à notre conversation traitant de la pression financière croissante sur les dentistes, j'ai pensé que vous pourriez trouver inteeressant l'article ci-joint. Il paraîtra dans la section financière de l'édition de janvier du journal de l'association des dentistes dans lequel j'écris. Il traite de certaines des questions dont nous avons discutées.

J'ai hâte de vous rencontrer à la prochaine rencontre de l'ADO.

Je vous prie d'agréer, Monsieur, l'expression de mes sentiments les plus distingués.

Conseiller Quelconque

---

retraite ou sur la réduction de la pratique après l'âge de cinquante-cinq ans. Le séminaire en question a lieu dans un club de golf et est présenté conjointement avec un comptable issu d'une firme reconnue. On note également que, s'il en coûte cinquante dollars (c'est donc un séminaire sérieux, puisque d'autres dentistes sont prêts à défrayer ce montant), la recette entière des frais d'admission est versée en guise de don au fonds d'étude de l'Association dentaire locale. En vérité, c'est un geste exigeant que de faire payer ainsi les dentistes pour assister à votre séminaire, mais le parfum de tout cela sera bien plus agréable et plus discret, évoquant la valeur sûre plutôt que le tordage de bras. La réponse à ce genre d'approche a été très positive puisque le tout aide à établir une

Figure 27.4

Date

Dr Alain Adam
380, Avenue Laflèche Ouest
Bureau 200
Montréal (Québec)
H5J 1Y1

Monsieur,

De nos jours, l'une des questions les plus importantes, quand vient le temps de faire de bons placements, est de prédire la direction que prendront les taux d'intérêt.

J'ai pensé que vous pourriez trouver les prédictions du Conference Board sur l'évolution des taux d'intérêt intéressantes. J'ai donc joint les prédictions qui ont été publiées la semaine dernière. Pour les mois à venir, ils prédisent que les taux d'intérêt atteindront un sommet. Si cela est vrai, il est maintenant temps d'investir aux taux d'intérêt actuels élevés.

N'hésitez pas à me contacter si vous avez des questions ou si je peux vous aider.

Je vous prie d'agréer, Monsieur, l'expression de mes sentiments les plus distingués.

Conseiller Quelconque

bonne crédibilité et à vous présenter comme un conseiller plutôt que comme un vendeur. Et ceci doit être l'élément-clé de toutes vos communications avec le groupe dans lequel vous oeuvrez.

Trouver de nouvelles façons de faire des affaires

Quand vous planifiez votre stratégie de marketing pour le groupe que vous avez ciblé, il vous faut suivre les étapes normales de mise en confiance que nous avons énumérées pour la prospection générale et la clientèle mixte habituelle. Cette planification est également une

Figure 27.5 ❊

Date

Dr Alain Adam
380, Avenue Laflèche Ouest
Bureau 200
Montréal (Québec)
H5J 1Y1

Monsieur,

Dans un récent sondage mené par le American Journal of Dentistry, plus de la moitié des dentistes ont dit espérer prendre leur retraite ou réduire leur clientèle autour de l'âge de 55 ans.

La seule réserve qu'ils ont émise comme problème potentiel est la suivante : être capable de prendre leur retraite sans avoir à sacrifier leur niveau de vie.

Au printemps dernier, plusieurs de vos collègues ont assisté à un séminaire traitant de ce sujet précis. Ce séminaire, qui a eu lieu au Markham Golf and Country Club de 18 h à 21 h, a abordé certaines des questions de planification financière et les options s'offrant aux dentistes qui arrivent à planifier avec succès leur retraite. Joanne Rogers, C.A. de Doane Raymond, qui a travaillé majoritairement dans les cabinets de dentistes, m'a aidé à présenter ce séminaire.

Le séminaire a tellement été apprécié que Joanne et moi avons décidé d'offrir une session de suivi le soir du 20 mai pour les dentistes qui n'ont pas assisté au premier séminaire. La totalité des frais d'admission, soit 50 $, sera remise au fonds de bourses scolaires de l'Association dentaire canadienne. Tous les détails sont exposés brièvement dans l'invitation ci-jointe. (J'ai également joint certains commentaires de la part de vos collègues qui ont participé au dernier séminaire.)

Puisque la discussion est un élément important de ce séminaire, les places sont limitées et les réservations seront faites d'après l'ordre des confirmations. J'espère vous voir le 20 mai et n'hésitez pas à me contacter si vous avez des questions entre temps.

Je vous prie d'agréer, Monsieur, l'expression de mes sentiments les plus distingués.

occasion en or de modifier d'une certaine manière la façon dont vous travaillez, et ce afin de mieux répondre aux besoins de ce groupe cible. Vous pouvez vous différencier non plus seulement par la mise en confiance et par l'image établie, mais aussi au moyen de services parfaitement adaptés au milieu auquel vous les destinez.

Par exemple, supposons que vous soyez un conseiller qui habite quelque part dans le nord des États-Unis ou au Canada, là où les hivers sont rigoureux. Vous prenez la décision de cibler tous les semi-retraités et retraités qui descendent passer l'hiver sous un climat plus hospitalier, c'est-à-dire la Floride, la Californie ou l'Arizona. Quels sont leurs besoins particuliers? Tout d'abord, et c'est d'une importance capitale

Figure 27.6

Profitez de votre place au soleil cet hiver
Présentation :

Minimiser les coûts d'assurance-maladie hors province	Robert Gibson, Canadian Grey Panthers
Les conséquences fiscales de passer l'hiver au sud de la frontière	Patricia Barnes, Ernst & Young
Conséquences légales à la possession de biens immeubles aux États-Unis	Peter Wilson, Smith, Wilson & Elliott law firm
Laissez votre maison l'esprit tranquille	L'agent Richard Major, Service de police d'Ottawa
Vous protéger des fluctuations du dollar canadien	Nom du représentant, Société

Date:	Samedi, 12 octobre, 1997	
Lieu :	Grand hall, Université Carlton	
Heure :	8 h 30	Café, admission
	9 h	Présentation
	12 h	Clôture

Parrainé par le journal local et par votre société
Pour plus d'information, contactez _____

---

pour votre opération, ils sont hors de leur État ou de leur pays pendant une partie de l'année, et font donc face à certains problèmes de communication avec leur conseiller. Deuxièmement, ils ont des soucis de sécurité puisque leur foyer demeure sans surveillance durant parfois de longs mois. Troisièmement, ils éprouvent une grande difficulté à demeurer en contact avec ce qui se passe dans leur communauté tandis qu'ils sont absents.

Imaginons que vous décidiez d'organiser un atelier pour ces retraités migrateurs (Figure 27.6). La toute première adaptation de votre part sera certainement le choix de la date et de l'heure : le meilleur moment de la semaine pour eux tend à être le samedi matin. Ils ne ressentent pas les pressions du travail et de la famille qui poussent vos autres clients à préférer les sessions sur semaine le midi ou dans la soirée. La soirée fonctionnerait assez bien pour ces retraités migrateurs, mais il demeure qu'un atelier suivi d'un brunch a un attrait inégalé.

Pour ce qui est des conférenciers invités, plutôt que d'inviter un comptable et un avocat comme vous faites habituellement vous pourriez vous tourner vers des représentants de la police locale ou vers un agent d'assurances qui aborderont le sujet de la protection d'une demeure laissée vacante pour une période prolongée. Si ces gens passent l'hiver en Floride, vous pourrez vous placer de leur point de vue en leur annonçant que pour les aider, vous avez fait installer un numéro sans frais 1-800 à votre bureau afin qu'ils puissent vous appeler s'ils ont des questions ou des inquiétudes. «Mieux encore, direz-vous, j'ai l'intention de me sacrifier et de quitter ma ville glaciale et enneigée deux ou trois fois cet hiver pour aller en Floride rencontrer mes clients un par un et pour répondre aux questions qui pourraient survenir brusquement. En outre, si nous travaillons ensemble, une fois par semaine je vous ferai parvenir une sélection d'articles photocopiés tirés de divers journaux locaux, afin que vous vous teniez au courant.»

Vous aurez alors réorganisé quelques-unes des méthodes de votre bureau pour les adapter aux besoins de ces nouveaux clients. Vous aurez augmenté votre chance de vous faire recommander en offrant un service plus approprié à ce groupe cible. Le bulletin d'information, en particulier, lorsque utilisé par de nouveaux conseillers, tend à devenir une source importante de conversation entre les retraités migrateurs qui ne font pas affaire avec le conseiller, mais qui veulent pourtant se garder au fait de ce qui se passe chez eux.

Finalement, vous bâtissez une sorte d'isolation compétitive. Un conseiller généraliste faisant affaire avec une clientèle étendue n'aurait que très peu de chances de vous dérober un seul client si l'idée lui venait. La seule façon dont les conseillers généralistes peuvent vous faire une réelle compétition est en changeant eux aussi de méthode de travail.

À propos de ce thème récurrent du spécialiste opposé au généraliste, il est important de savoir que l'atelier que vous organiserez pour les retraités migrateurs au sujet de la sécurité du foyer durant les longues absences n'attirera sûrement aucun autre client potentiel, même pas ceux qui sont effectivement retraités mais qui ne partent pas dans le sud régulièrement. Sauf s'ils ont l'intention d'adopter bientôt ce style de vie, il y a peu de chances qu'ils soient présents à l'atelier.

Cela devrait-il freiner vos efforts? Absolument pas. S'il y a suffisamment de retraités pour organiser un atelier couronné de succès, le fait que les centaines de milliers d'autres habitants de votre communauté n'y assistent pas ne devrait pas vous préoccuper le moins du monde. Faites-vous connaître à des clients potentiels par l'entremise du Conseil des citoyens de l'Âge d'or et cherchez auprès des agences de voyage et autres professionnels. C'est l'essence même du marketing ciblé que de produire une puissante attraction sur un milieu étroit, et ce par opposition à un appel général lancé à tout le monde. Si le milieu que vous avez sélectionné est suffisamment dense et qu'il dispose de ressources adéquates, vous aurez de bien meilleurs résultats avec l'approche particularisée et ciblée.

Une occasion d'innover

Le marketing ciblé vous offre davantage de flexibilité dans l'élaboration des techniques d'approche visant à adopter le point de vue du client. Imaginons un instant que vous ayez ciblé les propriétaires de restaurants. Plutôt que de tenir des séminaires en terrain connu sur des thèmes qui sont choisis d'après votre propre point de vue, comme la planification de la retraite, vous pouvez innover en faisant appel à leur point de vue de client. Les occasions sont nombreuses, vraiment. Vous pouvez inviter un expert qui démontrera quelques techniques de mise en marché pour les restaurants. Vous pouvez inviter un consultant en ressources humaines qui parlera des méthodes de motivation et de gestion du personnel. Un banquier qui se spécialise dans le financement de restaurants pourra discuter les principes de base d'une relation entre le propriétaire d'un restaurant et l'institution financière. Vous pouvez présider un séminaire sur les installations antifraude et antivol qui peuvent contribuer à une déperdition d'argent amoindrie dans les restaurants. Tous ces thèmes ont probablement plus d'attrait pour les clients potentiels que la combinaison toute faite de préparation à la retraite qu'offrent les conseillers généralistes.

Vous pourriez également saupoudrer votre bulletin d'information d'articles sur ces sujets clés qui touchent de près votre groupe cible. Vous pourriez aborder les nouvelles tendances du monde de la restauration, offrir des conseils sur la mise en marché, expliquer certaines techniques de motivation, et aussi transmettre de l'information sur le domaine de l'investissement. Ce genre de chose constitue une valeur ajoutée que les membres du groupe cible apprécieront grandement et qui les liera à vous plus intimement encore. Le bulletin en question n'a guère de chance d'intéresser un concessionnaire automobile. Mais qu'à cela ne tienne. Susciter un intérêt puissant dans un groupe restreint peut vous rapporter plus que vous ne le croyez.

Supposons également que vous décidiez de cibler les vendeurs professionnels : agents immobiliers, vendeurs en gros, agents de location commerciale, détaillants en informatique, vendeurs à commission dans l'industrie du textile ou dans d'autres secteurs lucratifs. Quel est le point de vue de ces gens-là? Ils seraient probablement intéressés à des séminaires sur la gestion du stress ou l'organisation des heures de travail, étant donné la pression constante à laquelle ils font face. Ils ont une grande soif de partager des idées, or vous pourriez peut-être inviter un consultant à parler de nouvelles méthodes de développement des relations avec les clients potentiels. Vous pourriez former un réseau afin que les différents vendeurs puissent échanger leurs impressions et leurs trucs. Le bulletin d'information, une fois encore, pourrait élaborer sur les mêmes thèmes et capitaliser ainsi sur le point de vue de votre groupe cible tout en ajoutant une valeur qui vous démarque de tous les compétiteurs généralistes.

Nouvelles communautés pour de nouveaux conseillers

J'ai récemment tenu un atelier pour les débutants à Toronto dans un marché métropolitain hautement compétitif où il est difficile de se différencier des autres. L'un des participants me posa une question sage mais plutôt difficile : si j'arrivais dans cette profession aujourd'hui même, qu'est-ce que je ferais? En guise de réponse, je traçai une variante des grandes lignes du marketing ciblé adapté aux centres métropolitains.

Je suggérai de prendre une carte et d'y dessiner un cercle d'à peu près quatre-vingt kilomètres de rayon depuis le centre-ville. Il faudrait dénicher de deux à cinq communautés comptant chacune de six mille à dix mille habitants, et ce, juste au-delà de la limite établie par le cercle. Vous visiteriez aussitôt ces communautés avec l'intention de vous imposer dans deux petites municipalités qui n'ont pas de conseiller dominant en place et qui ne sont pas très éloignées l'une de l'autre en voiture.

Vous devriez ensuite vous atteler à la tâche d'employer un jour toutes les deux semaines à bâtir votre image et à consolider votre crédibilité auprès des membres des deux groupes choisis. L'avant-midi dans une communauté, l'après-midi dans l'autre, ce n'est pas une si terrible corvée. Vous devriez ouvrir un bureau à temps partiel, parce qu'il est très difficile d'établir une bonne relation de confiance lorsque vous dites à votre client potentiel : «Passons dans mon bureau; laissez-moi juste ouvrir la banquette arrière de ma voiture.» Pour obtenir un local adéquat, entrez en contact avec une compagnie d'assurances ou une agence immobilière locale, quoique le meilleur atout pour plus de crédibilité serait un avocat ou un comptable. Cela pourrait même contribuer à tisser des liens entre vous et eux.

L'une des étapes de départ est de vérifier si le journal local publie une chronique régulière sur l'investissement et la finance. S'il n'y a pas de conseiller déjà en place, les chances sont très bonnes pour vous de pouvoir innover dans ce sens. Puisqu'il s'agit d'une communauté plus petite, il vous faudra sans doute accepter de dépenser mille ou mille cinq cents dollars en publicité durant l'année en échange de la rédaction de cet article, mais ce sera là de l'argent bien dépensé. Dans un même ordre d'idées, vous devriez approcher une station radiophonique et lui proposer une tribune financière hebdomadaire ou bi-hebdomadaire, ou une émission plus longue diffusée à chaque mois ou à chaque deux mois, au cours de laquelle vous répondriez aux appels du public et inviteriez des experts de l'extérieur à commenter les questions soulevées.

L'étape suivante, dans l'élaboration de votre image, sera de vous présenter aux personnes influentes de la communauté : avocat, comptable, médecin, maire, échevins, ministre, président de la Chambre de commerce et administrateurs civiques. Vous devriez vous joindre aux clubs importants et assister aux rencontres. Trouvez les principales bonnes oeuvres et donnez un coup de main lors de la guignolée, de la distribution des paniers de Noël, ou dans les banques alimentaires. Si l'hôpital local possède un comité des citoyens, vous pourriez proposer vos services lors des campagnes de financement (et vous n'y affronterez pas une bien forte compétition, je vous le garantis). Prenez part au tournoi de golf, aux fêtes communautaires et autres activités sociales. À travers tout ceci, vous commencerez à devenir un incontournable dans votre quartier ou votre région.

Tâchez d'obtenir une liste des propriétaires d'entreprises qui sont suffisamment accessibles et permettez-vous de les appeler pour les mettre au courant de l'ouverture de votre nouveau bureau et pour leur demander si vous pourriez passez les voir un beau jour. Portez-vous volontaire pour parler au groupe des exécutifs, aux rencontres des citoyens de l'âge d'or et aux compagnies privées à propos des déductions d'impôt et de planification de la retraite. Même si vous n'avez pas soumis une publicité amusante pour mousser la vente de vos articles dans le journal local, il serait sage de dépenser un peu d'argent afin de commanditer un trou lors du tournoi de golf. Cela ne coûtera pas trop cher puisque le prix de tels événements dans les petites communautés n'est pas élevé.

Un an plus tard, vous pourrez vous permettre une tentative plus audacieuse, c'est-à-dire un grand séminaire public, puisque vous aurez conscientisé les gens et gagné en crédibilité. À cette occasion, vous pourriez inviter un conférencier de l'extérieur et peut-être animer conjointement la soirée avec le comptable local. Une fois arrivé là, vous pourriez également souhaiter commanditer un événement visant à évaluer la clientèle, démarche ayant toujours très bien fonctionné pour les conseillers travaillant dans des communautés restreintes. L'idéal serait un barbecue tenu au parc municipal un samedi midi et auquel tous les gens que vous avez rencontrés jusqu'à maintenant seraient invités. Dans une petite communauté, ce genre d'activité a de bonnes chances d'être l'événement de la semaine, voire même du mois.

Si vous suivez cet itinéraire — si vous êtes persistant et que vous demeurez visible socialement à chaque deux semaines — serez-vous reconnu en tant que source d'information crédible? Absolument. La question la plus cruciale, pourtant, sera celle-ci : aurez-vous retiré des bénéfices aussi substantiels de votre investissement d'une journée à toutes les deux semaines — dix pour cent de votre temps — dans ce projet que si vous aviez employé la méthode de prospection conventionnelle des Foires commerciales et des appels à froid? Dans certains cas, peut-être pas. Mais dans beaucoup de cas, je crois que la réponse serait oui.

Les bénéfices ne se feront pas sentir immédiatement, tandis que ceux du conseiller qui fait de l'appel à froid semblent immédiats et rapides. Mais après douze ou dix-huit mois, le conseiller qui aura réservé dix pour cent de son temps à se bâtir une image et une crédibilité dans un groupe ou une communauté cible verra qu'il se retrouve loin devant les conseillers conventionnels.

Instantanés

✔ *Le premier défi, dans l'approche d'un marché cible, sera de trouver l'équilibre entre se montrer intéressé mais non désespéré et mettre une pression indue sur le client.*

✔ *Des deux combinaisons que Marketing Solutions a élaborées comme suivi discret après une première rencontre, celle qui était la plus performante incluait l'envoi d'un article tiré du* Wall Street Journal *traitant de la pression financière grandissante qui assaille le milieu visé. Par la suite, lorsque les mécanismes de défense du client potentiel se sont relâchés, faites-lui parvenir un article que vous avez rédigé pour le bulletin de l'Association de la profession visée.*

✔ *Évitez à tout prix d'être perçu comme celui qui assiste aux rencontres de l'Association uniquement parce que cela lui permet de vendre ses services. Si vous avez choisi de cibler un groupe très restreint, évitez également de tenir un kiosque lors de leur assemblée annuelle.*

✔ *Nos recherches ont démontré qu'il n'était pas sage d'expédier une lettre traitant de l'urgence de faire des placements tandis que les taux sont au plus élevé. Ce qui convient beaucoup mieux auprès des groupes de professionnels est une missive qui leur propose un séminaire sur les options de planification de la retraite ou sur la réduction de leur pratique après l'âge de cinquante-cinq ans. Le séminaire en question pourrait avoir lieu dans un club de golf et être présenté conjointement avec un comptable issu d'une firme reconnue, et ce pour la modique somme de cinquante dollars qui seront offerts à une oeuvre de charité liée de près au groupe cible.*

✔ *Le marketing ciblé offre une occasion en or de modifier la façon dont* vous travaillez afin de mieux répondre aux besoins du groupe cible. Vous pouvez vous différencier par l'offre de services parfaitement adaptés au groupe auquel vous les destinez, comme dans le cas du conseiller qui visait les retraités migrateurs.

✔ Ces nouvelles initiatives de marketing ciblé provoquent un isolement compétitif contre les conseillers généralistes.

✔ Les séminaires fortement ciblés et les bulletins d'information seront de faible intérêt pour les clients qui se situent hors du groupe cible. Cela ne devrait toutefois pas vous inquiéter : s'il y a suffisamment de clients potentiels intéressants et que l'atelier se voit couronné de succès, vous aurez de bien meilleurs résultats en produisant une action puissante sur un groupe restreint.

✔ Si vous vivez dans une grande région métropolitaine, vous pourriez vouloir cibler de préférence une sous-communauté qui se situe en périphérie et où ne domine encore aucun conseiller.

Partie III
Fidéliser la clientèle

CHAPITRE 28

Offrez de la valeur ajoutée à vos clients

L ES ANNÉES 90 ONT ÉTÉ BAPTISÉES, À JUSTE TITRE, LA DÉCENNIE DE LA VALEUR ajoutée. Cette tendance se poursuivra dans les années à venir. Dans tous les secteurs d'activités, la clientèle se déplace vers les entreprises qui ajoutent concrètement de la valeur pour leurs clients. Le secteur des services financiers n'échappe pas à cette tendance. La fidélisation de la clientèle doit se faire en maximisant toujours la valeur ajoutée pour les clients. Ces derniers deviendront ainsi d'inestimables porte-parole pour faire connaître à tous les mérites de l'entreprise.

Pour la majorité des clients, la création de valeur ajoutée commence par le plan financier. Ce plan sera le fondement de votre relation avec le client et une preuve tangible de votre valeur à ses yeux. Le plan ne devrait pas être un document de 60 pages rempli de graphiques et de statistiques non plus qu'un feuillet de deux pages, dont l'une d'elles serait la page couverture.

Comme j'ai noté dans le chapitre 1, pour la majorité des clients il existe un écart à combler entre les besoins financiers futurs et la capacité financière actuelle.

Le plan financier reflète ces questions et représente une étape critique dans le processus de préparation à la retraite. Plus important encore, le plan financier est la pierre angulaire de votre proposition d'affaires comme fournisseur de valeur ajoutée. Le plan financier donne au client le sentiment qu'il contrôle la situation. Le client peut désormais mieux dormir la nuit.

Amélioration de la fonction de conseiller

La seconde composante du cycle de valeur ajoutée que vous créez est votre rôle de conseiller. Historiquement, la qualité des conseils dispensés par les conseillers financiers laissait à désirer. La clientèle devenant de plus en plus avisée, il sera essentiel d'améliorer la qualité des conseils que nous donnons. Les conseillers devront mieux comprendre des concepts comme la maximisation du risque et du rendement, et la diversification du portefeuille. Le niveau de qualité de la fonction conseiller doit s'améliorer.

La troisième composante de la valeur ajoutée que nous fournissons sont les produits qui permettent de rendre concrets nos conseils. Par le passé, il n'était pas rare que des clients achètent des produits qui ne soient pas les meilleurs choix possibles pour eux. Ces produits pouvaient être tantôt ceux offrant la plus forte commission de vente au conseiller financier, tantôt être les seuls que le conseiller pouvait offrir. La clientèle devenant de mieux en mieux informée, la demande pour des conseillers offrant les meilleurs solutions pour satisfaire les besoins de chaque client dans un climat de transparence se fera grandissante. Les clients sont de plus en plus au fait de ce qui s'écrit dans la presse financière et peuvent consulter une foule d'ouvrages spécialisés qui évaluent les choix qui s'offrent à eux. Dans ce contexte ils ne se contenteront que du meilleur.

Offrez-vous une valeur ajoutée à vos clients? Cette valeur ajoutée dépasse-t-elle celle de la compétition?

La quatrième composante de la valeurs ajoutée par le conseiller

Figure 28.1

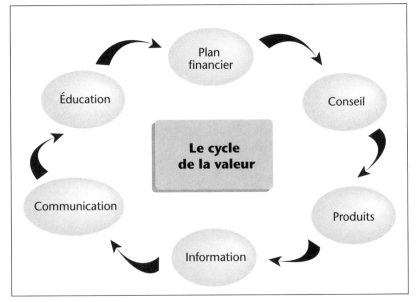

concerne les rapports financiers reçus par le client. Pour plusieurs clients, les rapports financiers représentent une source de frustration constante. En termes simples, ils ne comprennent pas les rapports qu'ils reçoivent. Soit les rapports contiennent trop ou trop peu d'information ou encore la forme de présentation ne répond pas à leurs besoins.

Ce que souhaite le client est simple. Typiquement, il voudra savoir comment se sont comportés ses investissements dans la dernière année et depuis qu'il a investit, à la fois en termes de pourcentage et en termes de dollars. Malheureusement, cette information manque trop souvent.

L'une des difficultés pour le conseiller financier est qu'il n'a pas le contrôle sur l'information financière que le client reçoit. Le siège social fait parvenir des rapports standards aux clients. Ceci ne vous empêche toutefois pas, en tant que conseiller financier, d'ajouter de la valeur pour votre client, en complétant l'information standard fournie. De plus en plus de conseillers financiers découvrent l'attrait de pouvoir dire à leur client : «En plus des rapports que vous recevez du siège social, j'ai constaté que plusieurs de mes clients apprécient un autre genre de rapports. Voici trois modèles de rapports que j'utilise pour mes clients, lequel vous semble le plus approprié et vous serait le plus utile?»

Comment se tirer dans le pied

La cinquième composante de la valeur ajoutée est la communication. L'expérience nous indique que la qualité, et particulièrement, la fréquence des communications avec le client sont d'une importance capitale pour s'assurer que ce dernier ait le sentiment de recevoir une certaine valeur ajoutée de la part de son conseiller. Nous savons également que la quantité a plus d'importance que la qualité. Un coup de téléphone d'une dizaine de minutes chaque trimestre a plus d'impact qu'une visite annuelle d'une heure. Selon le type de client, les deux pourront s'avérer nécessaires. Pour la majorité des clients cependant, les contacts fréquents sont la clé du succès, l'élément qui les empêche d'aller voir ailleurs. La fréquence des contacts donne le sentiment au client qu'il reçoit une véritable valeur ajoutée de sa relation avec son conseiller.

Lorsque notre clientèle augmente, il devient plus difficile de maintenir un contact régulier avec chaque client. Un conseiller financier me confiait récemment qu'il venait de perdre un client ayant un actif de plus d'un million de dollars. Le client a soudainement (ou du moins, soudainement du point de vue du conseiller) retiré son argent. Lorsque le conseiller a finalement eu la chance de le revoir plus tard, le client a expliqué son geste de la façon suivante : «Je n'entendais plus parler de vous. J'ai cru que vous n'étiez pas très intéressé par ma clientèle et j'ai décidé d'aller vers un conseiller qui y accorderait une plus grande importance.»

Le client était perdu. Le conseiller s'était tiré dans le pied. Il n'était cependant pas trop tard pour s'assurer qu'une telle situation ne se reproduise avec un autre client. Heureusement, ce conseiller a traité l'incident comme une erreur de parcours. Nous avons ensuite parlé de la manière de surmonter son impression de ne pas disposer de suffisamment de temps pour accomplir tout ce qu'il souhaitait dans une journée.

Nous nous sommes attaqués à cette priorité de toute première importance; trouver du temps pour assurer un contact avec ses meilleurs clients. Il décida d'y consacrer les mardi et jeudi après-midi de 1 h 30 à 5 h. Il fit parvenir à ses clients la lettre suivante : «Cher Pierre / Chère Marie, garder un contact régulier avec mes clients représente l'une de mes priorités. Or, en révisant la liste de mes meilleurs clients, je me suis rendu compte qu'il s'est écoulé beaucoup de temps depuis notre dernière conversation. Je crois qu'il serait utile que nous puissions faire le point sur les plus récents développements dans les marchés financiers et répondre aux questions que vous pourriez avoir.» Il concluait la lettre en disant que, pour éviter les coups de téléphone inutiles, son assistant allait établir un premier contact afin de trouver le moment le plus approprié pour un rendez-vous au téléphone avec le client.

Certains clients lui ont fait savoir qu'ils étaient très satisfaits et qu'ils ne voyaient pas la nécessité d'une conversation. C'était très bien ainsi et le conseiller avait, de toute façon, déjà bénéficié des retombés positives de l'offre. Pour d'autres clients, l'offre paraissait intéressante mais les mardi et jeudi après-midi ne convenaient pas. Afin d'accommoder ses clients, le conseiller pris certains rendez-vous téléphoniques en matinée, en soirée ou les fins de semaine. Ce genre de situation est inévitable et normale puisque le client s'attend à ce que son conseiller s'adapte à son horaire.

Dans la majorité des cas cependant, les clients étaient ravis de parler à leur conseiller et ne voyaient aucun inconvénient à tenir une conversation les mardi ou jeudi après-midi. Aidé de son assistant, le conseiller réussit à fixer environ cinq rendez-vous téléphoniques par après-midi. Les conversations duraient en moyenne de 15 à 20 minutes, bien que certaines pouvaient être plus longues. À ce rythme, il pouvait parler à 10 clients par semaine ou 40 par mois. À la fin d'un trimestre il avait réussi à parler à 120 clients en investissant deux après-midi par semaine.

Il avait maintenant un choix à faire. Il pouvait initier un nouveau cycle de contacts téléphoniques avec les mêmes clients ou élargir sa base en contactant un nouveau groupe de 120 clients. Ceci est un exemple de ce que vous pouvez ajouter comme valeur pour vos clients avec un peu de discipline et un effort constant. La communication est un facteur clé de succès dans vos relations avec les clients.

La sixième composante de la valeur ajoutée pour votre client est votre engagement à l'informer. Les clients souhaitent de plus en plus comprendre les véhicules d'investissement qu'ils ont choisis. Pour cela, ils comptent sur leur conseiller financier pour les former. Les clients sont souvent frustrés par les difficultés qu'ils éprouvent à recevoir l'information pertinente de leur conseiller financier pour les aider à mieux comprendre le domaine de l'investissement.

Il est impératif que le conseiller s'attaque à cette tâche par des moyens tels les séminaires et les bulletins d'information. Je connais un conseiller financier qui organise de brefs séminaires pour ses clients (ses clients sont des gens occupés qui n'ont pas beaucoup de temps libre) et qui les enregistre sur vidéo. Il fait ensuite circuler des copies parmi ses clients. Peu importe que ses clients regardent ou non ces séminaires, il leur a bien fait sentir son engagement a les informer et à leur donner de la valeur ajoutée.

Il est utile que vous passiez en revue l'ensemble de vos activités et que vous les compariez aux différentes composantes de la valeur ajoutée. Est-ce que vous créez de la valeur pour vos clients? Est-ce que vous touchez à chaque composante de cette valeur? Ce que vous offrez à vos clients équivaut-il ou surpasse-t-il ce qu'offrent vos compétiteurs? Le plus sûr moyen de voir votre clientèle se désintégrer sous vos yeux est de ne pas répondre aux attentes de vos clients comme conseiller financier.

Instantanés

✔ *Donnez toujours de la valeur ajoutée à vos clients, ils deviendront ainsi d'inestimables porte-parole et feront connaître à tous vos mérites.*

✔ *Le cycle de la valeur commence généralement avec le plan financier.*

✔ *Un plan financier doit répondre aux trois questions permettant au client de découvrir comment il entend combler l'écart entre ses besoins financiers à la retraite et ce qu'il aura accumulé. Le plan établira ensuite les fondements permettant de combler cet écart. Les solutions les plus fréquentes tournent autour d'une augmentation du taux d'épargne ou l'acceptation d'une plus grande volatilité dans ses investissements.*

✔ *La seconde composante de la valeur ajoutée réside dans votre fonction de conseiller. La clientèle devenant plus exigeante, les conseillers doivent améliorer la qualité des conseils qu'ils donnent.*

✔ *La troisième composante de la valeur ajoutée est le produit que nous offrons. De mieux en mieux informé, le client ne se contentera que du meilleur.*

✔ La quatrième composante de la valeur ajoutée concerne les rapports financiers reçus par le client. Ce que souhaite le client type est simple. Il veut savoir comment se sont comportés ses investissements dans la dernière année et depuis le moment où il a investi, à la fois en termes de dollars et en pourcentages. Si le siège sociale ne fournit pas le rapport qui convient, vous devrez prendre le relais.

✔ La cinquième composante de la valeur ajoutée est la communication. N'attendez pas que l'irréparable se produise. Gardez un contact régulier avec vos clients, particulièrement vos meilleurs clients.

✔ La sixième composante de la valeur ajoutée est votre engagement à former le client. Ce dernier s'attend à ce que son conseiller financier l'aide à mieux comprendre le monde de l'investissement.

CHAPITRE 29

L'écoute

VOUS POUVEZ POSER LES MEILLEURES QUESTIONS DU MONDE, SI VOUS n'écoutez pas les réponses de vos clients, vous avez peu de chances de réussir une vente. La qualité des questions et de l'écoute sont complémentaires et essentiels pour le conseiller financier puisque des recherches démontrent que ces facteurs, plus que d'autres, sont étroitement corrélés avec un dénouement positif. Vous pouvez être médiocre dans la conclusion d'une vente, affreux pour répondre aux objections de vos clients et peu convaincant dans vos recommandations et obtenir malgré tout du succès. Cependant, si vous ne savez pas poser les bonnes questions et écouter les réponses de vos clients, votre avenir dans cette industrie sera limitée puisque les clients sont mieux informés et plus perspicaces que par le passé.

Pour mesurer vos qualités d'écoute essayez le quiz à la Figure 29.1. Répondez honnêtement aux questions sinon vous ne réussiriez qu'à vous tromper vous-même. Faites le total des points pour chacune des catégories : Toujours, Souvent et Parfois. Multipliez le nombre de questions auxquelles vous avez répondu Toujours par 5 et celles où vous avez répondu Souvent par 3. Vous ne recevez aucun point pour les questions où vous avez répondu Parfois, ni dans ce quiz, ni avec vos clients. Le maximum de points pour les 12 questions est de 60.

Peu de conseillers atteignent 40 points ou plus. Dans nos ateliers, à l'occasion, une personne atteindra ce résultat. Quelques personnes obtiennent entre 30 et 40, une bonne partie du groupe obtient entre 20 et 30 et quelques-uns obtiennent entre 10 et 20. (Nous ne demandons pas si certains ont obtenu un résultat inférieur à 10 parce que ceux-ci n'ont rien entendu de ce que nous avons dit au cours de l'atelier.)

L'efficacité dans l'écoute commence avec la règle 50-50. Lorsque vous vous adressez à un client potentiel, un bon point de repère devrait

Figure 29.1 🌐

Écoutez-vous attentivement ?

	Toujours	Souvent	Parfois
1. Posez-vous de nombreuses questions à réponse ouverte pour permettre au client de participer activement à la discussion?	❑	❑	❑
2. Lorsque les clients parlent, leur accordez-vous toute l'attention au lieu de penser à votre contre-objection ou à votre prochaine remarque?	❑	❑	❑
3. Permettez-vous à vos clients potentiels d'exprimer leur opinion complète sans être interrompus?	❑	❑	❑
4. Demandez-vous aux clients d'élaborer leurs propos?	❑	❑	❑
5. Restez-vous patient et poli lorsque les clients ne se décident pas aussi rapidement que vous le souhaiteriez?	❑	❑	❑
6. Résumez-vous et vérifiez-vous les points d'entente et de mésentente quant aux questions importantes de la conversation?	❑	❑	❑
7. Écrivez-vous les idées importantes (et vos opinions) alors que les clients potentiels s'expriment?	❑	❑	❑
8. Évitez-vous les dérangements lorsque vous écoutez?	❑	❑	❑
9. Vous concentrez-vous totalement même si la conversation est ennuyante ou que le client parle sans arrêt?	❑	❑	❑
10. Portez-vous autant d'attention aux propos des clients qui vous sont plus antipathiques qu'à ceux qui vous sont sympathiques?	❑	❑	❑
11. Essayez-vous de comprendre les motivations sous-entendues et non dites de votre client et cherchez-vous le sens caché de ses propos?	❑	❑	❑
12. Après que les clients aient exprimé une opinion, leur laissez-vous l'occasion de continuer?	❑	❑	❑

Total _____ _____ _____

X _____ _____ _____

= _____ _____ _____

être de 50 mots pour vous et autant pour le client. En fait des recherches démontrent que ce chiffre est un peu élevé pour le conseiller. Il serait plus souhaitable que votre client potentiel parle de 60 % à 80 % du temps. Plus votre interlocuteur parlera, meilleures seront vos chances d'obtenir un résultat favorable.

C'est le fameux architecte allemand Ludwig Mies van der Rohe qui est à l'origine de l'expression moins vaut plus. Cette vérité est aussi valable pour la vente que pour l'architecture. Cependant, cela va à l'encontre de l'instinct de la plupart des conseillers financiers. Nous passons des heures à chercher assidûment à améliorer nos connaissances et à assimiler une grande quantité de statistiques. Nous croyons souvent impressionner les clients en faisant montre de notre savoir. Nous déballons notre bagage de connaissances, fier de notre réussite et convaincu que cette démonstration persuadera le client à signer son nom au bas du contrat.

La vérité est tout autre. Dans une expérience rapportée par la revue *Psychology Today*, des chercheurs ont demandé à deux groupes de diplômés universitaires ayant un bagage académique et un C.V. identiques, de se rendre en entrevue chez le même employeur. Un premier diplômé tentait de donner le plus d'information possible sur ses réalisations personnelles et les raisons pour lesquelles il était le candidat idéal pour l'emploi. Le second diplômé devait donner de l'information sur ses réalisations personnelles mais accorder 60 % de son temps à poser des questions intelligentes et bien documentées sur l'entreprise, l'industrie et la nature du poste. Dans presque tous les cas c'est le deuxième étudiant qui décrochait l'emploi. Moins vaut plus.

Apprendre à écouter

L'une des choses la plus difficile à accepter pour les conseillers financiers est l'importance de l'écoute, et au-delà de l'acceptation, sa mise en pratique. Un exercice révélateur serait de placer un magnétophone de poche dans votre mallette lors de votre prochaine rencontre avec un client. Laissez-le fonctionner pendant votre rencontre et écoutez l'enregistrement par la suite. Même si l'analyse de la nature des propos peut être révélatrice, concentrez-vous plutôt sur le temps que vous passez à parler par opposition à celui que vous laissez au client. Pour la majorité des conseillers, les résultats de cet exercice sont déprimants.

Pour les conseillers qui utilisent beaucoup le téléphone, le même exercice peut être fait. Un conseiller utilisait un cadran pour joueurs d'échec pour mesurer le partage du temps de parole entre ses clients et lui. Il s'agit d'un cadran double qui déclenche alternativement la minuterie sur chacun des cadrans en appuyant sur un bouton. Cette façon très visuelle d'opérer permet de voir en temps réel le partage du temps de parole entre les deux interlocuteurs. Au bout de quelques semaines, le conseiller n'avait plus besoin du cadran, puisque ses vieilles habitudes avaient fait place à un nouveau comportement.

Tout cela peut paraître étrange, voire stupide. Cacher un magnétophone, utiliser un cadran pour mesurer le temps de façon obsessionnelle, pourtant, cet exercice permet souvent au conseiller de constater qu'il ne respecte pas la règle du 50-50. Puisque le succès dépend de l'écoute, et comme on ne peut écouter un client en parlant, c'est une habitude que plusieurs conseillers devront apprendre à développer.

La règle du 50-50 mise en pratique

Je me souviens d'un conseiller qui assistait à un atelier en deux parties à un intervalle d'une semaine. Lorsque je demandai à ce conseiller s'il avait mis en pratique une des idées suggérées, voici ce qu'il me répondit : «le jour suivant l'atelier j'avais rendez-vous avec un très gros client potentiel que je tentais de recruter depuis quelques années. Je l'avais rencontré à deux reprises déjà en lui présentant, ce que je croyais être, de bons arguments. Les rencontres s'étaient bien déroulées mais le client éventuel n'était toujours pas convaincu. Lors de ma troisième rencontre j'ai décidé de mettre en pratique votre stratégie.

«La rencontre devait durer 45 minutes. Dès le début, je lui dis que j'avais des idées à lui soumettre, mais que je souhaitais d'abord lui poser quelques questions pertinentes. Avec son accord, je me mis à l'interroger sur ses expériences passées en matière d'investissement, sa vision des marchés financiers et ses inquiétudes en matière d'investissement. Le temps s'écoulait rapidement et lorsque je regardai ma montre, il ne restait que dix minutes et je n'avais pas encore commencé à faire quelque proposition d'affaires que ce soit.

«Je lui dis que ce fut un plaisir d'échanger avec lui et que j'avais appris beaucoup mais que je voulais tenir ma promesse de limiter notre rencontre à 45 minutes et que je souhaitais le rencontrer de nouveau pour discuter d'investissement. Le client potentiel me dit alors qu'il avait encore du temps et que je pouvais continuer. Trente minutes plus tard, je signais un contrat avec un nouveau client.»

Ce nouveau contrat se serait peut-être signé de toute façon. Le client avait peut-être déjà décidé qu'il était temps d'ouvrir un compte avec ce conseiller. Pourtant, le fait que le client ait signé alors que le conseiller accordait pour la première fois la priorité à l'écoute représente une coïncidence intéressante. Le client se sentait désormais suffisamment à l'aise avec ce conseiller pour ouvrir un compte chez lui.

Votre priorité numéro un lorsque vous rencontrez un client potentiel ou existant, particulièrement lorsque la confiance n'est pas encore tout à fait établie, ne devrait pas être la parole mais l'écoute. Mettez en pratique la règle du 50-50, posez des questions, faites en sorte que le client s'ouvre à vous et écoutez attentivement ses réponses.

Pour plusieurs représentants, cela nécessitera un changement dans leurs habitudes et peu de choses sont plus difficiles à changer que les habitudes. Un conseiller que je connais laisse une note avec la mention 50-50 bien en vue sur son bureau. Un autre a écrit à côté de son téléphone les lettres TTS mises pour «tais-toi stupide», lui rappelant de se taire lorsqu'il est au téléphone avec ses clients.

Comme le disait Confucius, chaque grand voyage commence par un simple pas. Si un changement de comportement aussi soudain vous semble difficile, vous pourriez ajouter à votre routine une heure d'écoute par jour. Par exemple, vous pourriez réserver la case horaire de 10 h à 11 h à concentrer toute votre attention à écouter au lieu de parler. Les conseillers qui ont essayé cette approche progressive ont été étonnés des résultats et ont trouvé plus facile par la suite, de mettre en pratique leurs nouvelles habitudes en tout temps.

Lorsque vous aurez acquis de nouvelles habitudes, souvenez-vous également de la règle du deux minutes. Dans votre relation avec un client, les 120 premières secondes sont critiques et vous devez lui faire sentir tout de suite que vous êtes une personne qui sait écouter. En tentant d'impressionner le client durant cette période critique, votre instinct pourrait vous amener vers un ratio 100-0, en prenant toute la place. Essayez plutôt, le plus rapidement possible, de poser des questions et de faire parler le client de lui-même, de ses besoins et de ses intérêts.

Pause un, pause deux, pause trois

Même lorsque vous mettez en application la règle du 50-50, vous constaterez que certains sont réticents à s'ouvrir. Heureusement, il existe certaines techniques que vous pouvez utiliser pour rendre ces clients plus ouverts. L'une des plus simples est la pause un, deux, trois. Chaque fois que votre client a fini de répondre à l'une de vos questions, vous comptez mentalement pause un, pause deux, pause trois.

Le silence ainsi créé devient alors un outil puissant et le client aura tendance à vouloir remplir ce vide. Si le client n'est pas arrivé au bout de sa pensée ou qu'un élément important a été omis dans sa réponse, il poursuivra, sans que vous ayez à vous tracasser pour trouver la prochaine question. Vous serez étonné de constater ce que cette petite pause peut vous donner comme information. Bien sûr, si vous en êtes à compter pause 49 ou pause 50, il est temps de relancer la conversation. Toutefois, une petite pause permet de donner un nouvel élan à la conversation.

L'importance de prendre des notes

La troisième chose qui peut améliorer la qualité de votre écoute c'est de prendre des notes, de manière à garder votre esprit concentré. L'obstacle le plus important à une écoute attentive est notre propre désir de parler. Souvent, alors qu'un client éventuel parle, une idée jaillit dans notre esprit. Il peut s'agir d'une fausse affirmation du client, d'une idée spontanée ou d'une préoccupation immédiate. La tendance naturelle pour le conseiller — et nous le faisons tous — c'est de cesser d'écouter et de se concentrer sur cette pensée afin de trouver une réplique appropriée. L'attention n'est désormais plus sur le propos du client mais sur notre propre préoccupation.

La solution à ce genre de comportement est d'écrire ce que le client vous dit. Ce geste vous aidera à effacer momentanément cette pensée de votre esprit — en évitant d'en faire une fixation — et de poursuivre votre écoute. Lorsque vous aurez de nouveau la parole, vous pourrez rafraîchir votre mémoire en vous référant à vos notes, sans avoir échappé une partie importante de la conversation. Vous pouvez même laisser un espace libre, en haut de la page par exemple, pour écrire des points sur lesquels vous voudrez revenir rapidement. Il n'est pas nécessaire de prendre des notes comme un sténographe à la cour en écrivant chaque mot. Habituellement, un mot ou deux suffisent.

Des recherches universitaires ont démontré que la façon la plus efficace d'améliorer la qualité de l'écoute chez les étudiants était la prise de notes. Même s'ils ne relisent pas leurs notes, le simple fait d'écrire les principaux points améliore grandement leur capacité de rétention et la qualité de leur écoute. La prise de notes améliorera certainement votre écoute.

Les notes vous permettront également de faire un meilleur suivi à long terme avec le client. Après chaque rencontre vous pouvez classer vos notes — en les mettant au propre au passage — de sorte que lorsque vous rencontrez le client de nouveau vous pourrez rafraîchir votre mémoire sur les sujets qui préoccupent votre client. Les notes deviennent en quelque sorte un relevé de la vision personnelle du client.

Enfin, par la prise de notes, vous manifestez à votre client votre intérêt pour ce qu'il vous dit. Si vous demandez à un client potentiel la permission de prendre des notes lorsqu'il parle, il acceptera naturellement. Mais ce que vous communiquez tacitement à cette personne par une telle demande c'est que vous accordez de l'importance à ce qu'elle vous dit, que vous êtes prêt à l'écouter et que souhaitez comprendre ses besoins. Ces trois messages sont très importants pour établir un climat de confiance avec un client existant ou potentiel.

Vous communiquez également que vous êtes à l'écoute par le style de vos questions, en demandant par exemple «pouvez-vous m'en dire plus ?», «pouvez-vous élaborer davantage ?», comme nous le disions au chapitre précédent. Évidemment, si vous voulez en savoir davantage, c'est que vous vous intéressez à ce que raconte votre interlocuteur.

Vous montrez votre intérêt pour ce que votre interlocuteur dit en résumant ses propos et en vous assurant d'avoir bien saisi sa pensée. Des phrases comme : «si je vous comprends bien» ou «j'ai cru vous entendre dire telle chose, est-ce bien cela?» confirment la qualité de votre écoute.

Des commentaires qui mettent en relief les sentiments du client du genre «je comprends ce que vous voulez dire, ou comment vous vous sentez» sont aussi très utiles. Enfin, votre langage corporel indique également votre intérêt pour le client. Penchez-vous vers l'avant plutôt que de vous caler confortablement dans votre fauteuil. Gardez toujours un contact visuel. Faites un signe approbateur de la tête pour manifester votre compréhension. Ne passez pas votre temps à regarder votre montre. Et, bien sûr, ayez l'air intéressé lorsque votre interlocuteur vous parle.

La valeur d'un rappel

Il y a quelques années, un client a retenu les services de mon entreprise pour produire un vidéo dans lequel on faisait des entrevues avec des vendeurs qui connaissent beaucoup de succès dans différents domaines. La technique d'un agent immobilier très prospère m'a impressionné parce qu'elle met en lumière l'importance critique de l'écoute.

Cette femme amorçait chaque rencontre en faisant un rappel de ce qui s'était dit lors de la rencontre précédente. Elle disait par exemple, «lors de notre dernière rencontre vous me disiez que vous cherchiez une maison entre 250 000 $ et 300 000 $ dans un quartier familial à un maximum de 30 minutes du centre-ville, est-ce que j'oublie quelque chose ou y a-t-il eu un changement depuis la dernière fois?» Le client confirmant presque toujours son petit résumé, elle en profitait pour faire des propositions : «très bien, sur la base de ces informations, voici quelques maisons que j'aimerais vous proposer.»

Cette femme était convaincue que son approche était un facteur clé de son succès. D'abord, elle montrait qu'elle était à l'écoute de son client. Deuxièmement, elle s'assurait également que rien n'avait changé depuis la dernière rencontre. Il nous est tous arrivé de nous retrouver à mi-chemin dans une rencontre en constatant que les règles du jeu avaient changé en cours de route. Elle évitait ainsi dès le départ, une situation embarrassante et une perte de temps inutile.

Troisièmement, elle rappelait aux clients leurs propres objectifs. Les clients oublient parfois. Il leur est parfois difficile de demeurer centrés sur leurs objectifs, surtout si les rencontres sont longues. Faire un résumé de la situation au début d'une rencontre permet de mettre en lumière les objectifs sur lesquels travaillent le client et le conseiller.

Quatrièmement, elle fait savoir que ses recommandations sont clairement à l'avantage du client. Elle démontre que les recommandations qu'elle fait ne sont pas en fonction de ses propres intérêts — une commission plus élevée par exemple. Ses recommandations découlent naturellement des objectifs du client qu'elle a écoutés attentivement.

Enfin, cet agent croyait que sa technique la forçait à écouter ses clients d'une manière plus disciplinée. En sachant qu'elle devrait résu-

Figure 29.2

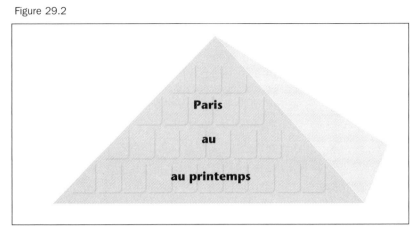

Paris

au

au printemps

mer les principaux objectifs du client à la prochaine rencontre, elle demeurait concentrée plus facilement.

Les dangers des idées préconçues

Une écoute attentive implique également que vous entendiez bien ce que vous dit votre client. L'obstacle le plus important que vous allez rencontrer à cet égard sera vos propres idées préconçues. Pour vous en convaincre, regardez le triangle à la Figure 29.2.

En atelier, la majorité des gens — peut-être est-ce votre cas — ont lu les mots : «Paris au printemps». En fait, c'est une erreur, on devrait plutôt lire : «Paris au au printemps». Nous omettons le mot en trop simplement parce que nous voyons ce que nous nous attendons à voir.

Je vois souvent ce genre de chose dans un autre contexte. Au restaurant j'aime bien commander un club soda avec citron, ce qui est moins fréquent qu'un club soda avec limette. À cause de cela, je prends bien soin de mettre l'accent sur le mot citron. Or, neuf fois sur dix on m'apporte un club soda avec limette, peu importe la catégorie du restaurant dans lequel je me trouve. Je ne crois pas que le serveur ou la serveuse cherche délibérément à me contrarier ou à réduire son pourboire. Il s'agit plutôt d'un automatisme qui fait en sorte que sitôt que je dis un club soda avec, cette personne cesse de m'écouter puisqu'elle a entendu si souvent cette phrase qu'elle croit savoir ce que je veux.

Imaginez que vous rencontrez un client éventuel qui vous a été référé récemment. Il a 65 ans, vient tout juste de prendre sa retraite et dispose d'un capital de 250 000 $. Quels sont ses besoins en matière d'investissement?

Il y a fort à parier que vous pensez déjà à la sécurité, la préservation du capital et aux revenus. En réalité, vous n'avez pas la moindre idée de ce que sont ses objectifs puisque vous ne l'avez pas encore rencontré.

Vos idées préconçues sont peut-être bonnes, étant donné le nombre de personnes avec des profils d'investisseurs similaires que vous avez conseillées. Mais cette personne est peut-être l'exception. Peut-être a-t-il déjà 5 ou 10 millions de dollars en immeubles qui lui assurent un revenu substantiel et qu'il entend plutôt s'amuser avec cette somme de 250 000 $. De plus, même si vous aviez raison, en vous lançant immédiatement dans vos sages recommandations avant de l'écouter, vous lui envoyez le message que son propos vous importe peu.

Les clients ont besoin de sentir qu'on les écoute et non qu'on leur vend quelque chose. Le travail que vous ferez à développer vos habiletés d'écoute vous sera profitable puisqu'il vous rapprochera de vos clients. Une écoute attentive et de bonnes questions vous assureront le succès dans un monde compétitif pour les années à venir.

Instantanés

✔ *Vous pouvez poser les meilleures questions du monde mais si vous n'écoutez pas les réponses de vos clients, vous avez peu de chances de faire une vente.*

✔ *Une écoute efficace commence avec la règle du 50-50. En fait, des recherches tendent à démontrer que 50 % du temps de parole pour le conseiller est un peu élevé et qu'il serait préférable de laisser le client éventuel parler de 60 % à 80 % du temps.*

✔ *Moins vaut plus, tel que démontré par les diplômés universitaires à la recherche d'un emploi. Dans presque tous les cas, la personne qui posait des questions intelligentes obtenait le poste de préférence à celle qui tentait de se mettre en valeur.*

✔ *Mesurez le temps durant lequel vous parlez lors de vos conversations avec vos clients. Ayez recours à un magnétophone ou d'un cadran pour joueur d'échec pour le faire.*

✔ *Même en appliquant la règle du 50-50, vous constaterez que certains individus s'ouvrent plus difficilement. Essayez alors la technique de la pause un, pause deux, pause trois, vous verrez qu'un petit silence peut délier les langues.*

✔ *Prenez des notes afin de garder votre concentration.*

✔ *Après chaque rencontre, mettez vos notes en ordre de sorte qu'avant votre prochaine rencontre vous puissiez vous rafraîchir la mémoire sur ce qui intéresse et préoccupe votre client.*

✔ *Si vous demandez à un client la permission de prendre des notes pendant qu'il parle, vous lui communiquez votre désir de répondre à ses besoins et vous confirmez l'importance que vous attachez à ses propos.*

✔ *Vous manifestez également votre intérêt par des questions du style : «pouvez-vous m'en dire plus?» ou «pouvez-vous élaborer davantage?»*

✔ *Vous montrez aussi votre intérêt pour ce que votre interlocuteur dit en résumant ses propos et en vous assurant d'avoir bien saisi sa pensée. Des phrases comme : «si je vous comprends bien» ou «j'ai cru vous entendre dire telle chose, est-ce bien cela?» confirment la qualité de votre écoute.*

✔ *Des commentaires qui mettent en relief les sentiments du client du genre «je comprends ce que vous voulez dire, ou comment vous vous sentez» sont aussi très utiles.*

✔ *Votre langage corporel indique également votre intérêt pour le client. Penchez-vous vers l'avant plutôt que de vous caler confortablement dans votre fauteuil. Gardez toujours un contact visuel. Faites un signe approbateur de la tête pour manifester votre compréhension. Ne passez pas votre temps à regarder votre montre. Et, bien sûr, ayez l'air intéressé lorsque votre interlocuteur vous parle.*

✔ *Essayez la technique de l'agent immobilier qui résume les propos tenus par le client lors de la dernière rencontre pour vous assurer que rien n'a changé et que vos recommandations sont toujours en accord avec le point de vue du client.*

✔ *L'écoute suppose évidemment que l'on entend bien ce qui est dit. Les idées préconçues représentent à cet égard le plus grand handicap, comme en fait foi ma frustration de ne pas pouvoir me faire servir un club soda avec citron.*

✔ *Ne croyez jamais savoir à l'avance ce qu'un client potentiel veut simplement parce que vous connaissez des clients qui ont le même profil. Les clients aiment avoir le sentiment qu'on les écoute et non qu'on leur vend.*

CHAPITRE 30

Faire naître l'extase chez le client

D ERNIÈREMENT, MA FIRME A ÉTÉ APPROCHÉE PAR UN COURTIER EN INVESTISSE-ment pour améliorer le rendement d'un bureau peu performant. Douze agents travaillaient dans cette succursale et nous leur avons arraché la promesse que chacun travaillerait une heure de plus par jour pour la période de trois mois que dure notre programme spécial. Certains ont décidé de commencer plus tôt, d'autres de travailler durant l'heure du dîner et d'autres encore ont fourni ce temps supplémentaire la fin de semaine. Peu importe le choix, chacun avait promis 60 heures, ce qui nous donnait amplement le temps de mettre notre programme sur pied.

Nous avons séparé les agents en deux groupes de six, divisés à peu près également en ce qui a trait à l'expérience et aux ventes. Nous avons demandé au premier groupe de se concentrer sur la recherche de nouveaux clients. Nous avons tenu des séminaires, fait une petite campagne de publicité, fait de la sollicitation téléphonique au hasard et fait du réseautage dans la communauté. Au bout de trois mois ces agents ont augmenté leur production de façon significative. Ils étaient heureux et le siège social aussi. Tout le monde était gagnant.

Avec le deuxième groupe, nous nous sommes concentrés sur les clients existants. Nous avons tenu des ateliers de mise à jour pour les clients, développé un bulletin d'information et accentué le niveau de contacts. Ces agents ont fait plus d'appels de vérification et ont tenu des réunions qui n'auraient pas eu lieu normalement. Pour chaque dollar d'augmentation de production atteint par le premier groupe en prospectant de nouveaux clients, le deuxième groupe s'améliorait de 11 $ en soignant le service aux clients existants. Mieux s'occuper de ces derniers a été onze fois plus rentable que la prospection.

Certains facteurs atténuants devraient être considérés en examinant cette expérience. Comme avant l'expérience, les conseillers n'avaient pas passé assez de temps avec les clients existants, ils récoltaient les fruits, faciles à cueillir. De toute évidence, les conseillers atteindront un rendement décroissant avec les clients existants alors que la plus-value résultant des efforts additionnels diminuera avec le temps. Il faut aussi considérer que le développement d'une nouvelle clientèle est un processus à long terme. Le premier groupe de conseillers aurait possiblement réalisé des gains parmi les clients potentiels, ce qui n'a tout simplement pas eu le temps de se produire durant la période initiale de trois mois.

Mais en dépit de ce bémol, l'expérience a clairement démontré la valeur des clients satisfaits. Les conseillers ont découvert que les clients avaient d'autres capitaux à investir — mais seulement après que des liens plus étroits aient été établis. Les clients étaient plus enclins à référer leurs amis à leur conseiller à la suite du resserrement des liens avec eux. Les ateliers que les conseillers ont tenus, ont aussi fourni une source précieuse de recommandations de clients éventuels.

> Un client en extase est la fortification — les murailles, le fossé et le fil barbelé — qui protégera votre franchise.

Plus tôt, considérant l'évolution de la clientèle, j'ai parlé du besoin d'atteindre un plus haut niveau de satisfaction de façon à combler le client perceptif et exigeant d'aujourd'hui. La satisfaction du client n'est plus suffisante. C'est un standard trop peu élevé, aussi désuet que le record de saut à la perche d'il y a plusieurs années. Nous devons sauter plus haut aujourd'hui. Nous devons aspirer à l'engouement, au ravissement, à l'extase du client.

Les avantages du client en extase

Même si ce défi pourrait être considéré comme un coût additionnel par le conseiller, exigeant une dépense d'argent et de temps pour des gens déjà acquis, en fait, comme l'expérience le démontre, l'extase du client devrait être considéré comme le début d'une série de bénéfices.

Les clients en extase deviennent des apôtres pour le conseiller, engendrant des indications de clients, comme notre expérience l'a clairement démontré. Vous ferez plus d'affaires maintenant et dans le futur avec ces clients, sans crainte qu'ils vous cachent des capitaux ou qu'ils vous abandonnent pour un autre conseiller. Les rencontres sont plus efficaces : les clients en extase sont plus enclins à accepter vos recommandations et moins enclins à vous soumettre vous et vos propositions à la torture. Les négociations au sujet des prix sont moins fréquentes et s'il y en a, elles ne sont pas aussi acerbes, parce qu'un client en extase est plus enclin à payer une prime pour bénéficier de vos recommandations plutôt que d'obtenir un escompte.

Le dernier avantage, et non le moindre, est que vous vous sentirez plus à l'aise en négociant avec des clients en extase. Nous obtenons tous, deux sortes de revenus de notre travail. Nous accumulons le revenu financier qui paie l'essence de l'auto et l'hypothèque. Mais nous recevons aussi un revenu psychique, qui peut être tout aussi important. Nous voulons apprécier notre journée de travail et nous sentir apprécié par les gens avec qui nous travaillons. J'ai découvert que les conseillers qui obtiennent du succès, lorsqu'ils se lèvent le lundi matin et envisagent la semaine qui vient, ne sont pas motivés autant par le revenu financier que par le revenu psychique. Les clients en extase engendrent ce revenu psychique.

À la défense de notre forteresse

Évidemment, faire naître l'extase des clients nous porte à l'offensive. Cependant nous ne devrions pas minimiser l'aspect défensif. La compétition est très intense aujourd'hui et la clientèle est en danger.

Les conseillers expérimentés me disent souvent à quel point ils sont contents d'avoir débuté il y a longtemps et d'avoir recruté une clientèle loyale en des temps cléments, plutôt que d'avoir tout à bâtir aujourd'hui. C'est vrai, mais comme je le dis toujours : «D'autres dans le passé ont exprimé le même sentiment de confort pour finir par voir leur propre clientèle se décimer ultérieurement.»

Il y a vingt-cinq ans par exemple, vous pouviez entendre des commentaires identiques de la part de propriétaires de restaurants familiaux. «Je suis vraiment content que nous ayons bâti notre clientèle et notre réputation au moment où nous l'avons fait» disait le propriétaire. «Nous avons la solide réputation dans la communauté de fournir de bon repas à des bons prix. Je n'aimerais pas du tout débuter aujourd'hui et devoir rivaliser avec McDonald's.»

Il y a dix ans, les détaillants en vêtements, livres, chaussures et équipements sportifs utilisaient les mêmes paroles confiantes : «Je suis tellement content que nous ayons ouvert ce magasin au moment où nous l'avons fait. Nous avons eu la chance de développer une clientèle fidèle qui apprécie notre gamme de produits, nos prix et notre service. Ces gens nous connaissent et nous les connaissons. Si je débutais aujourd'hui, je n'aimerais sûrement pas devoir rivaliser avec Wal-Mart.»

Aujourd'hui, les clientèles s'évaporent en l'espace d'une nuit. Plusieurs de ces restaurant familiaux et de ces détaillants — même des endroits offrant une valeur substantielle — n'existent plus et d'autres ont de sérieuses difficultés puisque leur clientèle a diminué. Notre champ d'activité n'est pas immunisé.

Aujourd'hui, si vous êtes un conseiller prospère avec une clientèle solide, vous croyez probablement que vous ne devriez pas prendre vos clients pour acquis mais vous croyez certainement que vous pouvez vous fier à eux. Dans l'avenir vous voyez de la poussière. Vous pouvez penser que le vent est assez fort et qu'il dissipe le sable du désert. Mais il y a une autre possibilité. Il se peut que ce ne soit pas le sable soufflé par le vent mais la poussière soulevée par les chevaux d'un Attila, le Hun moderne, qui viennent vers vous.

Cette poussière est un signal d'alarme précoce. Ces Huns qui viennent vers vos clients n'arriveront pas aujourd'hui. Ils n'arriveront pas demain mais ils sont en route.

La seule stratégie logique est de défendre votre base. Érigez un grand mur, creusez un fossé profond et ensemencez-le de piranhas. Ensuite érigez un autre mur à l'extérieur du fossé et placez du fil barbelé sur le dessus. En bout de ligne votre plus grande possession à titre de conseiller c'est votre clientèle. C'est votre franchise; vous ne pouvez la mettre en danger.

Peut-être n'est-ce que du sable poussé par le vent à l'horizon, mais vous ne pouvez prendre le risque que ce soit un compétiteur qui vienne vous voler vos clients. Vous devez vous protéger en investissant le temps, les efforts et l'énergie pour bâtir une relation la plus étroite possible avec vos clients, parce que le client extasié est la fortification — le mur, le fossé et le fil de fer — qui protège votre franchise.

Instantanés

✔ *Sur une période de trois mois, auprès d'un bureau non performant, Marketing Solutions a trouvé que cajoler les clients existants était onze fois plus rentable que de rechercher de nouveaux clients. Ce rapport pourrait changer avec le temps, avec l'épanouissement des clients lents à fleurir, mais l'expérience a clairement démontré la valeur des clients satisfaits.*

✔ *Aujourd'hui, les conseillers doivent aspirer à développer chez le client l'engouement, le ravissement ou l'extase.*

✔ *La recherche de l'extase du client ne devrait pas être vue comme une dépense, mais plutôt comme une pluie de bénéfices.*

✔ *Les clients extasiés engendrent des recommandations de clients. Les rendez-vous deviennent peu rentables. Les négociations de prix sont moins fréquentes et si elles surviennent sont moins difficiles.*

✔ *Vous vous sentirez plus à l'aise en traitant avec des clients en extase et votre revenu psychique s'élèvera.*

✔ *La recherche de l'extase du client est aussi une manoeuvre défensive. La concurrence est très intense aujourd'hui et les clients représentent un risque. L'extase du client est la fortification requise pour la protection de votre franchise.*

CHAPITRE 31

Atteindre les normes minimums

AVANT DE PARLER DE CE QUI RENDRA VOS CLIENTS ENTHOUSIASTES, REGAR-dons d'abord les conditions minimales qu'ils attendent pour être simplement satisfaits. Pour cela, voyons les raisons pourquoi les clients insatisfaits nous quittent.

Comme je l'ai indiqué plus tôt, une étude de la compagnie Marketing Solutions a montré que la cause première de la désertion des clients ne concerne, ni la performance, ni les petites erreurs administratives, mais plutôt le manque de contacts. La première étape pour s'assurer de rencontrer les conditions minimales de satisfaction de la clientèle sera d'assurer un niveau de contact suffisant. Au-delà des contacts vous devez :

- offrir un niveau de service et d'empressement acceptables;
- vous maintenir au-dessus du seuil minimum de rendement sur les investissements;
- créer des attentes réalistes chez vos clients et vous assurer de gérer efficacement ces attentes.

Voyons plus en détail chacun de ces éléments. Nous savons maintenant que le niveau de contact est un facteur clé de succès. Nous savons également qu'en matière de contacts c'est la fréquence plus que la durée qui importe, en d'autres mots la quantité prime sur la qualité. Un appel de cinq minutes chaque trimestre est plus efficace, pour assurer le contact avec le client, qu'une rencontre annuelle de deux heures. Selon le client, vous devrez peut-être avoir recours aux deux, mais il est impératif de se rappeler que la régularité dans les contacts est l'un des facteurs clés de satisfaction du client.

Certains conseillers s'imaginent que l'envoi de bulletins d'information chaque trimestre ou chaque mois suffit pour maintenir un niveau de contact acceptable. Même si les clients apprécient les bulletins d'information et les rapports périodiques, ils ne les considèrent pas comme de véritables contacts. Les contacts réels se font de personne à personne, que ce soit au téléphone, lors d'une rencontre individuelle ou au cours d'un séminaire. Dans un monde idéal, c'est vous qui devriez initier le contact. Mais si cela s'avérait impossible, un de vos associés peut le faire à votre place, ce qui serait encore préférable à l'absence de contacts : «je vous appelle de la part de votre conseiller Jean (ou Jeanne)».

Après avoir établi des contacts réguliers avec vos clients, vous devez assurer une qualité de service qui réponde à une norme minimum acceptable. Lorsque les clients se plaignent de la qualité du service ils mentionnent généralement trois ou quatre éléments. Ils sont d'abord contrariés par le manque d'accessibilité, ils ont du mal à joindre leur conseiller. Ils se plaignent également des appels non retournés, des questions qui restent sans réponses, ou des erreurs administratives qu'on met du temps à corriger. Par conséquent, si vous souhaitez avoir des clients satisfaits, vous devez assurer un niveau de service minimum et faire en sorte que ce niveau soit maintenu en tout temps.

> Les questions cruciales sont : avez-vous contribué à établir les attentes du client ou à les identifier clairement?

Les clients demandent également un rendement acceptable sur leurs investissements. La plupart des clients comprennent qu'à l'occasion, leurs investissements peuvent ne pas obtenir les rendements anticipés, mais une contre-performance trop prolongée devient un problème sérieux. L'un des avantages de développer l'enthousiasme chez vos clients sera la patience dont ceux-ci feront preuve, parfois beaucoup de patience. Mais la patience a ses limites et vous devrez livrer des résultats acceptables. Si vous obtenez des résultats supérieurs au niveau juste acceptable, tant mieux, mais vous devez au moins atteindre cette cible.

Répondre aux attentes

Vous devez donc atteindre des normes minimums sur trois plans : le contact, le service et la performance. Toutefois, le tout peut dérailler facilement si la façon dont vous définissez les normes diffère de celle du client. Malheureusement, la plupart des conseillers éprouvent des difficultés à établir des normes minimums sur lesquelles tous s'entendent lorsqu'ils recrutent de nouveaux clients.

Prenons le niveau de contact par exemple. Vous sortez d'une rencontre avec un client exigeant. Peut-être ce client a-t-il été dur avec vous dans le passé ou bien il vient de laisser tomber son conseiller actuel. Au cours de votre conversation le niveau de contact n'a pas été abordé et vous poussez un soupir de soulagement. Vous croyez vous en être bien sorti parce que le client n'a pas d'attente en ce qui a trait à la fréquence de vos contacts.

En fait, vous êtes dans l'erreur. Les clients ont toujours des attentes. La question essentielle est de savoir si vous avez contribué à créer des attentes ou même si vous en connaissez la nature. Il devient donc primordial d'aborder dès le début de votre relation avec le client, et de la manière la plus franche possible, ces facteurs clés que sont les contacts, le service et la performance, et de vous assurer que les attentes sont raisonnables et bien comprises par les deux parties.

Au sujet des contacts vous devriez dire : «Monsieur ou Madame, j'ai pour principe de parler à mes clients au moins une fois par trimestre. Selon les circonstances, la fréquence peut être plus élevée et, bien sûr, si vous m'appelez, nos contacts seront plus fréquents. Je peux cependant vous assurer que même si vous ne m'appelez pas, vous aurez de mes nouvelles à chaque trimestre. La très grande majorité de mes clients trouvent cette entente très satisfaisante, vous sentez-vous à l'aise avec cette façon de faire?»

À l'occasion, un nouveau client vous dira qu'il trouve insuffisants ces contacts trimestriels, dans ces cas vous devrez trouver une solution. Au moins vous saurez que vous n'êtes pas sur la même longueur d'ondes. Pour la très grande majorité des clients cependant, ce niveau de contact leur semblera raisonnable. En procédant ainsi, vous vous mettez d'accord avec le client et vous établissez clairement un niveau d'attentes que vous pouvez rencontrer.

Remarquez que vous ne demandez pas au client : «À quelle fréquence voulez-vous que je vous contacte?» Le risque que vous courez avec une telle question ouverte est une réponse du genre : «Je ne sais pas. Que diriez-vous d'une fois la semaine ?» Vous auriez alors à répondre à une attente complètement déraisonnable et inaccessible. Il serait alors difficile de dire à votre client que vous préféreriez le contacter une fois par trimestre. Bien que dans plusieurs situations vous avez avantage à poser des questions ouvertes à vos clients, en ce qui concerne les attentes, vous devez diriger ces derniers vers un niveau accessible et acceptable pour tout le monde.

De la même façon, vous devez aborder franchement la question des erreurs administratives. «Si jamais une erreur se produit, je veux que vous m'en fassiez part. À notre bureau, la personne qui s'occupe de corriger les erreurs s'appelle Philippe. Vous pouvez le contacter directement pour lui faire part de la nature exacte de l'erreur. En général nous réglons ce genre de problèmes en moins d'une semaine et je peux vous assurer que vous serez tenu au courant de ce qui se passe entre temps.»

Au fur et à mesure que votre clientèle augmentera, il sera important que vos plus anciens clients soient tenus au courant de toute nouvelle procédure pour régler un problème administratif et qu'ils connaissent les gens qui travaillent avec vous. Vous aurez peut-être à modifier l'attente qu'ils ont de toujours faire affaire directement avec vous.

Faites connaître vos normes

En ce qui a trait à l'établissement d'un niveau d'attentes réaliste, j'ai vécu récemment une drôle de situation. Je discutais avec un client qui venait de remercier son conseiller à la faveur d'un autre. Je lui ai évidemment demandé pourquoi il avait changé de conseiller. Voici sa réponse : «Le conseiller avec qui je faisais affaire m'était très sympathique et travaillait fort, mais son niveau de connaissance me semblait insuffisant.» J'ai poursuivi en demandant ce qui lui faisait croire au manque de compétence de ce conseiller. Le client me répondit : «assez souvent il ne pouvait répondre à une de mes questions. Il me disait alors qu'il devait faire quelques recherches sur le sujet et me rappelait généralement dans les heures qui suivaient, mais j'ai besoin, pour me sentir plus à l'aise avec un conseiller, de quelqu'un de plus compétent que lui.»

Il est probable que le client fait maintenant affaire avec un conseiller qui a une réponse toute prête pour chacune de ses questions. Le premier conseiller avait la bonne attitude mais a pourtant été congédié malgré tout, pourquoi? Parce qu'il n'a pas su établir un niveau d'attentes réalistes. Il aurait du dire à son client : «M. X, je ne peux pas répondre à cette question sur le champs et plutôt que de vous raconter n'importe quoi j'aimerais vérifier certaines petites choses et vous revenir dans quelques heures.»

Il n'est pas suffisant d'établir des normes de service, vous devez les faire connaître à vos clients. Je me souviens d'un conseiller qui, à la suite d'un atelier, décida de mettre de l'avant de nouvelles normes de service dont celle de retourner chaque appel le même jour. Lorsque je m'informai plus tard des résultats des nouvelles normes mises en place, il était un peu amer : «Ça été un peu difficile au début, certains membres du personnel doivent maintenant rester plus tard le soir pour s'assurer que les appels sont retournés dans la même journée, mais ça fonctionne assez bien maintenant. Cependant, je n'ai pas le sentiment de recevoir la reconnaissance de mes clients pour l'effort supplémentaire que nous faisons. Je ne m'en offusque pas mais je m'attendais à une réaction plus enthousiaste.»

Je lui ai alors demandé de quelle façon il avait fait savoir à ses clients ce qu'il faisait pour eux. Sa réponse a été : «Que voulez-vous dire?»

En fait, ce conseiller n'avait pas informé ses clients sur le fait que la nouvelle politique des appels retournés dans la même journée n'était pas le fruit du hasard, mais plutôt un effort concerté afin de mieux satisfaire leurs besoins.

Figure 31.1 🌐

Ma philosophie

1. Ma relation avec le client commence avec la mise sur pied d'un plan financier complet permettant d'atteindre des objectifs financiers à long terme. Comme élément de ce programme, nous abordons les questions d'investissement, d'assurance, d'impôt et de planification successorale selon la situation de chaque client.

2. Je m'efforce d'être le conseiller financier en chef de mes clients. Pour accomplir ce rôle, je coordonne les activités de conseillers professionnels existants tel que les fiscalistes et les avocats en droit successoral. Au besoin, j'ai aussi recours à mon propre réseau de conseillers professionnels.

3. Ma philosophie de placement est de nature essentiellement prudente. J'agis selon le profil de risque de chaque client et j'établis un portefeuille de placements qui fournira une croissance à long terme sans risques inutiles. Ainsi, mes clients et moi, dormons l'esprit tranquille.

4. Pour la plupart des clients, la planification fiscale et la minimisation sont des facteurs importants de la planification financière. Comme élément du plan d'ensemble, des stratégies telles que le fractionnement du revenu, l'utilisation prudente de levier financier et les fiducies familiales sont étudiées.

5. Le compte de chaque client est suivi sur une base continue pour tirer profit des occasions créées par l'évolution de la situation. De plus, à chaque année, chaque programme est revu et les changements appropriés sont apportés.

6. Je me rends aussi disponible que possible pour mes clients. Je m'assure que tous les appels téléphoniques reçoivent une réponse la même journée, soit par mon adjoint, soit par moi-même.

7. Je crois que mon meilleur client est celui qui est bien informé. Je compte donc beaucoup sur la communication avec le client à l'aide d'un bulletin d'information régulier, d'ateliers de travail pour les clients sur les nouveautés du marché et des conférenciers invités. Je tiens également une bibliothèque contenant certains des meilleurs livres sur les finances personnelles que je mets à la disposition de tous mes clients.

De nos jours, dire aux clients que vous offrez un niveau de service supérieur n'est pas suffisant. Vous ne vous distinguez pas de la concurrence en proclamant votre engagement à offrir un service de qualité supérieure, et les organisations qui en parlent le plus sont souvent celles qui offrent le plus mauvais service. Vous devez être concret en établissant des normes de service que vos clients apprécieront.

Pour vous aider à réaliser cet objectif, la Figure 31.1 propose un énoncé de politiques qui dit clairement à quoi doivent s'attendre vos clients actuels et futurs. Cette démarche inclut le plan financier, la coordination, la philosophie d'investissement, la planification fiscale, l'accessibilité, le contrôle et la communication. Lorsque nous avons testé cette démarche avec des clients, la réaction a été très positive.

La raison de cette réaction positive est que cette démarche est tangible et quantifiable. Vous vous distinguez ainsi de ces gens qui font des promesses vides de contenu au sujet du niveau de service que vous offrez en proposant des services spécifiques qui plaisent aux clients. La réaction est particulièrement positive lorsqu'il est question de la promesse de retourner les appels téléphoniques le même jour et l'offre de rendre disponible aux clients une collection de livres sur les finances personnelles que le conseiller a en sa possession.

Souvenez-vous que pour assurer un niveau minimum de satisfaction de la clientèle, vous devez vous concentrer sur trois choses : les contacts, le service et la performance. Vous devez vous assurer que les attentes de vos clients — surtout les nouveaux clients — sont réalistes et bien comprises de part et d'autre. Après avoir établi ces attentes vous devez en discuter ouvertement avec vos clients et d'une manière ouverte plutôt que d'en faire un secret.

Instantanés

✔ *La raison première de la désertion de la clientèle est le manque de contacts. Afin de vous assurer d'atteindre le seuil minimum de satisfaction de vos clients, vous devrez donc offrir un niveau de contacts suffisant.*

✔ *Vous devrez également vous maintenir au-delà d'un seuil de performance minimum dans les rendements sur les investissements.*

✔ *Vous devez offrir un niveau de service acceptable.*

✔ *Vous devez créer des attentes réalistes chez vos clients et gérer ces attentes efficacement.*

✔ *La fréquence des contacts a plus d'importance que la durée. Un appel de cinq minutes à chaque trimestre est plus efficace qu'une rencontre annuelle de deux heures.*

✔ *Les clients ne considèrent pas les rapports et les bulletins d'information comme un contact. Les contacts se font de vive voix que ce soit au téléphone, en rencontre individuelle ou lors de séminaire. C'est vous qui devriez assurer les contacts mais un associé pourra servir de substitut.*

✔ *Lorsque les clients se plaignent de la qualité du service, généralement ils font référence au manque d'accessibilité du conseiller. Ils se plaignent également des appels non retournés, des questions qui restent sans réponses et des erreurs administratives qui mettent du temps à être corrigées.*

✔ *Omettre de discuter des attentes avec un client ne signifie nullement que ce dernier n'a pas d'attentes. Cela signifie seulement que vous n'avez rien fait pour établir ce niveau d'attentes et que vous n'avez probablement aucune idée de ce qu'elles sont.*

✔ *Dans l'établissement des attentes, les questions ouvertes peuvent se tourner contre vous. Vous devez diriger le client vers un niveau d'attentes réaliste et acceptable pour tous.*

✔ *Après avoir établi le niveau d'attentes, vous devez faire part à vos clients de vos normes de service, peut-être par le biais d'un énoncé de vos politiques.*

CHAPITRE 32

Votre position en tant que conseiller

À LA SUITE DE CONVERSATIONS AVEC DES INVESTISSEURS, IL EST CLAIR QU'AUjourd'hui le consommateur fait une nette distinction entre un vendeur et un conseiller. Il est clair aussi lequel ils préfèrent.

Notre recherche démontre, tel que l'illustre la Figure 32.1, 20 aspects que le client distingue entre ces deux approches. Prenez un moment pour passer ce tableau en revue afin de vérifier lequel de ces deux choix s'applique le mieux à vous. Naturellement, pour que cet exercice vous aide efficacement à améliorer votre style, il est important que vous soyez honnête, et que vous remplissiez le questionnaire avant de lire plus loin et de découvrir les réponses.

Vous avez terminé? Maintenant, additionnez le nombre de crochets dans la colonne de droite à côté des dix premières catégories. Ensuite, additionnez le nombre de crochets dans la colonne de gauche à côté des dix catégories finales. Faites le total sur vingt.

Dans chaque cas, les consommateurs nous ont dit que les réponses pour lesquelles vous avez marqué des points sont les caractéristiques qui correspondent à une personne qui fonctionne comme un conseiller plutôt que comme un vendeur. Sans doute que la plupart conviennent à votre style. Mais en planifiant pour l'avenir, pourquoi ne choisiriez vous pas une caractéristique que vous pourriez améliorer et ainsi renforcer votre position de conseiller. Faites-en une priorité pour quelques mois. Quand elle vous semblera sous contrôle, essayez une autre caractéristique. C'est important, parce qu'à l'avenir être perçu comme un conseiller sera non seulement désirable mais essentiel.

Instantanés

✔ *Les clients d'aujourd'hui font la distinction entre un vendeur et un conseiller, et préfèrent le conseiller.*

Figure 32.1 ⊚

Comment vos clients vous noteraient?

1. **Soutien**	❑ Conseiller indépendant	❑ Membre d'une équipe
2. **Confirmation**	❑ Confirme rarement les points d'une réunion par écrit	❑ Confirme souvent les points d'une réunion par écrit
3. **Niveau de contact**	❑ Contact seulement les clients pour leur vendre quelque chose	❑ Contact régulièrement les client pour les tenir informés
4. **Crédibilité**	❑ Aucune désignation professionnelle	❑ Désignation professionnelle ou diplôme universitaire
5. **Apparence**	❑ Allure très élégante et clinquante	❑ Allure très conservatrice
6. **Suivi**	❑ Souvent incapable de remplir ses engagements ou de les suivre	❑ Rempli, la plupart du temps, ses engagements et les suit
7. **Attitude**	❑ Parle rapidement, de manière à mettre de la pression	❑ Parle lentement, de manière discrète
8. **Notes**	❑ Prend peu de notes	❑ Prend beaucoup de notes
9. **Bureau**	❑ Le bureau est encombré, désordonné	❑ Le bureau est propre, bien entretenu
10. **Organisation**	❑ Est très organisé, est en contrôle	❑ Est très désorganisé, hors de contrôle
11. **Rythme**	❑ Toujours calme, prend le temps de parler	❑ Toujours pressé, sous pression
12. **Préparation**	❑ Prépare bien ses rencontres	❑ Prépare mal ses rencontres
13. **Pression**	❑ Vous ne sentez presque jamais de pression pour acheter	❑ Vous sentez, très souvent, de la pression pour acheter
14. **Priorité**	❑ Donne l'impression de toujours voir aux intérêts des clients d'abord	❑ Donne l'impression de voir à ses propres intérêts d'abord
15. **Formation continue**	❑ Investi beaucoup de temps dans la formation professionnelle	❑ Investi peu de temps dans la formation professionnelle
16. **Questions**	❑ Pose beaucoup de questions	❑ Pose peu de questions
17. **Recherche**	❑ Prend le temps de réfléchir et de faire des recherches avant de donner une solution	❑ Donne des solutions rapides et immédiates aux problèmes
18. **Réponses aux questions**	❑ Est bien pensant, réfléchi aux réponses	❑ Est spontané, fourni une réaction immédiate aux questions
19. **Temps de réponse**	❑ Retourne rapidement les appels	❑ Prend du temps pour retourner les appels
20. **Conversation**	❑ Établi un équilibre entre l'écoute et la parole	❑ Parle la plupart du temps

✔ *Vous pouvez améliorer votre position de conseiller en corrigeant les caractéristiques qui vous font ressembler plus à un vendeur qu'à un conseiller.*

CHAPITRE 33

Feed-back

Il nous est tous arrivé de nous retrouver au sein d'un groupe et de partager un mauvais repas au restaurant. Le service est fait avec indifférence, l'atmosphère est médiocre et les prix sont sans commune mesure avec la qualité offerte. Au cours du repas, chacun se plaint amèrement et jure qu'il ne remettra plus les pieds dans cet établissement. Pourtant, lorsque le maître d'hôtel ou le propriétaire demande comment était le repas on évite soigneusement de lui dire la vérité, chacun se contentant de répondre poliment que c'était «bien».

Si nous examinons cette situation de près, nous avons une personne qui a peut-être englouti les économies de toute une vie dans son commerce qui nous demande notre avis et nous lui mentons. Nous ne jouons pas franc jeu parce qu'il existe une alternative facile : nous ne sommes pas dans l'obligation de retourner dans ce restaurant — et nous ne le ferons pas. En plus, la grande majorité d'entre nous avons en aversion la confrontation.

Cette situation vous donne de précieuses indications sur ce qu'il faut faire pour rendre vos clients enthousiastes dans votre propre entreprise. Vous devez d'abord vous assurer que vous êtes au diapason avec votre clientèle, en sollicitant ses commentaires. La clé toutefois est dans la manière dont se fait cette sollicitation. Trop souvent, comme le propriétaire de restaurant, nous ne réussissons pas à connaître la vérité parce que nous ne questionnons pas correctement les clients.

Le piège le plus fréquent est celui de demander au client au cours d'une rencontre s'il est satisfait de nos services. Ce dernier nous répondra alors, comme les clients au restaurant, que tout est bien. Nous quittons alors le client, faussement rassuré sur cette relation, comme le propriétaire de restaurant, aucun signal d'alarme n'ayant été reçu.

Dans les deux cas, bien que les commentaires des clients aient été sollicités, ces derniers ne sont pas certains de la sincérité de la démarche. En fait, c'est plutôt un sentiment ironique qui les habite, convaincus que les commentaires des clients n'ont certainement pas été pris au sérieux dans le passé, sans quoi la situation ne serait pas aussi lamentable maintenant. Les clients se demandent si le restaurateur est vraiment intéressé par leurs commentaires ou s'il ne s'acquitte pas plutôt d'une routine apprise à l'école des maîtres d'hôtel. Ils soupçonnent que même s'ils répondaient que le repas était dégoûtant, le maître d'hôtel répondrait «j'en suis heureux» et se dirigerait vers la table suivante.

Afin d'obtenir un feed-back honnête, vous devez faire comprendre que vous valorisez véritablement ce feed-back.

Obtenir un feed-back honnête

Si le restaurateur était sérieux dans sa tentative d'obtenir du feed-back, il pourrait pousser plus loin son interrogation après le commentaire initial en disant par exemple : «Je suis heureux d'entendre cela mais dites-moi, qu'aurions-nous pu faire de plus pour rendre votre repas plus agréable?» ou encore «Je voudrais vous demander une faveur. J'aimerais vous offrir un verre si vous le voulez pour que vous me disiez ce que vous feriez différemment si ce restaurant vous appartenait.»

Sommes-nous susceptibles d'obtenir un feed-back plus honnête en questionnant le client de cette façon? Absolument. Cela est particulièrement vrai si le restaurant n'est pas tout à fait aussi pitoyable que celui décrit plus haut, mais plutôt un établissement moyen que certains ajustements pourraient transformer en un endroit agréable pour vous et d'autres éventuels clients.

En questionnant de la bonne façon le restaurateur s'aide doublement. D'abord, il a reçu un feed-back honnête qui lui permettra de réagir. Il augmente également ses chances de nous revoir dans son établissement. Notre estime de ce restaurateur augmente parce qu'il manifeste un intérêt réel pour notre opinion. Nous devenons également curieux de constater si des améliorations seront apportées.

La même dynamique s'exerce dans notre secteur d'activité. Lorsque vous demandez à un client s'il est satisfait du service qu'il reçoit, ce dernier, espère-t-on, répondra par l'affirmative. Mais vous n'avez pas questionné le client de façon à le mettre à l'aise afin d'obtenir une réponse honnête. Vous n'avez pas non plus aucun élément d'information qui vous permette d'améliorer votre performance.

Si vous voulez vraiment obtenir du client un son de cloche honnête, vous devrez passer à l'étape suivante en disant : «Je suis très heureux d'entendre cela mais que pourrions-nous faire de plus pour vous pour

Figure 33.1 🔄

Est-ce que je fais du bon travail?

	Insatisfait	À améliorer	Adéquat	Bon	Excellent
1. Performance de vos investissements	1	2	3	4	5
2. Confort par rapport au niveau de risque	1	2	3	4	5
3. Confiance en une stratégie d'investissement cohérente	1	2	3	4	5
4. Communication écrite/ relevé					
a) Fréquence	1	2	3	4	5
b) Qualité	1	2	3	4	5
5. Fréquence des appels de contact de ma part	1	2	3	4	5
6. Option de placement et recommandations expliquées clairement	1	2	3	4	5
7. Possibilité de me rejoindre lorsque vous m'appelez	1	2	3	4	5
8. Je réponds à vos questions clairement	1	2	3	4	5
9. Votre compte est tenu sans problèmes ni erreurs	1	2	3	4	5

Que pourrais-je faire pour améliorer le service offert pour l'année à venir?

_____

_____

_____

_____

_____

_____

Nom : _____

Figure 33.2

Date

Monsieur Untel
1234, rue Quelconque
Uneville (Province)
A1A 1A1

Monsieur,

L'un des mes objectifs est de toujours chercher de nouvelles manières de mieux servir mes clients.

Je vous écris, avant notre rencontre de la semaine prochaine, pour vous demander de me donner quelques idées sur ce que je pourrais faire pour mieux répondre à vos besoins au cours de l'année à venir.

Pour commencer, j'aimerais que vous preniez le temps de compléter l'évaluation ci-jointe, sur les services offerts l'an dernier afin que nous puissions l'utiliser comme point de référence lors de notre rencontre.

J'attends avec impatience notre rencontre de mercredi et je vous prie d'accepter, Monsieur, l'expression de mes sentiments les plus distingués.

rendre notre relation d'affaires plus agréable?» ou encore : «si vous étiez à ma place, que feriez-vous de différent pour améliorer la qualité du service que j'offre?» Si vous vous adressez à vos clients en ces termes vous aurez accès à une source d'information très précieuse. Les clients ne se feront pas prier pour vous donner leur avis. Contrairement aux clients du restaurant vos clients ont une relation à long terme avec vous, ils ont donc tout avantage à ce que les choses s'améliorent.

Certains conseillers vont au-delà de ces sondages à voix haute et demandent à leurs clients de remplir un questionnaire écrit. La clé, si vous optez pour cette dernière approche, est d'aller droit au but et de vous en tenir à un questionnaire assez court. Le questionnaire devrait être facile à compléter et ne pas intimider le client.

Communiquez votre intérêt pour le client

Il est important, dans ce processus, de faire savoir aux clients que votre intérêt pour eux est sincère, que vous ne faites pas cela par habitude. Durant les années 80, alors que le service à la clientèle devenait à la mode, plusieurs établissements — principalement les hôtels et les restaurants — ont commencé à remettre à leurs clients des fiches d'éva-

Figure 33.3 ◎

Date

Monsieur Untel
1234, rue Quelconque
Uneville (Province)
A1A 1A1

Monsieur,

Je vous écris pour vous demander une faveur.

Ma première priorité pour (ANNÉE) est de m'assurer que j'offre le meilleur service possible à mes clients.

Pour m'aider à atteindre mon objectif, je vous demanderais de prendre quelques minutes pour compléter le formulaire d'évaluation sur le service que j'offre en ce moment et pour me dire de quelle manière je pourrais mieux vous servir. Vous n'avez qu'à me le retourner dans l'enveloppe affranchie ci-jointe.

Merci à l'avance de votre collaboration. Au cours de l'année, je vous remettrai, à vous et à mes autres clients, un résumé des résultats.

D'ici là, n'hésitez pas à me contacter si vous avez des questions.

Je vous prie d'accepter, Monsieur, l'expression de mes sentiments les plus distingués.

Conseiller Quelconque

P.-S. Pour vous remercier, à l'avance, d'avoir pris le temps de répondre à ce questionnaire, j'ai fait une contribution à United Way de votre part et de celle de mes autres clients.

luation pour exprimer leur niveau de satisfaction. Au début, la participation de la clientèle a été forte, mais elle a dégringolé depuis. L'une des raisons qui explique ce phénomène est que ces fiches sont devenues un lieu commun. Mais la raison la plus importante est que les clients ont rempli ces fiches pendant un certain temps mais n'ont pas vu de changement significatif, ils en sont donc venus à mettre en doute le sérieux de ces établissements.

Je me trouvais récemment dans un hôtel à Pittsburgh et j'ai remarqué sur le téléviseur une note qui disait «100 $ en échange de votre opinion». Intrigué, j'ai regardé de plus prêt la note qui disait : «Nous vous serions très reconnaissants de bien vouloir compléter la fiche d'évaluation de satisfaction de la clientèle qui se trouve sur votre table de nuit. Chaque mois nous faisons tirer un prix de 100 $ parmi les réponses reçues pour vous remercier.»

Je me donne rarement la peine de remplir ce genre de fiche maintenant, pourtant j'ai rempli celle-là. Pourquoi? Une réponse cynique serait de dire que je me trouvais à Pittsburgh et qu'il n'y avait pas d'autre chose à faire. On pourrait dire également, encore avec cynisme, que c'est le 100 $ qui a motivé mon geste. Bien que ces deux facteurs aient pu y contribuer, ce qui a fait en sorte que j'ai rempli cette fiche c'est la sensation que quelqu'un voulait vraiment connaître mon opinion. Pour cet hôtel cette pratique n'était pas qu'une simple habitude.

Si vous faites parvenir un questionnaire à vos clients vous devez leur communiquer le même message. Tout comme pour le questionnaire sur les possibilités de séminaires que nous évoquions plus tôt, envoyez toujours une enveloppe préadressée et affranchie. Vous pourriez ajouter un post scriptum où vous indiquez que vous faites un don de charité à une œuvre de bienfaisance pour remercier ceux qui répondent, ou encore, comme l'hôtel de Pittsburgh, que les clients deviennent admissibles à un tirage quelconque lorsqu'ils remplissent le questionnaire. La valeur du tirage n'a aucune importance. Ce qui importe c'est que vous posiez un petit geste pour reconnaître l'effort que vous demandez à vos clients de répondre à ce questionnaire.

Réagir aux réponses

Avant d'envoyer des questionnaires, vous devriez accorder un moment de réflexion à la façon de réagir aux réponses. Si un client répond que certains aspects de votre travail «demandent des améliorations» ou sont carrément «insatisfaisants», il s'attend à ce que vous fassiez quelque chose pour améliorer la situation.

Supposons que le client trouve insatisfaisant le niveau de contact avec son conseiller. Il reçoit le questionnaire et se dit : «ça lui a pris du temps mais finalement il me pose la question, c'est très bien.» Son niveau de satisfaction augmente alors. Puis, il n'entend plus parler du conseiller. Après un certain temps, son niveau de satisfaction baisse de nouveau, mais pas au même niveau qu'avant l'envoi du questionnaire. La satisfaction descend sous ce niveau puisque le client se dit : «tout cela n'était que fumisterie, mon conseiller n'était pas vraiment intéressé à connaître mon opinion, il faisait semblant et m'a fait perdre mon temps par la même occasion.» Par conséquent, l'un des principes clé que sous-tend le feed-back est de ne pas poser les questions si vous n'êtes pas prêts à faire face aux réponses de vos clients. (Une façon de montrer que vous êtes sérieux est de répondre aux clients par une lettre comme celle de la Figure 33.4.)

Figure 33.4

Date

Monsieur Untel
1234, rue Quelconque
Uneville (Province)
A1A 1A1

Monsieur,

Il y a peu de temps, je vous ai distribué, à vous et à d'autres clients, un sondage et j'ai demandé des idées sur la façon de mieux vous servir.

J'ai été heureux de constater que 40 % de mes clients ont pris le temps d'y répondre. Les réponses démontrent que 95 % des clients sont satisfaits, surtout quant à la communication et au confort par rapport au niveau de risque.

Ceci étant dit, il y a encore place à l'amélioration et je perçois un besoin pour plus de communication. Pour combler ce besoin, j'ai le plaisir de vous informer que je vous ferai bientôt parvenir un bulletin d'information trimestriel. De plus, vous recevrez une invitation à un séminaire dans lequel nous aborderons les questions de développement des investissements.

Je vous remercie de toujours m'accorder le privilège de travailler avec vous. Pour votre information, j'ai joint les réponses au sondage.

Je vous prie d'accepter, Monsieur, l'expression de mes sentiments les plus distingués.

P.-S. Pour vous remercier, j'ai attribué au hasard, un forfait repas pour deux personnes au NOM DU RESTAURANT. Les heureux gagnants sont NOM DES CLIENTS de NOM DE LA VILLE.

Parfois les conseillers deviennent tellement enthousiastes envers le feed-back qu'ils font parvenir un questionnaire à chacun de leur client. Si vous avez 300 clients vous pourriez recevoir 100, 150 ou même 200 réponses, ce qui rendrait très difficile le suivi. Il est plus raisonnable de faire parvenir des questionnaires à vos clients par tranche de 10 % à la fois, avec un nouveau groupe chaque mois. En procédant ainsi, en excluant décembre et un des mois d'été, vous auriez un portrait complet de la satisfaction de votre clientèle sur une période d'une année, vous permettant alors de faire un suivi des réponses au fur et à mesure qu'elles vous parviennent.

Le questionnaire est un outil polyvalent. Certains conseillers l'utilisent pour préparer leurs rencontres avec leurs clients. Supposons par exemple que le temps soit venu de réviser le portefeuille d'un client, on lui demande de préparer à l'avance les sujets dont il veut discuter.

Malgré sa polyvalence, le questionnaire ne devrait pas être utilisé pour des fins de sollicitation. J'ai vu des questionnaires longs de deux ou trois pages, mettant à l'épreuve la patience des clients. Certains clients répondent tout de même, heureux de voir que leur conseiller s'intéresse à leur opinion. Puis, à la toute fin, le client tombe sur la question suivante : «parmi les personnes que vous connaissez, quelles sont celles que vous pourriez me référer afin que j'explore avec elles la possibilité de travailler ensemble.» Par cette seule question vous venez de réduire à néant la bienveillance générée par le questionnaire. Le client se dit alors : «voilà que le chat sort du sac, il me semblait bien que c'était trop beau pour être vrai, mon conseiller avait un autre objectif en tête.»

La façon dont vous sollicitez l'opinion de vos clients importe peu. Il s'agit d'une décision individuelle qui dépend de votre style et de la taille de votre entreprise. Assurez-vous cependant, contrairement au maître d'hôtel, de poser les questions de manière que les clients se sentent à l'aise d'y répondre et d'agir en conséquence par la suite.

Instantanés

✔ *L'une des meilleures façons de vous assurer que vous êtes sur la bonne voie est de demander du feed-back de vos clients. La clé cependant est dans la manière de demander. Trop souvent les conseillers n'obtiennent pas de réponses honnêtes parce qu'ils ne questionnent pas correctement.*

✔ *Lorsque vous demandez à un client : «êtes-vous satisfait de la qualité du service que vous recevez?» vous espérez que le client réponde oui. Vous ne devez toutefois pas vous contenter de cette réponse, vous devriez passer à l'étape suivante en disant : «je suis très heureux d'entendre cela mais que pourrions-nous faire de plus pour vous pour rendre notre relation d'affaire plus agréable?» ou encore : «si vous étiez à ma place, que feriez-vous de différent pour améliorer la qualité du service que j'offre?»*

✔ *Si vous choisissez de soumettre un questionnaire à vos clients faites en sorte qu'il soit court et aille droit au but. Le questionnaire ne devrait pas intimider le client et devrait être facile à compléter.*

✔ *Il est important que vous fassiez savoir à vos clients par le questionnaire que vous sollicitez vraiment leur opinion et que vous ne faites pas ça par habitude.*

✔ *Joignez toujours une enveloppe préadressée et affranchie. Vous pourriez ajouter un post scriptum où vous indiquez que vous faites un don de charité à une œuvre de bienfaisance pour remercier ceux qui répondent ou encore que les clients deviennent admissibles à un tirage quelconque lorsqu'ils remplissent le questionnaire.*

✔ *Avant d'envoyer des questionnaires, vous devriez accorder un moment de réflexion à la façon de réagir aux réponses. Les clients s'attendent à un suivi de votre part et à des changements aussi. Si vous n'êtes pas préparé à agir, ce n'est pas la peine d'envoyer les questionnaires.*

✔ *Il est plus raisonnable de faire parvenir des questionnaires à vos clients par tranche de 10 % à la fois avec une nouvelle tranche chaque mois. En procédant ainsi, en excluant décembre et un des mois d'été, vous auriez un portrait complet de la satisfaction de votre clientèle sur une période d'une année.*

✔ *Les questionnaires peuvent servir de document préparatoire à une rencontre mais ne les utilisez jamais comme source pour obtenir des références, vos intentions réelles seront alors mises en doute.*

CHAPITRE 34

Mettre le principe OSPI en pratique

L ES RAPPORTS QUE VOUS ENTRETENEZ AVEC VOS CLIENTS SONT À DEUX niveaux. Le premier niveau concerne les produits et services que vous fournissez : établissement d'un plan financier, recommandations d'investissements avec un rendement acceptable et la conduite efficace de vos affaires. Mais le client développe également une relation personnelle avec son conseiller et il souhaite avoir du plaisir à faire affaire avec vous et s'attend à pouvoir vous faire confiance. Tout les clients évaluent leur conseiller sur la base de ces deux composantes : produits et services et relations interpersonnelles.

On peut combiner ces deux composantes dans un modèle à quatre quadrants pour évaluer vos interactions d'affaires comme on peut le voir à la Figure 34.1. Nous pouvons éliminer immédiatement le premier quadrant de notre analyse. Sans relation d'affaires ou interpersonnelle, cette personne est un étranger pour le conseiller et conséquemment il n'y aura pas d'interaction entre les deux s'il n'y a pas de changements sur au moins un des deux plans. Les trois autres quadrants méritent toutefois notre attention.

Le quatrième quadrant illustre une combinaison familière. Le conseiller a une excellente relation interpersonnelle avec le client mais cette relation ne trouve pas son équivalent du côté des produits et des services. La personne apprécie le conseiller, aime bien prendre un verre avec lui, mais n'a pas tellement confiance en ses qualités de conseiller financier. Il fut un temps où une bonne relation interpersonnelle suffisait. Les conseillers s'occupaient alors des investissements de leurs amis. De nos jours cependant, avec les exigences accrues des clients, de bonnes relations interpersonnelles sont insuffisantes si le conseiller ne peut pas offrir un niveau de rendement acceptable du côté des produits et services.

Figure 34.1

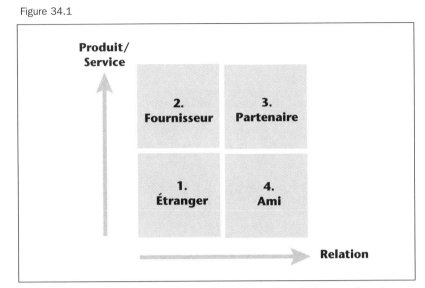

Analysons maintenant la situation inverse, telle qu'illustrée dans le premier quadrant. Le conseiller offre beaucoup du côté des produits et services mais n'a pas des relations très amicales avec ses clients. Le conseiller devient alors un pourvoyeur, ce qui n'est pas absolument mauvais. En fait, certains clients perçoivent les conseillers comme des pourvoyeurs de services financiers, surtout si le conseiller a une vaste clientèle. Historiquement, la mentalité du pourvoyeur — c.-à-d. offrir un service de qualité et des rendements intéressants — a permis à certains conseillers de se bâtir une clientèle importante et une entreprise prospère.

Malheureusement, il existe beaucoup d'autres pourvoyeurs. Le risque est grand qu'un autre pourvoyeur offre des produits et services de manière plus efficace que vous. De plus, si votre relation avec vos clients est réduite à la seule dimension produits et services, vous êtes à la merci d'événements hors de votre contrôle, comme une baisse du marché par exemple. Si vous traversez une période de turbulence des marchés, vous devenez vulnérable si vos clients vous perçoivent comme un simple pourvoyeur.

La meilleure situation est évidemment celle illustrée par le deuxième quadrant. Vous devez livrer la marchandise autant sur le plan des produits et services que sur celui des relations interpersonnelles. Vous devez être comme un associé.

Se protéger contre les fluctuations du marché

Il arrive que des conseillers contestent l'importance que j'accorde aux relations interpersonnelles. «Pourquoi ne pas nous concentrer sur le rendement sur les investissements?» demandent-ils. C'est certainement une avenue possible si vous croyez pouvoir générer des rendements dans les deux chiffres trimestre après trimestre et année après année. Dans pareil cas vous n'avez pas à vous inquiéter de vos relations interpersonnelles. Vos clients seront si enthousiastes de votre performance du côté des produits et services que le reste n'aura plus d'importance.

Cependant, j'entends constamment des conseillers qui regrettent de ne pas pouvoir être certains à 100 % d'obtenir des rendements élevés à court terme. Ces rendements sont incontrôlables; les marchés peuvent se détériorer. Par contre, on peut avoir un contrôle sur les relations avec les clients que ce soit à court ou à long terme. De bonnes relations avec vos clients rendront ces derniers plus patients si vos performances descendent pour une courte période sous le niveau jugé acceptable.

Au cours des années j'ai interrogé un très grand nombre de clients, autant ceux qui parlaient de leur conseiller avec enthousiasme que ceux qui avaient remercié leur conseiller. À plusieurs reprises j'ai rencontré des clients qui ont remercié leur conseiller malgré des rendements exceptionnels. Ces conseillers ont perdu des clients à cause de la piètre qualité de leurs relations interpersonnelles. Les clients ne se sentaient pas à l'aise avec leur conseiller, souvent parce qu'ils ressentaient une pression. Je me rappelle d'un client qui disait qu'il sentait un noeud dans sa gorge chaque fois que son conseiller l'appelait parce qu'il craignait que ce serait une expérience stressante. Bien que son conseiller affichait d'excellentes performances, le client a décidé que la vie était trop courte pour faire affaire avec un conseiller qui ne lui plaisait pas.

À l'opposé, j'ai aussi rencontré plusieurs clients dont le rendement sur leurs investissements était moyen mais qui étaient très enthousiastes lorsqu'ils parlaient de leur conseiller. Ils faisaient l'éloge du conseiller parce que cet individu leur donnait le sentiment d'être des personnes spéciales, et qu'il intéressait à eux.

En fait, le sentiment le plus puissant qu'un conseiller peut susciter chez ses clients est de leur faire sentir qu'il se soucie vraiment d'eux et pas seulement de leur argent. Le client doit croire que le conseiller prend ses intérêts à cœur. La plupart des conseillers font maintenant cela, le problème n'est donc pas le manque d'empathie. Le problème, pour reprendre les mots mémorables du capitaine de la prison dans le film de 1967 «Cold Hand Luke», est une incapacité à communiquer.

Les conseillers doivent faire un meilleur travail pour communiquer leur empathie. La clé pour y arriver est de suivre le principe OSPI, c'est-à-dire Oublier Son Propre Intérêt.

Les trois caractéristiques du principe OSPI

Lorsque vous songez à des actions qui illustrent votre empathie elles doivent avoir trois caractéristiques : elles ne doivent pas servir vos propres intérêts, elles doivent être personnelles et enfin elles doivent être inattendues.

Imaginons que vous arriviez chez vous et que vous y trouviez une lettre de votre avocat. La lettre dit : «Je crois que ceci pourrait vous intéresser» la lettre est accompagnée d'un article intitulé : Cinq raisons de mettre à jour votre testament». Votre réaction sera-t-elle? «quel type formidable, j'ai vraiment de la chance de faire affaire avec un avocat aussi attentionné», je ne crois pas. Vous croirez plutôt que votre avocat est en train d'essayer de vous vendre quelque chose.

Supposons maintenant que l'article porte plutôt sur cinq façons de réduire vos frais d'impôts. En supposant qu'il ne s'agit pas d'un avocat fiscaliste, votre réaction sera certainement différente puisqu'il n'y a rien dans ce geste qui soit dans l'intérêt personnel de l'avocat.

Il existe une dichotomie fondamentale dans vos rapports avec les clients. La clé pour convaincre les clients que vous avez leurs intérêts à cœur est de communiquer à l'occasion avec eux sur un sujet où vous n'avez rien à gagner personnellement.

Si vous agissez ainsi, vous vous assurez d'avoir de bonnes relations durant vos rencontres à caractère plus commercial. Ironiquement, il est possible que la lettre de votre avocat ait été motivée par un sentiment altruiste de sa part. Peut-être ne pense-t-il pas à s'enrichir de 100 dollars à vos dépens en réécrivant votre testament. Sa démarche est peut-être amicale et préventive et fait suite à une affaire d'un client dont un parent vient de mourir sans laisser un testament en règle. Cependant, vous avez assumé qu'il était motivé par son propre intérêt. Si cet avocat avait appliqué le principe OSPI plus régulièrement, votre réaction aurait sans doute été plus charitable à son égard.

Il est important que vous passiez en revue l'ensemble de vos contacts avec vos clients — particulièrement vos meilleurs clients avec qui vous ne souhaitez certainement pas entrer dans une relation où vous êtes perçu comme pourvoyeur — et que vous estimiez le nombre de contacts qui sont complètement désintéressés. Combien de fois votre client a-t-il pu conclure, «ce document, cet appel ou cette invitation m'a été envoyé parce que mon conseiller veut mon bien. Il ne tire aucun avantage personnel d'un tel geste.»

Pour la majorité des conseillers, très peu de contacts se trouvent dans cette catégorie. Vous devez pourtant réserver une partie de votre semaine — je suggère 5 % de votre temps, ce qui représente 2 à 3 heures — pour des activités qui respectent le critère OSPI. Ces deux ou trois heures par semaine au cours desquelles vous oubliez votre intérêt personnel peuvent ajouter beaucoup de valeur aux heures durant lesquelles vous vous concentrez sur la dimension produits et services de votre travail.

En plus d'oublier votre intérêt personnel les activités que vous menez pendant ces deux ou trois heures devraient avoir un caractère personnel et inattendu. Retournons pour un instant au scénario de l'avocat. Vous recevez une lettre d'information de ce dernier sans aucune note explicative. Est-ce que vous sentez que votre avocat vous accorde une attention particulière? Bien sûr que non, vous savez que chacun de ses clients a reçu la même lettre que vous.

Supposons maintenant que vous receviez la même lettre avec une note vous indiquant un article à la page 3 concernant un investissement qu'il sait que vous avez fait récemment ou encore concernant une décision de la cour relativement au traitement fiscal des dépenses pour les travailleurs autonomes. Comment vous sentez-vous cette fois? Plus enthousiaste bien sûr puisque votre avocat a pris la peine de vous signaler un élément qui vous concerne personnellement même s'il s'agit d'un document qu'il fait parvenir à l'ensemble de ses clients.

Vos activités OSPI devraient également avoir un caractère inattendu. Imaginons que vous receviez une carte de Noël de votre avocat au début du mois de décembre. Il y a peu de chances que vous soyez surpris par ce geste. Vous apprécierez sans doute cette courtoisie mais sans plus. En fait, si ces cartes n'étaient pas envoyées, peu de clients les manqueraient. Il ne se trouverait pas beaucoup de clients pour se plaindre que leur avocat ne s'intéresse pas à eux parce qu'il n'envoie pas de carte de Noël.

Imaginons maintenant que vous receviez, au début de janvier, une carte de souhait pour la nouvelle année de la part de votre avocat. À

Figure 34.2

Comment faire savoir à vos clients qu'ils comptent/Activités OSPI

1. Touches personnelles :
   - notes manuscrites
   - fournir le numéro de téléphone à la maison
   - appeler pour souhaiter « joyeux anniversaire »

2. Appeler pour prendre des nouvelles

3. Articles d'intérêt
   - En rapport avec les affaires
   - Personnel

4. Merci :
   - Cartes d'«anniversaire »
   - Note de remerciement

5. Activités «OSPI»

---

l'intérieur vous trouvez ces mots : «merci de l'occasion que vous m'avez donnée de travailler avec vous l'année dernière. Mes meilleurs voeux pour l'année qui commence.» Il en coûte la même chose d'envoyer cette carte que la précédente mais la réponse qu'elle suscitera sera différente, beaucoup plus enthousiaste. Ce petit geste a été remarqué parce qu'il est inhabituel et inattendu. Par des gestes comme ceux-là, vous signalez à vos clients que vous ne les traitez pas comme des numéros; vous vous intéressez à eux et vous prenez le temps de satisfaire leurs besoins en tant qu'individus.

Communiquer votre dévouement

La façon de communiquer votre dévouement dépend de vous, de la nature de vos opérations et de vos clients. Bien que les gestes doivent avoir un caractère personnel, certains peuvent être organisés en masse parce qu'ils peuvent être accomplis de manière à sembler personnel. D'autres seront plus individuels, pour répondre aux intérêts spécifiques d'un client particulier. Si vous entrez dans une librairie et que vous achetez plusieurs copies d'un livre pour les propriétaires de petites entreprises et que vous faites parvenir une copie à chacun de vos clients entrepreneurs, il s'agit d'un geste qui répond à la norme OSPI. Par ailleurs, vous pourriez acheter une seule copie d'un livre sur les îles Galápagos pour votre client qui s'y rendra le mois prochain.

Je connais un conseiller qui, lorsque les rapports d'investissements sont envoyés par le bureau central, envoie lui-même une photocopie avec un commentaire personnel écrit à la main du genre «nous sommes sur la bonne voie.» «Notre rendement est au-delà de nos objectifs.» «Ce placement semble un peu faible mais nous l'avons revu récemment. Nous devrions le conserver.» Ce petit geste personnel touche le cœur de votre relation avec le client; les investissements. Cela démontre aux clients que leur conseiller s'affaire à satisfaire leurs besoins en tout temps. Faire un commentaire personnel chaque mois peut vous paraître fastidieux, divisez votre clientèle en quatre et faites-le en rotation à raison d'un quart par mois. Cette pratique aura l'avantage de paraître moins routinière, et donc plus inattendue pour le client.

Donner votre numéro de téléphone à la maison peut également montrer à vos clients que vous avez à cœur leurs intérêts. Durant les ateliers, je demande souvent aux conseillers s'ils inscrivent leur numéro de téléphone à domicile sur leur carte. Généralement environ 25 % le font tandis que 75 % évitent cette pratique. Les raisons qui expliquent ce résultat sont évidentes; nous sommes suffisamment sollicités au bureau et nous voulons éviter de nous retrouver dans la même situation à la maison. Pourtant, les conseillers qui donnent leur numéro à la maison disent recevoir un nombre très limité d'appels chez eux, peut-être un appel par mois. Ils auraient peut-être reçus cet appel de toute façon puisque le client peut trouver votre trace dans l'annuaire. Plus important encore, vous voulez répondre à cet appel puisqu'il est urgent.

Donner votre numéro de téléphone à la maison est donc une activité OSPI peu coûteuse et très rentable. En signalant votre disponibilité continuelle, vous tirez des avantages sans beaucoup d'inconvénients. Cependant, si vous décidez de donner votre numéro à la maison vous devriez faire attention à la manière dont vous le faites parce que vous devez choisir entre deux options qui donnent des résultats très différents.

Une première possibilité est de dire : «cher client, voici ma carte. Vous y trouverez mon numéro de téléphone personnel. Mes clients préfèrent généralement me téléphoner au bureau durant les heures d'affaire mais si un problème urgent survient n'hésitez pas à me téléphoner à la maison.» Les clients accueilleront positivement ce geste de courtoisie et vous en tirerez des bénéfices.

Mais une seconde et meilleure approche serait la suivante : «cher client, voici ma carte. Permettez-moi d'y inscrire mon numéro de téléphone personnel. Mes clients préfèrent généralement me téléphoner au bureau durant les heures d'affaires, mais si un problème urgent survient, n'hésitez pas à me téléphoner à la maison.» La petite touche personnelle repose sur un simple détail. Dans le premier cas le geste n'a rien de personnel puisque votre numéro à la maison est déjà imprimé sur la carte et le client comprend qu'il est disponible pour tous. Dans le deuxième cas cependant, le client se sent l'objet d'une attention spéciale, vous avez inscrit votre numéro spécialement pour lui.

Dire : «Joyeux anniversaire» et «Comment allez-vous?»

Appeler vos clients pour leur anniversaire représente une autre façon de leur laisser savoir que vous vous intéressez à eux. Il doit cependant s'agir d'un appel et non d'une carte pour que le geste puisse répondre aux normes OSPI. Lors d'un séminaire que je donnais récemment sur l'assurance-vie, j'ai eu l'audace de suggérer que lorsque les clients recevaient une carte d'anniversaire de leur agent, ils ne s'extasiaient pas nécessairement. Les clients ne sautent pas de joie ni ne sont étonnés de recevoir une carte de leur agent pour leur anniversaire. La carte ne nuit pas mais elle n'aide pas vraiment non plus puisqu'elle fait partie de ce que le client croit être la routine pour un agent.

Bien sûr, il est facile d'être critique. Un participant m'a demandé, et la question était valable, «que devrais-je faire à la place?» Je lui ai suggéré d'appeler le client à 9 h et de lui dire, «je voulais simplement être le premier à vous souhaiter un joyeux anniversaire.» Rien de plus, rien de moins. Vous devez cependant utiliser cette approche de manière judicieuse. Si votre client est le P.D.G. d'une multinationale, il ne s'agit probablement pas de la meilleure forme de contact. Mais pour la majorité des clients, surtout les plus âgés, cette approche personnelle sera très appréciée.

Un autre technique efficace est celle du «comment allez-vous?» Comme nous le disions plus tôt, des recherches montrent que les clients considèrent qu'ils n'ont pas un niveau de contact suffisant avec leur conseiller. Mais au-delà de la fréquence des contacts, la qualité de ceux-ci représente un autre problème. Nous interrogeons souvent des clients qui ne se plaignent pas du nombre de contacts mais qui indiquent que chaque appel a pour objectif de leur vendre quelque chose. Si vos clients n'entendent parler de vous que lorsque vous voulez leur vendre un produit, il devient difficile pour eux de croire que vous pensez d'abord à leurs intérêts. Ils s'imagineront que la seule chose qui vous intéresse est leur porte-monnaie.

La solution pour éviter ce genre de problème est de téléphoner à l'occasion simplement pour prendre des nouvelles. Appelez le client et dites, «il n'y a rien de particulier mais je pensais à vous ce matin et je me disais que je devrais prendre de vos nouvelles et vous dire bonjour par la même occasion.» Après le choc initial (les clients en reviennent) et la méfiance (qui disparaîtra rapidement si vous n'essayez pas de vendre quoi que ce soit), les clients réagissent positivement à l'occasion qui leur est donnée de bavarder avec leur conseiller, qu'ils souhaitent être plus qu'un simple pourvoyeur.

Le contact non-investissement

Un troisième façon de montrer votre intérêt est d'envoyer des articles qui intéresseront vos clients. Je ne parle pas ici d'articles à caractère financier tirés du *Wall Street Journal* ou d'autres publications financières qui ont pour but de bâtir la confiance, mais d'articles qui viennent d'autres genres de publications sur une grande variété de sujets. Il n'y a rien de mal à envoyer des articles sur la planification financière ou l'investissement, mais ceux-ci servent à autre chose : démontrer notre professionnalisme et notre engagement à instruire nos clients. Pour bâtir des relations solides, vous devez aller plus loin et envoyer des articles sur des sujets dont vous n'avez rien à gagner à court terme.

Un conseiller de ma connaissance est abonné à six revues sur le golf. De temps à autre il trouve un court article intéressant — des trucs pour améliorer son jeu sur les verts, une description d'un parcours qui pourra intéresser ses clients ou une évaluation sur de nouveaux équipements — qu'il fait parvenir à ses 60 clients identifiés comme golfeurs dans son fichier clients. Il inclut toujours une courte note du genre : «j'ai trouvé cet article et j'ai cru qu'il pouvait vous intéresser».

Qu'est-ce qu'un article sur l'art d'améliorer son jeu sur les verts a à voir avec les actions, les obligations et les fonds communs de placement? La réponse est : rien du tout. Par contre, un tel geste a tout à voir avec le message que vous tentez d'envoyer à vos clients : «je m'intéresse à vous».

C'est également un soulagement de ne pas avoir à se limiter aux articles sur l'investissement. Vous pouvez intégrer certains concepts de marketing dans vos actions OSPI même si votre clientèle n'a pas de profil particulier. Vos clients, tout comme vous, n'ont probablement pas le temps de lire tout ce qu'ils souhaiteraient. Vous pouvez par ailleurs utiliser votre propre temps de lecture pour les aider. Je connais des conseillers qui se donnent comme règle de trouver au moins un article qu'ils pourront envoyer à des clients dans chaque publication qu'ils lisent, qu'elles soient financières ou pas. L'article peut porter sur une entreprise, un fournisseur, les compétiteurs étrangers, le tennis, une recette intéressante ou un compte rendu de lecture. Ce geste contribue à approfondir vos relations.

Dire merci

Un autre aspect important de vos actions OSPI concerne les remerciements. En fait, je suis consterné de voir combien les conseillers sont lamentables lorsque vient le temps de dire merci. Étant donné les habiletés de communication nécessaires à notre profession, il est étonnant de constater notre faiblesse à dire à nos clients que nous apprécions leur clientèle. Ce n'est pas que nous n'apprécions pas, mais nous ne le disons pas.

L'envoi de cartes de remerciements est souhaitable. Un conseiller, après avoir assisté à un de mes séminaires a établi un système efficace. Chaque jour à 15 h, son assistante vient dans son bureau avec trois cartes de remerciement à la main. Elle reste dans son bureau tant et aussi longtemps qu'il n'a pas rempli les trois cartes. «Merci de m'avoir donné le temps de vous parler.» «Merci pour avoir pris le temps de me rencontrer.» «Merci de m'accorder votre confiance.» «Merci de votre patience.» «Merci d'être mon client.» Le feed-back qu'il a reçu de ces cartes toutes simples est plus favorable que des invitations à dîner, à jouer au golf ou d'autres activités aussi coûteuses. En fait, lorsque vous bâtissez une relation, ce sont les petits gestes qui ont souvent le plus d'impact.

Un autre conseiller a trouvé une autre façon de dire merci. Il a acheté des cartes avec l'inscription bon anniversaire à l'extérieur mais vierge à l'intérieur. Lorsque les clients recevaient ces cartes ils étaient un peu surpris puisque ce n'était pas leur anniversaire. Intrigués, ils ouvraient la carte et trouvaient la note suivant : «en revoyant mes dossiers j'ai constaté que je vous compte parmi mes clients depuis 12 mois. Je voulais simplement prendre un petit moment pour vous dire merci.» Cette méthode donne aussi de bons résultats pour d'autres anniversaires : deux ans, cinq ans et même six mois. Bien sûr, il y a des limites. Je ne recommanderais pas d'envoyer une carte après deux semaines, le client pourrait croire que vous êtes déjà son plus ancien client. Le geste de remercier peut être un puissant allié.

Un exercice utile consiste à faire une liste de tous vos clients qui exploitent une entreprise. Puis, à côté de chaque nom, inscrivez toutes les personnes que vous connaissez qui pourraient être des contacts d'affaires intéressants pour ces personnes. Rien d'autre ne pourra mieux démontrer votre intérêt pour le client que ce geste. Supposons que votre client vend des imprimantes et que vous l'appelez pour lui dire : «George, j'étais chez un de mes clients hier et il maugréait contre son imprimante qui faisait défaut. Je lui ai parlé de toi et lui ai dit que tu le contacterais. Son nom est Pierre C.» La réaction de votre client sera extrêmement positive.

Au-delà des références, vous pourriez simplement manifester votre intérêt à aider vos clients dans leur entreprise. Imaginons que vous ayez rendez-vous avec une cliente propriétaire d'une pharmacie. Vous lui dites : «Jeannette, avant de commencer, j'ai pris un peu de temps samedi matin pour visiter d'autres pharmacies dans les environs. J'ai remarqué que leur façon de faire est un peu différente de la tienne et je suis curieux de savoir pourquoi.» Le message que vous venez d'envoyer est que vous vous intéressez à son sort au-delà de votre intérêt à court terme et vous discutez d'autres choses que l'investissement. Encore une fois, ce sont les petites choses qui contribuent à approfondir les relations, pas les grandes.

Vous pourriez également faire vous-même affaire avec vos clients. Si un de vos clients est propriétaire de restaurant par exemple, vous pourriez lui demander s'il accepterait que vous organisiez dans son restaurant des repas et des démonstrations culinaires pour vos clients les lundis soirs, alors que les restaurants sont fermés ou peu occupés. Certains conseillers organisent ainsi des dégustations de vin — l'un d'eux invite l'expert en vin du journal local qui sert alors de guide pour ses clients. Certains embauchent même des magiciens, des comédiens ou même des athlètes olympiques pour ce genre d'événement.

Transformer un contrat en client

Même lorsque vous venez de faire signer un contrat à un nouveau client, il existe des occasions pour des gestes OSPI. Les nouveaux clients offrent d'excellentes occasions que les conseillers oublient souvent. Nous consacrons beaucoup d'énergie à convaincre les clients potentiels, et lorsque l'un d'eux signe, nous considérons sa signature comme un point culminant plutôt que le début d'un processus. En réalité, la seule chose que vous avez est une signature, vous devez maintenant la transformer en un client enthousiaste.

Le nouveau client a probablement beaucoup d'appréhensions,

convaincu qu'après avoir signé vous ne serez plus aussi empressé à satisfaire ses besoins. Supposons que vous téléphoniez au client 10 jours après la signature. «M. Client, vous devriez maintenant avoir reçu une confirmation écrite de votre premier achat. Je vous appelle simplement pour m'assurer que vous l'avez bien reçue et pour prendre le temps nécessaire pour voir si vous avez besoin d'explications supplémentaires.»

Supposons maintenant que quatre semaines se sont écoulées et que vous appeliez de nouveau. «M. Client, vous devriez avoir reçu votre premier rapport maintenant. Je vous appelle simplement pour revoir le document avec vous pour m'assurer que tout est clair.»

En tout, ces deux appels vous prendront probablement cinq minutes. Mais voyez ce que vous avez accompli en terme de gestes OSPI, vous avez signifié à votre client l'importance qu'il a pour vous, au-delà de votre relation d'affaires, puisque vous ne tirez aucun bénéfice direct de ces contacts.

Il n'est pas nécessaire de passer beaucoup de temps à poser des gestes OSPI. Vous devriez y consacrer 5 % de votre semaine de travail, c'est-à-dire de deux à trois heures par semaine. Vous pouvez intégrer ces activités à votre quotidien comme ces appels de joyeux anniversaire du matin ou comme ce conseiller qui signait des cartes de remerciement chaque jour à trois heure. Vous pouvez également choisir une période plus tranquille de la semaine. Plusieurs conseillers consacrent leurs vendredis après-midi entre 15 h et 17 h pour ce genre d'activité.

J'ai vu un vidéo récemment qui portait sur un conseiller financier très prospère. Les producteurs ont également interviewé sa femme. Elle faisait mention d'une habitude de son mari qui lui déplaisait particulièrement, mais que je trouvais pour ma part brillante. Le dimanche soir, lorsqu'ils regardaient ensemble l'émission «60 minutes», le conseiller l'enregistrait et la regardait un calepin à la main en inscrivant, pour chaque reportage, lesquels de ses clients, actuels ou éventuels, le reportage pourrait intéresser. Si un reportage fait le portrait de Luciano Pavarotti par exemple, il note le nom de chaque client ou prospect qui est amateur d'opéra ou qui est membre du conseil d'administration de la compagnie d'opéra locale. Il fait de même pour chacun des trois reportages de l'émission.

Lorsqu'il retourne au bureau le lundi matin il appelle sans tarder les clients concernés. Il leur dit : «bonjour, c'est Jean Conseiller à l'appareil. Je vous appelle parce que j'ai pensé à vous hier soir. J'ai regardé l'émission «60 minutes», est-ce que vous l'avez vue ?» Si le client répond affirmativement il leur dit : «n'est-ce pas que c'était bien cette entrevue avec Pavarotti? J'ai tout de suite pensé à vous en voyant cela et je voulais seulement vous en parler.» Si le client n'a pas regardé l'émission il dit alors : «c'était vraiment une excellente entrevue avec Pavarotti et je l'ai enregistrée, vous voulez que je vous en envoie une copie?»

Encore une fois, il ne s'agit pas d'un geste qui demande beaucoup de temps peut-être de trois à cinq minutes pour appeler le client. Par contre le bénéfice est grand puisque le conseiller rappelle au client qu'il est vraiment quelqu'un de spécial pour lui. Au-delà du bénéfice direct qu'il en retire, le conseiller profitera également assez souvent d'un effet secondaire positif. Quatre à six semaines plus tard, le client aura référé quelqu'un à ce conseiller exceptionnel. Vous ne pouvez pas compter systématiquement sur des références, mais cela se produit assez souvent. Si vous faites en sorte que vos clients se sentent appréciés en posant des gestes OSPI, ils en feront part à leurs amis.

✎ Instantanés

✔ *Les clients vous évaluent sur deux plans. Ils s'attendent à ce que vous fassiez bien votre travail du côté produits et services et ils veulent également avoir une relation personnelle agréable avec vous.*

✔ *Si vous avez une relation personnelle très étroite avec quelqu'un mais peu de résultat en terme de produits et services, cette relation est plutôt une amitié avec votre client. Il fut un temps où cela était suffisant. Aujourd'hui cependant, une telle relation ne vous mènera nulle part si vous ne livrez pas un rendement minimum acceptable du côté des produits et services.*

✔ *Si vous livrez la marchandise du côté produits et services mais que vos relations personnelles avec vos clients sont à un minimum, vous devenez un pourvoyeur pour vos clients. Ces derniers ne vous considéreront alors que comme un simple pourvoyeur, surtout si votre clientèle est grande. Vous serez alors fragile en cas de chute des marchés.*

✔ *Vous devez vous situer dans le quadrant supérieur droit en étant à la hauteur du côté des produits et services et en ayant de bonnes relations interpersonnelles avec vos clients. Vous devez être considéré comme un associé.*

✔ *De bonnes relations interpersonnelles rendront plus patients vos clients si vos performances du côté des produits et services descendent pour un moment sous le niveau minimum acceptable.*

✔ *Le sentiment le plus puissant que vous puissiez susciter chez vos clients est que vous ne vous intéressez pas seulement à leur argent mais à eux personnellement.*

✔ *La clé pour atteindre cet objectif est de suivre la règle OSPI : Oublier Son Propre Intérêt.*

✔ Lorsqu'il est question de gestes qui démontrent votre intérêt pour le client, on remarque essentiellement trois caractéristiques. Ils ne doivent pas être faits dans votre propre intérêt, ils doivent être personnels et ils doivent être inattendus.

✔ Pour que les clients aient le sentiment de faire affaire avec quelqu'un qui s'intéresse à eux, vous devez à l'occasion avoir des contacts qui ne vous apportent rien en tant que conseiller financier.

✔ Il est important que vous fassiez l'analyse de vos contacts avec vos clients — surtout vos meilleurs clients, qui ne doivent pas vous considérer comme un pourvoyeur — pour voir le nombre de contacts qui sont complètement dépourvus d'intérêt d'affaires.

✔ Un conseiller devrait réserver une partie de sa semaine — je suggère 5 % de son temps, c'est-à-dire de deux à trois heures — pour se concentrer sur des gestes OSPI.

✔ En plus d'être dépourvus d'intérêt pour vous, les gestes que vous posez durant ces deux ou trois heures devraient être personnels et inattendus.

✔ Malgré qu'ils doivent avoir une touche personnelle, les gestes que vous posez peuvent être organisés en masse, tout en étant personnalisés dans l'exécution. Certains gestes devront cependant être très personnalisés en fonction des intérêts particuliers de certains clients.

✔ Lorsque le siège social fait parvenir un rapport périodique à ses clients, un conseiller envoie lui-même une copie de ce même rapport avec une note complémentaire écrite à la main.

✔ Donner votre numéro de téléphone à la maison peut être une excellente occasion de montrer à vos clients que vous vous intéressez à eux. Souvenez-vous toutefois d'inscrire personnellement et à la main votre numéro de téléphone sur votre carte de visite pour bénéficier du plein avantage psychologique.

✔ Une autre méthode pour montrer votre intérêt pour le client est de lui téléphoner pour son anniversaire.

✔ Les appels spontanés simplement pour prendre des nouvelles sont également très efficaces.

✔ Vous pouvez manifester votre intérêt en envoyant des articles de revues à vos clients. Ces articles peuvent porter sur une foule de sujets, *tel ce conseiller qui recensait les revues de golf.*

✔ *Les conseillers doivent apprendre à dire merci. Vous pourriez envoyer des cartes de remerciement, peut-être quelques-unes par jour, comme ce conseiller dont l'assistante se présente dans son bureau chaque jour à 15 h pour qu'il s'acquitte de cette tâche. Vous pourriez également envoyer des cartes d'anniversaire à vos clients pour souligner l'anniversaire de votre relation d'affaires.*

✔ *Lorsqu'il s'agit de bâtir une relation solide, ce sont souvent les petits gestes, bien plus que les grands, qui font le plus d'effet.*

✔ *Pour vos clients entrepreneurs, essayez de leur référer des clients et manifestez votre intérêt pour leur entreprise.*

✔ *Lorsque vous venez de signer avec un nouveau client, il existe malgré tout des occasions pour poser des gestes OSPI. Saisissez l'occasion en faisant le suivi et en facilitant la compréhension des premiers documents.*

✔ *Même lorsque vous regardez la télévision il y a des occasions pour penser à vos clients, souvenez-vous de «60 minutes».*

CHAPITRE 35

Sortir de la mêlée

Avant de fonder Marketing Solutions j'étais associé dans une firme de consultants en marketing et en publicité. L'un des plus grands défi en publicité est de se faire remarquer. C'est ce qu'on appelle sortir de la mêlée; trouver une façon pour que votre publicité se démarque.

Le conseiller financier fait face aux mêmes difficultés lorsqu'il tente de faire savoir à ses clients à quel point il apprécie leur clientèle. Encore une fois, il est difficile de se faire remarquer avec tout le bruit généré par la concurrence. Cela est particulièrement vrai pour les gros clients, qui sont plus souvent sollicités. Comment faire pour se démarquer ?

La solution n'est pas de dépenser plus d'argent mais de trouver des façons différentes de faire les choses. Dans ce chapitre je vous suggérerai des idées qui n'ont pour but que de stimuler votre propre créativité. La clé est de trouver des méthodes pour surprendre, pour vous démarquer et pour montrer l'intérêt que vous portez à vos clients.

Par exemple, durant des années, alors que j'étais associé dans cette firme de consultants, nous faisions parvenir à nos clients une bouteille de vin ou du chocolat de la plus haute qualité pour Noël. Ces présents étaient fort appréciés de nos clients et personne ne nous les a jamais

Figure 35.1

Briser la monotonie

- L'effet de se sentir unique

- L'important est de manifester la pensée/l'attention personnelle

- Chercher une façon « surprenante » de faire de chaque geste

---

retournés. Mais nous avions le sentiment que ces cadeaux ne susci-taient pas l'enthousiasme que nous aurions souhaité.

Lorsque le livre de Tom Peters, *Thriving on Chaos* est paru une année, nous en avons acheté 50 copies et les avons faites parvenir au P.D.G. et au vice-président marketing de nos 25 plus importants clients. Une note à l'intérieur disait : «Nous espérons que ce livre nous aide-ra tous à traverser le chaos des années qui viennent.» La réaction a été fantastique. Nous avons reçu une demie douzaine de lettres de remerciement et plusieurs coups de télépho-ne, tous très enthousiastes. Les bouteilles de vin et le chocolat — qui, en passant coûtaient beaucoup plus — n'ont jamais réussi à attirer autant d'attention.

> **Lorsque vous offrez des cadeaux à vos meilleurs clients, vous devez sortir du conventionnel.**

Des cadeaux sur mesure

Le livre était, bien sûr, original, alors que le vin et le chocolat sont plus traditionnels. C'était également un cadeau plus personnel, plus spécifique aux préoccupations particulières de ces clients que ne l'aurait été du vin ou du chocolat. Nos clients tentaient de connaître du succès dans le chaos. En fait, au fur et à mesure que cette pratique s'est étendue nous avons fait des choix de livres qui s'harmonisaient avec le secteur d'activité de nos clients. Nos clients qui évoluaient dans le sec-teur financier recevaient *The Rise of the House of Morgan* alors que nos clients dans le secteur des technologies recevaient *Father and Son*, l'his-toire de la famille Watson d'IBM.

Nous avons constaté que plus le livre correspondait aux intérêts et au secteur d'activité du client, plus le cadeau était efficace pour susciter la gratitude chez nos clients. Nous envoyions le message que le cadeau avait fait l'objet d'une réflexion particulière. Il ne s'agissait pas d'un cadeau identique pour tous les clients. C'était une attention spéciale, indiquant que le client était une personne spéciale pour nous.

Les conseillers financiers devraient toujours avoir en tête ce principe de spécificité dans leurs activités. L'un des meilleurs clients d'un conseiller était sur le point de se marier. Le conseiller m'a téléphoné pour obtenir un conseil, il voulait savoir comment il pouvait faire sen-tir à son client combien il l'estimait. Avec 500 invités au mariage, il voulait que son cadeau sorte du rang. Nous en avons discuté et il a fini par envoyer un cadeau plutôt modeste — assez modeste pour être gênant — mais qui n'est pas passé inaperçu. Lorsque le client et sa femme sont arrivés au Club Med en Guadeloupe, le commis à la récep-tion leur a remis une carte. La carte contenait le message suivant du

conseiller : «Félicitations et meilleurs vœux. J'espère que vous apprécierez les leçons de plongé sous-marine.»

Le conseiller avait pris la peine de chercher où son client séjourne-
rait et avait fait des arrangements pour lui offrir, à lui et à sa femme, des
leçons de plongé sous-marine. Le lendemain du retour de la lune de
miel, tôt le matin, le conseiller reçut un appel. C'était le client qui n'en
finissait plus de le remercier pour le cadeau que le conseiller leur avait
offert. Combien d'autres invités parmi les 500 ont reçu un appel de
remerciement le lendemain du retour croyez-vous ? Très peu, selon
moi. Cela n'avait rien à voir avec la somme dépensée pour le cadeau.
En fait, lorsque nous en avons discuté, le conseiller était prêt à dépenser beaucoup plus. Le cadeau a été remarqué parce qu'il était original.
Il s'était démarqué de tous ces autres qui ont offert des choses prévi-
sibles. Il avait trouvé un moyen de sortir de la mêlée.

Souligner une naissance

Imaginons le scénario suivant. Votre meilleure cliente, après plusieurs
années de tentatives infructueuses, vient tout juste d'avoir son premier
bébé. Il s'agit là d'une occasion bien spéciale et naturellement vous
songez, comme tout bon conseiller, à lui envoyer des fleurs à l'hôpital.
De quel grosseur devrait être le bouquet pour lui faire sentir à quel
point votre relation est unique, pour vous permettre de vous démarquer ? La réponse est que le bouquet devrait être si énorme qu'il rem-
plirait la chambre voisine. Tout le monde envoie des fleurs à l'hôpital,
et bien que votre bouquet serait apprécié, il y a peu de chances que le
vôtre se démarque, à moins de tomber dans la démesure.

À la place, vous pourriez attendre pour envoyer des fleurs au premier
jour du retour de votre cliente à la maison. Mais vous pourriez également faire preuve de beaucoup plus d'imagination.

Vous pourriez offrir à votre cliente un certificat pour une session pho-
tographique pour prendre les premières photos du nouveau-né. Vous
pourriez offrir les services d'une femme de ménage une fois la semaine
durant le premier mois qui suit la naissance. Vous pourriez offrir un service de traiteur pour la première journée ou même pour la première semaine à la maison. Vous pourriez aller vous-même porter une bouteille de
champagne pour permettre aux heureux parents de célébrer. Vous pourriez
offrir un certificat pour nouvelle maman dans une centre de santé lorsque
votre cliente sera sur pied. Vous pourriez organiser le transport à la sortie
de l'hôpital en limousine avec une carte disant : «Félicitations, que cette
introduction dans le monde se fasse en première classe.»

Il est possible qu'aucune de ces idées vous semble appropriées. Peut-
être ne conviennent-elles pas à votre façon de faire, à votre personnalité, mais vous pouvez sûrement en trouver d'autres. L'important est
d'être unique, de sortir des sentiers battus.

Faire des héros

Une compagnie, dont le président siégeait au conseil d'administration de la compagnie de danse locale, commanditait un spectacle de ballet pour ses clients et leurs conjoints. Les invités se voyaient offrir le souper avant le spectacle et l'atmosphère de la soirée était toujours chaleureuse. Cependant, on avait le sentiment que cette soirée ne suscitait pas beaucoup d'enthousiasme chez les clients, surtout après la première année.

La première fois que vous offrez un cadeau, il génère beaucoup d'excitation, la seconde fois, un peu moins et la troisième fois ça devient déjà une habitude. Vous sortez de la mêlée à la première occasion mais ensuite, très rapidement, les clients assimilent l'événement à une forme de routine. Le défi est de trouver des approches différentes à chaque fois. L'un des problèmes est que les attentes ont tendances à augmenter à chaque occasion.

Une année, la même compagnie a décidé de changer d'approche. Au lieu d'inviter les clients et leurs conjoints, on a plutôt invité les clients accompagnés de leurs enfants qui suivaient des cours de ballet. Il s'agissait d'un spectacle en matinée cette fois, avec une réception après coup, à laquelle les protagonistes assistaient en costume. Le coût de l'événement était bien inférieur puisqu'il n'y avait pas de souper offert. Pourtant, la réaction fut bien meilleure puisque la compagnie avait trouvé un moyen de faire de ces parents des héros aux yeux de leurs enfants. Je peux vous assurer qu'une telle approche permet de sortir de la mêlée.

À Toronto, plusieurs entreprises de fonds communs de placement invitent leurs conseillers à assister à des matchs des Blue Jays dans des loges privées, comme c'est la coutume dans plusieurs villes à travers l'Amérique du Nord. Bien que ces soirées généraient beaucoup d'excitation lorsque le stade a ouvert ses portes en 1989 et que les Blue Jays avaient une équipe championne, elles sont devenues, avec le temps et une équipe moins performante, des soirées moins courues. Les compagnies ont maintenant de la difficulté à attirer à ces soirées leurs meilleurs conseillers, ce qui a diminué d'autant l'intérêt général suscité.

Récemment, une entreprise de fonds communs a modifié son approche. Elle a invité ses conseillers et leurs enfants à assister à un match en après-midi. Alors que les conseillers avaient tous eu l'occasion d'assister à des matchs dans une loge privée — en fait c'était justement là le problème — il s'agissait d'une expérience tout à fait nouvelle pour les enfants. Cette entreprise avait trouvé une façon de transformer ses conseillers en héros aux yeux de leurs enfants. Peu de choses peuvent générer autant de loyauté envers la compagnie que cela.

Une réaction qui vaut son pesant d'or

Je me suis souvenu de la puissance d'un geste qui permet de sortir de la mêlée lorsque j'ai parlé à un conseiller qui obtint une réaction fabuleuse lorsqu'il offrit un cadeau modique à ses clients qui étaient parents ou grand-parents. Je précise que ce conseiller était prospère et qu'il possédait un chalet de ski et un condo à Palm Springs qu'il utilisait aussi pour le bénéfice de ses clients.

Mais, ce qu'il y a de plus intéressant, c'est le geste tout simple qu'il posait lorsqu'un client venait d'avoir un enfant ou un petit-enfant. Un assistant découpait l'annonce de la naissance dans le journal local et la faisait agrandir et laminer. Le conseiller faisait alors encadrer l'annonce et l'envoyait à son client avec une carte de félicitations.

Le coût de toute cette opération s'élevait à moins de 50 dollars mais la réaction était très favorable, souvent plus favorable que lorsqu'il avait prêté à ces mêmes clients son condo, leur faisant ainsi épargner 2 000 dollars sur le coût de leurs vacances. Le geste était très personnel et donnait le sentiment à ces clients d'avoir une relation privilégiée avec leur conseiller (même si, dans les faits, il s'agissait pour le conseiller d'une pratique plutôt routinière). Ce conseiller avait remarqué que même si les clients appréciaient le fait qu'il leur prêtait son condo, ces derniers faisaient souvent preuve de cynisme, se disant qu'après tout ils avaient contribué à le payer. Par contre, le conseiller n'a jamais remarqué ce genre de réaction en offrant les annonces laminées et encadrées.

Les événements pour souligner la reconnaissance envers la clientèle offre une autre occasion de sortir de la mêlée. Ce genre d'événement gagne en popularité et peut s'avérer assez efficace lorsque le conseiller réussit à faire en sorte que ses clients se sentent vraiment uniques. Le défi est de planifier un événement qui sort de l'ordinaire. Trop nombreux sont les conseillers qui offrent un séminaire avec un invité de marque et une dégustation de vins et fromages, considérant qu'il s'agit là d'un événement de reconnaissance de la clientèle. Bien que les clients peuvent apprécier le geste, ils ne le considèrent pas vraiment comme un événement spécial. Ils n'en parleront probablement pas à leur entourage le lendemain ni la semaine suivante.

Quels sont les événements qui fonctionnent ? Certains conseillers organisent des tournois de golf en se concentrant sur leurs meilleurs clients. D'autres offrent des croisières ou des soirées au théâtre. Un conseiller a eu un coup de génie en organisant une soirée thématique sur le chocolat ayant comme thème : «Mourir de chocolat». Demeurant dans une région froide de l'Alberta, il a réservé un hôtel local un soir de janvier pour organiser sa soirée. Lorsque ses clients sont arrivés, il y avait un orchestre de jazz, les gens dansaient, on servait du champagne et sur toutes les tables on trouvait une petite boîte de chocolat Belge. Il y avait un buffet «à mourir de chocolat» auquel les invités étaient conviés. On avait également organisé des tirages dont les prix étaient offerts par des entreprises locales. Environ un participant sur cinq retournait chez lui avec un prix.

L'organisation de cet événement a demandé des efforts considérables et les coûts assumés par le conseiller ont été plutôt élevés. Cependant la réaction et le bouche à oreille générés par l'événement ont été fantastiques, bien supérieurs à tout autre événement organisé par ce conseiller. De son propre aveu, le conseiller reconnaissait qu'il aurait pu organiser deux ou trois séminaires pour le même prix, mais d'aucune façon aurait-il pu susciter une réaction aussi favorable.

Un autre conseiller financier de ma connaissance a implanté une tradition. Chaque année, en juin, il organise une journée familiale à laquelle il convie ses clients, leurs enfants et leurs petits-enfants. Il engage des clowns, des jongleurs, des maquilleurs pour les enfants, il demande même au service d'incendie de sa localité de venir avec le camion à nacelle pour que les enfants puissent y monter et aller chercher des sucreries suspendus aux arbres. Bien sûr, on y sert des hot-dogs, des croustilles et de la crème glacée. Cette petite fête n'est pas très onéreuse, mais l'impact qu'elle a sur les clients est considérable puisque le conseiller démontre à ses clients qu'il s'intéresse vraiment à eux et pas seulement à sa prochaine vente.

L'Oscar du meilleur événement d'appréciation de la clientèle revient à un autre conseiller. Le film «Le Patient Anglais» venait tout juste de remporter l'Oscar du meilleur film et le conseiller avait l'impression que la majorité de ses clients ne l'avaient pas encore vu. Il a donc réservé une salle à un cinéma local pour une représentation privée qu'il offrait à ses clients. On offrait gratuitement le maïs soufflé et les boissons gazeuses aux invités. Avant le début de la représentation le conseiller s'est contenté de dire à ses clients qu'il souhaitait exprimer sa gratitude à sa clientèle et qu'il espérait que le film leur plairait. Cet événement ne coûtait pas très cher à organiser, environ 5 dollars par client, incluant le maïs soufflé. La réaction des clients a toutefois été phénoménale. En fait, il a l'intention de faire de cet événement une tradition annuelle en choisissant un film gagnant d'un Oscar que ses clients n'ont probablement pas eu l'occasion de voir encore, ou qu'ils aimeraient revoir.

Des événements spéciaux pour des clients spéciaux

Suivez cet exemple pour planifier vos propres événements. Assurez-vous que ce que vous prévoyez faire sort de l'ordinaire. Cela est particulièrement important avec vos meilleurs clients. Bien que nous souhaitions tous agir démocratiquement, si des clients doivent se sentir enthousiastes à votre égard, il vaut mieux que ce soit vos meilleurs clients. L'un des pièges dans l'organisation d'événements spéciaux pour les clients c'est lorsqu'un conseiller décide qu'avec une clientèle de 500 personnes par exemple, il ne peut qu'organiser des événements plutôt modestes, afin d'éviter des coûts prohibitifs. Je crois personnellement qu'il est préférable d'organiser un événement vraiment spécial pour 50 ou 100 personnes — quelque chose qui les renversera — et d'organiser des choses plus modestes pour le reste de votre clientèle. Vous voulez vous faire remarquer, surtout de vos meilleurs clients.

J'aimerais terminer en partageant avec vous l'idée d'un conseiller qui lui permet de sortir de la mêlée. Il a un volume d'affaires assez important avec les fonds Templeton et il a pu organiser un dîner avec Sir John Templeton lors d'une visite à Toronto. Il a réalisé une entrevue avec M. Templeton, comme le ferait un journaliste, et il a fait parvenir une copie de cette entrevue à ses clients, accompagnée d'une photo les montrant ensemble. Les clients ont été impressionnés. Cette entrevue faisait de leur conseiller une personne unique, quelqu'un qui avait un accès privilégié à un investisseur de la trempe de Sir John Templeton. Au-delà de l'intérêt que représentait l'entrevue, c'était assurément une manière de sortir de la mêlée.

Dans l'avenir, le marché sera encore plus chaudement disputé, la concurrence plus féroce, nous devrons donc trouver des façons de sortir de la mêlée.

Instantanés

✔ *Les conseillers doivent trouver des façons de sortir de la mêlée, de se faire remarquer parmi la foule.*

✔ *La solution n'est pas de dépenser plus d'argent mais de trouver des façons d'être différent.*

✔ *Un livre dont le sujet touche une corde sensible du client peut représenter un cadeau très approprié, bien plus qu'une bouteille de vin.*

✔ *Des leçons de plongé sous-marine ont permis à un conseiller de se faire remarquer de son client.*

✔ *Pour l'arrivée d'un nouveau-né, offrez autre chose que des fleurs. Vous pourriez offrir une session de photos. Vous pourriez offrir un service de femme de ménage pour le premier mois. Vous pourriez offrir les services d'un traiteur pour le premier jour ou même la première semaine au retour de l'hôpital. Vous pourriez livrer vous-même une bouteille de champagne. Vous pourriez offrir un certificat cadeau dans un centre de santé. Vous pourriez offrir un service de limousine pour que le retour de l'hôpital à la maison se fasse en grande pompe.*

✔ *Transformez vos clients en héros aux yeux de leurs enfants ou petits-enfants comme cette entreprise qui organisait une matinée de danse ou cette après-midi dans une loge privée au stade de baseball.*

✔ *Un laminage soulignant la naissance d'un enfant ou d'un petit-enfant laissera des souvenirs durables.*

✔ *Suivez l'exemple de la soirée «à mourir de chocolat» en organisant vos événements. Assurez-vous de sortir de l'ordinaire. Dans certains cas cela peut signifier organiser des événements réservés à vos meilleurs clients.*

✔ *Souvenez-vous de ce conseiller qui a dîné avec John Templeton et des bénéfices qu'il a pu en tirer.*

CHAPITRE 36

Faire en sorte que les clients se sentent uniques

NOS ÉTUDES ONT DÉMONTRÉ QUE CERTAINS CLIENTS PERÇOIVENT LA RELATION qu'ils entretiennent avec leur conseiller comme une transaction d'affaires pure et simple. Le conseiller n'est qu'un pourvoyeur de services. D'autres clients considèrent leur conseiller également comme un ami. C'est l'arrangement idéal, bien entendu, puisqu'il en résulte souvent une bonne complicité qui peut survivre aux fluctuations des marchés.

Le défi que doit relever le conseiller afin de créer ce genre de relations est de faire en sorte que chaque client ait l'impression d'être spécial. La méthode habituelle la plus utilisée consiste à s'associer aux bonnes expériences vécues par le client, comme le ferait un ami, le plus naturellement du monde. Le conseiller qui a fait parvenir des cadres comportant l'annonce laminée de la naissance d'un enfant était exactement dans le bon ton — et c'est en partie pourquoi il obtint une réponse aussi favorable.

Un conseiller, ayant trois clients dont les enfants s'apprêtaient à graduer de l'université, remarqua, un jour qu'il bouquinait dans une librairie, un volume intitulé : *Comment obtenir votre premier emploi*. Il s'en procura trois exemplaires, et les expédia avec une note manuscrite à chacun des trois clients, joignant ses félicitations personnelles et suggérant que le livre pourrait être utile aux jeunes diplômés.

Il n'y songeait plus du tout lorsque chacun des trois clients le rappelèrent afin de le remercier chaleureusement de son attention. Il ne s'était pas attendu à une réaction aussi vive pour une mise de fond de sept dollars quatre-vingt-quinze, et, effectivement, il n'y avait aucune proportion entre la dépense et la réaction. Le geste avait porté parce qu'il témoignait de l'intérêt que le conseiller accordait aux clients. Ils étaient spéciaux. Ils étaient comme des amis.

Ceci peut être une technique appropriée lorsque le client traverse des moments heureux. Ces événements peuvent aller de leur anniversaire de naissance jusqu'à l'obtention d'une promotion, en passant même par le divorce, si le mariage a été long et malheureux. Tout événement à caractère positif pour un client constitue une occasion en or pour le conseiller d'enrichir la relation.

Certains conseillers s'inquiètent d'avoir l'air envahissant ou présomptueux en tentant de s'insinuer dans des choses aussi intimes et personnelles. C'est une inquiétude louable. Mais votre objectif en tant que conseiller financier devrait être de développer une si bonne relation avec chaque client, et surtout avec les meilleurs d'entre eux, que tous puissent se sentir très à l'aise avec ce genre de témoignage d'amitié. Ce doit toutefois être en accord avec le type de client lui-même. Il existe des clients distants, froids, qui ne sont pas intéressés à ce genre d'interaction, et c'est très bien ainsi. Une partie de votre défi, justement, est de savoir repérer lesquels d'entre vos clients seraient les plus à même d'apprécier de semblables témoignages de votre appréciation.

> **Les conseillers doivent être plus délibérés et plus organisés dans leurs démonstrations de gratitude envers leurs clients.**

Permettez-moi d'insister encore sur le fait que ceci n'a pas besoin de coûter beaucoup d'argent. Je connais personnellement un conseiller qui avait pris l'habitude de faire parvenir à chaque client adepte de golf une boîte de trois balles pour son anniversaire avec une note : «Avec mes meilleurs voeux pour un heureux anniversaire, ce modeste présent. En espérant qu'il vous procure du plaisir.» Selon toute vraisemblance, tous ses clients étaient parfaitement capables de s'offrir ces balles de golf, et la plupart d'entre eux avaient probablement plus de balles de golf qu'il était nécessaire. Mais ils étaient toujours aussi reconnaissants. Ce n'était pas d'avoir fait l'économie de six dollars de balles qui importait. C'était le fait de miser sur un moment heureux, qui rendait ce cadeau si précieux.

C'est le message et non le médium qui compte

L'une des façons la plus appropriée de montrer à un client qu'il est spécial est de se souvenir toujours des six mots-clés suivants lorsque vous leur parlez : «J'ai pensé à vous dernièrement.» Sous-entendu, non pas «J'ai pensé à vous parce que nous avons un concours du meilleur vendeur ce trimestre et comme je suis un tout petit peu derrière, vous m'êtes venu à l'esprit» mais plutôt «J'ai pensé à vous dernièrement parce que je vous estime en tant qu'ami et en tant que client.»

Chez Marketing Solutions nous encourageons les conseillers à se dresser une liste annuelle de leurs vingt meilleurs clients et de noter leurs intérêts et leur hobby à la suite de leurs noms. Aiment-ils les suspenses, collectionnent-ils les timbres, jardinent-ils avec entrain, ou suivent-ils les sports religieusement? Ensuite, il s'agit de noter, pour chacun des vingt clients toujours, quelque chose que vous pourriez leur faire parvenir durant l'année, avec un billet expliquant : «J'ai pensé à vous lorsque j'ai vu ceci.» Il pourrait s'agir d'un magazine, d'un livre, d'un mémento. Cela n'a pas vraiment une grande importance. Ce n'est pas tant ce que vous allez envoyer que le fait de l'envoyer qui compte. Il rappellera à tous vos clients que vous pensez à eux.

Imaginons que vous êtes dans une librairie et que vous tombez sur une revue de rénovation. Vous vous souvenez alors que l'un de vos clients rénove en ce moment sa maison. Vous sortez donc quatre dollars et achetez la revue afin de l'envoyer avec une note d'accompagnement appropriée. Supposons que votre client possède déjà cette revue? Est-ce que les quatre dollars sont gaspillés pour autant? Pas du tout. Le bénéfice ne réside pas dans la revue elle-même mais dans le signe qu'a reçu le client lorsqu'il a réalisé que son projet de rénovation et lui-même par ricochet comptent pour vous et que vous pensez à lui même lorsque vous n'en retirez aucun profit.

Un conseiller a rapporté récemment une expérience intéressante. L'un de ses meilleurs clients était un propriétaire d'entreprise qui venait de se laisser persuader, après des années d'efforts de la part de son épouse, d'aller en vacances en croisière. Le conseiller s'informa, à savoir à bord de quel bateau son client allait s'embarquer, et s'arrangea pour faire placer un énorme panier de fruits dans la cabine avant le départ, avec une carte qui disait : «Félicitations pour vos vacances bien méritées et trop souvent remises. Je vous souhaite que celui-ci soit le premier congé d'une série qui vous fera le plus grand bien.» Cela avait coûté cinquante dollars, une somme dérisoire si l'on compare à tout ce que le client en question avait rapporté au conseiller au fil des ans. Le client revint de sa croisière et appela le conseiller afin de le remercier de son cadeau. Fin de l'histoire.

Eh bien, pas vraiment. Une semaine plus tard, voici que l'épouse du client appelle. Le conseiller ne lui avait jamais parlé de sa vie puisqu'il avait toujours fait affaire exclusivement avec le mari. «Je voulais simplement vous téléphoner pour vous dire à quel point nous avons apprécié votre présent et à quel point c'était délicat de votre part, dit-elle. Par ailleurs, j'ai discuté avec certaines des dames au club, et nous nous demandions si vous seriez disposé à venir nous rencontrer pour nous parler d'investissement. Nous n'en savons que très peu sur le sujet et nous aimerions en apprendre davantage.»

Il s'avéra qu'elle faisait partie du comité organisateur pour le club social le plus huppé de la région, et qu'elle mettait sur pied une série de déjeuners pour les dames. Inutile de dire que le conseiller s'arrangea pour trouver quelques heures libres à son agenda afin d'honorer cette requête. Même si cette occasion n'avait pas été espérée — et n'aurait d'ailleurs pas pu l'être — lors de l'envoi du panier de fruits, il demeure que c'est là un exemple du genre d'avantage que vous pourriez tirer, à la longue, lorsque vous vous donnez la peine de faire sentir à vos clients qu'ils sont spéciaux à vos yeux.

L'idée n'est pas de manipuler les clients mais plutôt de leur laisser comprendre que nous les estimons. Les gestes posés seront authentiques, puisque les clients sont effectivement très importants à nos yeux. Le problème est que nous n'exprimons généralement pas notre gratitude correctement. Il faut être plus organisé, plus délibéré dans nos témoignages d'appréciation.

Figure 36.1

Base de données des clients

Client : _____

Téléphone : Résidence : _____

Bureau : _____

Chalet : _____

Télécopieur : _____

Autre : _____

Date de naissance : _____

Où voulez-vous qu'on vous appelle? _____ Heure pour appeler : _____

Emploi : _____ Société : _____

Compétiteurs importants : _____

Employeurs précédents : _____

Diplômes/Universités fréquentées : _____

Intérêts : _____

Conjoint : _____

Emploi du conjoint/Société : _____

Enfants (Date de naissance) : _____

_____

_____

_____

Investissements antérieurs : _____

Commentaires : _____

_____

Traiter les clients en amis

Si vous désirez que vos clients se sentent comme des amis il est important que vous les traitiez comme tel. Le meilleur client d'un conseiller s'est récemment confié à moi. «Vous savez, dit-il, mon conseiller fait un excellent travail, mais il y a une chose qui m'agace vraiment. Cela ne devrait pas m'agacer. Mais je n'y peux rien. Au moins trois fois depuis deux ans il m'a demandé ce que ma femme faisait comme travail. Il continue de me le demander et cela m'irrite qu'il ne s'en souvienne jamais.»

Les clients — et plus particulièrement les meilleurs clients — s'attendent probablement à ce qu'un conseiller puisse se souvenir du métier de leur épouse. Sincèrement, même si cette attente est déraisonnable, les conseillers n'y peuvent rien. Et si vous avez l'intention de faire en sorte que vos clients se sentent comme vos amis, il vous faudra savoir à leur sujet le même genre de choses que vous savez de vos amis.

Quelques conseillers ont des mémoires d'éléphant et peuvent se souvenir aisément d'une foule de détails au sujet des clients et de leurs familles. Pourtant, la plupart d'entre nous avons besoin d'un coup de main. Comme nous en avons discuté plus tôt lorsque nous avons examiné l'organisation de la prospection, il est possible de prendre quelques notes dans des fichiers, mais la meilleure chose à faire est de monter une base de données sur votre clientèle. Dans cette base de données, vous pourrez dresser le type d'information qui est montrée à la Figure 36.1.

On ne construit pas cette base de données en appelant chaque client et en lui faisant passer une demi-heure d'entrevue. Tout ce qui concerne le client, chaque morceau d'information doit d'être recueilli au cours de conversations ordinaires. Heureusement, ces renseignements font assez souvent surface, mais les conseillers n'arrivent pratiquement jamais à les retenir. Vous devez donc noter tout ce qui pourra s'avérer utile au fur et à mesure que vous l'apprenez, réviser les notes avant chaque rencontre, et ajouter aux données après chaque conversation avec un client.

Laissez-moi ajouter qu'il est parfois possible d'exagéré dans ce sens. Vous ne voudrez pas commencer une conversation avec un client par : «Comment vas-tu, Jonathan? Et le golf? Je me souviens que la dernière fois que nous avions discuté, tu me racontais que tu avais fait un birdie au dix-septième trou et que tu avais brisé ton bois trois. Est-ce que ton bâton est réparé?» Ce genre d'approche manipulatrice devient vite évidente et la dernière chose que vous souhaitez est d'avoir des clients qui sentent que vous n'êtes pas absolument honnête dans vos relations avec eux.

✒ Instantanés

✔ *Les conseillers devraient faire en sorte que chacun de leurs clients se sentent spéciaux, comme des amis.*

✔ Une méthode communément employée consiste à s'associer à de bonnes expériences vécues par le client, comme des anniversaires ou des graduations, comme l'a fait le conseiller qui envoya au père d'un jeune diplômé le livre Comment obtenir votre premier emploi.

✔ La façon la plus appropriée de montrer à un client qu'il est spécial est de se souvenir des ces six mots-clés : «J'ai pensé à vous dernièrement.»

✔ Dressez la liste de vos vingt meilleurs clients et notez leurs intérêts, leurs hobbies, puis quelque chose que vous pourriez leur faire parvenir durant l'année, avec une carte expliquant : «J'ai pensé à vous lorsque j'ai vu ceci.»

✔ L'idée n'est pas de manipuler les clients mais de laisser comprendre à ceux d'entre eux que nous estimons que tel est effectivement le cas. Comme l'a fait le conseiller qui envoya un panier de fruits dans la cabine du bateau de croisière.

✔ Si vous désirez que vos clients se sentent comme des amis, il faut les traiter comme tel, et cela implique de vous souvenir de ce qu'ils vous ont dit au sujet de leur famille et d'eux. Ce type d'information sera accessible si elle est conservée dans une base de données à cet effet.

CHAPITRE 37

L'expérience d'un service au-delà de toute attente

Un peu plus tôt, j'ai parlé de l'importance de fournir des services fiables à nos clients. Vous devez ancrer cette orientation client dans votre routine quotidienne. Mais durant l'exercice de nos fonctions, çà et là, des occasions se présentent d'aller encore plus haut et plus loin dans ce à quoi le client s'attend et d'offrir un Service Au-Delà De Toute Attente, le (SADDTA). Les SADDTA sont en quelque sorte les coups de circuit grand chelem de nos efforts pour satisfaire les clients.

Le truc est d'identifier ces occasions et de capitaliser sur elles. Ironiquement, certaines chances en or se présenteront tout de suite après les mini-désastres. Et plusieurs de ces occasions s'avéreront triviales. De petits gestes que le client tend à grossir parce qu'ils sont inattendus et font preuve d'une considération et d'un dévouement inhabituels.

Un conseiller se trouva devant l'une de ces occasions lorsqu'un client l'appela pour lui dire qu'il avait un besoin urgent d'un chèque. Le client était hors de la ville, à deux heures de route environ. Le conseiller envoya son assistant livrer le chèque lui-même au client. Ce dernier fut surpris et même stupéfait par le dévouement du conseiller. Bien que vous ne vouliez pas déstabiliser le roulement régulier de votre pratique avec de telles actions, des occasions semblables surviennent de temps en temps et vous devriez les saisir pour offrir un service extra-ordinaire.

Je me souviens avoir déjà égaré mon portefeuille tandis que j'étais à Londres, en Angleterre. J'ai été capable de me procurer un peu d'argent liquide en attendant, mais je n'avais plus aucune carte de crédit. J'ai appelé American Express à 14 heures. L'homme m'a demandé : «M. Richards, à quelle heure partez-vous?» J'ai répondu que je quittais vers 16 h 30. «Pas de problème, a-t-il promis, nous aurons une carte de remplacement qui vous attendra là-bas sans faute.»

J'ai été content, mais pas ravi. C'est le genre de service auquel on s'attend de la part d'American Express. Après tout, je paie une cotisation annuelle pour ce type de service.

À 16 h 30, je regardai ma montre. Le courrier n'était pas encore là avec la carte et, naturellement, j'étais anxieux. Puis, le téléphone sonna; le réceptionniste de l'hôtel me dit que quelqu'un venait d'arriver directement d'American Express. Je me dépêchai de descendre dans le hall et mon visiteur me dit : «M. Richards, mon nom est Pierre Mercier. Nous avons parlé au téléphone cet après-midi. Je suis venu vous livrer votre carte de remplacement.» J'ai l'ai remercié, tout en lui exprimant mon étonnement, parce que j'avais assumé que la carte me serait expédiée par un livreur plutôt que d'être apportée personnellement. «Oui, habituellement nous procédons de cette façon, mais vous savez, les courriers peuvent parfois être en retard. Je finissais justement de travailler et vous étiez pratiquement sur mon chemin de retour. J'ai pensé que je pourrais vous remettre la carte moi-même.»

> Il est important de faire montre d'un service au delà de toute attente particulièrement après que votre équipe ait échappé la balle.

Les petites choses comptent

Était-ce une grande ou une petite chose? De tout évidence, une petite chose. Mais ce service au-delà de tout attente eut un impact impressionnant sur le client que j'étais parce qu'il soulignait l'importance qu'American Express, en tant qu'organisation, accordait à mon confort. C'était aller au-delà de mes attentes en assurant une attention personnelle.

J'ai parlé récemment à un client qui m'a raconté qu'il était au bureau de son conseiller pour une rencontre, et que, tandis que le conseiller terminait un appel téléphonique, la secrétaire vint lui offrir une tasse de café. Il n'avait été au bureau du conseiller qu'une seule fois auparavant, mais la secrétaire lui dit : «Vous prenez une crème et deux sucres, n'est-ce pas?» Le client était sidéré. «Exactement, dit-il. Mais comment l'avez-vous su?» Elle expliqua qu'il avait déjà bu une tasse de café lors de sa dernière visite, et que, sur son dossier personnel, elle avait noté la manière dont il le prenait. Une fois de plus, une petite chose fort banale. Mais c'était parfaitement inattendu et le client se sentit flatté.

Le client d'un autre conseiller — à Vancouver, là où il pleut toujours un peu plus souvent qu'ailleurs — sortait d'une rencontre et constata qu'il commençait à pleuvoir. Il n'avait pas de parapluie mais le conseiller lui dit : «Ce n'est pas grave. Nous avons quelques parapluies supplémentaires exactement pour cette raison. Pourquoi ne vous en prêterais-je pas un? Vous pourrez le rapporter lorsque cela vous adonnera, ou alors nous le ramener lors de votre prochaine visite. À votre convenance.»

Le client était sans voix. Ce genre de chose ne lui était jamais arrivée avant avec d'autres professionnels ou d'autres entreprises. J'ai vérifié ce fait auprès du conseiller. Il m'a dit : «Au début de chaque année nous achetons suffisamment de parapluies pour en avoir une centaine sous la main. Ils ne coûtent presque rien, ce sont les parapluies jetables habituels qui valent huit dollars pièce. Nous en perdons généralement la moitié sur une période d'un an, et cela fait donc quatre cent dollars par année. Franchement, pour ce que ce prêt de parapluies de secours nous rapporte le prix est très bas.»

Transformer un problème en Occasion en or

Même quand vous vous heurtez à un problème, souvent, suit la chance de retomber sur vos pattes en offrant un service au-delà de toute attente. Je donne plusieurs ateliers à Vancouver. À une certaine occasion, il n'y eut que neuf des dix boîtes de cahiers à anneaux qui nous parvinrent, ce qui nous laissa avec dix participants sans matériel. Nous avons fait des photocopies très vite et avons partagé les textes, mais, naturellement, j'étais contrarié, et comme il s'agissait d'une session intensive de deux jours, je voulais vraiment m'assurer que les documents seraient disponibles le lendemain.

Durant la première pause j'appelai Federal Express. L'agent au service à la clientèle me dit : «M. Richards, il n'y a pas de mots pour exprimer à quel point nous sommes désolés. Nous venons juste de dépenser deux millions de dollars pour éviter exactement ce genre de situation gênante, mais il semble que partout où il y a des gens d'impliqué, l'erreur humaine s'infiltre... Votre dixième boîte s'est retrouvée à Terre-Neuve, et malheureusement ils sont en pleine alerte de brouillard et l'on ne peut ramener la boîte sur aucun vol pour le moment.

«Mais laissez-moi vous expliquer ce que nous avons fait. J'ai parlé à votre assistant. Nous avons d'ores et déjà fait la cueillette des documents supplémentaires à votre bureau de Toronto et ceux-ci sont en route pour Vancouver et nous parviendront incessamment. Alors nous vous les apporterons aussitôt. Il va sans dire que cette livraison sera absolument gratuite. Mais que pouvons-nous faire d'autre? Est-ce qu'une lettre d'excuses de notre coordonnateur général à chacun de vos participants incommodés serait d'une aide quelconque?»

Qu'arrive-t-il à mes prédispositions envers Federal Express suite à cet incident? En fait, elles s'accroissent. Ils ont expédié une partie de mon envoi du mauvais côté du pays, mais je suis beaucoup plus à même de requérir à nouveau leurs services dans le futur puisqu'ils se sont si habilement repentis de leur erreur. S'ils commettent une seconde erreur sur le prochain envoi, ils auront en ce qui me concerne un passé presque impardonnable. Mais les clients ont une certaine tolérance pour l'erreur occasionnelle. Le problème, donc, n'est pas de commettre une erreur; le problème est la façon dont vous vous comportez lors de sa survenance.

Réparer les erreurs : trois étapes

En réparant les erreurs, suivez les trois étapes de cet exemple. Reconnaissez d'abord l'erreur ouvertement — «Vous avez absolument raison, nous nous sommes trompés» — et rapprochez-vous du client : «Je sais ce que vous ressentez; c'est frustrant pour vous et je puis vous assurer que c'est aussi frustrant pour nous». Deuxièmement, remédiez au problème rapidement et directement. Puis, troisièmement, cherchez une façon d'aller au-delà du remède par une subtilité de votre service, pour prouver votre dévouement et pour transformer l'erreur en une expérience positive. Les recherches démontrent que le fait de remédier à une erreur peut se révéler l'un des moyens les plus efficaces pour stupéfier les clients par le niveau exceptionnel des services que vous offrez.

Ceci ne veut pas dire «faites délibérément des erreurs afin de pouvoir impressionner vos clients avec votre talent de réparateur de désastres». Pour la plupart, avec le temps de nombreuses occasions de vous remettre d'erreurs diverses se présenteront. La règle d'or que vous devez inculquer à vos employés est que dès qu'une erreur survient, il leur faut s'en occuper immédiatement. Ils doivent reconnaître le problème, se rapprocher du client, et aller au-delà de ce que le devoir leur demande afin de redresser la situation.

L'expérience d'un service au-delà de toute attente mène vers des clients extasiés. Les clients me disent et disent aux autres ce qui les a frappés dans le service qui leur est offert. La secrétaire qui prend note des préférences pour le café ou le conseiller prévoyant qui a sous la main un plein placard de parapluies destinés à ses clients pris au dépourvu. Je raconte aux gens mes expériences avec American Express et Federal Express. Les petites choses — et les grandes — s'additionnent.

✐ Instantanés

✔ *Dans l'exercice de nos fonctions, des occasions diverses se présenteront d'aller plus haut, plus loin que ce minimum auquel les clients s'attendent tous, et d'offrir des Services Au-Delà De Toute Attente.*

✔ *Le truc est d'identifier ces occasions puis de capitaliser sur elles.*

✔ *Bien des SADDTA s'avèrent être des gestes subtils — de petites choses que l'esprit des clients tend à magnifier parce qu'elles sont inattendues* et inhabituelles : la secrétaire qui prend note des préférences de chaque client pour le café; le conseiller qui fournit des parapluies les jours de pluie; le représentant d'American Express qui livre lui-même plutôt que d'envoyer un courrier.

✔ Certaines occasions se présenteront après de mini-désastres, comme mon aventure avec Federal Express.

✔ En réparant ces erreurs, suivez trois étapes : (1) reconnaissez l'erreur et rapprochez-vous du client; (2) remédiez au problème rapidement et directement; (3) cherchez une façon d'aller au-delà du remède par une particularité dans le service, et ce pour démontrer votre dévouement et pour transformer cette erreur en une expérience positive et stupéfiante.

✔ Souvenez-vous : un Service Au-Delà De Toute Attente mène vers des clients extasiés.

CHAPITRE 38

Réussir en agissant bien

DANS LA LISTE DES QUALITÉS RECHERCHÉES CHEZ UN CONSEILLER, LE FAIT DE trouver une personne qui a une conscience sociale ne semble pas être une très grande priorité pour la plupart des clients. Ceci étant dit, il y a un désir croissant chez plusieurs personnes de se sentir en harmonie totale avec les compagnies et les professionnels qu'ils choisissent. Nous le voyons par le succès d'entreprises comme The Body Shop et Ben and Jerry's, qui réussissent en agissant bien.

Certains conseillers se sont associés à ce sentiment en partageant leur succès avec la communauté et en le laissant savoir à leur clients. Des exemples classiques sont ceux de conseillers qui commanditent des tournois de golf pour une bonne cause ou qui donnent à une oeuvre de charité au lieu de donner des cadeaux de Noël, tout en le laissant discrètement savoir à leurs clients.

Vous devez être très à l'aise en prenant de telles initiatives, autrement elles apparaîtront inévitablement forcées et fausses. Mais si elles sont naturelles pour vous, considérez consacrer un montant dans votre plan de marketing pour faire une contribution dans la communauté. En passant, il n'est pas nécessaire que ce soit un gros montant; 500 $ peuvent souvent avoir un impact positif sur un besoin particulier de la communauté.

Sans le crier sur les toits, laissez vos clients savoir ce que vous avez fait. Vous pouvez aviser les médias ou le mentionner discrètement dans un communiqué, en parlant moins de votre contribution que de la cause qui a été appuyée. Des conseillers agissant ainsi ont vu leurs clients se sentir plus à l'aise de traiter avec une personne qui a une conscience sociale. De plus en plus, il semble que l'écart entre les bien nantis et les autres aille en grandissant; réussir en agissant bien est une technique qui sera de plus en plus accessible à de plus en plus de conseillers.

✦ Instantanés

✔ Le succès d'organisations comme The Body Shop et Ben and Jerry's démontre un désir grandissant de plusieurs de se sentir en harmonie totale avec les compagnies et les professionnels qu'ils choisissent.

✔ Certains conseillers se sont associés à ce sentiment en partageant leur succès avec la communauté et en le laissant savoir à leurs clients.

✔ Si vous êtes à l'aise avec ce type d'initiatives, considérez allouer un montant de votre plan de marketing pour faire une contribution à la communauté.

✔ Sans le crier sur les toits, faites savoir à vos clients ce que vous avez fait.

Partie IV
L'implantation

CHAPITRE 39

Rentabiliser votre temps

Dans ce livre, nous avons discuté de long en large les différentes idées et activités qu'un conseiller financier peut mettre en oeuvre pour améliorer ses relations avec les clients et son efficacité devant les clients potentiels. Au fur et à mesure que vous lisiez, sans doute avez-vous été saisi par une quantité de sentiments contradictoires : exubérance quant à la perspective de mettre quelques-unes de ces nouvelles techniques en pratique, mais une peur également de constater finalement que ces techniques s'avèrent impossibles à appliquer à cause de la quantité de temps qu'elles requièrent. Et, à l'instar de plusieurs conseillers, vous travaillez probablement déjà aussi dur que vous le voulez ou que vous le pouvez.

L'unique alternative est de rentabiliser vos activités. Vous pouvez rentabiliser vos activités au moyen de la technologie. Vous pouvez rentabiliser vos activités en utilisant mieux votre personnel. Vous pouvez rentabiliser vos activités par une approche plus disciplinée de la planification.

Le défi qui attend n'importe quel conseiller financier ayant du succès — ce défi vient de pair avec le succès, en fait — est de se retirer des activités non essentielles qui peuvent être déléguées à d'autres employés, pour se concentrer sur les choses primordiales qu'il est le seul à pouvoir traiter. Une étape très libératrice est de mettre en place, dans votre cabinet, des systèmes qui s'occupent automatiquement de certaines activités routinières. J'appelle cela mettre votre cabinet sur pilotage automatique.

Un bon exemple sera celui du conseiller inquiet des conséquences fâcheuses si le client ne reçoit aucun suivi après être officiellement «monté à bord». Le client a fait preuve d'assez de confiance pour mettre son argent entre les mains du conseiller. Mais ceci n'est que la première étape du spectre de la confiance, et le client pourra aisément perdre cette confiance nouvellement acquise s'il ne reçoit plus de nouvelles du conseiller durant les douze mois suivant le début de leur relation. Plus simplement, nous voulons que nos clients soient au niveau le plus élevé du spectre de la confiance.

Ce conseiller s'arrangea donc pour que l'un de ses assistants appelle chaque nouveau client une semaine après que la vente initiale ait été conclue pour lui dire : «M. Client, mon nom est Joseph et je suis l'un des assistants de votre conseiller M. Jean. Je vous appelle à sa demande. Vous devriez maintenant avoir reçu votre premier relevé. Je voulais simplement m'assurer que vous avez bien reçu le document, et répondre à vos questions si nécessaire, afin que rien ne soit laissé dans le vague ou dans l'incertitude.»

Les meilleurs conseillers investissent prioritairement dans le personnel, la technologie et le savoir.

Deux mois plus tard, l'assistant rappelle. Même formule : recevez-vous vos relevés et avez-vous des questions? Les appels ne prennent généralement pas beaucoup de temps, mais ils rapportent des dividendes considérables tout en rassurant les clients et en leur prouvant peu à peu que la vente initiale est devenue une relation dévouée.

Ce qui est vital, cependant, est que le conseiller n'ait eu que très peu à voir avec les appels en question, même si leur but premier était de resserrer ses liens avec les clients. Il met en place un système au sein duquel chaque client reçoit automatiquement ces deux coups de fil. Il a ensuite délégué le travail et n'en a par la suite entendu parler que lorsqu'un problème inhabituel survenait et qu'il était le seul à pouvoir s'en occuper. Hormis ces cas d'urgence, les appels de routine fonctionnaient sur pilotage automatique tandis qu'il pouvait s'investir dans d'autres activités.

Les étapes du pilotage automatique

Un autre conseiller avait établi une routine similaire afin de souligner les occasions spéciales chez ses clients. Si un client donné était promu ou prenait sa retraite, un panier de fruits était envoyé accompagné d'un mot de félicitations. Son dévouement se bornait maintenant à appuyer sur une touche spécialement programmée de son ordinateur. Quand il se trouve dans un fichier-client et qu'il souhaite noter une occasion spéciale, il n'a qu'à appuyer sur la touche et le nom du client est ajouté automatiquement à une liste. À la fin de chaque semaine, l'ordinateur imprime la liste courante à l'intention des assistants, et les paniers de fruits sont envoyés. Encore une fois, le processus a été automatisé.

Un autre conseiller a été surpris par la réaction inattendue d'enthousiasme après qu'il eut fait parvenir un livre intitulé le *Guide de Disney World* à l'un de ses clients de longue date qui lui avait mentionné qu'il emmenait bientôt sa famille visiter le parc thématique pour la première fois. Le conseiller a acheté un lot d'exemplaires de ce même livre et les conserve au bureau, et chaque fois qu'un client fait mention de Disney World, il n'a qu'à laisser un mémo à sa secrétaire, et le reste se fait tout seul.

Les employés peuvent aussi être mis à contribution afin de vous aider à avoir une communication plus efficace avec vos clients. J'ai parlé un peu plus tôt des vertus du rendez-vous téléphonique. Lorsque la chose est menée adéquatement, il n'y a rien de mal à ce que ce soit votre assistant qui se charge de téléphoner aux clients afin de décider du moment où vous pourrez avoir un petit entretien. Cela réduit considérablement la quantité d'heures et d'énergie que vous consacrerez à prendre des rendez-vous par téléphone, surtout quand on sait que l'arrangement de ces rendez-vous prend parfois plus de temps qu'il n'en faut pour la rencontre proprement dite.

Les séminaires constituent un autre exemple de temps rentabilisé. En une soirée, vous pouvez rejoindre vingt-cinq, soixante-quinze, voire deux cents clients potentiels. Ce n'est pas aussi intime que les rencontres en tête-à-tête. Mais c'est certainement mieux que pas d'interaction du tout. Puis vous envoyez même des signaux positifs à ceux d'entre vos clients qui ne peuvent y assister mais qui apprécieront votre engagement vis-à-vis de l'éducation de votre clientèle.

Investir dans votre cabinet

L'un des prérequis essentiels pour automatiser votre processus est une volonté d'investir dans votre cabinet. Chez Marketing Solutions, nous avons recueilli plusieurs stratégies de succès auprès de divers conseillers financiers. Il n'y a pas deux conseillers qui soient semblables. Mais nous avons décelé un trait commun. Sans exception, les conseillers ont une forte prédisposition à investir dans leur cabinet. Ils investissent dans le personnel. Ils investissent dans la technologie. Ils investissent leur propre temps afin de devenir mieux connus.

Comme nous nous dirigeons vers un avenir incertain, il est important que les conseillers financiers soient disposés à investir dans leur cabinet. L'argent dépensé pour ce faire ne doit pas être perçu comme une dépense mais bien comme un investissement. Le personnel sera particulièrement crucial à ce point de vue. En parlant avec des conseillers des erreurs commises dans leur cabinet ou de ce qu'ils auraient souhaité avoir fait différemment, Marketing Solutions a découvert que le regret d'avoir retardé trop longtemps l'embauche de leur premier employé et le regret d'avoir tardé à embaucher les employés subséquents revenait invariablement.

Les conseillers tendent à être trop conservateurs. Ne pas embaucher un employé aussitôt que vous pouvez vous l'offrir est un piège car cela vous empêche d'atteindre le niveau de productivité que cette personne additionnelle rendrait possible, qui est, de toute façon, toujours plus rentable que l'économie d'un salaire. Mais laissez-moi souligner la présence d'un second piège qui peut également survenir : ne pas payer le salaire courant lorsqu'on embauche. Parfois des conseillers se demandent combien d'argent ils peuvent épargner dans l'embauche. C'est la mauvaise question. La véritable question est : combien puis-je me permettre de payer? Jusqu'à un certain point, il y a corrélation directe entre la productivité et le salaire. Payer cinq mille dollars de plus pour l'embauche d'une personne supérieure plutôt qu'ordinaire ou même endessous de la moyenne s'avérera parfois être le meilleur usage que vous aurez jamais fait de cet argent.

En tant que conseiller, vous désirez avoir une solide équipe derrière vous. Vous voulez des gens de qualité supérieure qui peuvent prendre des initiatives et à qui vous pouvez déléguer des tâches. Vous voulez que la plus grande part possible de votre cabinet soit sur pilotage automatique afin que vous puissiez consacrer la majeure partie votre temps à des dossiers chauds que vous seul pouvez traiter.

✎ Instantanés

✔ *Afin d'être en mesure d'appliquer les nombreuses stratégies de ce livre, vous devez rentabiliser votre temps. Vous pouvez faciliter vos activités au moyen de la technologie. Vous pouvez faciliter vos activités en faisant un meilleur usage de votre personnel et par une approche plus disciplinée de la planification.*

✔ *Une étape très libératrice est de mettre en place, dans votre cabinet, des systèmes qui s'occupent automatiquement de certaines activités routinières : passer sur pilotage automatique.*

✔ *Vous pouvez mettre en place un système de pilotage automatique pour prévenir la déperdition des communications qui peut avoir lieu après qu'un client soit «monté à bord» pour la première fois ou pour une variété d'activités OSPI.*

✔ *Le personnel peut aussi être mis à contribution afin de vous aider à communiquer efficacement avec vos clients.*

✔ *Il est important qu'un conseiller financier soit disposé à investir dans son cabinet. L'argent dépensé pour ce faire ne doit pas être regardé comme une dépense mais bien comme un investissement.*

✔ *Ne soyez pas trop conservateur dans l'embauche. N'attendez pas trop longtemps avant d'y venir et soyez prêt à payer pour un personnel de qualité.*

CHAPITRE 40

Planifier son succès

J'AI RÉCEMMENT VÉCU UNE EXPÉRIENCE TYPIQUE DE LA VIE D'ADULTE LORSQUE MA mère m'a téléphoné pour me dire qu'elle avait vendu la maison familiale afin de déménager dans un condominium. Le temps était donc venu, me dit-elle, de venir vider mon fourbis de jeunesse du sous-sol.

Je me suis donc rendu à Montréal pendant la fin de semaine et j'ai commencé à faire le tri de toutes les boîtes du sous-sol, dans l'espoir de retrouver toutes mes vieilles bandes dessinées dont la parution s'est terminée vers 1958 et qui valent probablement des millions aujourd'hui. Évidemment, je n'eus aucun succès. Je fus cependant incroyablement heureux de trouver par hasard mon cahier de latin de 11e année, comme vous pouvez sans doute vous l'imaginer. Il avait été écrit par Francis Bacon en 1597, il y a 400 ans, et s'intitule *Meditationes Sacrae*. En le feuilletant, je suis tombé sur son commentaire *Nam et ipso scienta potestas es*. Au cas où votre latin serait quelque peu rouillé, cette expression signifie : «La force réside dans le savoir».

De nombreuses choses ont changé au cours des 400 ans suivant la parution du livre de Bacon. Toutefois, jusqu'il y a encore tout récemment, ce sage conseil n'aurait pas fait partie de la liste. En effet, ce conseil a même engendré un aphorisme complémentaire : «La force réside dans l'information».

Jusqu'à il y a environ 10 ans, l'un des grands problèmes auxquels se heurtaient les conseillers financiers était le fait qu'ils ne disposaient pas d'assez d'information; ils ne disposaient pas d'assez de connaissances. Cependant, ce problème ne se prête plus aux conseillers financiers contemporains. En fait, la plupart des conseillers disposent maintenant de trop d'information. Par conséquent, l'un de nos véritables défis est de cesser d'inonder nos clients de toujours plus d'information, de données, et de connaissances. Au contraire, nous devons distiller cette information en quelques idées claires. Aujourd'hui, le pouvoir réside dans les idées.

Un autre défi est étroitement lié à ce dernier : la productivité. Comment les conseillers parviennent-ils à se tenir au courant de toute cette montagne d'information et à la distiller en idées, lorsqu'ils sont submergés par tant d'autres activités? Comment arrivent-ils à trouver de la place dans leur horaire de travail chargé pour mettre en place les idées judicieuses que je vous ai énoncées dans les parties consacrées au recrutement des clients et à leur fidélisation?

Nous négligeons trop souvent de considérer l'aspect du plaisir éprouvé dans nos relations professionnelles avec les clients.

Nous avons abordé dans le dernier chapitre certaines des possibilités visant à équilibrer la technologie et le personnel qui ont apporté une aide précieuse à de nombreux conseillers. Je veux maintenant vous présenter une autre solution : l'Équation du cinq pour 100. Quelle serait votre réponse à cette offre de ma part : «Donnez-moi cinq pour cent de votre horaire de travail — si vous travaillez cinquante heures, je prendrai 2 heures et demi — et je vous garantis sans équivoque que je vais accroître votre productivité au cours des autres heures de 20 pour cent.» Il s'agit clairement d'une attrape-nigaud. Vous sauteriez sur l'occasion. Et tout conseiller financier dispose du potentiel nécessaire pour accroître sa productivité d'au moins cette proportion en consacrant cinq pour cent de son horaire de travail à la gestion de son temps. Cependant, la plupart des conseillers omettent d'accorder régulièrement du temps à la planification (Figure 40.1).

Travailler plus intelligemment

Nous allons constater dans l'avenir une transition au niveau des conditions menant au succès. D'un point de vue historique, il fallait bien des efforts pour réussir dans cette profession. On était couronné de succès si on travaillait avec acharnement. C'est là où se situe le changement.

Figure 40.1

Travailler de manière intelligente au lieu de travailler fort

L'équation de planification :

- 5 % d'investissement x 50 heures = 2,5 heures de perdues
- 20 % de rendement x 47,5 heures = 9,5 heures de gagnées

Dans l'avenir, il faudra travailler plus intelligemment. Il s'agit donc d'une transformation cruciale, exigeant un revirement fondamental de manière de penser.

Ce changement m'est revenu à l'esprit en causant récemment avec un ancien camarade d'université qui s'est joint à Xerox et qui s'y est élevé à un pallier assez élevé dans la vente. Il me relatait que 20 ans plus tôt un directeur des ventes qui aurait vu l'un de ses représentants plongé dans ses bouquins ou dans ses recherches l'aurait jeté dehors sur-le-champs. Le principe qui régissait les activités était : personne n'a jamais fait un sou en restant assis sur sa chaise. Si un vendeur n'était pas en pourparlers avec des clients, celui-ci ou celle-ci n'était donc pas à ses affaires.

Aujourd'hui, si vous êtes un directeur des ventes chez Xerox et qu'un de vos représentants passe 100 pour 100 de son temps sur la route, votre responsabilité sera de l'avertir : «Vous travaillez fort, mais pas intelligemment». Ce même phénomène existe au sein de toutes les autres grandes organisations de ventes, de IBM à Procter et Gamble. Les prévisions énoncent que les vendeurs doivent passer une partie considérable de leur temps — peut-être 5 pour 100, peut-être 20 pour 100 — à planifier leur activités. Il en résulte que ce temps consacré à la gestion du temps augmente énormément leurs ventes.

Je n'essaye pas de suggérer que les conseillers financiers passent 20 pour 100 de leur temps à la planification. Je recommande toutefois d'y allouer un pourcentage d'au moins 5 pour 100. De plus, une grande partie de cette planification doit porter sur les clients, à partir de ce que l'on peut appeler la Règle du 11, soit notre découverte, énoncée précédemment, que lorsqu'on divise un personnel de vente en deux équipes, l'équipe qui a porté son attention sur les clients rapportait 11 fois plus que celle qui portait son attention sur des clients éventuels.

En mettant l'accent sur les clients, il est important de passer fortement à l'action. Les conseillers tombent souvent dans le piège de s'occuper principalement des clients qui les appellent. C'est ce qu'on appelle le syndrome de la roue qui grince. Bien qu'il soit essentiel de traiter avec les clients qui demandent vos services, se laisser prendre au jeu du syndrome du client qui grince signifie que vous délaissez un grand nombre de vos clients qui manifestent moins leur présence, mais qui demeurent néanmoins d'importants investisseurs. Le danger est que cette clientèle plus discrète ne soit pas insensible à vos concurrents.

Les cinq étapes d'une planification axée sur les clients

Afin d'éviter de tomber dans ce piège, vous devez planifier la répartition de votre temps de même que les objectifs que vous voulez atteindre (Figure 40.2). Cette démarche requiert cinq étapes :

Figure 40.2

1) Identifier les priorités des clients;
2) Établir des objectifs fondamentaux en fonction de chacune de ces relations;
3) Concevoir un plan d'action afin d'atteindre ces objectifs;
4) Mettre ce plan d'action en pratique;
5) Contrôler l'efficacité de votre planification axée sur les clients et faire des ajustements si nécessaire.

Lorsqu'on demande à des conseillers d'identifier leur clientèle prio-

Figure 40.3

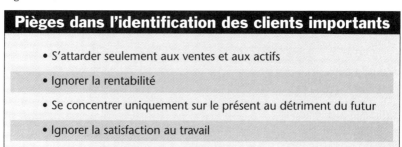

ritaire, cette question leur semble parfois contradictoire. Après tout, chaque client n'a-t-il pas son importance? Les conseillers ne doivent-ils pas prendre en considération les moindres exigences de leurs clients? Assurément. Je ne préconise pas un plan visant à ignorer ou à exclure un certain nombre de clients qui ne semblent pas à la hauteur de nos critères de recherche de clients prioritaires. La responsabilité la plus importante de tout conseiller financier est de fournir à tous et chacun de ses clients un niveau élevé de service et d'attention. Vous devriez avoir élaboré une norme minimale à respecter quant aux services et à la communication qui entrent en jeu dans vos relations avec chaque client. Si l'un d'entre-eux ne mérite pas ce service, il ne devrait même pas être un client et il serait avantageux pour les deux parties que vous décidiez de rompre la relation afin de permettre au client en question de faire affaire avec un conseiller qui pourra voir l'importance de l'actif et les revenus qui lui seront proposés.

Qui plus est, l'expérience démontre bien que le fait de toujours fournir aux clients une norme préétablie de service et d'attention ne consomme qu'environ 50 pour 100 du temps d'un conseiller. Celui-ci peut donc donner libre cours à son imagination pour ce qui est de l'autre 50 pour 100. De plus, le conseiller qui travaille intelligemment allouera ce temps aux clients qui lui procureront les plus grands avantages.

Lorsque les conseillers commencent à identifier leur clientèle prioritaire, ils se penchent d'abord instinctivement vers les niveaux d'actifs, ou encore vers les revenus ou les commissions que ces clients peuvent leur procurer. Il ne faut toutefois pas se limiter à ce seul aspect. En effet, il est facile de se heurter à plusieurs pièges habituels en identifiant sa clientèle prioritaire et il s'agit là d'un seul des pièges possibles.

Le deuxième piège consiste à ne pas considérer la rentabilité. Puisque les entreprises analysent maintenant le profil de leurs clients d'une manière plus sophistiquée, ils se sont rendus compte que deux clients possédant des niveaux de vente identiques sont souvent tributaires d'une rentabilité et de productivité entièrement différents. L'un d'entre-eux peut vouloir faire baisser les coûts et/ou faire des demandes immodérées auprès de

Figure 40.4

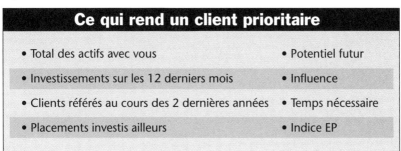

Ce qui rend un client prioritaire

- Total des actifs avec vous
- Investissements sur les 12 derniers mois
- Clients référés au cours des 2 dernières années
- Placements investis ailleurs
- Potentiel futur
- Influence
- Temps nécessaire
- Indice EP

vous et de votre personnel. Ce client peut vous téléphoner hebdomadairement en exigeant continuellement de nouveaux services et en engendrant ainsi une multitude de problèmes pour votre bureau, alors que l'autre client pour les mêmes ventes annuelles sera très satisfait d'une rencontre annuelle et d'un appel tous les trois mois.

Négliger l'avenir constitue également un autre piège. Il importe grandement de ne pas se limiter à la rentabilité immédiate des clients, mais aussi de prendre en considération la rentabilité que leurs revenus entraîneront dans les années à venir. Encore une fois, vous pourriez avoir deux clients possédant aujourd'hui des profils de revenus identiques, mais qui offriront des niveaux de perspectives très différents dans l'avenir.

Les conseillers semblent aussi négliger les revenus psychiques. Lorsque nous avons conclu toutes nos affaires financières, la plupart d'entre-nous recherchons également dans notre travail certains effets positifs au niveau psychologique. Nous aimons nous sentir bien dans ce que nous faisons. Nous aimons tirer satisfaction de notre travail. Et nous préférons travailler avec certains clients parce qu'ils sont plus agréables que d'autres. Nous avons toujours hâte de les voir, de les aider et de partager avec eux.

Évaluer vos clients

Marketing Solutions a identifié au total huit facteurs visant à aider les conseillers à choisir leurs clients prioritaires (Figure 40.4).

1) La démarche débute à partir des valeurs que le client vous a confiées.
2) Elle se poursuit avec les revenus que ces valeurs ont entraînés pour vous au cours des 12 derniers mois.
3) Le nombre de clients référés est aussi un facteur important. Même si le montant de revenus que vous percevez de ce client n'est pas considérable, les références de clients que vous recevez valent autant que les revenus.
4) Le prochain critère touche les valeurs actives supplémentaires d'un client placées ailleurs. Vous pouvez avoir deux clients pour lesquels vous investissez le même niveau d'actifs. Dans un cas, cette somme peut constituer l'actif total de la personne, alors que dans l'autre cas, vous n'investissez en fait qu'une petite fraction de son actif. Évidemment, cela ne signifie pas que vous devez négliger le client qui vous confie tout son actif. Vous savez cependant que le deuxième client peut vous fournir de meilleures perspectives.
5) Il importe également d'évaluer le potentiel futur du client. Deux clients peuvent disposer d'une richesse équivalente, mais l'un est âgé de 35 ans alors que l'autre en a 75. Ou encore, l'un est un professeur et l'autre un jeune cadre supérieur en pleine

Figure 40.5

Identifier les clients prioritaires

1. Actifs   Ajustements

< 50 000 $	1 point
50 000 $ à 100 000 $	2 points
100 000 $ à 250 000 $	3 points
250 000 $ à 500 000 $	4 points
Plus de 500 000 $	5 points

2. Investissements au cours des 12 derniers mois

< 5 000 $	1 point
5 000 $ à 10 000 $	2 points
10 000 $ à 25 000 $	3 points
25 000 $ à 50 000 $	4 points
Plus de 50 000 $	5 points

3. Clients référés au cours des 2 dernières années

0 client référé	0 points
1 client référé	2 points
2 clients référés	4 points
3 clients référés	6 points
4 clients référés	8 points
5 clients référés et plus	10 points

4. Placements additionnels ailleurs

< 25 000 $	1 point
25 000 $ à 50 000 $	2 points
50 000 $ à 100 000 $	3 points
100 000 $ à 250 000 $	4 points
Plus de 250 000 $	5 points

5. Potentiel futur

Très bas	1 point
Bas	2 points
Modéré	3 points
Élevé	4 points
Très élevé	5 points

6. Influence

Très bas	1 point
Bas	2 points
Modéré	3 points
Élevé	4 points
Très élevé	5 points

7. Temps requis pour l'atteinte des objectifs

			8. Indice EP	
Très élevé	1 point	____	Très difficile	-10 points ____
Élevé	2 points	____	Quelque peu difficile	-5 points ____
Modéré	3 points	____	Ni facile, ni difficile	0 points ____
Bas	4 points	____	Plutôt facile	5 points ____
Très bas	5 points	____	Très facile	10 points ____

373

Figure 40.6

Deux clients		
	Client A	Client B
Actifs avec vous	75 000 $	600 000 $
Investi au cours de l'année dernière	2 500 $	40 000 $

ascension. Dans chacun des cas, le potentiel éventuel est très différent.

6) La sixième condition est le degré d'influence. Les clients diffèrent en ce qui est de leur participation pour vous aider à accéder à des postes dans des comités, à vous présenter à des gens importants ou à vous recommander pour des conférences très en vue. Il s'agit là de considérations très importantes si vous décidez d'accorder plus de temps et d'efforts à un de vos clients.

7) Il faut être capable de prévoir combien de temps le client exigera de votre part. Les clients diffèrent grandement au niveau des demandes et de l'énergie nécessaire pour qu'ils demeurent enchantés.

8) Le dernier critère est le facteur EP, ou en d'autres mots, les enquiquineurs professionnels. Les clients ne sont pas toujours tous agréables. Ceux que nous adorons nous stimulent; ceux qui nous embêtent — les EP de notre univers — nous dépouillent, nous et notre personnel, de notre énergie.

À Figure 40.5, nous vous proposons un système d'évaluation prévu uniquement à toute fin utile, qui dresse la liste de tous les facteurs et qui présente une pondération du potentiel éventuel. Chaque conseiller financier a sa manière de penser, donc vous voudrez peut-être réviser cette pondération afin qu'elle reflète vos propres priorités. De manière générale, nous recommandons toutefois une certaine échelle de points dans chaque catégorie, soit habituellement de un à cinq.

Pour ce qui est des actifs, certains conseillers accordent un point à tout client possédant 50 000 $ en placements et 5 points à un autre client disposant de plus de 500 000 $ en placements, de façon à diviser le champ situé entre ces deux écarts en tranches logiques ou en points proportionnés. L'idéal serait que 20 pour cent de vos clients soient répartis entre les cinq divers palliers.Toutefois, le degré de précision n'est pas crucial. Nous recherchons plutôt de grandes catégories.

Les références de clients sont l'une des formes de revenus les plus importantes que nous pouvons recevoir d'un client et, par conséquent, le système d'évaluation proposé leur alloue jusqu'à 10 points.

N'accordez aucun point (0) à un client qui refuse de vous donner des recommandations. Chaque recommandation équivaut à 2 points, ainsi un client qui vous offre 3 recommandations se mérite 6 points.

L'échelle de 1 à 5 est inversée lorsqu'il s'agit de la catégorie veillant à calculer le temps devant être accordé pour servir un client. Tout client exigeant un niveau d'attention très élevé reçoit 1 point alors qu'un client qui est très facile à accommoder en reçoit 5. Le facteur des EP fonctionne selon le même principe, mais cette fois nous étendons l'échelle afin d'englober les chiffres sous zéro puisqu'un client se voit enlever des points s'il fait partie des EP. Cette échelle inclut donc les chiffres de -10 à +10, c'est-à-dire que les EP les plus rébarbatifs se situent à -10 et que les clients parfaits se situent à +10.

Afin de constater la pertinence de ce système, imaginez par exemple que vous avez deux clients. Le client A dispose de 75 000 $ en actifs et en a investi 2 500 $ au cours de l'année précédente alors que le client B dispose de 600 000 $ et en a investi 40 000 $ l'année passée. S'ils devaient choisir, la plupart des conseillers opteraient immédiatement pour le client B puisque, de par notre formation traditionnelle, nous serions incités par les actifs et les placements (Figure 40.6).

Maintenant, étoffons un peu ce schéma, tel qu'il apparaît à la Figure 40.7. Supposons que le client A, qui ne fait appel à vous que périodiquement pour gérer son actif et ses placements, vous aie donné deux bonnes recommandations au cours de la dernière année. De plus, il possède des actifs fort considérables qu'il n'investit pas par votre entremise, il n'exige pas un temps fou de votre personnel, et vous aimez vraiment faire affaire avec lui. Le profil de la cliente B diverge largement du premier. Elle vous confie en effet beaucoup d'actifs et de placements à gérer. Toutefois, jamais une recommandation de sa part. Elle ne détient pas d'actifs ailleurs, occupe énormément de votre temps et, bien qu'elle ne soit pas à proprement dire une cliente difficile, elle n'est pas non plus la cliente parfaite. Faites votre calcul et vous vous apercevrez que le client A est réellement plus estimable que le client B et mérite conséquemment une attention prioritaire.

Se libérer des EP (enquiquineurs professionnels)

L'exemple qui précède sert à vous démontrer la force de ce système ainsi que la productivité qui peut découler de son emploi. Commencez par établir un système d'évaluation qui puisse refléter votre propre entreprise et vos valeurs. Reportez-les maintenant à votre propre clientèle. À ce niveau, je vous conseille vivement d'accorder tout le temps nécessaire à cette tâche. Oui, vous pouvez passer en revue tous vos clients en quelques heures, en ne le leur accordant pas plus qu'une minute chacun et passer ensuite à la tâche suivante à votre agenda.

Figure 40.7 ❸

Liste des clients prioritaires

Nom du client	Actifs (1-5)	Investi dans les 12 derniers mois (1-5)	Clients référés dans les 2 dernièrs années (0-10)	Actifs additionnels (1-5)
Cotation	1 <50k 2 50-100k 3 100-250k 4 250-500k 5 >500k	1 <5k 2 5-10k 3 10-25k 4 25-50k 5 >50k	0 0 2 1 4 2 6 3 8 4 10 5	1 <25k 2 25-50k 3 50-100k 4 100-250k 5 >250k
Client A	2	1	4	3
Client B	5	4	0	1
1.				
2.				
3.				
4.				
5.				
6.				
7.				
8.				
9.				
10.				

Potentiel futur (1-5)	Influence (1-5)	Temps (1-5)	Facteur EP (-10 à +10)	Total (Sur 50)
1 Très bas 2 Bas 3 Modéré 4 Élevé 5 Très élevé	1 Très basse 2 Basse 3 Modérée 4 Élevée 5 Très élevée	1 Très élevé 2 Élevé 3 Modéré 4 Bas 5 Très bas	-10 T difficile -5 Difficile 0 Neutre 5 Facile 10 Plaisant	
4	3	4	5	26
2	1	1	0	14

Figure 40.8

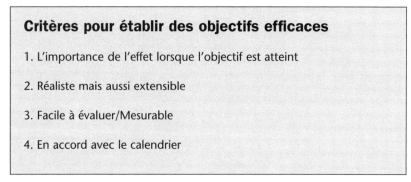

Critères pour établir des objectifs efficaces

1. L'importance de l'effet lorsque l'objectif est atteint

2. Réaliste mais aussi extensible

3. Facile à évaluer/Mesurable

4. En accord avec le calendrier

Vous arriverez certes à un résultat de classement, mais il ne sera pas tellement réfléchi. Plutôt que de vous hâter, tentez d'accorder environ cinq minutes à chaque client — ce qui vous permettra d'évaluer environ 12 clients par heure. Ainsi, si vous avez 200 clients, vous investirez environ 16 heures de votre temps, soit une période de temps assez considérable, bien que votre tâche sera simplifiée pour l'année suivante lorsque viendra le temps de mettre à jour les fiches de résultats.

Un autre conseiller financier a fait l'essai d'une troisième méthode. Il a décidé qu'il importait non seulement d'instaurer ce système, mais qu'il devait également refléter le point de vue de son personnel. Il a donc prévu à cet effet une série de réunions avec ses employés, à raison de deux fois par semaine pendant l'heure du dîner; ainsi, à coup de sessions d'une heure chacune, en se régalant de sandwiches, ils ont passé en revue chacun des clients et comparé leurs notes à leur sujet. Cette démarche a exigé un temps assez considérable — ils évaluaient en moyenne 6 clients par heure — mais en bout de ligne, ce conseiller en vint à avoir une meilleure perception de l'ensemble de ses clients et une appréciation accrue des opinions de son personnel. Le temps consacré à ce projet se révéla donc extraordinairement probant.

Lors de cette démarche, il importe de s'attarder au cas des enquiquineurs professionnels (EP). On pourrait aussi les appeler des clients dysfonctionnels ou des poisons, mais cette catégorie ne correspond pas, et je m'empresse de le noter, à des clients exigeants. Je ne discute donc pas ici de clients qui vous posent parfois des colles avec des questions très précises, mais bien de ces clients perpétuellement enragés qui sont maladivement insatisfaits et insupportables.

Dans les faits, cinq pour cent de l'univers des clients se retrouve dans cette catégorie. Vos efforts resteront toujours vains, car ces clients ne seront jamais satisfaits. Il s'agit parfois de gros clients, mais cela est plutôt rare : ils sont plutôt de petits clients mais des casse-pieds invétérés. Je crois fermement que tout conseiller devrait analyser annuellement l'ensemble de ses clients en quête de ces EP afin de s'en débarrasser. Il n'y a rien de tel pour remonter son moral — et celui du personnel — que de prendre le récepteur du téléphone, rejoindre un vrai EP fini et lui annoncer : «M. Client, en raison d'une nouvelle restructuration au niveau de nos méthodes de travail, nous croyons que nous ne pourrons plus répondre à vos attentes dans l'avenir. Nous croyons qu'il serait à votre avantage de vous trouver un autre conseiller.» Envoyer promener un EP constitue souvent un moment suprême de jubilation.

Naturellement, vous ne pouvez pas éliminer tous les EP, car d'autres facteurs entrent bien sûr en ligne de compte à leur sujet. Vous en viendrez peut-être à laisser tomber seulement un ou deux pour cent de votre clientèle totale. Je ne vous suggère pas de monter sur vos grands chevaux à la moindre provocation de la part d'un client et lui crier : «Ça suffit! Nous ne voulons plus faire affaire avec vous. Tant pis pour vous». De plus, si un de vos clients les mieux nantis affiche des tendances d'EP, il faudra nécessairement faire place à des compromis. Toutefois, la question déterminante n'est pas absolument «Puis-je me permettre de perdre ce client?» Au contraire, il s'agit plutôt de «Puis-je me permettre de garder ce client quand je vois ce qu'il me coûte?» Au cours de leur recherche de nouveaux clients, les conseillers ne devraient pas hésiter à retirer de la liste actuelle de leurs clients ceux qui n'occasionnent qu'une perte d'énergie.

Savoir fixer vos objectifs

Après avoir identifié votre clientèle prioritaire par le biais de ce système, la prochaine étape consiste maintenant à fixer vos objectifs. Tout objectif efficace comporte quatre éléments qui jouent un rôle déterminant quant aux résultats lorsqu'ils sont atteints. Ils sont réalisables mais aussi de grande envergure, quantifiables, ils sont liés à des délais spécifiques (Figure 40.8).

En général, lorsqu'on demande à des conseillers les objectifs qu'ils se fixent pour une relation fructueuse avec un client, leur réponse tourne autour d'éléments relatifs aux revenus : «Je veux obtenir une plus grande partie de son argent» ou «Je veux avoir plus de recommandations de sa part». Il s'agit là, bien sûr, d'objectifs fort importants. Mais lorsqu'il est question de vos meilleurs clients, une première étape des plus cruciales devrait précéder ces objectifs financiers : c'est-à-dire renforcer la relation qui existe déjà.

Les clients passent à travers une phase d'adaptation avec leur conseiller. Au départ, à titre de clients potentiels, ils débutent à un niveau très bas, étant prêt à accepter un appel de votre part et pour être plus exact ils vous accorderont à peine 30 secondes. Lors de la prochaine étape, ils se rendront peut-être au point de prendre la peine de vous rappeler si vous leur laissez un message. Petit à petit, en devenant plus à l'aise, ils se mettront à assister à un séminaire, laissant ainsi la sécurité de leur chez-soi ou de leur bureau pour venir vous entendre parler — de même que votre conférencier — tout en se réconfortant à l'idée de la foule qui les entoure. Et enfin, ils accepteront de vous rencontrer lors d'un entretien privé et décideront de passer à l'action et de faire affaire avec vous.

Ce processus ne se termine pourtant pas ici. Cette adaptation signale seulement leur passage du bassin de clients potentiels à celui des véritables clients. Ils se sentent maintenant suffisamment en sécurité pour amorcer leur relation d'affaires avec vous, mais il s'agit seulement d'un niveau d'adaptation marquant le franchissement des barrières mentales et qui doit maintenant être intensifié. La prochaine phase amène le client à commencer à se fier à vous lorsque vous le conseillez — donc à ne pas seulement compter sur vous pour conclure une transaction, mais bien aussi pour vous diriger en matière de décisions financières. Cette étape franchie, il est possible qu'ils en viennent à vous accepter en tant que leur seul, ou tout au moins, leur conseiller financier le plus important. À la fin de ce processus, ils font figure d'apôtres et veulent chanter les louanges, à qui veut l'entendre, de l'exceptionnel conseiller financier qu'ils ont le bonheur d'avoir à leur service.

Figure 40.9 ❀

Client : Jean Client
Rempli le : 1er décembre 1997

Activité OSPI : Abonnement à une revue de golf
Moment choisi : 31 décembre

Objectif primaire : Le présenter à un comptable
Activité :
1. S'assurer qu'un comptable participe à la prochaine évaluation financière
Moment choisi : 31 janvier

2. Inviter le client et le comptable à un déjeuner de la Chambre de commerce
Moment choisi : 30 mars

3. Référer un client par trimestre au comptable ciblé
Moment choisi : premier client référé au 30 mars

Objectif secondaire : Obtenir un CPG qui est investi ailleurs
Activité :
1. Amener le client à accepter l'émission de relevés pour améliorer le suivi de tous ses investissements
Moment choisi : 30 mars

2. Convaincre le client de me fournir les cotes des compétiteurs
Moment choisi : 30 juin

Fixer vos objectifs financiers

Lors de la planification de vos objectifs, il importe de savoir précisément auquel de ces niveaux d'adaptation se situe chacun de vos clients et comment vous pouvez vous y prendre afin de leur donner un coup de pouce qui accélérera leur cheminement à travers les étapes. Après avoir étudié cet aspect de la question, il faut ensuite s'attarder aux différents objectifs financiers qui se regroupent en six catégories distinctes.

Le premier ensemble d'objectifs est de nature financière. Vous désirez augmenter vos ventes. Vous voulez diversifier vos ventes. Vous voulez peut-être faire passer un client à un autre produit ou encore commencer à procéder à une rotation d'autres produits, comme les assurances.

La deuxième catégorie comporte les objectifs-charnières. Vous désirez peut-être accroître votre part de placements pour un client, en augmentant le nombre d'aspects financiers dans lesquels ce client vous implique jusqu'à ce que vous deveniez son seul et unique conseiller financier. Les recherches effectuées à cet égard démontrent une corrélation directe entre la qualité de la relation qui existe entre un conseiller et son client et le nombre de services qu'il doit effectuer pour celui-ci.

Figure 40.10 🌑

Suivre le progrès : 5 clients importants

Date : 30 mars 1998

Clients	Objectif primaire	Atteint	Objectif secondaire	Atteint	Activité OSPI
1. Bob et Joan Smith	Diversifier les placements	Déplacer vers des fonds étrangers	Être présenté aux parents	Difficile-possible pour plus tard dans l'année	Assister à un repas de remerciement
2. Ellen Garcia	Obtenir les affaires d'assurance	Initié la conversation	Renforcer la relation	Mené un sondage de satisfaction	Offrir un abonnement à une revue de golf
3. Phil et June Wong	Renforcer la relation	Sortie au théâtre en guise de remerciement	——	——	Assister à un repas de remerciement/ Envoyer un guide de visite pour Disneyworld
4. Roger Hebert	Obtenir tous les placements du client	——	Tenir, au travail, un séminaire sur la gestion financière	Déjeuner avec le VP aux ressources humaines et le COF pour discuter	Envoyer «l'effet de fidélité»
5. Elaine Wyatt	Être présenté aux enfants	Les enfants ont assisté au séminaire	Renforcer la relation	Appelée une fois par mois	Envoyer une carte d'anniversaire/ un cadeau

Cette découverte est sans doute évidente, mais atteste encore de l'importance qu'il faut accorder à renforcer la relation avec le client.

Le troisième ensemble d'objectifs financiers se rattache aux références. Vous avez peut-être un objectif de références déjà formulé pour le client visant d'autres membres de la famille, des collègues ou des amis. Votre objectif peut donc être aussi simple que d'obtenir les noms de connaissances qui pourront venir s'ajouter à la liste d'envoi de votre bulletin d'information.

Le quatrième ensemble d'objectifs se rapporte au degré d'influence. Nous désirons que nos clients se servent de leur influence pour nous aider dans nos affaires, et ce, en nous présentant à leur comptable, leur avocat, leurs amis et leurs associés. Vous avez possiblement un client qui travaille dans une grande entreprise régionale et qui pourrait vous présenter au vice-président des ressources humaines en vue de la mise sur pied d'un

Figure 40.11 ☯

Évaluer les clients potentiels

1. Actifs		5. Ouverture à discuter des besoins	
< 50 000 $	1 point	Très bas	1 point
50 000 $ à 100 000 $	3 points	Bas	2 points
100 000 $ à 250 000 $	5 points	Modéré	3 points
250 000 $ à 500 000 $	7 points	Élevé	4 points
Plus de 500 000 $	10 points	Très élevé	5 points
2. Potentiel futur		6. Temps requis pour répondre aux besoins	
Très bas	1 point		
Bas	2 points	Très élevé	1 point
Modéré	3 points	Élevé	2 points
Élevé	4 points	Modéré	3 points
Très élevé	5 points	Bas	4 points
		Très bas	5 points
3. Influence			
Très bas	1 point	7. Indice EP	
Bas	2 points	Très difficile	-10 points
Modéré	3 points	Quelque	
Élevé	4 points	peu difficile	-5 points
Très élevé	5 points	Ni facile, ni difficile	0 points
		Plutôt facile	5 points
4. Satisfaction quant à la relation actuelle		Très facile	10 points
Très bas	0 points		
Bas	2 points		
Modéré	5 points		
Élevé	7 points		
Très élevé	10 points		

régime de retraite pour cette entreprise. Peut-être désirez-vous seulement que ce client amène l'un de ses amis à un séminaire afin de débuter la démarche de prospection avec ce nouveau client.

Votre objectif par rapport au client peut tourner autour de la productivité. Vous recherchez peut-être seulement à réduire le temps qu'il vous faut pour faire affaire avec ce dernier. Il peut tout simplement s'agir de le convaincre de ne plus vous téléphoner pour la moindre bagatelle et de faire appel à votre personnel dans de tels cas.

Le dernier ensemble d'objectifs est de nature plutôt défensive. Vous désirez immuniser votre relation avec ce client contre la concurrence en renforçant les murs qui l'abritent.

À partir de cette structure, vous disposerez d'autant d'objectifs que de clients. Le défi est de prendre du recul et d'évaluer chacun des clients de manière individuelle en fonction de ces différentes possibilités. Ainsi, dans le cas du client A qui n'est pas, comme nous l'avons énoncé précédemment, un client important pour le moment mais qui a le potentiel de le devenir, le premier objectif en ordre d'importance serait qu'il vous présente son comptable et le deuxième qu'il transfert le 25 000 $ en CPG qui arrive présentement à son échéance dans le réseau financier que vous gérez. Pour ce qui est du client B qui est un client important, mais dont le potentiel éventuel semble moindre, le premier objectif en ordre d'importance sera de renforcer votre relation avec lui et le convaincre simultanément, comme deuxième objectif, de faire affaire avec votre assistant en ce qui concerne les affaires quotidiennes.

La préparation de vos plans d'action

Après avoir établi vos objectifs, la prochaine étape consiste en l'élaboration de plans d'action et de communication visant l'atteinte de ces buts. Ces plans doivent être tributaires du client et de la nature des objectifs choisis. L'objectif en question peut être axé sur l'aspect communicationnel : vous projetez, par exemple, une série d'appels téléphoniques trimestriels ainsi qu'un bilan financier complet. Ou alors, cet objectif peut être basé sur l'aspect social : le client est le propriétaire d'une entreprise et vous projetez passer quelques après-midi à golfer avec lui cette année ainsi que de l'inviter à souper un soir avec vos épouses. Ou alors, le client en question est le propriétaire d'une entreprise et vous avez l'idée de lui faire rencontrer un client potentiel. Ou vous voulez peut-être seulement entreprendre quelques actions d'urgence afin de consolider votre relation.

Ainsi, dans le cas de Jean Client, un gros client et un golfeur, votre geste sera peut-être de l'abonner à un magazine de golf en décembre. Pour à peine 20 $, ceci vous donnera non seulement l'occasion de lui envoyer une note témoignant de votre amitié à son égard, mais aussi une façon de lui rappeler mensuellement l'intérêt que vous lui portez

Figure 40.12

Liste de prospects prioritaires

Nom du Prospect	Actifs (1-10)	Potentiel futur (1-5)	Influence (1-5)	Satisfaction face à la relation existante
Cotation	1 <50k 3 50-100k 5 100-250k 7 250-500k 10 >500k	1 Très bas 2 Bas 3 Modéré 4 Élevé 5 Très élevé	1 Très basse 2 Basse 3 Modérée 4 Élevée 5 Très élevée	1 Très basse 2 Basse 3 Modérée 4 Élevée 5 Très élevée
1.				
2.				
3.				
4.				
5.				
6.				
7.				
8.				
9.				
10.				

Ouverture dans la discussion des besoins (1-5)	Temps (1-5)	Facteur EP (-10 à +10)	Total (sur 50)
1 Très basse 2 Basse 3 Modérée 4 Élevée 5 Très élevée	1 Très élevé 2 Élevé 3 Modéré 4 Bas 5 Très bas	-10 T difficile -5 Difficile 0 Neutre 5 Facile 10 Plaisant	

Figure 40.13

Objectifs d'affaires possibles pour les clients potentiels

- Assister au séminaire
- Assister aux soirées de remerciement pour clients
- Accepter les déjeuners-rencontres
- Fournir des informations au besoin
- Accepter l'évaluation financière
- Permettre de fournir des prix sur les obligations/des cotes sur l'assurance
- Assister à des activités avec les clients actuels (déjeuner, golf, déjeuner-conférence)
- Présenter le client potentiel à des comptables
- Conclure une première transaction

par le biais de chaque nouveau numéro du magazine. À 20 $, il s'agit d'un investissement très peu coûteux.

De plus, il est possible que vous ayez deux objectifs-clés par rapport à ce client au cours de la prochaine année. Votre objectif principal est de vous faire présenter à son comptable. Votre objectif secondaire est d'obtenir ses CPG qui sont placés ailleurs. En fixant votre échéance au 31 janvier, le plan d'action au niveau de l'objectif principal pourrait équivaloir à proposer une rencontre avec votre client pour discuter de son bilan financier et en invitant par la même occasion son comptable. Cette rencontre sera prévue à une heure et dans un lieu qui conviendront au comptable. Cette session terminée, vous pourrez tirer parti de l'effet de cette présentation en invitant votre client et son comptable à venir assister à un dîner de la Chambre de commerce à la fin du mois de mars, lors d'une conférence donnée par un politicien bien connu. Toujours à la fin

Figure 40.14

Objectifs pour les clients potentiels		
Clients potentiels	**Points**	**Objectif**
Client potentiel A	26	Accepter la rencontre
Client potentiel B	14	Fait l'évaluation financière
1.		
2.		
3.		
4.		
5.		

Figure 40.15

Activités possibles

Communication	Appels téléphoniques trimestriels Évaluation financière complète
Finance	Séminaire sur les lieux de la société Envoie d'articles sur le marché
Sociale	Golf Déjeuner Rencontre au Canadian Club
Valeur ajoutée clients	Être présenté à de nouveaux potentiels Information non liée à la finance Invitation à une rencontre de remerciement
Influence	Activités OSPI («J'ai pensé à vous dernièrement»)

Figure 40.16 🌐

Programme de prospection 1998

Client potentiel : _____

Complété le : _____

Objectif primaire : _____   Objectif secondaire : _____

Activité :   Activité :

1. _____   1. _____
   _____   _____

Moment choisi : _____   Moment choisi : _____

2. _____   2. _____
   _____   _____

Moment choisi : _____   Moment choisi : _____

3. _____   3. _____
   _____   _____

Moment choisi : _____   Moment choisi : _____

mars, vous pourrez aussi prévoir d'envoyer un client référé à ce comptable. Ces trois actions pourront servir de tremplin pour établir une relation durable. Le point essentiel à se rappeler est que le résultat provient directement du client et de l'objectif. À titre d'aide, vous pouvez vous servir de la copie sans texte de la Figure 40.9 du CD-ROM afin d'élaborer et de mettre en pratique vos Plans d'action axés sur les clients.

Lors de l'instauration initiale de ces plans, il est important de suivre de près le progrès de vos démarches. Beaucoup trop d'étagères foisonnent de cartables remplis de merveilleux documents de planification qui ont été conçus de peine et de misère et qui accumulent de la poussière depuis ce temps. Afin d'éviter cette situation, il est essentiel que vous surveilliez le progrès des démarches en raison d'au moins une fois par mois. Plusieurs conseillers consacrent le dernier vendredi du mois à cette activité : vous réservez cette journée à cet effet et passez en revue vos activités avec vos clients les plus importants, toujours en fonction de votre but principal et secondaire et en vérifiant ce qui a été fait. Si vous constatez que vous prenez du retard vis-à-vis vos objectifs, c'est le moment de trouver une manière d'accélérer le processus. La Figure 40.10 vous procure, à titre d'aide, une procédure visant à surveiller l'évolution des démarches. Vous bénéficiez encore d'une copie vierge à utiliser sur le CD-ROM.

En conversant avec des conseillers financiers qui ont adopté ce système, ils nous ont affirmé que leur efficacité s'en est trouvée grandement accrue. En identifiant tout simplement leur clientèle prioritaire et en se fixant des objectifs précis, ils ont rehaussé la probabilité de leur succès futur.

Vous pouvez reporter ce même modèle à des clients potentiels, puisque les mêmes principes entrent en ligne de compte. Vous les évaluez en fonction des sept mêmes facteurs, soit en commençant avec leurs actifs, leur potentiel pour l'avenir, leur influence et leur satisfaction par rapport à la relation qu'ils entretiennent présentement avec vous. Le cinquième élément se rapporte à leur degré d'ouverture à la discussion de leurs besoins. Vous devez également estimer le temps que vous devrez accorder à la rencontre de ce client éventuel. Enfin, vous voudrez évaluer la sympathie qui découle de votre relation. Sera-t-il facile de faire affaire avec ce client éventuel? Cette personne semble-t-elle se ranger du côté des EP? Lorsque vous aurez clairement identifié les clients éventuels qui semblent les plus avantageux, vous élaborerez des objectifs et des actions visant l'atteinte de ces buts, en faisant donc passer ces clients éventuels au pallier des véritables clients. Les figures 40.11 à 40.16 vous présentent quelques idées pour réviser et mettre en pratique vos démarches de prospection.

À cette époque où le temps manque toujours, il est souvent facile d'oublier ou de laisser tomber la planification. Nous sommes tous tellement débordés, passant continuellement d'une activité à l'autre, que nous pensons souvent que nous n'avons pas de temps pour la planification. De nombreux conseillers ont néanmoins constaté qu'il est fort possible de finir par trouver le temps nécessaire et, par le biais de l'Équation du cinq pour cent, en retirer des avantages exceptionnels. En travaillant d'une manière plus intelligente — non pas en courant dans toutes les directions sans vrai but, mais en fixant des objectifs axés sur des clients bien précis — leur entreprise s'est révélée beaucoup plus productive.

Instantanés

✔ *Lors de vos démarches en vue d'une productivité accrue, mettez à l'essai l'Équation du cinq pour cent. En consacrant cinq pour cent de votre temps à la planification, vous gagnerez 20 pour cent au niveau de la productivité pendant tout le reste du temps.*

✔ *Lorsqu'on met l'accent sur les clients, il importe d'être proactif. Soyez certain d'éviter le syndrome du client qui crie.*

✔ *Les cinq étapes de la planification axée sur les clients sont : identifier les clients prioritaires; établir des objectifs fondamentaux en fonction de chacune de ces relations; concevoir un plan d'action afin d'atteindre ces objectifs; mettre ce plan d'action en pratique; contrôler l'efficacité de votre planification axée sur les clients et faire des ajustements si nécessaire.*

✔ *Lors de l'identification de votre clientèle prioritaire, il est facile de vous heurter à certains pièges : vous concentrer strictement sur les revenus actuels, ignorer l'aspect de la rentabilité, oublier les perspectives d'avenir et mettre de côté les aspects psychiques valorisants.*

✔ *Les critères suivants guident les conseillers dans la détermination leur clientèle prioritaire : le total de l'actif que ce client vous confie; les revenus produits au cours des derniers 12 mois; le volume des références de clients; les actifs supplémentaires placés ailleurs; le potentiel éventuel; le niveau d'influence; le temps que requiert ce client; et le facteur EP.*

✔ *Tout conseiller devrait annuellement évaluer l'ensemble de ses clients et vérifier s'il peut éliminer certains EP.*

✔ *Après avoir identifié la clientèle prioritaire, la prochaine étape est de formuler des objectifs. Ceux-ci devraient débuter par un renforcement de la relation avec ce client.*

✔ Les objectifs de nature financière comportent six facettes : accroître et diversifier les ventes; procéder de manière à augmenter le nombre des investissements que vous placez pour ce client; obtenir des références de clients; bénéficier de l'influence doit jouit votre client; rehausser la productivité en travaillant pour ce client; et protéger cette relation de la concurrence.

✔ Ces objectifs établis, l'étape suivante consiste à élaborer des plans d'action et de communication permettant l'atteinte de ces buts.

✔ En débutant l'implantation de ces plans d'action, n'oubliez pas de suivre de près le progrès de vos démarches.

✔ Vous pouvez reporter le modèle de planification à votre clientèle potentielle, et ce, à l'aide des Figures 40.12, 40.13, 40.14, 40.15 et 40.16.

CHAPITRE 41

Gérer un cabinet efficace

PLUSIEURS D'ENTRE NOUS QUI AVONS GRANDI DANS LES ANNÉES 1950 CONSER-
vons encore des souvenirs du fameux Ed Sullivan show. Tous les
dimanches soirs, dès 20 heures, Ed Sullivan réunissait une grande variété
d'artistes de talent. Il a accueilli des comédiens comme Wayne et Shuster et
Rich Little; des chanteurs et des danseurs de partout au monde; et présenté des nouveautés comme Topo Gigio, l'inoubliable petite souris italienne.

Tout le monde avait ses artistes préférés. J'affectionnais pour ma part
les jongleurs. J'ai toujours été impressionné en particulier par ce gars qui
s'était présenté avec de grands bâtons et une pile d'assiettes. Il plaçait un
bâton à la verticale et le faisait tourner sur lui-même, et installait ensuite à l'extrémité supérieure du bâton une assiette qu'il faisait tourbillonner dans le sens inverse. Il répétait alors son numéro avec un deuxième
bâton, donnant juste une petite impulsion à la première assiette pour la
maintenir en mouvement. Puis, il ajoutait un troisième bâton, puis un
quatrième et un cinquième si bien qu'au bout d'une minute, il y avait
20 bâtons en rotation avec 20 assiettes tourbillonnant à leur extrémité
supérieure. À ce moment précis, le jongleur courait comme un fou
d'une assiette à l'autre, leur donnant juste ce qu'il faut d'impulsion pour
les maintenir en mouvement, et éviter ainsi la catastrophe.

Cet exemple illustre pour moi la façon dont plusieurs conseillers
financiers à succès gèrent leur cabinet. Lorsqu'ils débutent, ils ont un
petit nombre d'assiettes à faire tourbillonner. Avec la croissance de leurs
affaires, le nombre de bâtons et d'assiettes augmentent jusqu'à ce qu'ils
courent partout comme des fous pour éviter le désastre. Contrairement
à l'artiste du Ed Sullivan show, toutefois, personne ne les applaudit.

Les Conseillers Devinettes

Je surnomme ces jongleurs frustrés Conseillers Devinettes, prisonniers d'un cercle vicieux qui est le fruit de pressions internes et externes incroyables. Les pressions externes comprennent une augmentation rapide la clientèle qui se compose de clients de plus en plus exigeants, dans un contexte où les plus intéressants sont de plus en plus courtisés par des concurrents directs. En effet, sur une base régulière, les planificateurs financiers, les conseillers en placement et une panoplie de conseillers en gestion d'argent lancent d'importantes offensives sur nos clients. Et, comme je l'ai déjà souligné, cet assaut ne fera que s'intensifier.

Les pressions ne s'arrêtent toutefois pas là. À ces pressions externes s'ajoutent des sources internes de stress : les coûts sans cesse grandissants reliés à la conduite des affaires, les délais avant de profiter du rendement de vos investissements en personnel et en technologie et l'énorme consommation de temps requis par les exigences du travail. Même si nous voulions travailler plus fort, ce que nous ne désirons pas, ce ne serait pas terriblement productif parce que la plupart d'entre nous avons atteint ce point de diminution des rendements. La seule solution consiste à se concentrer sur une gestion hautement efficace de notre cabinet. Pour plusieurs conseillers, dans l'avenir, le principal défi ne sera pas de grossir l'entreprise mais plutôt de l'organiser pour qu'elle soit encore plus efficace.

> **Vous pouvez performer en déléguant, en mettant votre pratique sur pilotage automatique, et en obtenant l'effet de levier maximum de vos activités.**

En retour, ceci exigera de se concentrer sur les quatre principes qui soutiennent un cabinet efficace. Nous avons plus tôt discuté de la première : segmenter notre clientèle de manière à se concentrer sur les clients de grande valeur. Ensuite, les conseillers doivent tirer profit des trois autres occasions d'augmenter l'efficacité : ils doivent déléguer les tâches efficacement, développer des systèmes pour les activités de routine sur «pilotage automatique», et s'appliquer à bien faire un petit nombre de choses pour en maximiser l'impact.

Je commencerai par la délégation efficace des tâches qui est beaucoup plus difficile et compliquée qu'elle en a l'air à première vue. En fait, la délégation efficace comporte cinq éléments : élargir le pouvoir décisionnel des membres de l'équipe; étendre les points d'accès pour les clients; miser sur la force de l'équipe; améliorer le niveau d'expertise générale offert aux clients; et finalement, libérer du temps pour le conseiller.

Dans la perspective du client, il est important de se rappeler que l'élément-clé de toute délégation est d'améliorer le confort du client dans sa relation avec le conseiller. Dans la perspective du conseiller, bien sûr, le but de la délégation est de lui procurer beaucoup plus de temps libre tout en améliorant de façon transparente la relation qu'il entretient avec le client.

Tout en faisant cela, il est important de ne pas tomber dans le piège de la délégation des tâches. Ce phénomène se produit lorsque les conseillers dont le cabinet est en croissance, s'adjoignent des assistants un après l'autre, assignant chaque fois au nouvel arrivant des tâches spécifiques pour lesquelles ils conservent toutefois la responsabilité. Les tâches sont déléguées, mais non les responsabilités. Le résultat? La productivité du conseiller n'augmente pas.

Considérons maintenant l'autre scénario dans lequel le conseiller s'assoit avec chaque adjoint et définit clairement les tâches qui deviennent sa responsabilité. Qu'il s'agisse de prendre les rendez-vous, de préparer les documents en fonction des rencontres avec le client, de répondre aux appels et aux demandes du client, d'organiser un dîner d'évaluation avec le client, de superviser un séminaire ou de contacter proactivement certains clients moins importants, l'adjoint est devant des tâches clairement définies.

Si l'équipe compte plusieurs membres, la délégation peut comprendre plusieurs fonctions. Le conseiller peut attribuer la responsabilité du marketing à un adjoint, la responsabilité des clients à un autre et les tâches opérationnelles à un troisième. Il en résulte donc que le conseiller est libéré pour consacrer tout son temps à des fonctions de grande valeur qui ne peuvent être facilement confiées à quelqu'un d'autre et qui procure un impact plus important sur l'entreprise.

Transfert d'autorité

Ce transfert d'autorité représente l'essence de la délégation. Pour que ça fonctionne, le conseiller doit exprimer une délégation claire des tâches clés, selon des paramètres bien définis. Il est aussi primordial d'encourager les membres de l'équipe à prendre des responsabilités pour maximiser leur productivité, repoussant toujours les limites établies.

Dans ce cheminement, il est utile de commencer le voyage en préparant deux listes. La première faisant état de votre usage du temps durant une semaine typique, soit les activités qui grugent l'ensemble de votre temps. La deuxième énumère les principales pertes de temps, ces activités qui consomment du temps sans procurer une valeur claire et apparente.

Revenez maintenant à la première liste et considérez les tâches qui peuvent être déléguées. Identifiez les composantes d'une tâche qui peuvent être détachées et déléguées sur une base continuelle. Les plans financiers forment un exemple évident. Plusieurs conseillers financiers rencontrent de nouveaux clients afin d'évaluer leurs besoins et de développer un tel plan. Ce travail implique plusieurs étapes pour recueillir toute l'information pertinente. Après coup, les conseillers analysent les données et préparent le plan. Enfin, les conseillers devront rencontrer de nouveau le client pour lui expliquer ses recommandations et convenir des prochaines étapes.

De ces quatre étapes, quelles sont celles qui nécessitent une participation essentielle du conseiller? De toute évidence, le conseiller se doit d'être présent aux étapes un et quatre pour expliquer le processus et rencontrer le client pour passer en revue l'ensemble des recommandations. Mais les étapes de la recherche d'information et de la préparation des plans peuvent être entièrement confiées à une autre personne. Lorsque le conseiller présente les recommandations au client, s'il a l'intention qu'un membre de son équipe assure par la suite le suivi, il est alors essentiel que cette personne participe à la rencontre.

Ceci applique donc au cabinet d'un conseiller les mêmes principes que nous voyons dans d'autres professions, notamment les dentistes. Il y a 20 ans, la plupart des dentistes n'avaient qu'une chaise et partageaient une réceptionniste avec deux ou trois autres dentistes. Cette approche est moins commune aujourd'hui puisque la réalité économique reliée à la conduite d'un bureau de dentiste ne le permet plus. Les dentistes possèdent maintenant deux ou trois chaises et du personnel qui effectue des tâches clés, comme la prise de rayons X et le détartrage des dents, ce qui laisse aux dentistes le soin de s'occuper des tâches professionnelles.

Les deux tableaux analysant l'emploi de votre temps aident à appliquer les mêmes principes à votre cabinet. Après avoir examiné les «éléments-clés de votre temps» qui peuvent être délégués, passez aux «pertes de temps» qui représentent un secteur d'autant plus critique lorsque vient le temps d'en déléguer les tâches. En parlant de pertes de temps, dois-je le souligner, nous parlons pas d'activités qui peuvent être éliminées, mais de tâches à valeur moindre qui doivent être accomplies, mais pas nécessairement par le conseiller.

L'écoute des messages sur la boîte vocale fournit un bon exemple de ce type de tâches. C'est tout à fait normal pour un conseiller qui s'est absenté du bureau pour une demi-journée de devoir répondre à 12 ou 15 messages à son retour. Si chaque message dure en moyenne 30 secondes, un conseiller peut facilement perdre une dizaine de minutes à les écouter, à prendre des notes et à les faire rejouer lorsqu'il a raté un numéro de téléphone ou manqué un point important du message.

Il faut considérer un système alternatif selon lequel un membre de l'équipe a la responsabilité de répondre aux messages lorsque le conseiller s'absente pour une période de deux heures ou plus. Ces messages doivent être transcrits en deux copies et déposés sur le bureau du conseiller. À son retour, il peut alors prendre la première copie et décider de déléguer les appels qui peuvent être retournés par quelqu'un d'autre. Cette copie est alors répartie entre les membres désignés de l'équipe. La deuxième copie est conservée par le conseiller qui peut alors identifier les appels qu'il doit retourner de façon prioritaire.

Les lettres de suivi à une rencontre forment un autre exemple. Le fait d'envoyer une note de suivi après les rencontres avec les clients vient renforcer votre professionnalisme, votre organisation et votre dévouement dans la relation avec le client. Pour la majorité des conseillers, le temps nécessaire à la préparation et à l'envoi de telles notes rend l'exercice impossible.

Il faut considérer l'utilisation d'un dictaphone portatif. En moins d'une minute, le conseiller peut dicter une note de suivi, et cela peut même se faire dans la voiture immédiatement après la rencontre avec le client. À la fin de la journée, le ruban enregistré est remis à un membre de l'équipe pour être transcrit. Les lettres terminées apparaissent le lendemain matin sur le bureau du conseiller pour approbation et signature. Le temps requis pour produire ces lettres n'a pas diminué, mais en déléguant le gros de la tâche à un membre de l'équipe, le conseiller peut maintenant se permettre cet exercice qui peut être d'une grande valeur, mais qui ne doit pas empiéter sur le temps qu'il pourrait consacrer à des activités plus importantes.

L'expérience du pilotage automatique

Le premier principe d'une gestion efficace est donc de déléguer à chaque occasion, mais d'une façon intelligente. Il faut cependant éviter les pièges de la délégation des tâches, notamment lorsque le

Figure 41.1

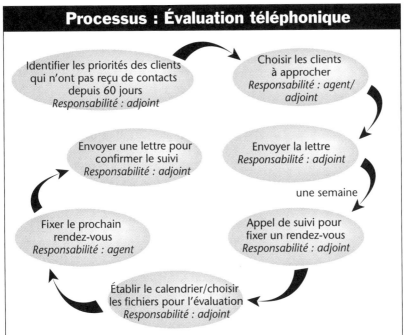

conseiller est si jaloux de son temps qu'il devient presque inaccessible aux clients. Ces derniers doivent alors passer par un interrogatoire pour déterminer si oui ou non ils auront le privilège de parler à leur conseiller qui est maintenant surprotégé. De toute évidence, aucun client souhaite parler au troisième adjoint lorsqu'il appelle son conseiller. C'est une délégation qui n'est pas faite de façon transparente. Cela n'améliore ni le service ni la valeur ajoutée. C'est un piège qu'il faut absolument éviter.

Le deuxième principe dans le développement d'un cabinet efficace est de placer les activités sur «pilotage automatique ». Comme je l'ai déjà indiqué, l'idée est d'établir des processus automatiques dans lesquels le conseiller a peu ou rien à voir quotidiennement. Ceci implique trois étapes. Premièrement, le conseiller doit identifier un point de départ à l'activité. Deuxièmement, un processus doit être établi pour déterminer spécifiquement ce qui se produit et à quel moment. Enfin, le conseiller doit assigner des responsabilités claires.

Nous avons discuté plus tôt du conseiller qui avait perdu un client important en raison d'un manque de contact et qui, conséquemment, avait mis sur pied un processus de suivis téléphoniques avec les clients, en y consacrant deux après-midi par semaine. Un des éléments qui a permis que cela se produise est que le conseiller a énuméré avec soin toutes les étapes du processus, comme dans la Figure 41.1.

Son adjoint avait identifié les clients prioritaires qui n'avaient pas été contactés dans les 60 derniers jours. Le conseiller et l'adjoint déterminaient alors quels clients approcher. Après avoir rédigé une lettre, le conseiller déléguait à son adjoint la responsabilité d'envoyer la lettre, de prendre les rendez-vous, d'établir l'horaire des rencontres et de préparer les dossiers nécessaires pour le conseiller.

Chaque lundi matin, le conseiller retrouvait sur son bureau la liste des clients avec lesquels il avait un rendez-vous téléphonique ainsi que leur dossier qu'il devait consulter avant l'appel. À la conclusion de l'appel, le conseiller devait établir la date du prochain rendez-vous. Encore une fois, nous voyons le parallèle avec un bureau de dentiste bien géré où la dernière étape à tout rendez-vous est de définir la date du prochain. Pour fermer le processus dans le cas du conseiller, l'adjoint est responsable après la rencontre d'envoyer une lettre confirmant le prochain rendez-vous, de bien l'inscrire à l'horaire du conseiller et de rappeler le client quelques jours avant le rendez-vous suivant.

Dans notre travail, il existe plusieurs activités qui peuvent être placées sur le pilotage automatique. La revue annuelle avec la clientèle est une occasion naturelle. En fait, vous pourriez établir un processus automatique pour les étapes qui précèdent et qui suivent les périodes de revue annuelle. D'autres occasions se présentent après l'introduction d'un nouveau client ou à la suite d'une indication de client faite par un client existant.

Figure 41.2

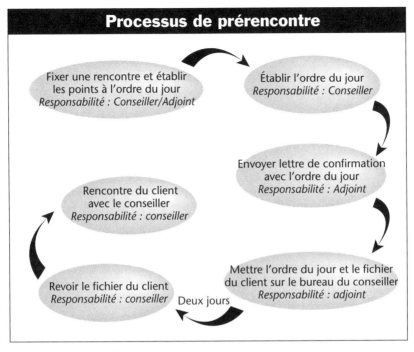

La Figure 41.2 décrit les étapes préparatoires à une rencontre avec le client. Le tout débute par une conversation que le conseiller ou un adjoint a avec le client. À ce moment, on discute des sujets qui seront abordés durant la rencontre et on établit un agenda efficace pour celle-ci. On demande particulièrement au client les sujets qu'il aimerait spécifiquement aborder. Le conseiller utilise ensuite cette information pour établir l'ordre du jour, l'adjoint envoie une lettre de confirmation au client ainsi qu'une copie de l'ordre du jour de la rencontre. Le plan financier est classé dans le dossier du client de sorte qu'au moment de se préparer pour la rencontre, le conseiller dispose de tous les éléments requis.

Au moment de la rencontre, certains conseillers aiment bien amorcer les discussions en passant l'agenda en revue. «Nous sommes déjà convenus de ce que nous allons discuter aujourd'hui. Voici l'ordre du jour sur lequel nous nous sommes entendus. Toutefois, avant de commencer, j'aimerais vérifier s'il y a des choses que nous avons oubliées ou s'il y a des développements récents qui devraient être discutés. Vous remarquerez que le premier point de l'ordre du jour est ouvert pour que vous puissiez ajouter tout autre sujet dont vous aimeriez traiter.»

Grâce à cette préparation, les chances que la rencontre produise de bons résultats sont sensiblement augmentées. Mais ce qu'il y a d'important, c'est que cette préparation a demandé très peu de temps au conseiller. Le travail a été délégué, mais le lien conseiller-client a été solidifié.

Un processus parallèle d'après-rencontre peut également être mis sur pied. À la fin de la réunion, le client et le conseiller s'entendent sur les prochaines étapes. La date de la prochaine rencontre peut alors être décidée. Une note de suivi peut être envoyée rapidement au client, faisant la récapitulation des points qui ont été discutés et confirmant les prochaines étapes.

Le dictaphone est donc encore très utile ici. La plupart des conseillers, s'ils devaient dactylographier ou écrire de telles notes à la main, n'auraient tout simplement pas le temps. Le fait de dicter la note devient donc un raccourci judicieux.

La beauté de ce système est que même si le conseiller dicte la note, c'est l'adjoint qui s'occupe de faire les choses, c'est-à-dire de transcrire la note et d'envoyer la lettre de confirmation pour la prochaine rencontre ou rendez-vous téléphonique. De plus, l'adjoint s'assure que les prochaines étapes qui ont été discutées avec le client seront faites et il prend aussi la responsabilité de rappeler les prochaines rencontres au client. Encore une fois, un processus important a été mis sur pilotage automatique, requérant très peu de temps et d'attention de la part du conseiller, et augmentant sensiblement l'efficacité en ce qui concerne le client.

Pilotage automatique pour les nouveaux clients

Les processus sur pilotage automatique peuvent également être utilisés pour faciliter l'intégration des nouveaux clients, leur laissant ainsi une impression très favorable. Nous avons déjà parlé de certains gestes qui peuvent faciliter l'intégration de nouveaux clients. Tous ces gestes peuvent parfaitement s'intégrer dans des systèmes de pilotage automatique.

Une fois que les formulaires sont remplis, un conseiller peut choisir d'envoyer une note personnelle de bienvenue au client, accompagnée d'une copie d'un livre traitant de planification financière. En fait, le conseiller, à part d'apposer sa signature, ne joue aucun rôle dans l'envoi de la note et du livre. Son adjoint prendra toutefois la responsabilité de produire automatiquement la lettre, de la lui faire signer et de l'envoyer.

Une semaine ou dix jours plus tard, l'adjoint appellera le nouveau client et dira : «Le conseiller Jean m'a demandé de vous contacter. Vous devriez avoir déjà reçu la confirmation de vos placements. Le conseiller voulait que je m'assure que vous l'ayez bien reçue et que je passe en revue avec vous vos placements afin de répondre aux questions que vous pourriez avoir.»

Le système de pilotage automatique peut également s'appliquer après que le premier état de compte ait été envoyé au client. L'adjoint appelle le client pour vérifier s'il a reçu l'état de compte et propose d'expliquer tout point pouvant créer de la confusion. Ces deux appels téléphoniques, qui ne demandent pas beaucoup de temps à l'adjoint et, encore plus important, qui libèrent complètement le conseiller sauf s'il doit s'occuper d'un problème qui ne peut être réglé par l'adjoint, donnent au client l'impression que le conseiller s'occupe de lui.

Ce conseiller ajoute maintenant un autre système de pilotage automatique pour démontrer son engagement envers les clients. Après trois mois de relations professionnelles, le conseiller envoie une note au client afin d'obtenir des commentaires sur sa performance et celle de son équipe. À la lettre, il joint un questionnaire d'une seule page qui sert de rapport provisoire sur la relation et qui aide à identifier les problèmes potentiels. De plus, le conseiller fournit l'enveloppe-réponse qui permet au client de retourner facilement le rapport provisoire. Naturellement, il est très rare à cette étape que surgissent des commentaires négatifs. Tout compte fait, le client a déjà eu deux contacts avec l'adjoint du conseiller. Mais si un problème devait être identifié, le conseiller ou son adjoint devrait rentrer en contact directement avec le client.

Les indications de clients sur pilotage automatique

Le conseiller peut également mettre en branle un processus de pilotage automatique pour les indications de clients qui vise autant le nouveau client potentiel que le client qui a généreusement fourni l'indication. Lorsque vous obtenez une indication de client, votre objectif premier est de commencer à vous distinguer de la concurrence en donnant suffisamment de raisons au client potentiel pour qu'il fasse affaire avec vous plutôt qu'avec les autres conseillers financiers qui l'ont déjà approché.

Dans un système particulièrement à point, le conseiller appelle le prospect immédiatement pour établir un rendez-vous. Une lettre de confirmation est aussitôt envoyée, accompagnée du type d'information que nous avons déjà décrit dans ce livre, c'est-à-dire de l'information biographique, des témoignages de clients et peut-être même un article fascinant tiré d'une publication de renommée qui aide à bâtir votre image de professionnalisme.

Les clients — supposons qu'il y en a quelques-uns — reçoivent alors un appel de l'adjoint pour confirmer leur rendez-vous. Lorsqu'ils se présentent au bureau en disant à la réceptionniste qu'ils ont un rendez-vous, cette dernière annonce alors : «Êtes-vous M. ou Mme Client Potentiel?» Lorsqu'ils répondent oui, la réceptionniste poursuit : «M. Conseiller m'a dit qu'il vous attendait et de l'avertir dès votre arrivée.»

Ces prospects n'ont pas encore vu le conseiller, mais ils reçoivent déjà de fortes indications sur son engagement, sa discipline et son professionnalisme : la lettre de confirmation; l'information générale; l'appel pour confirmer le rendez-vous et l'accueil chaleureux et personnel de la réceptionniste. Ce qu'il y a de primordial, c'est que le conseiller n'a essentiellement rien à voir avec tout ça. Aucune de ces routines qui le rendent intéressant auprès des prospects ne requiert aucune minute de son précieux temps. Toutes ces routines sont intégrées à un système de pilotage automatique que le conseiller a initialement mis sur pied mais qui est géré depuis par son adjoint.

Le même principe peut également s'appliquer aux clients qui ont fourni ces précieuses indications de clients. Étant donné que la propension des telles indications provient généralement de clients qui en ont déjà proposées, le conseiller ne peut se permettre de laisser les caprices ou les pressions du jour répondre à ce cadeau inestimable.

Après avoir obtenu une indication de client, vous devez envoyer le même jour ou dans les 24 prochaines heures une note de remerciement écrite à la main. Encore une fois, même si vous écrivez la note vous-même, la démarche peut être initiée par votre adjoint qui dépose le bloc-notes sur votre bureau en vous rappelant le nom de la personne recommandée.

Après une première rencontre, la personne recommandée ne sera pas convertie immédiatement en client. Il faudra plusieurs rencontres qui s'échelonneront sur plusieurs semaines et même plusieurs mois avant qu'elle prenne une décision finale. Lorsque la personne devient enfin votre client, vous avez alors une seconde occasion de remercier le client qui vous a fourni cette indication en lui envoyant une note qui l'informe de la situation.

Même si la personne recommandée décidait de ne pas devenir votre client, vous disposez encore d'une occasion de solidifier votre relation avec le client qui vous l'a recommandée. Vous pouvez envoyer une note disant : «Vous vous souvenez sans doute que m'avez aimablement recommandé un de vos amis, M. Jean Prospect. Je l'ai rencontré, mais il n'a pas pris de décision jusqu'à maintenant dans le but d'établir une relation professionnelle avec moi. Je voulais toutefois vous remercier pour la confiance que vous m'avez témoigné en me le recommandant.»

Si la personne recommandée choisit de devenir votre client, et que votre bureau a adopté un système de rapport provisoire après trois ou six mois, vous avez encore une autre occasion de remercier le client qui vous a recommandé la personne. Si le nouveau client se sent à l'aise dans ce processus, vous pouvez lui exprimer votre enchantement en lui demandant s'il a des objections que vous informiez son ami. Voilà une autre chance de remercier le client qui vous a recommandé la personne en indiquant qu'il a pris une bonne décision en vous faisant cette recommandation. Ceci pourrait avoir comme effet d'augmenter les chances que ce client vous fournisse de nouvelles indications lorsqu'un de ses amis aura besoin des services d'un conseiller financier. Mais encore une fois, la clé est de déléguer autant que possible les tâches reliées à ce processus à un membre de votre équipe, d'une façon qui est conforme à votre style.

L'envoi de cadeaux sur pilotage automatique

La dernière occasion d'activités sur pilotage automatique pour le processus des clients référés que je tiens souligner est en rapport avec l'envoi de cadeaux. Vous devez, encore une fois, mettre sur pied un processus pour que cela se réalise, par exemple, le conseiller qui, en décembre de chaque année, envoie des demi-litres de vin aux clients qui lui ont référé des clients de qualité (ce qui a eu pour conséquence de doubler, en janvier, le nombre de clients référés par les clients qui ont apprécié sa reconnaissance). Pour votre cabinet, cela veut dire de décider, en décembre de chaque année, de récompenser les clients qui réfèrent en leur offrant du vin ou tout autre cadeau approprié, et de confier cette tâche à votre adjoint, qui retrace les clients et qui se charge des détails.

Le même programme peut être utilisé pour des abonnements à des revues. Il s'agit ici de l'un des cinq meilleurs moyens que j'ai trouvé pour remercier les gens, puisque, lorsque vous envoyez un abonnement à une revue traitant de leurs intérêts, vous avez l'occasion, pour 30 $, de rappeler à vos clients, douze fois l'année, non seulement que vous êtes reconnaissant mais que vous êtes prêt à faire des affaires. L'adjoint d'un conseiller que je connais maintient un fichier informatique des informations sur les abonnements pour différentes revues. Le conseiller n'a qu'à dire «voile» et la commande d'abonnement est générée, une carte est déposée sur son bureau pour être signée et le cadeau est envoyé.

Figure 41.3

Secteur de stimulation d'une activité

Clients
_____
_____
_____
_____

Prospects
_____
_____
_____
_____

Connaissances
_____
_____
_____
_____

Centres d'influence
_____
_____
_____
_____

Communauté
_____
_____
_____
_____

Autre
_____
_____
_____
_____

Figure 41.4

Effets d'un programme de bulletin aux clients

Bulletin aux clients

Clients existants
•Garder toujours à l'esprit.
•Lancer des idées qui peuvent mener à des ventes.

Comptables/Avocats/ Directeurs de banque
•Établir les relations en leur donnant un véhicule pour améliorer leur image.

Anciens clients
•Ouvrir la porte à leur retour.

Gens que vous connaissez
•Envoyer un signe de votre intérêt.

Clients référés
•Remercier les clients qui réfèrent.
•Faciliter la présentation de gens que les clients connaissent.

Clients éventuels
•Garder toujours à l'esprit./Maintenir le contact.

Dans chacune de ces situations, le conseiller doit identifier l'élément déclencheur. Quel est cet élément : un événement en particulier ? Un moment de l'année ? Le cadeau peut être offert tout de suite après avoir obtenu un client référé, par exemple, ou à un certain moment chaque année. Par la suite, le conseiller doit mettre sur pied un processus de travail conjointement avec son équipe. Puis, il n'a qu'à déléguer.

Moins est plus

L'étape finale pour avoir un cabinet efficace est de s'assurer que vous faites certaines activités bien et que vous en tirez un maximum d'avantages. Au lieu de se laisser aller à des approches au hasard, étudiez vos activités, ou les nouvelles idées que vous avez trouvées dans ce livre et calculez comment gagner le maximum d'effet de levier de celles-ci.

Par exemple, imaginez quel peut être l'effet de levier d'un sondage de satisfaction. Il s'agit d'outils efficaces vous permettant d'obtenir des réactions sur votre travail et d'obtenir, à l'avance, des avertissements sur les clients qui perdent confiance. Mais le processus ne devrait pas s'arrêter ici.

Vous pouvez élargir les retombées du sondage en envoyant les résultats aux clients pour alimenter encore plus votre relation. Lorsque vous rencontrez des clients potentiels, vous pouvez leur montrer les résultats du sondage afin d'ajouter de la chair à vos affirmations quant à votre engagement constant pour le service (particulièrement si le sondage a été mené par quelqu'un d'impartial, tel qu'un comptable, et que le résumé des résultats est imprimé sur un papier avec son en-tête). Ou, si vous essayez de développer une relation professionnelle de clients référés avec un comptable ou un avocat, vous pouvez rapidement dissiper tout doute sur vos compétences en leur remettant une copie des résultats du sondage.

Après avoir mis sur pied le processus, dans ce cas-ci un sondage de satisfaction des clients, le conseiller efficace prendra du recul et regardera chaque possibilité d'obtenir des avantages de cette activité. Cela vous évite de disperser vos efforts en courant comme une poule sans tête, comme ce jongleur de l'émission Ed Sullivan. À la place, il vaut mieux étudier l'activité et envisager tous les moyens possibles d'obtenir des bénéfices (Figure 41.3).

Les bulletins d'information sont d'excellentes occasions de mettre en œuvre cette philosophie. Par contre, préparer des articles et conceptualiser chaque page peut demander beaucoup de travail, même à l'heure de la publication assistée par ordinateur, et les coûts liés à une aide professionnelle de l'édition à l'impression, en passant par la mise

Figure 41.5 🔇

Cher Jean,

Il y a un bon moment que nous nous sommes parlés. J'ai pensé que tu pourrais trouver la copie de mon dernier Bulletin aux clients intéressante particulièrement en ce qui concerne NOM DU SUJET à la page 3 qui est un sujet très important de nos jours.

J'espère que tout va bien pour toi. N'hésite pas à me téléphoner si jamais tu avais une question ou si je pouvais faire quelque chose pour t'aider.

Sincères salutations!

Signature du conseiller

P. S. : J'ai pris la liberté de t'ajouter sur ma liste d'envoi. Si jamais tu désires que ton nom soit retiré de cette liste, s'il vous plaît communique avec mon assistant NOM DE L'ASSISTANT afin de lui faire part de ton souhait.

en page, peuvent être importants. Vous devez donc vous demander : comment maximiser les bénéfices reliés à un bulletin d'information?

Une façon évidente est de ne pas se limiter aux clients (Figure 41.4). Votre bulletin d'information peut être envoyé aux clients potentiels de votre pipeline afin qu'ils pensent à vous souvent. Les bulletins peuvent être intégrés à la trousse de bienvenue que vous faites parvenir aux nouveaux clients référés. Cela leur montre le genre de communication constante qu'ils peuvent s'attendre à recevoir.

Les bulletins d'information peuvent également être utilisés pour obtenir plus de références de la part des clients actuels. Commencez par choisir un client qui vous a récemment référé un ami ou une connaissance. Appelez ce client pour lui dire que, en guise de remerciement, vous lui offrez un certificat-cadeau pour un repas avec leurs amis (qui, présumons-le, sont maintenant des clients) à l'un des meilleurs restaurants en ville.

Par la suite, dans votre prochain bulletin, vous n'avez qu'à inclure un article à l'endos de la dernière page intitulé : «Merci et bienvenue», où on pourrait lire :

«Nous tenons à remercier les nouveaux clients qui se sont joints à nous depuis notre dernier bulletin. Un merci spécial à ceux qui ont donné notre nom aux gens qu'ils connaissent. Pour exprimer notre gratitude, nous choisissons au hasard, quatre fois par année, un client qui nous a présenté à un ami, à qui nous offrons une reconnaissance toute spéciale. Ce mois-ci, les gagnants d'un repas pour quatre au restaurant XYZ sont M. et Mme Clients Actuels et leurs amis, M. et Mme Nouveaux Clients.»

Répétez cela dans chaque bulletin (en vous s'assurant, bien sûr, d'avoir obtenu la permission de la part de vos clients d'utiliser leurs noms). Après deux ou trois parutions, il y a fort à parier que vous verrez le nombre de vos clients référés augmenter. Simplement en récompensant un client quelques fois par année, et en le disant aux gens par l'intermédiaire de votre bulletin que vous publiez déjà, vous rappelez à tous vos clients que vous être intéressé à obtenir des clients référés et vous démontrez votre gratitude.

Une autre façon d'augmenter le nombre de clients référés avec votre bulletin, est d'encourager les clients à vous suggérer des noms que vous pouvez ajouter à votre liste de distribution. La prochaine fois que vous aurez une revue avec un client dont vous êtes certain de la satisfaction, envoyez-lui une note, une semaine avant votre rendez-vous, avec une copie de votre bulletin : «J'ai hâte de vous rencontrer mercredi prochain à 11 heures. En plus de revoir votre portefeuille, j'aimerais vous demander une faveur. Je cherche à ajouter à la liste de distribution pour mon bulletin, des personnes qui pourraient trouver l'information qui y est contenue, utile. Si vous avez des amis qui seraient intéressés par ce bulletin, il me fera plaisir de les ajouter à ma liste de distribution.»

À la fin de votre rencontre, parlez de la note que vous avez envoyée. Demandez à votre client s'il a eu le temps de «penser à une ou deux personnes qui pourraient être intéressées par mon bulletin.» Présenté de la sorte, vous avez plus de chance d'obtenir une réponse positive puisque vous ciblez l'attention du client sur une question peu menaçante et à faible risque. Vous donnez à votre client le temps d'y penser au lieu de lancer votre question comme une surprise. Vous demandez également quelque chose que la plupart des clients trouveront possible, en identifiant seulement un ou deux noms. Encore une fois, votre bulletin vous aura servi de moyen pour l'obtention de ces précieux noms.

Comme nous l'avons déjà mentionné, les bulletins peuvent aussi être utilisés pour obtenir des clients référés entre professionnels. En demandant à des comptables ou des avocats de fournir des articles pour votre bulletin, vous faites tomber la méfiance initiale et vous les encouragez à s'asseoir avec vous et à discuter des autres choses que vous pouvez accomplir ensemble. Ceci peut avoir comme résultat que le comptable achètera vos bulletins pour les distribuer à ses clients, augmentant automatiquement le nombre de clients potentiels pour vous.

Finalement, les bulletins peuvent être utilisés pour garder contact avec vos anciens clients qui vous ont laissé pour d'autres pâturages qui se sont avérés moins verts que prévus. Ils peuvent avoir réalisé que les promesses qui leur avaient été faites par un compétiteur étaient en fait, des promesses sans contenus. Cependant, il arrive souvent que ces clients soient gênés de retourner avec le conseiller qu'ils ont laissé tomber.

Vous pouvez les aider en faisant le premier pas. L'un des meilleurs moyens est en envoyant une copie de votre plus récent bulletin avec une note discrète (Figure 41.5). C'est souvent tout ce qu'il faut pour dissiper la gêne et faciliter la tâche aux clients qui pourraient avoir des regrets de vous appeler et de reprendre la relation.

Mettre sur pied un bulletin de première classe nécessite du temps et de l'effort. C'est pourquoi, comme pour toute chose que vous entreprenez, vous devriez chercher des moyens dont vous pouvez tirer un effet de levier maximal. Dans ces temps occupés, il y a trois règles à suivre : Limitez vos activités. Faites-en quelques-unes unes et faites-les bien. Construisez à partir de ces activités.

Envisager le futur

Chaque conseiller financier est familier avec la phrase consacrée par l'usage : «Le passé n'est pas garant du futur». C'est absolument vrai quand on parle de produits d'investissement. C'est tout aussi vrai pour les conseillers financiers. Dans ce domaine, le succès passé d'un conseiller financier n'est pas un indice de son succès futur.

De nombreux conseillers connaissent du succès aujourd'hui parce qu'ils sont entrés dans le monde des affaires à un moment propice, alors que les consommateurs étaient moins renseignés et que la concurrence était moins féroce. D'autres ont été capables d'identifier les tactiques telles que les publipostages ou les séminaires de groupes avant qu'ils soient répandus et ils ont su en profiter.

Pour aller plus loin, les conseillers financiers doivent agir dans un contexte très difficile, défini par des investisseurs beaucoup plus informés, et dans un environnement plus fébrile et compétitif. Par conséquent, dans le futur, il y aura trois catégories de conseillers financiers, les performants, les perdants et les survivants. Chaque conseiller se retrouvera dans l'une de ces trois catégories et ceci sera déterminé essentiellement par le degré de valeur ajoutée qu'ils fournissent aux clients et leur efficacité dans l'obtention d'une position unique et distincte sur le marché compétitif.

Je donne un cours de stratégies de marketing avancées pour le programme de MBA de l'Université de Toronto. Dans ce cours, j'ai un thème que j'ai emprunté à la devise de la Légion étrangère française : «Marche ou crève.» Notre devise est : «Change ou meurt.» D'ailleurs, il n'y a pas de domaine où cela s'applique plus que le nôtre.

Dans le futur, la valeur sera le mot à surveiller puisqu'il définira le succès d'un conseiller. D'une part les conseillers qui sont des exécutants, qui ne fournissent aucune valeur ajoutée, du moins, juste assez pour empêcher quelqu'un de regarder activement ailleurs mais pas assez pour se démarquer en attirant de nouveaux clients.

Les performants, d'autre part, seront les conseillers financiers qui fournissent un service de qualité supérieure.

Nous avons parlé, plus tôt dans ce livre, des composantes de la valeur ajoutée, de la qualité du plan financier que vous élaborez, des conseils que vous donnez, de votre dévouement pour une communication constante et pour l'information, et, plus que tout, de la sincérité de la relation que vous développez avec vos clients et vos clients potentiels. La dure réalité veut que, dans l'avenir, l'environnement compétitif soit encore plus difficile que par le passé. Ce qui s'est toujours avéré porteur de succès par le passé ne le sera par toujours dans le futur.

Diriger un cabinet efficace

L'un des assauts de la compétition vient de la disponibilité de l'information sur l'Internet. Les clients qui le désirent peuvent obtenir des informations à la minute près, ou trouver des modèles de répartition d'actifs ou de planification financière en plus d'une multitude d'autres informations qu'ils n'auraient jamais pu trouver auparavant. Cette technologie s'érige en menace réelle du rôle de tout intermédiaire, que ce soit un agent immobilier, un agent de voyage, ou un conseiller financier qui s'est imposé seulement comme personne donnant accès à une transaction.

Une seconde menace grandissante de la compétition vient des institutions financières.

Par le passé, les banques ne comptaient pas au rang des concurrents du conseiller financier typique. Il y a cinq ans, les banques ne se percevaient pas comme des entreprises offrant des conseils financiers. Dans la plupart des succursales, personne n'avait même un minimum de connaissances en cette matière. Même si une personne avait eu les connaissances, la volonté d'aider le client et de passer la commande n'existait pas.

Aujourd'hui, nous sommes témoins du changement radical. Toutes les banques utilisent des questionnaires de cueillette d'information structurés pour identifier la tolérance au risque des clients et, pour ainsi pouvoir leurs recommander des portefeuilles de fonds d'investissement. Il y a deux ans, j'étais conférencier à l'assemblée annuelle de l'Association Canadienne des Planificateurs Financiers et j'ai demandé à mon auditoire de remplir le questionnaire que Canada Trust utilisait alors pour déterminer le profil de leurs clients. Un nombre de conseillers financiers m'ont dit, par la suite, que la rigueur du processus de collecte d'information utilisé par Canada Trust pour identifier la tolérance au risque de leurs clients était supérieure à celui qu'ils utilisaient. Et avec l'amélioration des techniques offertes aux clients, le processus s'améliorera encore.

Les banques ont diversifié l'éventail des fonds de placement qu'elles offrent. Dans certains cas, elles offrent les mêmes fonds indépendants que les conseillers financiers autonomes. Dans d'autres cas, elles ont cherché, à travers le monde, des gestionnaires de placements de première qualité pour travailler avec elles sur une base de sous-conseillers, en prêtant leur expertise.

De plus, les banques délaissent les généralistes pour des spécialistes en investissement. Contrairement à la situation d'il y a cinq ans, où un conseiller financier dans une banque (s'il y en avait un) vendait des hypothèques un instant, des cartes de crédit l'autre, et des placements par la suite, les banques s'orientent vers des spécialistes à temps plein. De plus en plus de ces personnes sont hautement qualifiées avec les diplômes et la formation appropriés. Bien plus encore, un certain nombre de banques se tournent vers la rémunération variable, en créant la volonté pour leurs spécialistes en placements de rechercher des clients et leurs investissements ; motivation qui n'existait pas auparavant.

Par contre, les occasions pour les conseillers financiers n'ont jamais été aussi grandes. Le marché pour notre travail s'est constamment accru et il continue de s'accroître. Les conseillers financiers qui se démarquent par le service offert attireront une quantité de clients de bonne qualité, ce qui dépassera leurs attentes. Dans ce livre, j'espère avoir tracé une route à suivre pour vous assurer d'être parmi les conseillers performants du futur. Ceci étant dit, écrire ce livre a été la partie facile. Maintenant il faut commencer à travailler dur.

J'espère que ce livre vous a donné des idées et une base afin de tirer profit des nombreux changements et des occasions qui tourbillonnent autour de nous pour vous permettre de continuer d'obtenir de nouveaux clients et de garder ceux existants pour les années à venir. Dans le film «L'empire contre-attaque», quand Luke Skywalker accepte d'essayer l'un des exercices de Yoda, le Maître Jedi lui dit : «Fais-le ou fais-le pas ; il n'y a pas d'essai.» C'est le même défi auquel doit faire face le lecteur de ce livre : réagissez à certaines des idées présentées ici ou dites adieu au rendement; il n'y a pas de milieu.

Instantanés

✔ *Trop de conseillers sont comme les jongleurs dans l'émission de Ed Sullivan : alors que leur cabinet grandit, le nombre d'assiettes et de bâtons augmente jusqu'à ce qu'ils s'agitent follement en tentant d'éviter les catastrophes majeures. J'appelle cela les Conseillers Devinettes.*

✔ *Dans le futur, le principal défi pour de nombreux conseillers ne sera pas d'élargir leur clientèle, mais de développer des cabinets plus efficaces et mieux organisés.*

✔ *La première règle pour avoir un cabinet efficace c'est : déléguer efficacement.*

✔ *Cette règle est importante pour éviter le piège de la délégation qui arrive lorsque les conseillers intègrent adjoint après adjoint à leur cabinet grandissant, en assignant chaque fois des tâches spécifiques mais en gardant toute la responsabilité.*

✔ *À la place, le conseiller doit clairement identifier avec chaque adjoint leurs tâches et déléguer les responsabilités qui s'y rattachent.*

✔ *Commencez le voyage vers la délégation efficace en préparant deux listes : ce qui vous demande le plus de votre temps dans une semaine de travail et ce qui vous en fait perdre le plus. Utilisez ceci pour déterminer ce que vous pouvez faire et ce que vous pouvez déléguer à un adjoint.*

✔ *La deuxième règle pour mettre sur pied un cabinet efficace, c'est : servez-vous beaucoup du pilotage automatique.*

✔ *Parmi les activités de pilotage automatique, le conseiller doit identifier les déclencheurs importants. Quel est l'élément déclencheur de cette action : un événement particulier ? Un moment de l'année ?*

✔ *La troisième règle pour rendre un cabinet rentable, c'est de vous assurer d'exécuter à la perfection quelques activités et en tirer le maximum d'avantages.*

✔ *Le futur déterminera trois catégories de conseillers financiers : les performants, les perdants et les survivants. Chaque conseiller se retrouvera dans l'une ou l'autre des catégories qui sera déterminée par le niveau de service qu'ils donnent à leurs clients, et leur capacité à obtenir une position distincte et unique sur le marché compétitif.*

✔ *Malgré la compétition grandissante, les occasions pour les conseillers financiers n'ont jamais été aussi importantes. Le marché pour notre travail s'est accru. Les conseillers financiers qui se démarquent vraiment par le service offert attireront une quantité de clients de qualité. Plus en fait qu'ils n'auraient jamais cru possible.*

413

Le CD-ROM d'accompagnement comprend trois éléments distincts :

- Des lettres, des scénarios et des formulaires vierges issus de Marketing Solutions, tel qu'expliqué et utilisé dans le livre.
- Le logiciel *Le Portefeuilliste* produit par Gestion Financière Talvest.
- Le logiciel *Janna Contact Personal '99**.

Pour identifier le matériel utilisé dans le livre et qui est inclus sur le CD-ROM, veuillez vous référer à l'index des figures à la page précédente. Le symbole en forme de CD suivant (◉) indique que vous trouverez le document sur le CD.

Gestion Financière Talvest a offert *Le Portefeuilliste*, un logiciel sur plateforme PC facile à utiliser, destiné aux professionnels de l'investissement et qui fournit, en cinq étapes, des réponses aux questions-clés des investisseurs :

1) Le module «Profil de l'investisseur» établit un profil qui tient compte des besoins de l'investisseur et des renseignements personnels à son sujet (adresses et numéros de téléphone).

2) Le module «Actifs nets» permet aux professionnels de l'investissement d'évaluer efficacement les besoins des investisseurs relatifs à la composition des actifs détenus, aux actifs financiers et non financiers et du niveau d'endettement.

3) Le module «Analyse des besoins» élabore des hypothèses concernant les objectifs, l'horizon temporel et les besoins de l'investisseur et dresse un portrait simple et facile à comprendre du processus de planification financière de l'investisseur.

4) Le module «Portefeuille de référence» présente un questionnaire simple, en cinq points, qui sert d'arbre de décision et suggère une répartition de l'actif optimale en accord avec les objectifs, les besoins et les préférences de l'investisseur en matière de risque-rendement. Le logiciel a été conçu en fonction de l'expérience unique en répartition de l'actif de T.A.L. une compagnie canadienne de gestion financière de premier plan. Le Portefeuille de référence présente les valeurs maximums et minimums pour aider le professionnel de l'investissement à bâtir les portefeuilles de l'investisseur selon ses objectifs et ses besoins. La frontière de l'efficacité est présentée graphiquement afin d'illustrer à l'investisseur les situations actuelles et suggérées. De plus les graphiques de «Historique du redement» présentent la performance de différents portefeuilles et catégories d'actifs d'une façon facile à comprendre pour l'investisseur.

*Ce logiciel est fourni en version anglaise seulement.

5) Le module «Portefeuille» raffine encore le processus de construction de portefeuille en suggérant un choix de produits à l'intérieur des différentes catégories et sous-catégories d'actifs.

Le Portefeuilliste livre ensuite un rapport complet, pouvant être imprimé en couleur, mettant en relief les éléments des investissements actuels de l'investisseur, la planification financière et l'optimisation du portefeuille de façon claire et complète grâce à l'utilisation de graphiques, de tableaux et de synopsis.

Le logiciel *Janna Contact Personal '99* est un outil de gestion des contacts sur mesure spécialement conçu pour les conseillers financiers. Le logiciel stocke des informations par client aidant ainsi les conseillers financiers à gérer efficacement les contacts individuels et la base complète des clients dans son ensemble.

Le logiciel vous permet de stocker avec vos contacts, des lettres, des télécopies, des présentations aux clients, du courriel, des tableurs, des sites web pour Internet, des messages vocaux et des vidéo d'animation complets. Vous pouvez visualiser et éditer des documents sans jamais quitter le logiciel. *Janna* est un logiciel compatible avec *Microsoft Office 97.*

Voici quelques-unes de ses autres caractéristiques : horaire de groupes de travail, intégration à Intranet et Internet et communications personnalisées. Celles-ci vous permettent de demeurer en contact avec vos clients par des envois massifs de télécopies, de lettres et de courriel. L'intégration à Microsoft Exchange permet aux conseillers d'envoyer des documents par courriel à tous leurs contacts au simple click de leur souris.

Pour de l'information sur comment utiliser le CD-ROM, veuillez consulter la section ci-dessous.

Comment accéder au matériel sur le CD-ROM :

Les illustrations utilisées dans ce livre (lettres, scripts et formulaires vierges) se trouvent sur le CD-ROM dans des formats PC et Macintosh. Elles sont complètement modifiables. On peut accéder au texte en cliquant deux fois sur la lettre de l'icône approprié. Les illustrations sont enregistrées en deux formats : fonction de développement des programmes (PDF) et EPS.

Pour PDF. Pour visualiser et imprimer les documents à partir d'un fichier en version PDF, vous devrez accéder à *Adobe Acrobat Reader*, qui est aussi fourni sur ce CD-ROM. Toutefois, pour modifier l'information directement à partir de *Adobe Acrobat Reader*, vous devrez acheter le logiciel *Adobe Acrobat Exchange* de Adobe Systems.

Pour EPS. Dans ce format, vous pouvez copier et coller l'information dans le logiciel que vous utilisez normalement, par exemple, *Microsoft Word*. Cliquez simplement sur *Insérer* dans la barre d'outil et choisissez *Image*. Dans cette fenêtre, choisissez *Lier au fichier* et sélectionnez le document EPS que vous désirez.

Clients séduits, clients acquis

Si vous aimeriez inviter Dan Richards comme conférencier ou si vous êtes intéressé à en savoir plus sur les sessions de formation offertes par Marketing Solutions, veuillez nous contacter par :

Téléphone :	(416) 366-8763 ou 1 800 440-0030
Télécopieur :	(416) 366-1947
Courriel :	jward@mktgsolutions.com
Courrier :	Marketing Solutions
	200 Bay Street, 7th Floor
	Toronto, Ontario M5J 2W4